顧頡剛全集

顧頡剛古史論文集

卷　四

中　華　書　局

卷四目録

答郭紹虞先生論孔門學風只有
務外主内兩派書[*]

紹虞兄：

　　半年前接到來信，快讀一過。牽于人事和疾病，到今天才得如願作答，歉極了！

　　尊意以爲孔門學風只有務外，主内兩派：務外一派以子夏爲代表，主内一派以曾子爲代表。這把孟子不動心章所舉的孟施舍，北宮黝的例，與傳説中孟，荀的師承合一而言，自甚巧合。但我意有可磋商的：孔門的派別在論語上看，先進四科"德行、言語、政事、文學"，以内外別之，德行爲内，言語政事文學皆爲外；"子以四教，文、行、忠、信"，以内外別之，文爲外，行忠信皆爲内。論語上雖不分内外，而今日欲以内外別之，固無往不可。所以我想，分別兩派只是我們居于後世的評論之詞，而不必是當時的實在情狀。當時孔子設教，各方面都要顧到；弟子勉學其師，自然也是要求"兼而有之"。但以性有所偏，故子夏不得不列于文學之科，而曾子乃趨重于德行。但這決不是他們有意的主張，有意的分歧，故曾子不妨有襲裘褐裘之爭（假定檀弓所記是真的），子夏亦儘可有"小德出入"之言。爲學之道，不是求之于本心，便是求之于事物，勢固不能出此兩端，此兩端亦大足以

　＊　原載民鐸雜誌第四卷第四號，1923 年 6 月 1 日；古史辨第二册，題答書。

賅括古今中外的學術，不徒孔門學風而已。

至于學派的分歧，或因于地域，或因于事實，固不必盡關于宗旨。墨子自尚賢至非命十題，一題皆有三篇，旨同文異；假使出于一家之書，何取乎如此複沓？俞樾謂是後人集相里、相夫、鄧陵三派的墨書而成者，甚是可信。墨分爲三而宗旨不殊，安見儒分爲八而宗旨必異？尊意疑孔門弟子只有務外，主內兩派，並不如韓非子顯學篇所説之多，這句話我不甚敢信。因爲務外，主內，只是我們渾括的分類，我們的分類不即是當時的事實；而學派的分別，顯學篇上乃有姓氏可據也。至其所以分派之故，顯學篇雖未言，而荀子非十二子篇上頗録其梗概，則其區別大都在衣服、步履、顔色之上，而主張的爭論乃無幾何也。

“孟傳自曾子；荀傳自子夏”，這是後世的話，並無確據。孟子處在民生極憔悴的時候，汲汲要救民于水火，他雖自標爲儒，而根本的宗旨反與墨家相同。荀子生戰國之末，那時法家正盛，因此他的言論甚有近似法家的地方。所以我們與其説他們的學術見解傳授于孔門弟子，毋寧説他們的學術見解發生于時勢的鼓盪。孟傳自曾子，荀傳自子夏，無論沒有確實的憑據，即有確實的憑據，亦不能因了孟子荀子的主張而窺見曾子子夏的真相，因爲孟子荀子所處的時勢已經不是曾子子夏所處的時勢了。

子夏傳經，本是可能之事，但照漢以後人所説的師承系統，乃完全靠不住。託名于他的易傳和詩序，現在都已知道是假造的了；此外再有什麽著作？古文家因希望毛詩通行，加上一個老牌子，造爲子夏五傳至荀卿之説。然而荀子書上只有稱美子弓（仲弓），沒有稱美過子夏；不但沒有稱美過子夏，而且罵過“子夏氏之賤儒”。這還能説他是子夏的弟子嗎？

宋學承漢唐人繁瑣而不近人情的禮學之後，爲恢復理性的要求，放眼看古書，見論語、孟子和大學，中庸氣象闊大，人性飽滿，所以有四書的選定。四書只是宋人眼光中的四部好書集合在一起的，不能以大學爲曾子作，中庸爲子思作，而以孟子爲大學中庸的傳人。（"大學何以知爲曾子作?"戴震幼時已經這樣地懷疑了，有人能拿出證據來嗎?）

　　來書引康有爲先生語："子游受微言以傳諸孟子，子夏受大義以傳諸荀子：微言爲太平世大同教，大義爲升平世小康教。"這話只是把曾子換了子游，受的是禮運的支配，一樣地没有根據。子游子夏同列文學，何以孔子的微言竟全不傳于德行政事諸科呢? 大學、中庸、禮運諸篇，都是漢代人所作，前人評論已多，我們不能以此斷説孔門學派。

　　這個問題是學術史上的一個大問題，不是一二通信札所能解決的。匆匆奉答，説話甚不切實。以後我的生活較爲安定時，當再詳細討論。乞吾兄教之是幸。

　　　　　　　　　　　弟顧頡剛。十二，九，二十八。

附

郭紹虞：論孔門學風只有務外主內兩派書 *

頡剛兄：

　　近于講授時偶有啟發，以爲孔門弟子學風只有務外主內兩派，並不如韓非顯學篇所云之多。孔子內外兼修，其弟子則性有所偏，不過以親接孔子言論之故，尚不致分歧爲二；數傳以後，到孟荀兩家便大不相同了。孟傳自曾子；荀傳自子夏。曾子主內而子夏務外——此根據孟子公孫丑不動心章而言——所以孟明大義而荀重傳經。其後宋學宗孟，漢學尊荀。而宋學之中，二程便

　　* 原載民鐸雜誌第四卷第一號，1923 年 3 月 1 日；古史辨第二册。

已異趣；明道近孟，伊川近荀。象山近于明道，晦庵偏于伊川，于是宋學之間復有程朱陸王之爭。——此本蔡著中國倫理學史，實則都不外於務外主內兩派之學風也。所以探本求原，應當於孔門弟子的學風中求之，恰恰曾子子夏可以爲之代表。曾子忠恕一貫之言，都是盡己推己之旨；"吾日三省吾身"及"籩豆之事則有司存"，都是重本而不逐末之主張。所以謝上蔡説："獨曾子之學，專用心於內，故傳之無弊"，而曾子"臨大節不可奪"，"任重道遠"的精神，都是內部充實的結果。子思的"與天地參"，孟子的"浩然之氣"，全從此中得來。至子夏則"日知所亡，月無忘所能"，"博學，篤志，切問，近思"，"君子學以致其道"，全是務外之學；故其爲教，亦只重在灑掃應對進退之事，全與曾子異趣。此説較康長素所謂"子游受微言以傳諸孟子，子夏受大義以傳諸荀子，微言爲太平世大同教，大義爲升平世小康教"云云，似乎差勝。——近人講孔門學派的，弟只見康説，不知兄曾見其它主張否？——不過如我所言，亦有數項疑問：

　　　　(1)曾子戰戰兢兢的態度，和襲裘裼裘之爭，似乎亦是務外。

　　　　(2)子夏賢賢易色一章所言，及"小德出入"云云，似乎亦是內。

以此矛盾，所以疑不能決，請兄爲我一決之。至於説曾子子夏均以親接孔子言論，故還不甚分離固亦有理，但總非強有力之證據。此外更有一疑問——大學一書，究竟是否曾子所撰？請指教！若果出於曾子手，則弟前言更爲有力矣。

　　　　　　　　　　　　　　　　　　　弟郭紹虞。

春秋時代的孔子和漢代的孔子[*]

顧剛案：此文爲演講前所作之底稿，臨時因時間不足，改換題目，删減若干，故與民鐘報所載略有參差。十九年一月廿三日記。

今天講演這個題目，似乎是很可笑的，孔子只有一個，爲什麼會變做兩個呢？唉，孔子哪裏止兩個，各時代有各時代的孔子，即在一個時代中也有種種不同的孔子呢（例如戰國時的孟子和荀子所説的，宋代的朱熹和陸九淵所説的）。各時代的人，他們心中怎樣想，便怎樣説，孔子的人格也就跟着他們變個不歇。害得一般人永遠摸不清頭路，不知道孔子的真面目究竟是怎麼樣的。

我數年來，心中常有一個問題要求解決，這個問題是"孔子何以成爲聖人"？這個問題給信仰孔教的人看來是不成問題的，因爲他們知道孔子的本質是聖人，不必別人幫助他成功。但我們研究歷史的人不能這樣，我們對於一件事情，要知道他的原因，要知道他的結果。孔子的本質固然可以説是聖人，但何以孔子以前不用聖人的名來稱後世所承認的幾個古帝王（如堯、舜、禹、

[*] 1926 年 10 月 3 日在廈門大學演講，原載廈大週刊一百六十一——一百六十三期，1926 年 10 月 23—11 月 6 日；又中山大學語言歷史學研究所週刊第一集第五期，1927 年 11 月 29 日；古史辨第二册。

湯、文、武、周公)？又何以孔子以後再没有聖人出來？在這上面看，可見聖人的出生不是偶然的，必須在孔子這個時候，就是春秋之末。

孔子以前没有聖人嗎？不然，孔子以前的聖人多得很。但孔子以前的聖人不即是孔子時及孔子以後的聖人。我們可以從古書裏尋出一點材料。

我們先看詩經。詩經的大雅、小雅都是西周後期的詩。小雅正月篇説："召彼故老，訊之占夢，具曰予聖。"這是説故老和占夢者都把自己看做聖人。又十月之交篇是罵卿士皇父的，其中説"皇父孔聖"，孔，甚也。這是説皇父自以爲甚聖。又小旻篇説："國雖靡止，或聖或否。"這是説國雖不定，然而做官的人也有聖的，也有不聖的。小宛篇説："人之齊聖，飲酒溫克，彼昏不知，一醉日富。"這是説，齊（肅）聖的人喝了酒，還能殼保持溫文的樣子，那種昏亂不知的人，就一天比一天的醉得利害了。在這些材料裏看，聖似乎只有聰明的意思，並没有道德怎樣好的意思。在西周時無論那個人都可以自居於聖人，正和現在無論那個人都可以自居於聰明人一樣。北京地方有一句話，叫做"您聖明"，意思是"你是明白人"，就是這個意思。

最顯明的，是大雅中的兩首詩。抑篇説："其維哲人，告之話言，順德之行。其維愚人，覆謂我僭。"哲，知也。這是説有知識的人，告了他話，他就可以順了德而行；没有知識的人，若告了他，他就要反説我錯了。桑柔篇説："維此聖人，瞻言百里。維彼愚人，覆狂以喜。"這是説聖人所看見的所説的可以燭照得很遠，愚人不知禍患將臨，反要狂而喜了。抑篇以哲人與愚人對舉，桑柔篇又以聖人與愚人對舉，可見聖人和哲人的意義相同。哲也是只有聰明的意思，並没有道德好的意思。大雅瞻卬篇説："哲夫成城，哲婦傾城，懿厥哲婦，爲梟爲鴟。"那時人是不要女子有知識的，所以説聰明的男子造成了城，給聰明的女子推倒了；聰明的女子乃是惡鳥。聖哲只是本能的敏捷，不是德行的美滿，説的非常明白。

再看尚書。多方説：“惟聖罔念作狂，惟狂克念作聖。”這是説聖人沒有了念慮就要變作狂人（這狂人便是“覆狂以喜”的愚人），狂人能榖動念也就變了聖人。可見聖人和狂人只是有念與無念的分別。秦誓説有容量的人是“人之有技，若己有之；人之彥聖，其心好之。”這是説對於有技藝的人看作自己有的一般，對於彥聖的人心裏邊便喜歡他。彥聖與有技並舉，而且這種人是很容易碰見的，可見聖人不是“曠世而不一見”的人。洪範裏以“貌、言、視、聽、思”列爲五事，而曰“思曰睿，睿作聖”。貌言視聽思是個個人有的，只要把“思”用得好，就可以睿，就可以作聖。下邊列休徵咎徵，以聖列休徵，與蒙的咎徵對舉。蒙，愚昧也；在它對面的當然是聰敏。

聖人只是聰明人，是極普通的稱呼，爲什麼後來會得變做“神化無方”的不可捉摸的人呢？這裏面有複雜的原因，我且簡單的説一點。

我們讀論語，便可捉住它的中心問題——造成君子。一部論語，提出君子的有七八十條，但説到聖人的不過五條。把這七八十條提出君子的話歸納起來，可以得到幾條主要的觀念：（一）有禮貌（恭、敬），（二）有感情（仁、惠），（三）有理智（知、學），（四）有做人的宗旨（義、勇）。這實在是切實的人格陶冶。但君子一名也是由別種意義變化來的。先進篇説：“先進於禮樂，野人也；後進於禮樂，君子也。如用之，則吾從先進。”照這條看，似乎孔子不贊成君子；其實這個君子便是君子一名的原始的意義。君子，是國君之子，是一國中的貴族，與“公子”“王孫”等同義。因爲是貴族，所以君子可以與野人（平民）對舉。但後來意義變了，凡是有貴族的優美的風度和德行的都可稱爲君子，於是這君子便成了陶冶人格的目標。凡論語中所載，都是向着這方面走的。

論語中的聖人，比了詩、書中的聖人確是改變了意義了。孔子説：“聖人，吾不得而見之矣，得見君子者斯可矣。”子夏道：“君子之道，孰先傳焉，孰後倦焉；譬諸草木，區以別矣……有始有卒者，其維聖人乎？”可見他們確以聖人置於君子之上。君子既是陶冶人格的目標，而聖人又在其上，可見聖人成了理想中的最高的人格，不是普通人能彀達到的。子貢問道：“如能博施於民而能濟衆，何如？可謂仁乎？”子曰：“何事於仁，必也聖乎？堯、舜其猶病諸！”孔子又道：“若聖與仁則吾豈敢；抑爲之不厭，誨人不倦，則可謂云爾已矣。”在這兩條上面看，可見聖在仁上，雖以堯、舜這樣偉大的人物，而對於博施濟衆的這種聖人的事情還感受困難，可見聖人的高不可攀。

但論語中有一條似乎還沿着詩、書中的聖人的原義。太宰問于子貢曰：“夫子聖者與？何其多能也？”子貢曰：“固天縱之將聖，又多能也。”子聞之曰：“太宰知我乎！吾少也賤，故多能鄙事。君子多乎哉，不多也。”在這三個人的説話中，孔子是自居於君子，謙言君子不必多能。子貢説天要把他做成一個聖人，多能不過是些餘事。太宰的話則以多能爲聖人的標徵，因爲他看見孔子多能，所以疑心他是一個聖人。這三種話是三個意思，毫不連接。以多能爲聖，似乎奇怪，其實也平常。試看周公，孟子是把他列爲三聖之一的，但尚書金縢篇，他自稱“旦多材多藝，能事鬼神”，論語上又説“周公之材之美”，可見材美的人也是可以做到聖人的。和詩、書中的話合看，可見一個人只要有知有才就具備了聖人的條件。但這是古義，我們不必再講。

我們所要知道的，何以子貢會説“固天縱之將聖”一句話？我們知道，天是空的，所謂“天縱之將聖”實即是“人縱之將聖”。春秋、戰國間，因爲交通的便利，土地的開發，社會的文化和人民的知識漸漸地高了起來。但因爲邦國很多，終年征戰，國內階級又不少（左傳昭十年，楚芊尹無宇云：“人有十等……王臣公，公臣大夫，大夫臣士，士臣皁，皁臣輿，輿臣隸，隸臣僚，僚臣僕，僕臣臺”），人民苦痛得很。自從春秋末期以至戰國末期，這三百餘年之中，他們常有統一天下的要求，有剗除階級的要求。因爲要求統一，所以有禹的分畫九州，有堯的協和萬邦之説。因爲要求平等，所以有堯、舜禪讓，墨子尚賢之説。孟子要求以王政定天下，又好説“舜發於畎畝之中”等故事，即是代表這兩種要求。春秋末期人民的苦痛固然沒有像戰國時那樣利害，但儀封人已説：“天下之無道也久矣，天將以夫子爲木鐸。”可見那時苦於天下無道，大家希望有一個傑出的人出來收拾時局。孔子是一個有才幹的人，有宗旨的人，有熱誠的人，所以人望所歸，大家希望他成爲一個聖人，好施行他的教化來救濟天下。在孔子成名以前原已有過許多民衆的中心人物，如宋國的子罕，鄭國的子產，晉國的叔向，齊國的晏嬰，衛國的遽伯玉都是。但是他們一生做官，沒有餘力來教誨門弟子。惟有孔子，因爲他一生不曾大得志，他收的門弟子很多，他的思想有人替他宣傳，所以他的人格格外偉大。自從孔子没後，他的弟子再收弟子，蔚成一種極大的勢力，號爲儒家。自春秋末到秦、漢，儒家之外有勢力的只有一個墨家。儒家以孔子爲聖人，墨家以墨子爲聖人（莊子上説墨者“以巨子爲聖人”，巨子即墨家中之首領）。

孔子被許多人推做聖人，這是他自己料想不到的。我們讀論語，便可知道他修養的意味極重，政治的意味很少。不像孟子，他終日汲汲要行王政，要救民於水火之中。這是時代的關係，我們是很瞭解的。但那時的人哪能這樣，他們以爲孔子也是像孟子這般的。恰巧有一部儒家所傳習的魯史記春秋，説是孔子所作，於是就在這一部書上推求孔子的政治見解。在論語上，我們絶沒有看見“春秋”二字。在左傳上，我們也沒有看見孔子作春秋的事。但孟子上卻説：“世衰道微，邪説暴行有作，臣弒其君者有之，子弒其父者有之。孔子懼，作春秋。春秋，天子之事也。"後人更從他的話上闡發，於是説哀公十四年西狩獲麟，就是孔子受天命，他受了命，自號素王，於是作春秋，變周制，自作新王。他是不肯直言的，私把這番意思告給弟子，喚作"微言"。弟子口頭相傳，到漢始寫出，即是公羊傳。這種話可靠不可靠，我們現在不必去討論，我們只要知道古代的儒者對於孔子曾經有過這一種揣測罷了。

　　我們知道，孔子是一個很切實的人。他對子路説："知之爲知之，不知爲不知。"他所不説的有四種："怪、力、亂、神"。又説："我有知乎哉，無知也。"又説："學如不及，猶恐失之。"又説："吾嘗終日不食，終夜以思，無益，不如學也。"又説："未知生，焉知死。"在這種地方，都可見他是一個最誠實的學者，不説一句玄妙的話，他決不是一個宗教家。他自己既不能輕信宗教（"敬鬼神而遠之"，"祭如在，祭神如神在"），作一個宗教的信徒，又不肯自己創立一種宗教來吸收信徒。他只是自己切實的求知識，更勸人切實的求知識。但是以君子自待的孔子固然可以持這樣的態度，而以聖人待他的一般人卻不能如此。他們總覺得聖人是特異的人，應當什麼都知道，不能説"無知"；應當多説宇宙間的神秘現象，不能説生死和鬼神之事是不願講的。因此，當時對於他的傳説就有兩方面的發展，一方面是前知，一方面是博物。左傳上説魯國的桓、僖廟災，孔子在陳，聞魯火，説道："其桓、僖乎？"國語上説季桓子穿井獲羊；騙孔子道，吾穿井而得狗；孔子答道，以我推來，是土怪羵羊。吳伐越，獲大骨，去問他，他又説：這是禹致群神於會稽之山，防風氏後至，禹殺之，其骨節專車。這種話都是和論語上的孔子絕不相同的。推其所以致此之故，實在是當時一般人對於聖人的見解本是如此。莊子胠篋篇道："跖之徒問於跖曰：'盜亦有道乎？'跖曰：'何適而無有道耶！夫妄意室中之藏，聖也。入先，勇也。出後，義也。

知可否，知也。分均，仁也。'"這幾句話裏，以聖與知分立，可見聖與知的意義不同。妄意室中之藏，即是未卜先知之術。以未卜先知爲聖，可見民衆對於聖人的信仰的真諦。孔子既是聖人，孔子也應當未卜先知。

這還是戰國時的話呢。到了漢朝，真是鬧得不成樣子了。我們只要把緯書翻出一看，真要笑歪了嘴。他們説，孔子母徵在游于大澤之陂，睡，夢黑帝使請己。往，夢交，語曰："汝乳必於空桑之中。"覺則若感，生丘於空桑。他們説他的頭像屋宇之反，中低而四方高。身長九尺六寸，人皆稱他爲長人。他的胸前有"制作定，世符運"六字之文。他坐如蹲龍，立如牽羊，海口、牛唇、虎掌、龜脊、輔喉、駢齒，面如蒙俱。他們説孔子生之夜，有二蒼龍自天而下，有二神女擎赤霧於空中以沐徵在。先是有五老列於庭，則五星之精。有麟吐玉書於闕里人家云："水精之子，繼商、周而素王出，故蒼龍繞室，五星降庭。"徵在知其爲異，乃以繡紱繫麟角而去。至魯哀公十四年，魯人鉏商田於大澤，得麟以示夫子，夫子知命之終，乃抱麟解紱而去，涕泗焉。他們説孔子作春秋，制孝經，既成，使七十二弟子向北辰罄折而立，使曾子抱河、洛書北向。孔子齋戒，簪縹筆，衣絳單衣，向北辰而拜，告備於天曰："孝經四卷，春秋、河、洛凡八十一卷，謹已備。"天乃洪鬱起白霧摩地，赤虹自上下，化爲黃玉，長三尺，上有刻文。孔子跪受而讀之曰："寶文出，劉季握。卯金刀，在軫北。字禾子，天下服。"拿這種話和論語上的話一比，真要使人心痛，痛的是孔子受了委屈了，他們把一個不語怪力亂神的孔子浸入怪力亂神的醬缸裏去了。

但是，我們要知道，孔子若不受他們的委屈，給他們作弄，孔教的一個名詞是不會有的。經他們這樣的造作了謠言，於是孔子便真成了黑帝之子，真成了孔教的教主。到現在，你去隨便問一個鄉下人："文字是什麼人造的？""是孔夫子。""書籍是什麼人做的?""是孔夫子。""禮儀是什麼人定的?""也是孔夫子。"這便是孔教的勢力。倘使永遠從論語中去看孔子,民衆所需要於孔子的乃一無所有,孔子決不會得到纖毫的勢力。

但是,孔教是一個没有完工的宗教。何以説没有完工? 這和漢朝的經學很有關係。西漢的經學本來就是宗教:董仲舒是春秋大師,而他會求雨止雨。翼奉是詩經大師,而他會用時辰卜來客的邪正。王莽之時,假借符命以圖篡位,圖讖大盛。有一人名哀章,作銅匱爲兩檢,署其一曰"天帝行璽金匱圖",其一署曰"赤帝行璽邦傳予黄帝金策書",書言王莽爲真天子。圖書皆書莽大臣八人,又取令名王興、王盛,章因自竄姓名,凡爲十一人,皆署官爵爲輔佐。他衣了黄衣,持匱到高廟。明天,王莽到高廟,拜受金匱神禪,下書曰:"皇天上帝隆顯大佑,符契圖文,金匱策書,神明詔告,屬予以天下兆民。予甚祗畏,敢不欽受!"遂即真天子位,定國號曰新。哀章封爲國將美新公。因爲這種事做得太多了,又太顯明了,所以一般的民衆有了覺悟,每每相戲道:"獨無天帝除書乎?"向來這種話集中於孔子,倒很可加增人民的信仰;到這時成了日常的事情,於是大家不由得懷疑起來。恰巧這時經學方面有一個新派——古文家——起來,於是這一個派裏就絶對不收進神話的材料,只順着經書的文字釋義,把經書看成了歷史。經這樣一幹,孔教的大本營就覆滅了。宗教一面的材料没有寄頓之處,只得改拉了老子做教主,成就了道教。有了道教,於是民衆的信仰一齊流了進去,孔子就純粹地成了士大夫們的先師了。

我們在這一講裏,可以知道:春秋時的孔子是君子,戰國時的孔子是聖人,西漢時的孔子是教主,東漢後的孔子又成了聖人,到現在又快要成君子了。孔子成爲君子並不是薄待他,這是他的真相,這是他自己願意做的。我們要崇拜的,要紀念的,是這個真相的孔子!

致程憬：問孔子學説何以適應於秦漢以來的社會書[*]

仰之先生：

近來，我胸中常有許多對於孔子所發生的問題，自己竟解決不來。寫出幾個，請你指教。

（一）孔子時因經濟情狀的改變，故政治和道德隨之改變，而孔子以保存舊道德爲職志，何以他反成了新時代的適應者？

（二）秦漢以下直至清末，適用孔子一派的倫理學説，何以春秋時的道德觀念竟會維持得這樣長久？春秋時的時勢與秦漢以下的時勢畢竟不同，而終不能改變春秋時的道德，這是什麼緣故？

（三）戰國以來，創新道德和新政治的人還不少，例如商鞅、王安石、永嘉學派等，何以他們終不能在新時代中立一穩固之基礎？何以他們終給傳統的儒者打倒了？

以上的疑問，請隨便給我以解答，愈詳細愈好。

弟頡剛。十五，十一，十二。

---

* 原載古史辨第二册。

附

程憬：答書[*]

頡剛先生：

這幾個問題，若能詳細的觀察，探索，一一搜集證據，可成一篇長文。現因手邊無書，只隨愚見所及，抽象的説了一點，自知理由是不充足的。尚祈先生有以教我！

（一）

秦漢時的新社會的經濟構造和伴生的組織是在春秋戰國時的社會的胎裏孕育成的。因爲凡是一個新社會的成立，必是牠的物質的存在條件在舊社會裏漸漸的演變而完成的時侯。我們從中國經濟史和中國社會組織史上去觀察，知道從春秋中期以後直到秦時，那三百年是古代的舊社會的骨骼逐漸的毁壞而秦漢時的新社會的骨骼逐漸的形成的時期。其生産關係由農奴制度漸漸的變爲自由的佃户，其政治關係由封建制度漸漸的變爲半封建的國家形式。此時的社會是漸漸的由地主和農奴之對立階級而變爲富的和貧的之對立階級。

大概在一種特殊的經濟基礎與自然伴生的社會組織裏，其形成的道德觀念必自成一種特殊形式；因爲所謂道德的意義只是在能吻合其社會的階級關係所需求的行爲上的裁制。所以到了社會的經濟基礎改變或動摇的時侯，則建立其上而與之適應的法律，政治和道德也就相伴的改變或動摇了。

---

[*] 原載中山大學語言歷史學研究所週刊第二集第十三期，1928 年 1 月 23 日，題再論孔子學説所以適應於秦漢以來的社會的緣故；古史辨第二册。

春秋中期以後，古代的封建社會便逐漸的動搖了，政治和法律也逐漸的變了（如管仲的變法，如鄧析的竹刑）。于是古代的道德也根本不能立足了。要是嚴格的説來，古代的封建社會裏是沒有所謂政治，所謂法律，所謂道德的。土地的所有者（天子、諸侯、大夫）和農奴是主僕的關係，用不着政治的手段；至于天子與諸侯間，本來只是一種名義的連絡，無真正政治上的統屬。（記得公羊有一節話可證，待查。其實，在春秋初期如周鄭交質的事，完全是對等國的行爲。孔子所羨慕的封建盛世，只是他的猜想而已。）至于法律，只有刑法，拿來制服奴隸的，不公開的。此時更無所謂禮法。（一部春秋可證明那時還是一個沒有禮教的社會。）古代的封建社會的維持秩序的東西，便是宗教；天意的政治，天罰的戒律，天命的人生觀。人類兢兢戰戰的馴服于天威之下，敬奉天爲支配主宰。權力者完全依靠這種恐怖觀念來裁制被壓迫者的一切行爲。

到了春秋中期以後便不同了（春秋左傳可證）。有了懷疑到天的威權的思想了，奴隸制的社會所形成的政治，刑法，倫理便漸漸的控制不住人心了。人從天意的約束裏解放了出來。到了孔子時候，于是對于古代的思想的反抗運動起來了。孔子的思想，一方面懷疑古代的思想，一方面創立一種適應于新生活的學説。所謂“德治”，所謂“禮化”，都和古代的思想冲突的。孔子在當時不是一個舊派，是一個能注重社會實際情況的改進家。他的思想在當時不能實現的原因，是因爲他的主張過于空泛，而且他的理想所依居的物質條件還沒有成立，只是在進行的過程中。（後來的新社會的階級關係，那時還沒有成熟，在萌芽中。）所以他一生到處游説，到處活動，終不能實現他的新理想。

從孔子到荀子這二百餘年中，新社會的物質基礎漸漸的完成了，舊社會的骨骼漸漸的毀滅了；小國併于大國，漸漸的有統一的趨向。這時儒家的主張也逐漸的完密了，尤其那所謂“禮”。到了秦的統一六國，是中國第一次大統一，但不久又崩壞了。漢的統一是表明在春秋戰國間社會的胎裹所孕育成的物質條件完全成熟後而形成的一種新式國家。那時，古代的舊社會所遺下的一切鐐械完全破壞了，完全是一個簇新的社會了。

儒家的思想，尤其是那道德主張，所謂"禮"，在先秦的時代不能實行，而在秦漢以後的時代能實行的惟一理由：因爲那種主張在先時，其所依據的必要的存在條件没有完成，和不能引起當時權力階級的注意；在春秋戰國間，舊社會的遺形物並没有完全除去，而且當時權力階級都是用全力注意於土地兼併（兼併的原因，由于經濟的激進而促起的）；到了秦漢以後，其所依據的條件已成立，實際上且能應付當時的權力階級（皇帝）所想像的需要，因爲儒家的道德主張正是當時的權力階級所卧寐求之的妙物（漢高祖的言論可證）。

（二）

秦漢以下直到清末，這二千年的社會是一個基礎在同一的經濟構造上建立而成的社會。我們從歷史上去觀察，看見這二千年的社會生活是時時變換的，最顯著的便是政治上的朝代更換。其實，這種朝代的更換是表面的，枝葉的；在社會的經濟構造和伴生的組織根本上，骨子裏卻没有改變。這麼一個長久的社會，是一個半封建的社會，組織在"富的"（皇帝、官僚、小地主、商人等）和"貧的"（佃户、傭工）兩個階級之上。在富的階級裏，富有小大的不同，其間也自然分成階級。此時的貧的階級和古代的農奴不同了：他們是勞動力的零碎賣者，所以有自由的人格；同時，他們還有自然的，可以達到富的階級的期望。

在這種社會狀態裏，其階級間確有一種需求，一種能制裁階級的爭奪的道德。在富的階級（權力者）的心理，盼望構成一種方法，一種政治的、法律的、道德的裁制方法，能毂抑殺其對方奪

爭的心理，使其順受于階級的約束。換句話説，便是權力者爲了
自己的利益欲使利益失卻者馴服於自己權力之下而已。儒家的思
想主張之能受秦漢以後的權力者的歡迎，能够維持這麼久遠，其
理由便是因爲他們的學説非常的吻合這二千年的社會的權力派的
需求耳。

　　儒家的道德主張（我們不能説是孔子的道德主張；儒家的道
德主張是啟發於孔子而大成於荀子的，秦漢以後的儒家亦有功於
孔子的道德觀的發揮）的骨子裏，隱含有一個重要思想，便是"安
名守分"。二千年的禮教便是建築在這四個字上。原來儒家是根
本的承認社會階級的存在；凡是認階級的存在爲必然的人，沒有
不默認權力者所得的利益爲正當的，沒有不誠懇的替權力階級制
造種種有力的禮教文明的。孔子是第一個能賞識階級社會的人，
所以他首先爲權力階級制造了一大批護身寶物——所謂精神感化
的道德律，即是禮教。他用禮教來做拘束行爲的工具。他曾勸人
要安貧賤，守禮義，其實只是勸人要默認權力階級的權利而已。
這句話不是冤枉他的。我們試問：人爲什麼會有富貴和貧賤的區
分？所謂禮義的標準是什麼？他又説："天下有道，則禮樂自天
子出。……"這種話的實際效用，不過是替"人君"造成一條控制
"人民"的鞭子罷了。因爲他承認階級的社會，所以他要用"安名
守分"來做道德的組織法。這個觀念，到了荀子手裏便玩得很完
備了。漢初的儒家也曾出過力來製造這種禮法。（高祖本來瞧不
起儒生，後來儒生把這一套妙物玩了起來，而高祖也不能不心悦
誠服道："吾今乃知爲皇帝之貴也！"所謂儒家重"辨上下，定民
志"，不過製造一些禮法來迎合權力者罷了！）從此儒家得勢，把
這二千年的階級社會逐漸的造成一個層層相壓的，嚴密的禮法社
會。儒家的得勢（即是孔子的得勢），儒家的受各時代的權力階級
的歡迎，便是這個緣故。儒家的道德主張（即孔子的道德主張）竟
會維持到這麼長久，也是這個緣故。

（三）

關於第三個問題，現因爲手邊沒有他們的書，不能作答。但依我的觀察，大凡一種新政治一種新道德，要看他們能否在新時代中立一穩固的基礎，須注意以下兩點：

一、那些主張究竟是否能適應于當時社會的需求，尤其究竟和當時的權力階級的期望有沒有衝突之處（指過去的社會）。

二、那些主張的客觀的存在條件（物質條件）有沒有成立。凡是所謂空想的學說之終無實現的可能，原因都是由其依據的物質條件沒有成立，或者是由於他們不注意於社會的實際的情況而只作不着邊際的空想。大概創作一種學說，必須依據那社會的物質構造，適應其間的物質條件，而後才可望牠成爲事實。若是只“依自己所想起，或在自己所選擇的條件之下創造牠”，那終是空想的。王莽的失敗，王安石的失敗，一班井田論者的失敗，其原因皆是如此。新道德論者的終成空想，終爲孔子學派所打倒，亦可從這些地方着眼，以考求他們失敗的真正原因。

弟憼。十五年十一月十四夜，南普陀。

致傅斯年：問孔子學說何以適應於秦漢以來的社會書[*]

孟真兄：

弟有一疑難問題乞兄一決：

在論語上看，孔子只是舊文化的繼續者而非新時代的開創者。但秦漢以後是一新時代，何以孔子竟成了這個時代的中心人物？

用唯物史觀來看孔子的學說，他的思想乃是封建社會的產物。秦漢以下不是封建社會了，何以他的學說竟會支配得這樣長久？

商鞅、趙武靈王、李斯一輩人，都是新時代的開創者，何以他們造成了新時代之後，反而成爲新時代中的衆矢之的？

弟覺得對於此問題，除非作下列的解釋才行：

孔子不是完全爲舊文化的繼續者，多少含些新時代的理想，經他的弟子們的宣傳，他遂甚適應於新時代的要求。

商鞅們創造的新時代，因爲太與舊社會相衝突，使民衆不能安定，故漢代調和二者而立國。漢的國家不能脱離封建社會的氣息，故孔子之道不曾失敗。漢後二千年，社會不曾改變，故孔子之道會得傳衍得這樣長久。

---

* 原載中山大學語言歷史學研究所週刊第一集第六期，1927 年 12 月 6 日；古史辨第二册。附書同。

兄覺得這樣解釋對嗎？ 請批評愈詳愈好。

　　　　　　　　　　弟顧剛。十五，十一，十八。

附

傅斯年：答書（一）

顧剛兄：

　　十八日信到，甚喜。

　　你提出的這個問題，我對於這個問題本身有討論。你問：“在論語上看……何以孔子成了這個時代的中心人物？”我想，我們看歷史上的事，甚不可遇事爲他求一理性的因，因爲許多事實的產生，但有一個“歷史的積因”，不必有一個理性的因。即如佛教，在南北朝隋唐時在中國大行，豈是謂佛教恰合于當年社會？豈是謂從唯物史觀看來，佛教恰當於這時興盛於中國？實在不過中國當年社會中人感覺人生之艱苦太大（這種感覺何時不然，不過有時特別大），而中國當年已有之迷信與理性不足以安慰之，有物從外來，誰先確立根基，不論他是佛，是祆，是摩尼，是景教，先來居勢，並不盡由于佛特別適於中國。且佛之不適於中國固有歷史，遠比景教等大。那種空桑之教，無處不和中國人傳統思想相反。然而竟能大行，則是因爲這種迷信先別種迷信而來，宣傳這種迷信比宣傳別種迷信的人多，遂至於居上。人們只是要一種“有説作”的迷信，從不暇細問這迷信的細節。耶穌教西行，想也是一個道理。我們很不能説那薩特的耶穌一綫最適宜于龐大而頹唐的羅馬帝國，實在那時羅馬帝國的人們但要一種“有説作”的迷信以安慰其苦倦，而恰有那薩特的耶穌一綫奮鬥的最力，遂至於接受。我常想，假如耶穌教東來到中國，佛教西去到歐洲，

未必不一般的流行，或者更少困難些。因爲佛教在精神上到底是
個印度日耳曼人的出産品，而希伯來傳訓中，宗法社會思想之重
甚類中國也。（此等事在別處當詳説。）

　　我説這一篇旁邊話，只是想比喻儒家和漢以來的社會不必有
"銀丁扣"的合拍，只要儒家道理中有幾個成分和漢以來的社會中
一要部分有相同的關係，同時儒家的東西有其説，而又有人傳，
別家的東西没有這多説，也没有這多人傳，就可以幾世後儒家統
一了中等階級的人文。儒家儘可以有若干質素甚不合於漢朝的物
事，但漢朝找不到一個更有力的適宜者，儒家遂立足了。一旦立
足之後，想他失位，除非社會有大變動；小變動，他是能以無形
的變遷而適應的。從漢武帝到清亡，儒家無形的變動甚多，但社
會的變化究不曾變到使他四方都倒之勢。他之能維持二千年，不
見得是他有力量維持二千年，恐怕是由於別家没有力量舉出一個
Alternative（別家没有這個機會）。

　　儒家到了漢朝統一中國，想是因爲歷史上一層一層積累到勢
必如此，不見得能求到一個漢朝與儒家直接相對的理性的對當。

　　這恐怕牽到看歷史事實的一個邏輯問題。

　　説孔子於舊文化之成精密外，更有何等開創，實找不出證
據。把論語來看，孔子之人物即可分爲四條。

　　（一）孔子是個入世的人，因此受若干楚人的侮辱。

　　（二）孔子的國際政治思想，只是一個霸道，全不是孟子所謂
王道，理想人物即是齊桓、管仲。但這種淺義甚合孔子的時代。
（此條長信已説。）

　　（三）孔子的國内政治思想，自然是"强公室，杜私門"主義。
如果孔子有甚新物事貢獻，想就是這個了。這自然是甚合戰國時
代的。但孔子之所謂正名，頗是偏於恢復故來的整齊（至少是他
所想象的故來），而戰國時之名法家則是另一種新勢力之發展。
且戰國時之名法家，多三晉人，甚少稱道孔子，每每譏儒家。或

者孔子這思想竟不是戰國時這種思想之泉源，但這種思想究竟我
們見之於孔子者為最早。

（四）孔子真是一個最上流十足的魯人。這恐怕是孔子成後來
中心人物之真原因了。魯國在春秋時代，一般的中產階級文化必
然是比哪一國都高，所以魯國的風氣是向四方面發展的。齊之
"一變至於魯"，在漢朝已是大成就，當時的六藝是齊魯共之的。
這個魯化到齊，從何時開始，我們已不可得而知，但戰國時的淳
于髡鄒衍等已算是齊采色的儒家。魯化到三晉，我們知道最早的
有子夏與魏文侯的故事。中央的幾國是孔子自己"宣傳"所到。他
的孫子是在衛的。荀卿的思想，一面是魯國儒家的正傳，一面三
晉的采色那麼濃厚。魯化到楚，也是很早的。陳良總是比孟子前
一兩輩的人，他已經是北學于中國了。屈原的時代，在戰國不甚
遲，離騷一部書，即令是他死後戀傷他的人之作，想也不至於甚
後，而這篇裏"上稱帝嚳，下道齊桓，中述湯武，遠及堯舜"四端
中，三端顯是自魯來的。又莊子天下篇，自然不是一篇很早的
文，但以他所稱與不稱的人比列一下子，總也不能甚遲，至遲當
是荀卿呂不韋前一輩的人。且這文也看不出是魯國人做的痕跡。
這篇文於儒家以外，都是以人為單位，而于鄒魯獨為一 Collective
之論，這裏邊沒有一句稱孔子的話，而一大節發揮以鄒魯為文
宗。大約當時人談人文者仰鄒魯，而鄒魯之中以孔子為最大的聞
人。孔子之成後來中心人物，想必是憑藉魯國。

論語上使我們顯然看出孔子是個吸收當時文化最深的人。大
約記得的前言往行甚多，而於音樂特別有了解，有手段。他不必
有什麼特別新供獻，只要魯國沒有比他更大的聞人，他已經可以
憑藉着為中心人物了。

魯國的儒化有兩個特別的采色：

（一）儒化最好文飾，也最長于文飾。抱着若干真假的故事，
若干真假的故器，務皮毛者必采用。所以好名高的世主總采儒

家，自魏文侯以至漢武帝。而真有世間閲歷的人都不大看得起儒家，如漢之高宣。

（二）比上一項更有關係的，是儒家的道德觀念，純是一個宗法社會的理性發展。中國始終没有脱離了宗法社會。世上自有歷史以來，也只有一小部分的希臘及近代歐洲脱離了宗法社會，雖羅馬也未脱離的。印度日耳曼民族中，所以能有一小部分脱離宗法社會的原故，想是由於這些民族的一個最特別的風俗是重女子（張騫的大發明）。因爲女子在家庭中有力量，所以至少在平民階級中成小家庭的狀態，而宗法因爲廢弛。中國的社會，始終以家爲單位。三晉的思想家每每只承認君權，但宗法社會在中國的中等階級以上是難得消失的。這種自完其説的宗法倫理漸漸傳布，也許即是魯國文化得上風的由來。

本來宗法社會也但是一個有産階級的社會，在奴婢及無産業人從來談不到宗法。宗法的倫理必先嚴父，這實於入戰國以來專制政治之發達未嘗不合。那樣變法的秦伯，偏諡爲孝公。秦始皇統一後，第一舉即是到嶧山下，聚諸儒而議禮，迫議論不成，然後一人游幸起來。後來至於焚書坑儒，恐俱非其本心。秦王是個最好功喜名的人，儒家之文飾自甚合他的本味。試看嶧山刻石，特提"孝道顯明"。而會稽刻石，"匡飭異俗"之言曰："有子而嫁，背死不貞；防隔内外，禁止淫佚，男女絜誠；夫爲寄豭，殺之無罪，男秉義程；妻爲逃嫁，子不得母"，看他這樣以魯俗匡飭越俗的宗旨。秦國的宗法倫理，在上流社會上是不曾墮的。故始皇必以清議而納母歸。孝之一字必在世家方有意義，所以當時孝字即等于 decency。甚至如劉邦一類下等流氓，亦必被人稱爲大孝；而漢朝皇帝無一不以孝爲諡。暴發户學世家，不得不如此耳。有這個社會情形，則魯儒宗之倫理傳布因得其憑藉。

封建一個名詞之下，有甚多不同的含義。西周的封建，是開國殖民，所封建是謂一種特殊的社會組織。西漢的封建是割裂郡縣，所以這時所謂封建但是一地理上之名詞而已。宗周或以滅國而封建，如殷唐等；或以拓新土而封建，如江漢；其能封建稍久的，在内則公室貴族平民間相影響成一種社會的組織。其中多含人民的組織。人民之於君上，以方域小而覺親，以接觸近而覺密。試看國風，那時人民對於那時公室的興味何其密切，那一諸侯之民，便是他的戰卒，但卻不即是他的俘虜。這種社會是養成的。後來兼併愈大，愈不使其下層人民多組織。（因爲如此最不便於奴使。）其人民對於其公室之興味，愈來愈小。其爲政者必使其人民如一團散沙，然後可以爲治。如秦始皇之遷天下豪傑於咸陽，即破除人民的組織的最顯明的事。封建社會之滅由于十二國七國之兼併，秦只是把六國滅了罷了。封建的社會制早已亡，不待秦。

中國之由春秋時代的"家國"演進爲戰國時代的"基於征服之義"之國，是使中國人可以有政治的大組織，免於匈奴鮮卑之滅亡我們的；同時也是使中國的政治永不能細而好的。因爲從戰國秦的局面再一變，只能變到中央亞細亞大帝國之局面，想變到歐洲政治之局面是一經離開封建制以後不可能的。（從蒙古滅宋後，中國的國家已經成了中央亞細亞大帝國之局面了。唐宋的政治雖腐敗，比起明清來，到底多點"民氣"。）

在漢初年，假如南粵趙氏多傳一百年，吳濞傳國能到宣元時，或者粵吳重新得些封建社會的組織。但國既那末大，又是經過一番郡縣之後，這設想是甚不自然的。漢初封建只是劉家家略，劉邦們想如此可以使姓劉的長久，遂割郡縣以爲國。這是於社會的組織上甚不相涉的。頂多能够恢復到戰國的七雄，決不能恢復到成周春秋之封建。封建之爲一種社會的組織，是在戰國廢的，不是在秦廢的。漢未嘗試着恢復這社會的組織，也正不能。

我覺得秦國之有所改變，只是順當年七國一般的趨勢，不特不曾孤意的特爲改變，而且比起六國來反爲保守。六國在戰國時以經濟之發展，侈靡而失其初年軍國之精神（特別是三晉），秦國則立意保存，從孝公直到秦皇。

漢初一意承秦之續，不見得有一點"調和二者"的痕跡。這層漢儒是很覺得的。太史公把漢看得和秦一般。直到王莽時，楊雄劇秦美新，亦只是劇漢美新耳。東漢的儒家方才覺得漢不是秦。

儒家雖由漢武定爲國教，但儒家的政治理想始終未完全實現。東漢晚年禮刑之辨，實是春秋理想與戰國理想之爭，魯國理想與三晉理想之爭。魯國以國小而文化久，在戰國時也未曾大脫春秋時封建氣。儒家的理想，總是以爲國家不應只管政刑，還要有些社會政策，養生，送死，乃至儀節。三晉思想總是以爲這都非國家所能爲，所應爲，國家但執柄。其弊是儒家從不能有一種超於 Ethics 的客觀思想，而三晉思想家所立的抽象的機作亦始終不可見，但成君王之督責獨裁而已。

近代最代表純正儒家思想者，如顧亭林，其封建十論何嘗與柳子厚所論者爲一件事。柳子厚的問題是：封建（即裂土，非成俗）於帝室之保全，國內之秩序爲便呢，或是但是郡縣？亭林的問題是：封建（即成俗，非裂土）能安民，或者郡縣？亭林答案，以爲"郡縣之弊其弊在上"，必層層設監，愈不勝其監，刺史本是行官，旋即代太守，巡按本是行官，即代布政，愈防愈腐，以人民之中未有報實也。

中國離封建之局（社會的意義），遂不得更有歐洲政治的居面，此義我深信深持，惜此信中不能更詳寫下。

商鞅、趙武靈王、李斯實在不是一輩人。商鞅不是一個理想家，也不是一個專看到將來的人。他所行的法，大略可以分做四格：（一）見到晉國霸業時之軍國辦法，以此風訓練秦國。（二）使警察成人民生活的習慣。（三）抑止財富的勢力侵到軍國，此亦是鑒于晉之頹唐。（四）使法令絕對的實行。商君到底是個三晉人。自孝公以來，秦所以盛，我試爲此公式："以戎秦之粗質，取三晉之嚴文。"商鞅這種變法，是與後來儒家的變法家，如王莽，王安石等，絕然不同的。

趙武靈王不曾變法，只是想使人民戎俗而好戰，以便開拓胡地中山，並以併秦。他是一個甚浪漫的人，但不見得有制度思想。

李斯的把戲中，真正太多荀卿的思想。荀卿所最痛言的"壹天下建國家之權稱"，李斯實現的。他的事作與商君的事作甚不類。商君是成俗，李斯是定權衡。

這些人不見得在當時即爲"眾矢之的"。我們現在讀戰國的歷史，只能靠一部史記。戰國策已佚，今存當是後人輯本（吳汝綸此説甚是），而這部史記恰恰是一部儒家思想的人做的。商君的人格，想也是很有力量而超越平凡的。看他答公孫痤之言，何其有見識而有擔當。且後來一靠孝公，不爲私謀，秦國終有些爲他訴冤的人。即今有人攻擊他，也必是攻擊他的私人，不聞以他之法爲眾矢之的。至于李斯，後人比忠者每稱之。史記上更有一個破綻："人皆以斯極忠而被五刑。察其本，乃與俗議之異。不然，斯之功且與周召列矣。"可見子長時人尚皆稱許李斯，子長一人在史記上作翻案文章耳。子長最痛恨公孫弘，最看不起衛霍一流暴發戶，最不謂然的是好大喜功，故結果成了一部於漢武帝過不去的謗書。他這"一家之言"，我們要留神的。陳涉造反，尚用扶蘇的名義，可見當時蒙將軍之死必是世人歌泣的一件事。蒙氏有大功而被大刑，不合太史公的脾胃，把他一筆抹殺，這豈能代表當年的輿論哉。如果史記有好處，必是他的"先黃老而後六經，退處士而進奸雄，羞貨利而羞賤貧"。但頭一句尚是他的老子的好處。他的儒家思想之重，使這書但成"一家之言"。假若現在尚有當年民間的著述，必另是一番議論。我們現在切不可從這不充足的材料中抽結論。

到了後世甚遠，儒家思想，儒家記載專利了，當年民間真正的輿論就不見了。

宋前曹操在民間的名譽不壞。從宋起，儒家思想普及民間，而曹公變爲"衆矢之的"，當年何曾是如此的。

以上一氣寫下，一時想到者，意實未盡也。

弟斯年。十五，十一，二十八。

傅斯年：答書（二）

頡剛兄：

兄第六信提出一事弟於上次信中叙了我的意思很多。我現在補説下列幾句：

中國社會的變遷，不在春秋戰國之交，而在秦。七國制，秦制，漢制都差不多。其得失存亡，在政而不在制。

商鞅一般人不見得在當時受惡名，我又舉下列兩事：（一）李斯上書，舉商君以爲客之益秦之例。（二）公孫衍、張儀，孟子的學生大稱之，大約是當時時論，而遭了孟子大頓罵。孟子是儒家，不見得能代表當時時論。

有一人頗有一部分像商君者，即吳起，在其能制法明令以強國。而吳起所得罪的人，也正是商君所得罪的，即是當時的貴族。大約戰國初年的趨勢，是以削貴族的法子強國。

記得史記上一處提李斯云，"善則歸君，過則歸己"，是一漢人之言。當時輿論對斯公本不壞也。

弟斯年。十五，十二，七。

孔子研究講義 [*]

孔子研究課旨趣書

　　孔子是怎樣一個偉大的人物？但孔子的事實究竟怎麼樣？孔子學説的勢力是怎樣擴大起來的？歷來研究的人實在很少，一般人對於孔子只有空泛的崇拜，他們的標語是：自有生民以來未有孔子也。進一步的也只有覺得詩、書、禮、樂自孔子，是一個不變的天經地義。自己想提倡一種道德論或政治論時，只有宛轉隸屬到孔子的系統之下纔能占勢力，於是他自命爲孔子的傳人，宣言道我的話即是孔子的話。這種利用孔子的人固然很聰敏，但孔子的事實和主張卻給他們混亂了不少，比較盲目崇拜者（他們只把自己的精神寄頓在孔子身上）反爲有害。

　　一個人的人格無論如何偉大，既有崇拜的人，自然會有攻擊的人。戰國秦漢之際，墨家道家攻擊孔子便很利害，其實他們何嘗攻擊了真的孔子呢。他們只攻擊了利用孔子名義而建立自己主

　　*　1928 年 10 月 2 日作。中山大學油印。原載中山大學語言歷史學研究所週刊第五集第五七、五八合期，1928 年 12 月 5 日；又中國典籍與文化論叢第七輯，北京大學出版社，2002 年 10 月。

張的儒家。西漢以後學術定於一尊，就使善罵的人也不敢罵了。直到近數十年受了列強帝國主義的壓迫，兵敗於外、民貧於內，大家始瞿然尋求國家貧弱的原因，而歸咎於用孔子學說爲國家政治道德之基礎的不合，於是攻擊孔子的議論又盛極一時。受了平等的洗禮的人要打倒天尊地卑、乾坤定矣的學說；主張發展個性的人便要摧破吃人的禮教的壁壘；希望國家多得健全的公民的更要撥去身體髮膚受之父母不敢毁傷的束縛……他們攻擊的歸宿都歸到孔子身上，其實他們所攻擊的又何嘗是真的孔子呢，孔子只是代人受過。

這幾年中，常有學校讀經問題的爭執，孔廟祭祀問題的爭執，舊道德提倡問題的爭執，他們兩方面的勝敗好像是循環似的，西風剛壓了東風，東風又反過來壓西風了。我氣不過的是兩方面只有啞嘶殺，或者只有極門面、極無意味的幾句話：一方面説孔教爲腐敗思想的根源；一方面卻説人心不古，世風日下，皆由孔教不振之所致也。照這樣子罵來罵去便是再過一百年這個問題仍舊不會解決的。

我們在中山大學史學系（或是在別的系而兼修史學系的功課的），對"孔子是歷史上最偉大的人物，孔子的學說支配了二千餘年的中國人的道德政治和學術，在歷史上的地位何等重要"，這樣的大問題我們不去解決它還望什麽人去解決，我們放着這重要的史跡不管再有什麽人去管，而且我們要紀念孫中山先生便不敢忘卻他的學說的基礎知難行易，我們在大學的人若還不肯做這難的一步功夫，再有什麽人肯去做呢？所以我們現在提出這個題目，希望將來可以解決這個題目。

現在開這門功課限半年結束，這樣一個歷史上的大問題哪裏是半年功夫所能窮其涯際的？所以這門功課只是一個發端。諸位如果對於這門功課感到興趣，希望各人選定了一個小題目，作長期的研究，將來許多人把研究的結果拼合起來，這個大問題就有解決的希望了。到那時，孔子偉大的真實出現了，各時代人替孔子加上的偉大都還給各時代了，閉着眼睛而崇拜孔子或攻擊孔子的人也可張開來向近處遠處望一望了。到這時候我們纔可以放膽説：孔子學説哪一部分是適用於今日的，應當保存；哪一部分已經不適用了，不妨丢掉。我們纔可以確定對於新舊思潮的迎拒！

　　話雖如此説，我們做歷史研究的人是不當豫先存着這種計算功利的念頭的。我們的本分，惟有把材料細細地分析，在分析之下判別它們的真實與虛僞；在分析之下尋出它們的相互關係和變遷的歷程。我們不管是非，不管善惡，單講然否。孔子學説好，我們不提倡；孔子學説壞，我們也不排斥；我們只要處處還它一個本相。換一句話説：我們要立於超然者的地位，用客觀的態度來研究孔子，不要糅雜絲毫感情。至於存善去惡措諸實用這事是政治家和教育家的責任，不是我們研究史學的人的責任。這句話初聽似乎奇怪，其實是很普通的事情，社會的組織複雜了，自然應當分工，所以研究力學的人不必兼製造機械，研究植物學的人也無須管理園藝，研究生理學的人更不能越職而替人治病。

　　現在我們的講義豫備分作四種：

　　　　甲種——孔子事實及記載孔子事實之文籍考訂。我們希望在一種講義裏把舊的孔子史實審查一番，抽出可靠的史料，作成一篇孔子新傳。論語、家語、孔子世家是專記孔子事蹟的，材料之來源與篇章之真僞，尤當細考。

　　　　乙種——各時代人心目中之孔子。各時代的人都受他當代時勢的影響，各有他們切要的需求，在他的需求中去想像孔子的人格。自然，孔子的人格會得隨了各個時代的潮流而變遷，現在把這些材料集合起來看孔子的面目改變了多少次。

　　　　丙種——道統傳衍問題。道統之説倡於孟子，從此以後變成了儒家爭奪主席的目標。甲説：堯、舜之道自孔子殁不得其傳焉，而某某冥契於千載之上，直接孔子之統。乙説：某某欲肩道統而力不能勝，承孟軻之新傳者其在予乎？我們現在要問究竟孔子時有没有道統？這一件東西歷代儒者所爭奪之道統曾經給幾個人搶到手，搶到手的爲什麼又給别人搶去了。

丁種——經書著作問題。六經的著作人向有兩説：古文家説爲周公所作而孔子述之；今文家則説爲孔子所作；到了近日又有人説六經既非周公作，亦非孔子作，乃是幾部不相干的書凑合在一起的。我們對於這個問題也要考量一下。

這樣做下去幾乎牽涉到中國的全部歷史，在半年中可信這份講義一定編不好，但我們只要認定了這個目標走去，將來不怕寫不成一部可以滿意的孔子研究。

至於這門功課的參考書，可以説太多，也可以説太少，爲什麼呢？孔子的勢力太大了，差不多無論哪種書裏都有可用的材料，真要做研究時，不知道要翻完幾千種書，所以説太多。但我們要得到一些常識作研究的豫備時，適用的書實在没有幾部（其故由於從前人想不到集合了許多材料作研究的憑藉），所以説太少。今就最切要的，并且容易買到的書開出幾部於下：

論語（十三經注疏本、朱熹集注本。）

論語餘説（清崔述著。東壁遺書本。此書指出論語中僞作和可疑的篇章，眼光極鋭利。）

孔子家語（劉世珩影宋本，石印，劉刻本易得。此書爲王肅僞作，但係輯集古書而成。）

家語疏證（清孫志祖著。自刻本）

家語證僞（清范家相著。鑄學齋叢書本）

（以上二書辨家語之僞。）

孔子集語（宋薛據輯。百子全書本。）

孔子集語（清孫星衍、嚴可均輯。平津館叢書本、浙江圖書館二十二子本。）

（以上二書輯録古書中所載孔子言行，雖不別真僞而甚易翻檢，後書爲勝。）

洙泗考信録（清崔述著。爲最完善之孔子傳。）

洙泗考信餘録（清崔述著。爲完善之孔子弟子傳。）

孔子改制考（康有爲著。北京海王村公園長興書局刻本。此書輯録戰國、秦、漢間人所道孔子言行，以證孔子確有改制之事，雖未必可信，但把漢以前人的心目中之孔子揭出，且把漢以前的託古改制之風氣揭出，實甚重要。）

各史儒林傳、道學傳

宋元學案（清黄宗羲著，全祖望補。通行本。）

明儒學案（清黄宗羲著。通行本。）

清學案小識（清唐鑑著。通行本。）

理學宗傳（清孫奇逢著。浙江圖書館本。）

（以上五種，爲記載歷代儒者的歷史。）

孟子（注疏本、集注本。）

荀子（二十二子本。）

墨子（孫詒讓墨子閒詁最善。）

莊子（二十二子本。）

（在以上四種書中可以見出孔子學派在戰國時之地位。）

揚子法言（二十二子本。）

文中子（二十二子本。）

韓昌黎集（通行本。）

（以上三人均欲繼承孔子道統而未成者。可以見出自漢至唐的儒者思想。）

按語 *

孔子世家
（史記卷四十七）
（孔子研究講義甲種之一）

　　顧剛案：史記孔子世家，西漢人之孔子傳耳，不足爲真實之孔子傳。端推此篇，苟不先加諷籀，則一切孔子事實之討論，將以不得一系統之故而感種種之不便，故先録此篇而以駁辨之言附於後。

洙泗考信録中糾正之孔子世家所記之事實
崔　述
（孔子研究講義甲種之二）

　　顧剛案：孔子世家作於西漢中葉，當是時，戰國時所起之孔子傳説已被認爲孔子史實矣，即西漢初所起者亦駸駸焉方駕而行矣。司馬遷雖有屏去不雅訓之言之自覺心，然當此群言淆亂之際，固未能掃除淨盡，即其本身亦實無精密之考證方法可以應用，故此篇雖曾費許多心力，使散漫之事實得聯貫於一個系統之下，然其不足信者過於可信，則固不必諱焉。吾人生清代學者之

　＊　1928 年 10 月—1929 年 1 月作。中山大學油印。原載中國典籍與文化論叢第七輯，2002 年。

後，彙集其考證結果而觀之，幾於三語之中必訛其二。作史之業，其難如此，思之詫嘆！崔東壁先生考信錄，發軔於洙泗，歷三十餘年而始有定本，精力專注，極分析比較之能事，故得打破二千餘年之霧翳而認識孔子之真面目，以視自來聞道傳道之大儒安於苟且之信從，或雖感覺可疑而姑爲曲解以通之者，其精神與識力爲何如也！洙泗考信錄中，糾正史記謬誤至多，今依原篇事件次第爲之重列，以便觀覽。至史記事實明有依據，崔氏不辨史記而逕辨其所根據之書者（如辨公山不狃召孔子事於論語，辨穿井得羊事於國語，亦爲列入），俾知司馬氏言雖有徵，然材料之不可信乃如此，則我輩今日研究史學，對於審查史料之事將如何謹慎而後可，此問題應當置之心目間也。

史記志疑中糾正之孔子世家所記之事實

梁玉繩

（孔子研究講義甲種之三）

頡剛案：自史記成書以後，爲之增補者有之，爲之注釋者有之，爲之評論其文辭之短長者更不可勝計；若綜覈全部事實，爲之一一考訂其真僞然否者，則茫茫二千年中僅一梁玉繩耳。梁氏生當清代樸學極盛之際，得用當世治經之法以治史，又家於文化中心之杭州，得備覽古今典籍，故其書博大而精密，爲古史學闢一四達之衢，其功績不在司馬遷下。蓋有司馬氏之書而後對於古史可得大體之認識，有梁氏之書而後對於古史可得清晰之知識，二者固相須而成也。其所糾正孔子世家之謬誤，雖視崔述之以畢生精力作研究者有損色，然百慮一致，印合殊多，且徵引之舊説亦較崔氏爲廣，則以崔氏崛起於文化落後之河北，取資之方便固遠不及梁氏也。吾人將此兩種考證比而觀之，可知僞造之史事與由誤會而成之史事散布於史籍之中，炫亂後人之耳目者不知凡幾；若爲無條件之信從，則多學適以多受欺。但若小心辨別，則久定之信讞仍到處顯露其破綻，二千年來之覆不難於一旦揭之。清代乾、嘉之際，考證之風大啓，崔、梁兩家雖南北遠隔而自然同心，史記中之僞孔子遂被擊至體無完膚，足見客觀之眞實自存於天地之間，有離婁之明者亦非曠世而一見，惟患不努力以尋求之耳。

史記探源中訂正之孔子世家文句及事實

崔　適

（孔子研究講義甲種之四）

頡剛案：崔懷瑾先生之史記探源與梁氏之史記志疑並爲考訂史記之要籍，而其著作之中心問題乃各不同。蓋梁氏以史書之眼光觀史記，凡可以發見之史事疑竇悉抉而出之，使讀者無爲古人所欺。崔氏則以西漢中葉書籍之眼光觀史記，謂是時古文學家未起，而史記爲一"厥協六經異傳，整齊百家雜語"之鉅製，可於其中求出無數未被古文學家同化之材料，以爲研究六經等之輔助；然史記已續補於褚先生及馮商、劉歆諸人，劉歆且爲古文學家之魁首，則其中所竄入之古文説必不少，而史記之固有系統因之淆亂：故遂起而擴清之，期以恢復司馬遷原本之面目，名其書曰探源。惟崔氏爲一清末之今文學家，其所信守者爲西漢今文家言，其所以研究史記者爲欲使今文學家得一西漢鉅製以爲奧援，其著書宗旨，在乎判別史記中記載之性質，存其今文義者而去其古文義者，初不注目於史事本身之然否。吾人對於如此態度，誠不願引爲同調，然其能分析今文、古文家派，使司馬遷時代與司馬遷以後之時代所承認之事實，及此兩時代中人對於此等事實所公有之觀念釐然分途，實爲研究史記之主要工作，必有如是之工作乃能探求史記記載之核心，而不徒爲外表之辨證，此則梁氏生年較早，尚未及知者也。兹錄崔氏所訂證之孔子世家於下，即此觀之，亦足明其效用。如“野合而生”一事，洙泗考信録所不敢言，史記志疑雖言之而斥爲不雅馴，則但打破其史實之地位，猶不知此説之從何處來也。此書以西漢最流行之感天而生之説釋之，以劉媪息大澤之陂夢與神遇之事爲佐證，而後其事之來歷方明，是蓋當時人所稱帝王與聖人之誕生之一種慣例耳。又如“據魯，親周，故殷”一語爲今文家重要意義，然自來解史記者未有善詁，甚至不能斷句讀。經此書一訓釋，其義遂豁然明白矣。是故研究古籍之程序當分先後，就著作時代之背景以觀其所言，知其所言者在當時歷史上占有之位置，第一步也。以其所言者合之於他書所言而觀之，由種種差異之中考定其事實之然否，第二步也。吾輩研究孔子，若凡瀏覽所及俱能應用此兩種手腕以處理之，則傳説雖紛亂，何足以欺吾輩之目乎！

釋孔子弟子三千人

（賓萌集卷三）

俞　樾

（孔子研究講義甲種之五）

頡剛案：古書中所用數目字至爲隨便，而箋注家往往死看，以至虛數訛成實數。例如“萬國”，不過甚言其國之多，然自鄭玄一班人觀之，則以爲與九州制度相應，謂每州千二百國，八州九千六百國，其餘四百國在圻內。然則古書亦屢言“萬民”，將謂八州九千六百人，其餘四百人在圻內乎！孔子弟子三千人，久爲公認之史實，到俞樾始推翻之，謂其與“客三千人”同符，此至當之論也。蓋弟子三千正與古詩三千相若，皆極多之喻；猶身通六藝之弟子七十二人正與孔子歷千七十二君（見莊子）相若，皆較多之喻。明乎此類古人言談之方式，則可不凝滯於古書之文辭。汪中之釋三九，俞樾之此篇，皆古人用數之方式被發見者也。

洙泗考信録中所審定之孔子史料

崔　述

（孔子研究講義甲種之六）

顧剛案：諸子書及史記中所言之孔子多虚僞，吾儕既知之矣。然則真實之孔子事實當於何處求之？現在所可蒐集到之真實之孔子事實尚有幾何？此二問題者不可不察也。崔述作洙泗考信録，以建設真實之孔子爲主，而以打破傳説之孔子輔之，凡吾儕所得見之孔子材料幾無不受其抉擇支配，其審定之功可謂密矣。彼所建設之一部分，大足供上列二問題解決之憑藉，故今録出之。其編次義例，平首書寫者，出於較可信之書，而認此語爲可信者也，是爲第一等材料。書"補"者，其書雖未必可信，而此語猶爲可信，足以補第一等材料之缺佚者也。曰"備覽"者，其書大體可疑，而此事尚無可疑，故不敢遂謂其非實也。曰"存疑"者，其書大體可信，而此事殊難信，故不敢概謂其皆實也。曰"附録"者，其時不可詳考，而其事不容遺漏，則從其類而附載之，不敢淆其次也。曰"附論"者，其文雖非紀事，而與事互相發明，則因其事而附見之，不敢概從略也。曰"備考"者，事雖後日之事，而有關於當時之得失，故存之以俟考也。曰"存參"者，言或後世之言，而足以證異説之紛紜，故存之以相參也。曰"通論"者，孔子對於自己之批評也。（以上解釋，約略録自考信録提要卷下。）劉師培作崔述傳，謂其"自標界説，條理秩然……使即其例而擴充之，則凡古今載籍均可折衷至當"，即指此也。循誦一過，知其所考信之真孔子，實以論語、左傳、孟子三書爲根本，而國語、公羊傳、禮記、史記等皆視爲次等材料。自吾儕今日視之，則此標準尚失之於寬，蓋孟子生當橫議之世，雖其所褒貶者不與楊、墨同，而其毀譽過情之方式則與楊、墨無異。屏諸而獨取孟子，豈非"惡溼而居下"乎！至於左傳所記之事，爲崔氏所信者，實亦未必盡信。例如墮郈，墮費，自春秋經觀之，乃叔孫州仇、季孫斯、仲孫何忌以私邑背叛，自墮之耳。而左傳記此事，乃曰"仲由爲季氏宰，將墮三都"，曰"仲尼命申句須、樂頎下伐之"，一若魯之君權猶甚强固，孔子當國，即力能削弱私家者。公羊傳更指實之曰："孔子行乎季孫，三月不違，於是帥師墮郈，帥師墮費。"而三家之墮郈、墮費遂成爲孔子之墮郈墮費矣。此篇並録兩傳，曾無別裁，亦其失也。由此可知吾儕所得見之真孔子，其量絕少，若欲於此絕少量之材料中編排孔子事實之年代，使其歷年生活無不可知，殆爲不可能之事。世家所以如此完整者，正因其記載之基礎建築於虛僞之材料上耳。

漢代三種論語及其訓釋

（經義考卷二百十一）

朱彝尊

（孔子研究講義甲種之七）

頡剛案：論語初出，傳習之者有齊人、魯人，故有魯論語及齊論語之不同。及西漢之末，古文學派起，更有古論語。今惟不純粹之魯論存矣。其沿革源流不可不知也，故録朱彝尊説以見其凡。

漢書・藝文志・論語類辨僞

（新學僞經考卷三下）

康有爲

（孔子研究講義甲種之八）

頡剛案：吾人既讀經義考所臚列之漢代各種論語及其訓釋，

當知論語本子問題有四：魯論與齊論不同，一也；古論既出，又與齊、魯論不同，二也；張禹雜糅齊、魯，爲張侯論，三也；鄭玄雜糅齊、魯與古，爲論語注，四也。今日所傳之論語基於何晏集解，而何晏上承鄭玄，鄭玄又上承張禹，是知今本乃一至不純壹之本，乃一三國時凝固之本，其中經漢人竄亂者實不知其幾也。康氏新學僞經考專辨古學之僞跡，其於論語雖未析論精詳，而其指出"左丘明恥之"一章爲古學家所羼入則甚是。蓋古學以春秋左氏傳爲根據地，其欲立之學官爭持最烈，而左丘明在經籍中絕無與孔子發生關係之痕跡，爲壯其聲援計，有在論語中增竄之必要。所謂"左丘明恥之，丘亦恥之"者，正以示左氏作傳之義即孔子作經之義也。

論語辯

（柳河東文集）

柳宗元

（孔子研究講義甲種之九）

顧剛案：文籍考訂之學古無有也，始萌於唐。若陸德明經典釋文、劉知幾史通及請黜老子河上公注、孝經鄭注表等，校勘文字，辨析真僞，開宋、清兩代樸學之先。柳宗元集中，對於列子、文子、亢桑、鶡冠諸書及"桐葉封弟"等故事俱有駁辨，眼光甚銳利。其論語辯謂論語成於曾子之弟子，去孔子已遠，言雖彌簡，然考辨論語著作時代者此第一人也。夫此極簡單之問題，尚須經歷千年始被舉發，學問之難言於此可見矣！

論語解

（小倉山房文集卷二十四）

袁　枚

（孔子研究講義甲種之十）

頡剛案：前代學者最缺乏批評精神，其始重曲說而輕實證，其後務功力而忽理解，故雖極簡單之義往往有歷二千年而終不被發見者。袁枚，文士也，敢作批評，故時時有創見，不爲經學陳言所限。此前代學者之所詬病而今日之所寬容者也。其論語解前二篇謂齊、魯論對於管仲之觀念不同，謂論語記載體例詳於記答辭而略於記問辭，其論皆可成立，故今錄之。

洙泗考信錄中考辨之論語記載

崔　述

（孔子研究講義甲種之十一）

頡剛案：古今來讀論語者不知有幾何萬人，然但視爲修身治國之教條而崇拜之，不聞取作學問之對象而研究之也。柳宗元、袁枚之倫，文人慧眼，獨抉出千載之所不思疑者，然僅爲偶然之照鑒，非研究之結果也。以論語作研究，始於崔述。其所著洙泗考信錄及論語餘說中就史事、文法，及記者體例，授受源流各方面，考定論語一書有竄亂，有續附，其始各篇不出於一人之筆而皆別行，不相謀也，其後彙爲一本，復有采之他書以足成之者，故前十篇與後十篇文體多異，而尤以最後五篇爲不足信，此皆以分析之眼光，比較之手腕而成就其研究之功者也。夫以彼之時代猶尊信聖人之經典而不敢疑，即功力細密之考據家亦但能深入於所研究者之內部而未嘗有超出之眼光居於物外而一觀所研究者之

全體，彼獨能深思力作以冥合乎科學方法如此，則吾輩號稱曾受
科學教育者若對於古今事物，人云亦云，作無條件之信從不亦
恥乎？

論語足徵記（摘録）

（北京大學鉛印本）
崔　適
（孔子研究講義甲種之十四）

　　頡剛案：今之論語既雜糅魯、齊、古三家之文，而三家之本
文字牴牾者彌多，吾人將何所適從乎？舊本既不可見，弗復能條
分縷析，則惟有就其可知者悉指出之，以見當時家派之遺跡，俾
援用之時不至因混同而致誤耳。論語魯、古兩本異讀，略見於經
典釋文所引鄭玄説。古今讀者但知有如此異文而已，崔懷瑾先生
歸納其通例，知魯多用假借字，古多用本字，斷爲古出於魯後之
明證。此言也，非但適用於論語，亦適用於他種古籍。例如春秋
經，公羊本在穀梁、左氏兩本之先，故用假借字獨多，如“爽”之
作“隗”，“郕”之作“盛”，“鄆”之作“運”，“嬴”之作“熊”，皆是。
蓋古人作字正如今日市井負販者流，但取達意，不拘別誤。及其
謹慎書寫，力去別誤字而用本字，則學術界已甚進步，世亦已晚
矣。又孔安國論語傳，舊時皆視爲古論語之嫡派，經沈濤研究之
結果，乃與古文學無關，而爲何晏所託以難鄭玄者。並録沈氏書
序，以見論語一學中問題之多焉。

孔子家語

（經義考卷二七八擬經類十一）

朱彝尊

（孔子研究講義甲種之十五）

　　頡剛案：孔子家語一書始見於漢書藝文志，著録不久，即歸亡佚，其原文如何不可得知，蓋見者甚少，故援引之者亦至寡也。清陳壽祺在左傳正義中搜得一條，謂"孔子將修春秋，與左丘明乘如周"云云，則家語乃是古文家言，疑即古文家所撰而託之於孔氏者。及其亡佚，魏王肅遂起而攘竊其名，雜集諸子、裨史中所載孔子事實重爲之，又竄入自己在經義上之主張，假借孔子之言以攻鄭玄之學。故今所傳之家語，實王肅學說支配下之孔子記載也。其書不幸出世稍遲，學術界中已不復能容許此託古改制之著作，故流傳不久，即爲馬昭所揭發，唐初諸儒俱不信之矣。今録朱氏目録於前，孫志祖、范家相兩家辨語於後。諸君觀此，可知此書雖爲記載孔子之專書，實無取信之價值，且在學術界上曾未發生影響，亦無痛加攻擊之必要焉。

孔子家語目録

（家語證僞卷十一）

范家相

（孔子研究講義甲種之十六）

　　頡剛案：家語出於西漢人僞造，至王肅又別僞一本，今日之本則又非王肅之舊矣。贋之中又有贋焉，此讀古書之所以難也。學者或以考據爲繁瑣而不願爲，不知不經此一番考據工夫，則真僞且不之知，更何所依據以立說！凡治一事，有勞而不獲者，未有不勞而獲者，考據之事雖勞，然苟欲獲得確實之知識，自是唯一之途徑也。

辨家語三序

（家語證僞卷十一）

范家相

（孔子研究講義甲種之十七）

頡剛案：王肅僞作家語，賴以欺人者在其所僞造之孔安國序及孔衍表。欲辨家語之僞，不可不先知此義也。范氏精心辨析，使其無可逃遁，讀之可以明考訂古籍之方。然尚有未盡者，如史記謂孔安國早卒，而王肅後序乃言“年六十卒於家”，豈年六十猶可云“早卒”乎！

讀家語雜記

（家語證僞卷十一）

范家相

（孔子研究講義甲種之十八）

頡剛案：孔安國生時未作一書，而死後乃成一西漢遍注群經之鄭玄：劉歆使之録古文尚書，何晏使之注論語，王肅使之作古文尚書傳及編次孔子家語，遂成一大作家，不知其何修而得此也。古文尚書經傳之僞，閻若璩、惠棟等破之。論語注之僞，沈濤破之。家語之僞，孫志祖、范家相破之。觀其成就皆在漢、魏，摧散皆在清代，學術風氣之轉移即此可見。范氏讀家語雜記一文，從各方面之研究，歸納其作僞事實，指出其作僞破綻，其讀書方法蓋即閻若璩、崔述等所用之方法也。

家語疏證（摘録）

孫志祖

（孔子研究講義甲種之十九）

　　頡剛案：自梅鷟、閻若璩辨古文尚書以來，學者皆知攻擊僞書之最好方法在於尋出其作僞之依據，並指出其割裂改竄之痕跡，使其無可抵賴。梅、閻之工作，惠棟、王鳴盛繼承之，而古文尚書一問題於焉解決。孫志祖、范家相以此種方法應用於孔子家語，而家語一問題又隨手解決。彼輩持以破壞之工具，即作僞者當年建設之工具也。彼輩所以懷疑之原因，亦即以前學者所以信任之原因也。何則？無徵則不足取信於人，故僞古文尚書儘量容納經典所録逸書，僞家語又儘量收羅孔子軼事。讀者久有此等逸書軼事之零星材料積存於心目間，忽焉於一書中得睹其完全之體系，自然歡喜奉持，以爲久閟之古籍竟及身而親見。作僞者之所以欺人，讀書者之所以甘受欺，胥在於是。不虞千載而下破獲竊盜者之亦在於是也！孫志祖家語疏證一書，卷帙頗多，未能全録，今摘出數篇以示其概要。諸君讀此，當知王肅生年較晚，彼所引據之書今多得見，故雖彌縫甚工而終難掩蔽，尚書、家語兩案一經發覺，遂成定讞。至於王肅以前，僞作之書無限，但以文獻廢闕，作者之名或不可知，其所依據或不可曉，故不能爲完滿之解決耳。然即使無術爲完滿之解決，而對於可提出之問題仍當儘量提出之，蓋有若干懸案猶勝於視而不見，且致力既深亦容有解決之望也。

家語證僞（摘録）

（徐氏鑄學齋叢書本）

范家相

（孔子研究講義甲種之二十）

　　頡剛案：范氏與孫氏同世，又同爲浙人而宦於燕者，其考辨家語之旨趣，之方法，之成功，亦復相同，乃其一生未嘗相聞問，故兩家之書無隻字互道者，足見此心此理之同自有客觀之眞實，而時勢所趨每不期而歸於一慮，有不可搖之大力在焉。孔子事實一問題，其内容至爲繁賾，有不禁尊聖之情而爲孔子造神聖之事實者，有他種學派圖自尊而爲孔子造失敗之事實者，又有孔學中之一小學派欲自固其壁壘而造爲孔子之事實以證成己説者。假使各種傳説釐然分途，則辨別尚易；不幸傳説隨時增附，雜糅爲一，無一清楚之面目可見。彙集而分析之，固有待於吾輩之長期努力，而非今日所可遽爲解決者也。

孔子集語（摘録）

（崇文書局刻百子全書本）

薛　據

（孔子研究講義甲種之二十一）

　　頡剛案：古人運而往，然關於其人之傳説則隨時增積，初無底止。學者不知其爲新生之傳説，而徒惜舊史之不備，於是常思補其闕遺，創爲新録。崔述云：“世益晚則其採擇益雜”，此語非也。古人何嘗有考信之觀念，古人之採擇材料何嘗視後人爲精密；特隨時增積之傳説，古代不及後世之多，遂使後人書中所拾取之傳説視古人益廣耳。此則時代推盪之力，非採擇者之罪也。

司馬遷之孔子世家，彙録西漢初所有之孔子傳説，故其中有國語、公羊傳、戰國諸子。王肅之孔子家語，彙録三國時所有之孔子傳説，故其中除史記之文外，又有説苑、新序、大小戴記，及漢代經師説經之語。薛據之孔子集語，彙録宋代所有之孔子傳説，故其中除史記、家語之文外，又有讖緯、搜神記、帝王世紀等書。譬如雪球，愈轉愈大。譬如土阜，愈積愈高。人但知家語爲僞書，不足取信，不知家語之僞惟在著作人之託名，而不在其材料之無價值。自其材料觀之，彼與司馬遷之世家固雁行也。薛氏之書，若以搜得之材料融化爲自己之文辭，别爲一家之言，與世家、家語正亦無異。其不然者，彼之生世已晚，在宋末之學術環境中已不容其不略具客觀之態度，故能逐條注出書名，俾讀者知其取材之地耳。其書雜亂，不以類别；分爲二十篇，效法論語，各以篇首數字題之。今録其序目，並摘出二篇以見其大凡。

孫氏孔子集語（摘録）

（浙江圖書館刻二十二子本）

孫星衍

（孔子研究講義甲種之二十二）

頡剛案：孔子傳説經二千年之編造，五花八門，無奇不有。孫氏生於清代中葉考證學極發達之際，撰爲孔子集語一書，材料之廣博，編録之細密，遠出王肅家語、薛據集語之上。彼雖尚未考定各説出現之時代及其演變之次序，然彼之所以供我儕考定其出現之時代及演變之次序者，其材料已極豐富矣。除宋以後尚未受録外，其他則已盡録之矣。今鈔出其雜事一篇，俾見漢以來最有趣味之孔子傳説，凡妖怪鬪法，男女調情，以及一切未卜先知之術，皆集中於孔子之身。吾人讀此，不當笑前人之愚，以爲何以此等決不可信者乃亦信之；當思吾人視爲可信者尚有若干不當信者在也。何也？同是傳説，或近理，或不近理。此不近理者已知爲傳説矣，若近理者遂爲非傳説乎？大學、中庸所載孔子之言，篤實極矣，吾人遂信爲眞孔子乎？自傳説之眼光觀之，彼固與采桑娘，山隱居之故事立於同等之地位者也。

論老子著作時代
（梁任公學術演講集第一輯
"評胡適之中國哲學史大綱"中的一段）
梁啟超
（孔子研究講義甲種之二十三）

頡剛案：孔子是老子的弟子一説，自從莊子和史記宣傳以後，大家已承認它爲實事。固然有韓愈一輩人懷疑，但是根深柢固的傳説的勢力還不曾受着多大的創傷。所以然之故，祇因大家雖肯不信孔子承受老子之學，卻不敢不承認老子是孔子同時的人，老子這部書真是孔子同時的老子所做。他們想既有老子一書爲證，那麼孔子適周時當然可以看得見他，和他交談數次，是很尋常的事。直到七年前，梁任公先生始直説老子這個人是神話化的，老子這部書是戰國末年出來的。這一個大發見，把我們因襲的成見摧破了不少。數年來，我研究古代史，覺得戰國時的學派可以分作兩個時期：第一時期是儒家、墨家的天下，他們標揭的主義是"仁義"，他們的政治運動是"尚賢"。這原是很美善的主張，不幸一班"爲仁義者"不爭氣，把他們的主張弄成了尋飯吃的工具，做官之後没有什麼值得稱讚的成績給大家看，於是許多人起來攻擊他們，建立新學派，這就是第二時期的法家和道家。他們雖然分道揚鑣，成了兩極端，——法家專講實際的勢力，比道家所罵的儒、墨更要務實；道家則與自然融化爲一，比法家所罵的儒、墨更要蹈虛，——但他們對於儒、墨是作同樣的攻擊的。

他們要廢仁義，不尚賢。代表這兩派的是韓非子與老子。所以老子這部書，放在戰國之末則一切都合，放在孔子之世則一無是處。至於老子這個人，春秋時的材料裏尋不到，戰國中期的材料裏(如孟子、墨子)也尋不到，而戰國末期以至秦、漢間的材料裏卻大多特多，他的偶像造得和黃帝一樣的偉大了。所以我們可以説，老子這個人及其書都是戰國之末出現的，同孔子没有絲毫關係。史記、家語所載的孔子受教於老子的事情，都是道家造了傳給儒家的。其他的孔子老師，如萇弘、郯子、項槖、師襄等等也是後人僞造，没有一語可信。

闕里纂要(節録)

(康熙三十三年著者自刻本)

孔衍璛

(孔子研究講義甲種之二十四)

頡剛案：往讀洙泗考信録，見其稱引孔庭纂要及闕里志、年譜之文甚多，恨不得見其書。自來粤中，購得孔子六十五代孫孔衍璛所著闕里纂要，蓋摘取闕里志等書而成者。其中孔子年譜與考信録所引之文比勘，一一吻合。書凡四卷，第一卷爲聖源發祥、謚封崇典兩類，第二卷爲禮樂圖繪類，第三卷爲山川古蹟類，第四卷爲寵賚恩秩類。今録出聖源發祥類以見孔子傳説之結晶。夫以孔子之孫道孔子之事，有家廟世守之典籍可憑，誰敢議其非是！顧一經分析，則彼所著述者盡爲吾等所習見之孔子傳説，彼特於一大堆傳説中擷取若干條而施以淘汰聯貫之術耳。此司馬遷、王肅之所優爲，不必孔子子孫而後能爲也。然傳説而爲孔子子孫所承認，則其基礎已至堅固，爲舉世公定之孔子真事實可知。故録此一篇以爲本講義甲種之殿，俾知現代所確信爲孔子真事實者蓋如是焉。至於年譜記載何以於此年之下録入此事？孔

子事實能否按年編列如近人之年譜然？其編年之結果所發生之僞
事實又有若干？此等問題，足以資我輩之研究者正多也。

六經皆孔子改制所作考

（孔子改制考卷十）

康有爲

（孔子研究講義丁種之一）

頡剛案：本課丁種講義原意循傳説發生之序編次之，自孔子
不著一經以至於孔子遍著六經。惟集錄之際頗感困難，又無從容
討論之閒暇，故今依講義甲種之例，先以多種傳説之集合體爲第
一篇，而後次第加以分析，使遍著六經之孔子終至不著一經。康
氏此篇，裁斷極勇，凡向來只説孔子删述者俱直改爲孔子所作，
以構成其著作六經之一元論。言固武斷，然自有特殊眼光。如謂
三年之喪爲儒家創制，謂堯典、禹貢文法與易傳同等説，皆不可
磨滅之發見也。

論語中與六經有關的話

（古史辨第一册中編）

錢玄同

（孔子研究講義丁種之二）

頡剛案：我們要明白孔子和六經的關係，應當注意的第一部
書是論語，因爲這部書是孔子言行的最早記載。但是不幸得很，
孟子和史記所謂孔子删詩、書，作春秋，贊易的話，裏邊全没有
提起。從論語上看，孔子同六經的關係，只是勸人學詩，學禮，
雅言詩、書，執禮，正樂，學易數事。除了樂的一件，可以從論
語中證明孔子曾經動過手的之外，其餘只有他受了詩、書等的影

響而説出的話，卻没有他創作六經的事實。並且就是這幾條也有信不過的地方，例如"鯉趨而過庭"一章，崔述即定爲僞撰，而"五十以學易"的"易"字，在魯論本作"亦"，和易經無關。所以六經和孔子的關係究竟如何？這個問題，真是難説得很。現在録出錢玄同先生文中的一節，大家把論語中的記載先看一下，接着看孟子和史記。

孔子述作六經之各家説
（孔子研究講義丁種之三）

頡剛案：世之言孔子述作六經者多矣，究其實則惟有"正樂"見於論語，"作春秋"見於孟子耳，其他皆漢以下之説也。尋孔子述作六經之系統，實爲史記所立，緯書中又點染之，蓋至西漢之末其形始定。自後雖有續附（言孔子作詩序始於北宋，言六經皆孔子所作而非述，始於清末），以已成定形，不復占勢力矣。康氏所録，材料未全（彼欲表示六經皆爲孔子手作，故凡言孔子删述者，言孔子作傳者，均不採録），今爲補之。困於人事，弗能備也。

經學開闢時代
（經學史講義第一）
皮錫瑞
（孔子研究講義丁種之四）

頡剛案：清末主孔子作六經之説者，康氏之外又有皮氏。皮氏主張較和平，故詩與書猶肯承認爲孔子所删。惟彼先立"孔子作六經以教萬世"之大前提，由是演繹，以爲雖是舊文，必有新義，與未筆削以前劃然二物，故曰"孔子以前不得有經"。然孔子作六經之根據僅可於莊子及緯書中求之，斯亦大可憐矣！

周公作六經之各家説
（孔子研究講義丁種之五）

　　頡剛案：周公制禮作樂之事，蓋魯之儒生倡之而漢之政家成之。魯以西周之舊國，儀物甚備，儒家學派既起，圖“廣魯於天下”，乃張皇其本國之制度以爲“天子之禮樂”，而悉歸其制度之創作於先君周公。此正如春秋本一尋常史書，一經魯儒所標榜，即成爲“天子之事”也。漢既除秦，諸待創制，故當其世之主要問題不出改正朔、易服色、定禮樂諸端。其主議者爲欲取得人民信仰，必求古代之典型以爲己説之護符，於是六經之引用日繁，六經之地位日高，而六經之集中於某一人之需要亦日亟。其具有著作六經之資格者凡得二人：一爲周公，一爲孔子。孔子有德無位，故著作六經以發表其一貫之道德政治之主張，並以道之不行，故豫制法典而留爲漢世之用：作此説者，西漢今文家也。周公爲西周開國元勳，西周一代之禮樂制度皆出其手定，六經之成皆演其所定之制度，宜爲漢世所取法：作此説者，西漢之季古文家也。觀王莽攝位，處處比附周公，以爲制禮作樂之張本，而遂發得周禮，其通逸禮、周官、爾雅、月令者皆被徵詣公車，可知古文經傳與周公制作之説同爲王莽所提倡，故二者之間關係日密，周公所作之書乃益多也。王莽敗後，古文學派不敗，周公在經學界中之勢力漸有超過孔子之趨勢矣。今輯錄各家説周公作六經之言若干條於下，諸君讀此，可知周公作六經之説原未嘗有堅強之根據，苟無僞言與僞書之輾轉攀引，則有無其事固猶不可知也。

六經作自周公論

（研六室文集）

胡培翬

（孔子研究講義丁種之六）

　　頡剛案：胡氏此文，其證據之中心在於周禮，周禮既推爲周公所作，則周禮中大卜所掌之易，大師所掌之詩，外史所掌之書及春秋（周禮“外史掌四方之志”，鄭玄注云：“謂若魯之春秋”）莫非周公之典型所在。加以明堂位所言之“周公制禮作樂”，而周公作六經之事實遂定。所不幸者，周禮與明堂位二書本身已有問題，其所言之信實程度必待其本身問題解決之後始可判斷耳。

論六經皆先王政典

（文史通義內篇）

章學誠

（孔子研究講義丁種之七）

　　頡剛案：宋、明人理學頗襲釋、道二教之言，主於明心見性。彼輩所見之孔子，實一談玄説耺之聖人，而忘孔子之時代尚不容有此。其弊既極，於是清代學者起而破之。顧炎武曰：“經學即理學”，勸人於六經中求聖王之義理。章學誠更進一步，而曰“六經皆先王之政典”，勸人於六經中求聖王之事功。其易教，原道諸篇，爲破主觀之聖道而曰“六經皆器”，爲破詭誕之理數而曰“六經皆史”，蓋深恨蹈虛之説之足以害人，故必欲以六經置於最切實之地位，使人不能以私見播弄而後已，其心甚苦。然六經者，惟其謂之“經”而不謂之“史”，謂之“道”而不謂之“器”，故得謂爲孔子所作；如是，雖明見其爲先王之政教法典，猶可合六經於一個系統之下，而以孔子之微言大義聯貫之。一旦謂之"史"而不謂之"經"，謂之"器"而不謂之"道"，則其眞相透露，原不過周代貴族及庶民之各種生活紀載，孔子之於六經亦僅有删述之功，初無大經猷在。追思六經皆周家之政教法典，而周之開國，其禮制定於周公，則此因周禮之成法而著作之六經自亦爲周公之遺澤。於是六經不作於孔子而作於周公，集大成者爲周公而非孔子矣。此章氏之論之主要理由也。雖然，所謂周公制禮之證據何在乎？若以此證據爲不足信而去之，則六經將不爲未斵之材，更無集合之義者乎？故近日之言"六經爲不相干的六部書，雜湊在一起"者，實從章氏之論又進一步者也。

經詁（摘録）

（經籍纂詁卷二十四）

阮　元

（孔子研究講義丁種之八）

　　頡剛案：觀"經"字之解釋，即可知古人對於六經之信念。今從經籍纂詁中録出"經"字之訓義數十條，合而觀之，則是常，是法，是道，是理，是義，是綱紀，是由行，括以一語，則經者人生之義法耳。六經是否即爲萬世不易之人生義法，此是另一問題；要之由此等解釋，足使經之地位高於日星，其用周於萬類可知也。物之權威常有寄於其名者，欲溯六經權威之由成，分析經名之含義亦一根本之工作。蓋六經之所以必出於周公、孔子，實以人生義法，其事至重，非聖神如周公、孔子不能負此制定之責耳。

經解

（文史通義內篇卷一）

章學誠

（孔子研究講義丁種之九）

　　頡剛案：章氏既揭六經皆先王政典一義，自然推翻孔子作六經之說。既推翻孔子作六經說矣，於是更作經解三篇，上篇破冒名爲經之傳記，中篇破私尊爲經之宗教及術數諸書，下篇破摹儗爲經之後儒著作。蓋必欲治教與官師之合一，以政典統一人民之思想，故不容一家私言獨樹異幟也。此爲章氏個人之政治思想，其是非不必論。但因是而使孔子在六經中之權威失墜，則關係甚大。何也？前人以聖道觀六經，六經成爲孔子一家之言，故經之中心在孔子。章氏以王功觀六經，六經成爲周代之政教法令，故經之中心在周公。此一轉移間，經之面目，經之問題，遂爲全盤之變換。以經書支配中國社會之深，孔子作經之傳說之固定，一旦根本搖動之，則對於孔子之打擊爲何如乎？至於舉冒名爲經，私尊爲經，摹儗爲經之書一一擯之，則一切希聖以自高，託經以自矜者亦失其虛榮心之標的矣。經之權威之喪亡，即史之範圍之推廣，章氏在經方之罪固即其在史方之功也。

六經正名

（定盦文集補編卷三）

龔自珍

（孔子研究講義丁種之十）

　　頡剛案：今人一言及十三經，即視爲孔子聖道之總藏，此但見其現在之集合而不見其歷史上之分歧也。若以時代先後次之，則此十三種書有於戰國時成爲經者（如詩、書、春秋），有於西漢時成爲經者（如孝經、周官），有於唐代成爲經者（如春秋三傳、禮記），有直至宋代而始成經者（如孟子）。若更以内容之差異次之，則此十三種書有經，有子，有釋經之傳、記、字書，又有僞作之經與傳（均見本篇）。求其原因，蓋由西漢立博士，以一家之學自備一經之系統，故十四博士所守各有成爲一經之規模。其後累經喪亂，存者無幾，學者好古情深，輒以尊經者尊之，於是西漢以前之經説或與經有關係者一一得蒙經名，而與六經立於同等地位，組成一個集團矣。龔氏此文，主張以經還經，以記還記，以傳還傳，以群書還群書，以子還子，各正其名而不相雜厠，實評判十三經歷史地位之一篇大文字也。

原經

（國故論衡卷中）

章炳麟

（孔子研究講義丁種之十一）

頡剛案：太炎先生此文，一駁章學誠私人不得擬經作史之説，一駁康有爲孔子改制之説及劉逢禄春秋是經非史之説。然其主旨實有牴牾。蓋周代之學萃於王官，不在私家，故爲後世學術之原之六經皆先王政典，章氏以古代之成法部勒後世作者，太炎先生斥之，甚是也。漢代史籍無多，故漢志以所有史籍悉入之春秋類中。至於後世，記事之書日增，必欲盡歸之經則勢有不可；荀勖遂特立史部。此猶漢世詩賦既富，劉歆即不以入六藝略之詩類，而另立詩賦略也。太炎先生必欲以古代未有此問題時之狀況抹攃後世久具之事實，不將與章學誠同其誤乎？春秋一書，今日自當以最古之編年史寶之，若在當日，則世人猶未有歷史觀念，彼固不能見編年史之可寶而但見素王法典之可尊也。幸哉以聖人之法視之，乃得傳衍至於今日，否則亡滅久矣！是乃昔人於不知不覺中所立之功，亦不當執今以繩古者也。此篇文既蹇澀，義復糾纏，本可不錄。以其辨經名範圍甚廣，不限於官書，實視章學誠之説爲更解放。而辨孔子改制之説，謂春秋之績止在藏往，無以供後王制法之用，其言亦當。故過而存之。原文頗多枝辭，使人目亂；今節去之，俾易曉焉。

釋經傳論業之名
（國故論衡中卷文學總略）
章炳麟
（孔子研究講義丁種之十二）

頡剛案：太炎先生此篇，釋經傳諸名，平凡極矣。取校詁經一文，其相去之遠不啻九天之與九淵。吾人將立於事實一方面而承認太炎先生之説乎？抑以此等事實太平凡而寧取宗教式之推崇乎？凡舊思想之壁壘，惟歷史之考證足以破之，此其一也。

第一學期平時課題*

一

將下列各書中所記孔子事實及對於孔子之批評鈔出（每人選一種）：

孟子　　　荀子　　　莊子　　　墨子　　　韓非子

＊　錄自原稿。

國語　　　　　左傳　　　公羊傳　　穀梁傳　　禮記
大戴禮記　　　史記（除孔子世家及仲民弟子列傳）
揚雄法言　　　文中子　　韓愈集　　朱熹集
陸九淵集　　　王陽明集

二

將史記孔子世家作下列之分析：

甲、尋求其根據及所根據者之發生時代。

乙、與論語對勘，研究下列諸問題或一問題：

　　1. 史記引用論語無訛者；

　　2. 史記引用論語有訛者；

　　3. 史記不用之論語材料；

　　4. 史記引用論語時以己意穿插進去之材料；

　　5. 在論語中本無關係的數段事而在史記中忽然發生關係者。

三

細讀崔述洙泗考信録中訂正孔子世家之言，爲作一系統之説明。如發見其所言者有錯誤，並訂正之。

四

將洙泗考信録中考定的孔子史料再審查一下，去其可疑者，作一孔子新傳。作完之後，更把史記孔子世家比較一下，鈔出其被我們所屏棄的材料，把這些材料列成一表，表明其出於何時代，何家派。

五

史記孔子世家所記孔子事實既被崔述梁玉繩等痛駁，孔子家語又是僞書，即出世最早，記載最可信的論語，經崔述考證，尚有許多攙入的篇章，然則我們所能知道的"真孔子"究竟有多少呢？請開一細目出來。

六

戰國秦漢間的"孔子傳說"，大約可以分成多少類？請把從前人辨論的結果以爲不可信的歸納成一個表或一個目錄。

以上兩題，爲我們認清孔子的第一步；若這一步不認清，則第二第三步路一定走錯。故凡選修本課諸君皆須作這兩篇。

七

孔子傳說隨時代而變遷，請選出若干則時代色彩最濃重的作爲代表，依時代排次序，看各時代的孔子的面目是怎樣的不同。

八

將論語，史記孔子世家，孔子家語中所記孔子事實各立一題，作比較表（分爲三格，上格書論語，中格書史記，下格書家語，比較之），看史記比論語多出了多少事，家語比史記又多出了多少事。

九

論語學中有若干種問題？請開出一細目，依時代分列之。

十

依據陸德明經典釋文，鈔出論語異文，作對照表以明之。（能研究其本子之先後，更好。）

十一

孔壁的書有若干種傳說？請參考他書（去年所發尚書講義中亦有材料），開出一細目，依時代分列之。

十二

論語中記載，如"先進於禮樂，野人也；後進於禮樂，君子也：如用之，則吾從先進"一章與"周監於二代，鬱鬱乎文哉！吾從周"一章義相衝突。袁枚論語解指出孔子論管仲語衝突處亦極確切。究竟論語中所記的孔子之言自相牴牾者有若干條？請細心求之。

十三

根據孫志祖范家相兩家所著書，將家語材料之由來列爲兩表：（一）就各書著作時代列表，（二）就家語取材次數列表。

十四

將家語中竊取他書之文刪去，看王肅以己意增入者有多少，其所增入之文與其自己所建立之經說有何關係。

十五

家語一書，對於後來公認之孔子事實有無助成的力量？（此題一時不易做得完滿，或但以朱熹四書集注與家語對看，看其受家語之影響而作的經說有多少。）

十六

孔子家語記載孔子事實之態度與孔子世家如何不同？孔子集語記載孔子事實之態度與孔子家語又如何不同？試研究之。

十七

把兩種孔子集語審查一過，看究竟有可信的孔子的一句話一件事否。

十八

從闕里纂要之年譜中尋出其自相衝突之事實（如三十四歲適周，三十五歲又適周；又如以"攝相"別於"相定公會齊侯於夾谷"之外，隔越四年）。

十九

指出闕里纂要之年譜爲作年譜之需要而肛造出來的事實（如孟子言孔子嘗爲委吏，嘗爲乘田，原沒有指定年歲，而此譜以委吏屬於二十歲，乘田屬於二十一歲，即爲作年譜之故而肛造的）。

二十

將闕里纂要之年譜所記之事實一一求出其來源，看它所採取之書籍至何時而止，在史記家語以外又添出了多少材料。

二十一

照闕里纂要中所記的"聖貌"畫一孔子像，看他們想像中的孔子的面目是怎樣的。

二十二

將自己所審定之真孔子事實試爲編年，看寫得成一個年譜否，寫成的年譜怎麼樣。如寫不成，試推求寫不成的緣故。

二十三

將康有爲六經皆孔子所作考所用之證據審查一下，看哪些是真可信的，哪些是比較可信的，哪些是絕對不可信的。

二十四

將康有爲在六經皆孔子所作考中所發之議論審查一下，看哪些是精確不磨的，哪些是他的成見和武斷。

二十五

如果六經是孔子所作，何以春秋戰國間人説起的很少？如果六經不是孔子所作，何以後來會有過許多説話？此中消息，試一推求之。

二十六

將孔子著作六經之傳説，依照時代次序，列成一表（如孔子作春秋之説始於戰國，作孝經之説始於漢……），以各家説録入表中。

二十七

搜集孔子以前的六經狀態，看它是否和孔子以後的六經相同。

二十八

就六經之自身，研究其起源、作用，及其流行之範圍。（不要看注疏等説話，專就經書白文看。）

二十九

試依龔自珍之説，將經、傳、記、群書（西漢以前者），分類寫一清目，凡現有傳本者或雖已亡佚而有輯本者均録入，凡向與經混之傳記均析出，名之曰擬刊"六藝叢書"目録。

三十

將"經"名含義及各時代人對於經之觀念，各時代的經之組織等事實輯出，作六經沿革史一篇。

三十一

將孔子作六經之證據與周公作六經之證據依時代排列次序，看此種傳説自何時起，以何時爲最盛，何時爭執最烈，何人主持最堅，何時始停止發展。

三十二

將周公孔子以外的六經著作人（如伏羲、文王……）的傳説輯出，並研究其發生之時代及成立之時代。

學期試題 *

（一）以下諸題如以問答體作答，至少須作三題；如以論文體作答，可但作一題：願意多作數題者聽便。

（二）本課分數，以平時成績與學期試卷各定分數而平均之，凡未交平時成績者統請於二月九號以前交到，否則不給分。

（三）此次考試未選作之題目希望於寒假中都去想一想，能作

---

* 1929 年 1 月作。刊同按語。

筆記最好，因爲寫筆記是引入自己研究一條路。

一、從前人的孔子年譜和孔子傳是怎樣作的？我們現在還能用他們的方法嗎？如不能用他們的方法，孔子年譜和孔子傳還有做成的希望嗎？

二、在以下許多書中哪幾種是第一等的孔子史料？哪幾種是第二等的？哪幾種是第三等的？

論語	孟子	荀子	左傳
國語	禮記	莊子	墨子
史記	家語	緯書	論衡
公羊傳	穀梁傳	淮南子	春秋繁露
晏子春秋	說苑	戰國策	韓詩外傳
白虎通	列子	吳越春秋	搜神記
抱朴子	帝王世紀	孔叢子	韓非子
尸子	呂氏春秋	尚書大傳	

三、現在認定的孔子生於魯襄公二十二年十月二十七日，卒於魯哀公十六年四月十八日，年七十三歲等事實是根據的什麼書？這些書的信實的程度如何？在這些書外有沒有他種不同的記載？

四、除了書籍以外有沒有他種東西足以增加我們對於孔子的認識的？孔子子孫能不能因爲家廟中有世傳的孔子遺物使他們對於孔子的智識比我們多一點？

五、孔子的聖道寄託在哪些地方？我們現在所見到的是直接的材料呢，還是間接的材料？請把最有力量的孔子聖道記載指出其發生時代。

六、孔子時有沒有“六經”“六藝”等名？六經到底是周公作的呢，是孔子作的呢，還是周公所作而孔子所述的呢？

七、十三經的發生從何時起，至何時止？何時始有此名？請列爲一表以著明其逐次擴張之跡。

八、“經”的意義有多少種？我們分析它的性質和向來這個名字的涵義合不合？

九、請把康有爲、皮錫瑞對於經的見解作爲簡單的系統的叙述，看他們的證據哪一方面强，理由哪一方面充足。

十、經和史是不是定要分開的？還是可以不分開，這個問題的中心點在什麼地方？

十一、孔子著作六經之説從什麼時候起，至什麼時候始完成？試列一表以表顯其發生的先後次第。在這中間許多儒家和儒家以外的學派有六經是怎樣的一件東西？

十二、第一個稱孔子爲聖人的是誰？那時聖人一名的意義是怎樣的？後來這個原始意義改變了没有？

十三、戰國、秦漢間人看孔子大約可分爲幾方面？（這就是問：戰國、秦漢間有哪幾方面的人借着孔子的名來伸張自己的。）

十四、我們如果專從論語上看孔子，孔子本身是一個學者呢，一個政治家呢，一個宗教家呢，一個神聖呢？

十五、孔子以前的智識階級的思想怎樣？孔子的學説同他們相合嗎？還是另闢一條新道路呢？

十六、請擇下列數事之一尋其傳説演變的次序作爲圖表：

夾谷之會　相魯　問禮老子　畏於匡　在陳絶糧　作春秋

十七、請擇下列數事之二，指出其錯誤及可疑的地方，並解釋其所以錯誤的緣故：

孔子使從者爲甯武子臣於衛，然後得去。（孔子世家）

昭王將以書社地七百里封孔子。（同上）

子之武城……子游對曰：“昔者偃也聞諸夫子曰……”（論語）

子張問仁於孔子，孔子曰：“能行五者於天下，爲仁矣。”請
　　問之……（同上）

孔子行乎季孫，三月不違，於是帥師墮郈，帥師墮費。（公

羊傳）

越王霸於關東，孔子奉先王雅琴禮樂奏於越。（吳越春秋）

孔子在陳、蔡之間……絶糧……子路愠，見曰：“君子亦有
　窮乎？”……子貢色作。孔子曰：“賜！爾以予爲多學而識
　之者與？”……孔子知弟子有愠心。（孔子世家）

十八、傳説中説孔子干過七十二君，他實在干了幾君；傳説
中説孔子弟子三千人，他實在有多少弟子？他的一生到底經過了
幾次厄運？碰到了幾次行道的機會？

十九、孔子的故事，最偉大的和最猥鄙的、最近情的和最不
近情的，請各舉一件作代表，看它們衝突到怎樣程度？

二十、漢人説“載籍極博，猶考信於六藝”；後人説“漢儒近
古，其言必有所本”。我們在孔子事蹟上能彀證明這兩句話是不
錯的嗎？

二十一、孔子和老子的關係怎樣？説他們有關係的是從什麽
時候起？

二十二、崔述洙泗考信録的編纂義例怎樣？他的標準從我們
現在看來有無斟酌之餘地？除了他所辨證之外我們對於孔子事蹟
的研究還有什麽應當做的工作？

二十三、論語有多少種本子？它們的先後怎樣？内容有何不
同？比較起來以何種爲最可信？這種比較可信的現在還看得
到嗎？

二十四、現在傳世的論語是哪一個本子？這個本子是哪幾個
人用了什麽材料積累了多少年而寫定的？寫定得好不好？

二十五、論語的成書在孔子生時抑在孔子卒後？是哪些人所
做成的，裏面的材料完全可信嗎？

二十六、清代學者不信論語爲完全真材料的有崔述、袁枚、
康有爲、崔適諸家，他們怎樣説？他們對於漢、魏的幾個論語學
家怎樣批評？請約略綜括言之。

二十七、孔子家語相傳是什麼人做的？本子有幾種？今所傳本出於何人？他爲什麼要作僞？他怎樣假託的？這個本子後來又經什麼人改過？再後來它的僞跡爲何人舉發？舉發的方法是怎樣的？

二十八、孫星衍孔子集語搜羅孔子材料極富，但是不分真僞，我們要怎樣用它纔可不冤枉他一番苦心？而又使得這些僞材料不能騙人！

二十九、試釋下列數名的意義（意義如有改變，則原義與變義須同列）：

玄聖　素王　傳記　經禮　微言

據魯　親周　故宋　四術　三統

三十、我們現在研究孔子比以前的人便利了多少？研究孔子的癥結在哪裏？我們要打破這些癥結應當有哪種的修養？

三十一、你研究了半年孔子，有沒有得到新見解？比較半年以前你知道的孔子事實是多一點呢，還是少一點呢？

三十二、我所發給你們的孔子講義，都是沒有融化陶冶的材料，你們得到了這些材料是聽它終於爲材料呢，還是想貫以系統呢？拿許多零碎的材料貫以系統這是立刻可以做到的嗎？照你豫計至少要解決幾個問題之後這個新系統方始立得起來？

三十三、這半年中除我所發講義之外，你還看過了些什麼關於孔子的書，在這些書中你有什麼心得可以報告的？對於孔子的局部問題的研究，你有什麼擬就的計畫？

孔子事實的變遷 *

孔子，是中國的最偉大的人物，這是沒有疑義的。但他的事實，我們實在知道得極少，幾乎不能替他做成一篇傳。

說到這裏，一定有人起來駁斥道：你這話錯了，孔子的事實是極多的。你不看見嗎？孔子家語有四十四篇，孔子集語有十七卷。一個人的言行傳下來的有這許多，還算少嗎？況且史記孔子世家裏差不多已爲他編下一個年表，闕里志的年譜也是很整齊的列着，有了這許多繫年的記錄，還不能替他做一篇傳嗎？

這個駁我的人理由也不錯，如果我們對於文籍的記載作無條件的信從，孔子的言行可以說在古人中是最多的，孔子的年代可以說在古人中是最清楚的。但是，這便有兩件困難問題：第一，在現在的思想自由的時代之下，而且在清代學者詳密考訂之後，我們對於一切文籍記載肯安心作無條件的信從嗎？第二，我們既愛護這個最偉大的人物，而目睹這些相互衝突的材料，和許多絕對誤謬的材料，我們能忍心不替他撥去嗎？如果我們不肯安心作無條件的信從，不能忍心使孔子受着許多衝突和誤謬的材料的支配，則我們知道的他的真事實，實在是少之又少，幾乎不能替他做成一篇傳。

我們知道，戰國時代，百家爭鳴，而在百家中以儒墨兩家爲最盛，儒墨兩家裏還分許多小派，儒家的先師便是孔子，所以孔

---

* 1929 年 9 月 29 日作，未畢。錄自原稿。

子成爲一時代的傳說的中心。儒家因了自己的要求，要把他説成怎樣怎樣，儒家以外的各家又要因了各人自己的要求，把他説成怎樣怎樣。爲了這個緣故，孔子的故事在戰國時發生得最多。孔子事實的紛亂，不是他的事實的本身紛亂，而是戰國時各家思想的紛亂。所以我們對於這時候書籍中所記孔子的事，只能把戰國時的時代背景去解釋它。

記載孔子事實的最先一部書，也是最可靠的一部書，大家知道是論語。這部書是什麼人記的？大家知道是孔子弟子。但這話給唐朝的柳宗元看出破綻來了。他説這部書是曾子的弟子做的。他的理由，是這部書中稱孔子弟子必以字，只有曾子和有子不然；曾子在諸弟子中年最少，而此書記及他的老而死，可見這部書的著作的時候孔子弟子已經没有存在的了。我們看韓非子的顯學篇説孔子之後，儒分爲八，如果柳宗元所説是對的，則論語是曾子一派的弟子記的，只能代表這一派中對於孔子的見解。

但是這句話也不能直截痛快地説，因爲還有別種成分插在裏面。清代的文人袁枚有幾篇論語解，他説論語有齊論魯論的不同，齊人是最尊重管仲的，（好像孟子裏説的“子誠齊人也，知管仲晏子而已矣”！）所以要借孔子的口來擡高管仲。孔子是最不肯許人爲“仁”的，雖像顏淵這樣的賢，這樣的好學，僅許他三月不違仁，但是對於管仲卻説“如其仁！如其仁！”魯國的人便很看輕管仲，（好像荀子裏説的“仲尼之門人，五尺之豎子，言羞稱乎五霸”。）所以要借孔子的口來壓低管仲，所以説“管仲之器小哉”，又説“管仲而知禮，孰不知禮”。這樣看來，論語這部書是把齊國人所記的孔子言行和魯國人所記的孔子言行合併起來的，齊國和魯國人的觀念不同，所以孔子的言行也隨着他們不同起來了。

論語的成分僅僅這樣的複雜嗎？實在還不止此。崔述是清代中葉的一個極謹嚴的學者，他用了三十年的工夫做成一部洙泗考信錄，把論語所記精密地考察過一番。他從史事、文法、記者體例、授受源流各方面，考定論語這部書，有的是竄亂的，有的是續附的；其始各篇不出於一人的手筆，篇篇單行，没有關係，後來集合成爲一本，還有採取別的書裏的話來足成的。他說，論語前十篇和後十篇文體多異，尤以最後的五篇爲不足信。經他考證的結果，後五篇中，事實絶對不可信的有六章二節，事實有可疑的有六章，文體不類的有九章，文體大可疑的有二章。其他如門人在孔子前稱"夫子"（夫子是稱甲於乙之辭，到了戰國，始變爲稱甲於甲之辭），輾轉傳誤，一事成爲兩事的，列在篇末與篇中文不倫的，也很多。

　　他的考證太多了，使得我無法節錄。舉兩個例罷。譬如陽貨篇中"公山弗擾以費畔，召，子欲往"的一件事，和"佛肸召，子欲往"一件事，歷代儒者都很費力解釋，因爲孔子這個人，據孟子説是痛恨亂臣賊子的，而這兩人正是亂臣賊子，孔子如何"欲往"呢？於是論語正義説，這是孔子欲不擇地而治，欲不避亂而興周道，論語集注引程子説，聖人以天下無不可有爲之事，亦無不可改過之人。但是對於這事懷疑的如王充，他在問孔篇中便罵孔子"徒求食也！""何其濁也！"崔述作了歷史的考證，知道費之叛在定公十二年夏，這時孔子方聽魯國之政，要爲東周儘可在魯國做，不必到費；至於佛肸之叛則是趙襄子時的事，當襄子之立孔子卒已五年了。所以他斷定，這是戰國橫議之士要自便其私，必須冤枉了孔子然後可以得到他們幫助亂臣賊子的理由，才不管年世的不符，替孔子造出這些事情來。其他如楚狂接輿、長沮桀溺、荷蓧丈人等事，崔氏都以爲其文如莊子，怕是道家這班人造出來的。至孔子見南子，齊景公欲以季孟之間待孔子，孔子勸季氏勿伐顓臾，齊人歸女樂而孔子行，崔氏也都證明它不是事實。又如微子篇多記古今軼事，這和孔子有什麼關係。

　　關於論語本子方面，崔氏也有極詳細的考證。他説，現在的論語不是孔門論語的原本，也不是漢初的舊本。漢初，齊論和魯論是不同的，就是這個人的魯論和那個人的魯論也是不同的。到了漢成帝時，有一張禹，他本是魯論出身，晚年改治齊論，後來索性彙合各本，隨了自己的意思定去取，寫成一本，當時的人因爲他的官大，靡然從之，號爲張侯論，以致諸本陸續皆亡。他痛恨張禹，以爲使得我們無法知道哪一條是出在哪種本子，終至不能別擇整理，這都是他的罪。

可是到了清末，一班今文學家如康有爲、崔適等，更比崔述進了一步。康有爲在他的新學僞經考裏，斷定古文經是劉歆們造出來的，而論語有古文二十一篇，見於漢書藝文志。到了東漢，古文大行，鄭康成雜糅今古，他的論語注爲何晏的論語集解所本，今日所傳的論語又本于何晏的集解，可見今本論語必有不見於齊魯而從古文論語鈔下來的。他説，"巧言令色足恭，左丘明恥之，丘亦恥之；匿怨而友其人，左丘明恥之，丘亦恥之"一章，必是劉歆僞竄。僞孔安國論語注是古文論語的訓解，是古文學家造的，看何晏集解在此章下正引僞孔安國注，其爲古文論語尤爲明確。左丘明這人，無論在左傳方面看，在國語方面看，都不是孔子同時代的人。劉歆要把左傳立於學官，所以不惜在論語方面捏造證據，以便暗示讀者，使得大家知道左氏作傳的本旨就是孔子作經的本旨，因爲他們二人是同好惡。崔適論語足徵記又從經典釋文等書輯出魯論和古論的異字，相互比較，知道魯論多用假字，古論多用本字。（如"可使治其賦也"，魯爲"其傅"；"吾未嘗無誨焉"，魯爲"無悔"。）他説，古時字少，一個字常管幾個字的意思，所以多假字；後世各選本字分用了。這是文字進化的次序如此。古文論語用了本字則文從字順，然則古論的出於魯論之後很明白，其爲假古文也很明白。

以上所説，是從唐到清一千年來的研究論語的結論。從這結論上看來，可見我們現在看得見的論語，只是曾子一派的弟子記下來的，如果八儒中的子張之儒、顏氏之儒、漆雕氏之儒……等也有孔子事實的記載，說不定和這一派人所記的很不相同。而且就是現在這部論語，也是把魯論、齊論、古論，雜湊成的，並且到了三國時何晏作了集解之後才凝固的，裏邊不但摻入了許多戰國的氣味，並且摻入了些漢代的氣味。

咳，說到這裏，我真是悲傷極了。論語是記載孔子事實的最先的一部書，也是比較能作客觀叙述的一部書，尚且是一塊破碎的璧，用了砒硇和粘質膠合起來的，我們還說什麼呢！

其次，我們說到戰國諸子中的孔子。

孟子是最推重孔子的一個人。他的書裏雖然記載孔子的事實不多，但是孔子的聖人的地位就在這裏確定了。他把堯舜禹湯文武和孔子的系統聯結起來，使得孔子之道即是堯舜禹湯文武之道；而且把孔子當了五百年名世的地位，使得孔子的學說成爲“王道”的學說。孔子曾否得到王道的傳統，我們固然不敢遽爾斷定，但論語中似乎沒有這個痕跡，而且在春秋的時代中似乎尚没有這個要求。然則他爲什麼要這樣說呢？這因他個人是主張王道的，是勸齊宣王、梁惠王、滕文公一班人行王政的。孔子傳了堯舜以來的王道，他是私淑孔子的，當然也傳了堯舜以來的王道。所以他雖然離孔子只有百餘年，但已性急得很，自稱“去聖人之世若此其未遠也，近聖人之居若此其甚也”，以表明他接受孔子的道統；更嚷着“由周而來七百有餘歲矣，以其數則過矣，以其時考之則可矣”，以表明他該發揚這個道統。再有一件事也很突兀的，就是他說孔子作春秋。春秋這部書，論語中毫未提及，我們固不該疑論語中所未言的即孔子所未作，但孟子言孔子作春秋卻甚離奇。第一，他說春秋是天子之事，春秋明明是魯國的一部編年史，如何是天子之事呢。第二，他對齊宣王明明白白地說，“仲尼之徒無道桓、文之事者，是以後世無傳焉，臣未之聞也”，這句話不但抹煞春秋，且抹煞論語。而春秋所記即是桓、文之事，何以仲尼之徒竟道之呢？何以後世竟傳了下來呢？他既這樣表揚春秋，比之于禹的抑洪水，周公的兼夷狄和驅猛獸，而春秋所記只是一個尋常諸侯國之事，可見在他的眼光裏已經是一部神秘的書，它的意義不在文字上而在文字之外，即西漢儒者所謂"微言大義"了。孔子有了帝王之德，又作帝王之事，又有這樣神秘的權威，自然漸漸成爲無冕的帝王（即"素王"），而證實他的"自生民以來未有盛於孔子"口號了。

　　荀子是戰國末期的一個儒家大師。在他的書裏，新收入的孔子事實不少。如"仲尼之狀，面如蒙俱"呵，如"孔子將爲司寇，沈猶氏不敢朝飲其羊"呵，如"孔子爲魯司寇，有父子訟者，孔子拘之，三月不别"呵，如"厄于陳蔡之間，七日不火食"呵……都是。其中最可注意的新添的故事，是"孔子爲魯相，攝朝七日而誅少正卯"一件事，論語中記孔子明明是"温良恭儉讓"的一個人，何以他竟會不容情地殺一個聞人，而且没有實際的罪狀？這件故事似乎編得太不像了。要明白這件故事的由來，先須明白荀卿所處的時勢。當戰國前期，人民脱卻貴族的束縛，立談可至卿相，有多大的本領就可做多大的官，所以那時鼓吹的是"尚賢"，例如孟子要孔子做五百年名世的王者。這可以叫做"德位合一説"。但這樣鼓吹的流弊，至於不賢的冒充賢人，就是許多賢人，也因門户太多，互相攻擊，意見不能一致，無益於國家。所以那個時候，有一班法家起來，要增加君上的權力，壓抑私家的論議。這可以叫做"位勢合一説"。荀卿處在這個時代，所以也感染這個風氣，要用不寬容的態度去掉許多敵人。看他非十二子篇所駡的"飾邪説，文姦言，以梟亂天下"，"其持之有故，其言之成理，足以欺惑愚衆"，"終日言成文典，及訓察之，則倜然無所歸宿"……簡直就是"心達而險，行辟而堅，言僞而辨，記醜而博，順非而澤"的注解。所以這件故事是戰國末年思想極混亂時的故事，爲要救濟這個混亂的時勢，只得請出孔子來説話了。

　　孟子荀子以外的儒家，現在材料不多，只看見兩部禮記。其中所記孔子的言行，都是夸誕得很。即如檀弓篇所記"孔子少孤，不知其墓"一事，既在少年時，何以有門人，又何以説自己是東西南北之人？至於儒行篇實爲後來的儒家擺架子，經解篇實在替一班經師説話，五帝德篇實在替一班造僞史者作宣傳。

儒家以外，（下缺）

墨子姓氏辨[*]

墨子姓氏國籍等問題，在近今學術界中辨論頗爲紛歧，其持新說者，如江瑔、錢賓四（穆）、胡懷琛、衛聚賢諸君，或謂墨子之"墨"非姓，或更進一步斷墨子乃印度人；凡一問題之提出，恒數千萬言辨論不休。其實墨子之"墨"乃姓，舊説爲是！此問題本不成爲問題者，特以墨子之墨姓罕見，而墨子國籍在舊籍又無定説，因起種種之猜測耳。頡剛等平日本不甚注意此問題，凡有撰述，悉依舊說。數月以來研究禪讓傳說，牽涉墨學全部之問題，因覺墨子姓氏等問題不容不論，而墨子非姓墨，及墨翟爲印度人之說，又未能魘吾人理性，爰綜考舊籍，建立兩種新假定，提出討論；雖未敢自謂必合真事實，然在現今所有材料之下，此種假定，似較爲近理焉。先是，二十年前，頡剛初讀墨子，恒喜在卷端批抹，曾有伯夷柳下惠孔子即代表墨、楊、儒三派思想之意見；數月前，此本爲童書業君所見，因前項意見之提示，忽發現墨子爲宋公子目夷之後；時頡剛適撰禪讓傳說起于墨家考一文（見上期本刊），即將此說增訂收入。近童君尚嫌所論未備，復與頡剛合作此文，以正式的將此問題向學術界提出。本文分爲上下兩篇：上篇專辨駁墨子非姓墨說，下篇專證明墨子之墨爲氏姓說。其墨翟爲印度人之論，以較無理由，且童君已先有墨翟爲印度人說正謬後案一文（載文瀾學報第二卷第一期）辨之，兹篇姑從

* 原載史學集刊第二期，1936 年 10 月。

略焉。

　　　　　　　二十五年六月三十日，頡剛記。

上篇　墨子非姓墨説之辨正

（一）江瑔讀子卮言説正誤

　　廉江江瑔著讀子卮言，都十六章，數萬言；在過去十餘年學術界中曾風行一時，尤以其墨子非姓墨之説爲一般學人所信從，雖精思碩學之士間亦有爲其説所蠱惑者，勢力亦云偉矣！然此説實根本不足信也，請分條疏證其誤點如下：

　　（1）江氏云：“所謂家者，言學派之授受，非言一姓之子孫；故周秦以前凡言某家之學，不能繫之以姓。至漢代學者，始以某姓爲某家。……凡古人繫姓而稱，必曰某子，或曰某氏，而稱家則不能繫姓。若墨既爲姓而復稱曰墨家，則孔子可稱孔家，莊子可稱莊家乎？此不合於古人稱謂之例，其證一也。”今按，周秦以前凡言某家之學正多繫之以姓。如孟子稱楊墨，云：“逃墨必歸於楊，逃楊必歸於儒”（盡心），儒墨者學派之號，則楊亦學派之名；江氏能云楊亦非姓乎？孟子又云：“楊朱墨翟之言盈天下……楊墨之道不息，孔子之道不著”（滕文公），以楊朱墨翟與孔子並舉，正可證楊墨皆姓也。荀子稱慎墨，慎墨猶楊墨也；江氏能云慎亦非姓乎？莊子稱“儒墨楊秉”（徐無鬼），秉亦人名，或姓（近人高亨先生以爲，“‘秉’借爲‘彭’，即彭蒙也”。説見楊朱學派，古史辨第四册），而亦學派之號也。莊子又云：“削曾史之行，鉗

楊墨之口"（胠篋），曾史皆姓，則楊墨亦皆姓也。莊子天下篇稱
百家而道六派，荀子非十二子，吕氏春秋稱十士，皆以創立學派
之人代表一家之學，無有稱道德、法、名、陰陽、小説、農、雜
等之家名者。蓋楊氏墨氏（見孟子）即楊家墨家也。江氏謂"'氏'
不如'家'之廣"，不知何所據而云然？亦可謂"遁辭知其所窮"矣！
周秦以前稱某家者實極罕見（或竟無有，今限於記憶，姑如此云。
孟子云："入則無法家拂士"，此"法家"與九流之"法家"異），江
氏焉能定出"凡言某家之學，不能繫之以姓"之例乎（"墨家"之稱
先秦書中似亦未見）？此江説之誤一也。

　　（2）江氏云："所謂九家者，墨家而外，若儒，若道，若名，
若法，若陰陽，若縱橫，若雜，若農，莫不各舉其學術之宗旨以
名其家，即九家外之小説家亦然，并無以姓稱者。若墨爲姓，是
以姓稱其學，何以獨異於諸家乎？此不合於九家名稱之例，其證
二也。"今案，江氏此説與前條同其謬誤！九流十家之説出於後
世，已無疑問：道、名、法、陰陽、雜、農、小説等家名在先秦
書中從未見過，決爲秦漢間人所造。"道家"之名始見於史記，司
馬談父子所謂"道家"，乃"因陰陽之大順，采儒墨之善，撮名法
之要"之混合學派，其起源決不能前於戰國最後期與秦漢之間。
名者，本各家爲學之方法，家家皆有名學，故無所謂"名家"；尹
文、惠施、公孫龍諸人皆墨家之後學也。慎到爲楊朱莊周一派中
人物；韓非李斯爲荀卿弟子，乃儒家之後學；商君申不害諸人皆
實際之政治家，本未嘗廣招門徒以授學；中國古代實祇有法理學
與法治之學説，而無所謂法家。陰陽家之源蓋出於易，鄒衍諸人
之學説近於儒家，實儒家之後學。"雜"更本不能名爲一家。農爲
專門技術，與各家異；重農之學説先秦各家皆有，許行之思想近
於楊朱，蓋楊莊之支與流裔也。小説家之名更屬杜撰，其代表人
物之宋鈃實爲墨家後學，宋鈃安得有小説家之號？至縱橫家則皆
政客之流，"縱橫"亦萬不能成爲一家名。用"九流十家"之名以證

墨子之"墨"非姓，此江説之誤二也。

（3）江氏云："墨子之學出於史佚史角……未有墨子之前，已有墨家之學；墨子生於古人之後，乃諱其淵源所從出，以己之姓而名其學，而盡廢古人，不特爲諸家之所無，且於理有未安也。此不合於學派相傳之理，其證三也。"今案，墨子之學出於史佚，並無確證；墨子學於史角之後，見於吕氏春秋，乃戰國晚年人之説，恐與孔子師老聃項橐等，同爲不經之談；且即承認此説，亦不得遂謂"未有墨子之前，已有墨家之學"，蓋墨家之學是一事，墨家之學所從出又是一事；否則，孔子師老聃（姑認此説爲真），孔子豈道家之徒乎？墨家創派之人實即墨子，後人以墨子之姓爲其學派之號，事理所可有；楊家之號爲楊亦然。儒家之名因職業而起，不容取以例不以職業名家之墨家也。此江説之誤三也。

（4）江氏云："墨之爲姓，墨子一人外更無所見。惟古有墨胎氏，爲孤竹國君，伯夷叔齊即其後，然夷齊後即無聞，斷非墨子所自出。且墨子之前後亦絶無墨姓其人。是不特墨子非姓墨，且恐其時并無墨之一姓矣。此其證四也。"今案，論語正義引春秋少陽篇謂"伯夷姓墨"。通志氏族略引元和姓纂謂"墨氏……本墨台氏，後改爲墨氏"；則墨胎即墨。明有墨麟，洪武時人。安得謂墨子前後絶無墨姓其人乎？又北周書有怡峰傳，云："本姓默台，避難改焉"，是南北朝時尚有姓墨台者，安得謂夷齊以後墨胎氏即無聞乎？墨氏出於墨台，墨子前後均有墨姓其人（案滕縣志又有墨丞相墓），在文獻上證據明確如此，而江氏竟悍然武斷謂"無墨之一姓"，其疏漏亦甚矣！此江説之誤四也。

（5）江氏云："漢志所録墨家者流：……曰我子，曰隨巢子，皆不著其姓；曰田俅子，曰胡非子，疑亦非姓；……班注於此四人亦不詳其姓名，顏師古亦不及之，當必皆爲姓名外之別號，自無可疑。墨家諸人無一稱姓，則墨子之'墨'斷非姓明矣！竊疑墨家之學……示大同於天下，……以宗族姓氏爲畛域之所由

生，故去姓而稱號。……又與釋氏之法同；此孟子所以斥之爲
‘無父’。……孟子一書所載當時之人皆詳其姓氏，而於墨者夷之
祇冠以‘墨者’二字，而不言其何姓（頡剛案，孟子“墨者夷之”，
僞孫奭疏云，“夷之，治墨家之道者姓名也”）。論衡福虛篇言墨
家之徒纏子，‘纏’亦非姓。是皆可爲墨家不稱姓之證。……此其
證五也。”今案，我、隨、田、胡、夷、纏舊皆云姓。古有夷牟、
夷堅、夷逸，可證古有夷姓（夷姓蓋古夷國之後）。隨巢，姓隨而
名巢也（隨爲近楚之國，自可用爲氏姓）；田俅、胡非亦然（田即
陳氏，胡蓋古胡國之後）。隨、田、胡、夷之爲姓安有疑問！隨
巢子、田俅子、胡非子，猶言孫卿子、韓非子、公孫龍子也；豈
孫（荀）、韓、公孫亦非姓邪？墨氏之徒其名不著，班顏輩於渠等
自不必詳注，執此而證“墨”非姓，謂非牽強得乎！墨家去姓而稱
號之例，全爲江氏鑿空杜造，古無此説。墨家之學與釋氏之法如
風馬牛不相涉，稍讀書者類能辨之。自有江氏隨巢子等爲別號，
墨家之學與釋氏之法同等之論，乃有胡懷琛氏墨翟爲佛教徒，或
婆羅門教徒，衛聚賢氏“隨巢子爲隨地可以巢居”之妙論；作俑之
罪，江氏固不容辭矣！此江説之誤五也。

（6）江氏云：“墨子原書多稱‘子墨子’，夫稱曰‘子’者，爲尊
美之詞，不繫於別號，即繫於姓，然皆稱曰某子，斷無以‘子’字
加於姓之上者。若‘子思子’之類上‘子思’二字合爲孔伋之字，下
‘子’字乃尊稱之詞耳。……唐宋以後去古日遠，名稱亦漓，始有
以‘子’字加於姓之上；……於例絕無可據，於理更不可通。……
然如此類者，在後世亦未可多見，秦漢以前則絕無之。……惟荀
子書引宋鈃語或稱宋子，或稱子宋子，顯爲後人所亂。列子書亦
稱子列子，然見於莊子者俱無之，則因其書爲後人掇輯諸書而
成，非列子之舊，未足爲據。至墨子原書於禽滑釐稱曰‘禽子’，
亦間有‘子禽子’之稱，或疑爲後人所加，竊案以墨家不稱姓之
例，則‘禽’亦非姓；余別有説詳之。且當染篇之禽子，呂氏春秋

即作墨子，或書中之'子禽子'亦即'子墨子'之誤也。今稱曰'子
墨子'，適與'子思子'之稱同，則墨子非姓墨，尤瞭若指上漩
渦。……此其證六也。"今案，莊子達生篇即稱子列子，讓王篇亦
稱子列子，呂氏春秋觀世篇並稱子列子，審己篇及不二篇又稱子
列子，安得謂莊子書無"子列子"之稱，秦漢以前絕無"子某子"之
稱乎？且公羊傳有子公羊子、子沈子、子司馬子、子女子、子北
宮子等（公羊傳何休注，"沈子稱子冠氏上者，著其爲師也"），其
他先秦兩漢之書稱"子某子"者尚多，限於記憶，不復贅舉；即此
已足徵江氏之説之錯誤，亦足徵墨子之"墨"確爲姓矣！又左傳哀
公十一年記孔子語云，"且子季孫若欲行而法"，以"子"加于季孫
之上，江氏又將何説？至荀子"子宋子"之稱蓋對宋子之徒而言，
"子宋子"之文決非後人所亂，與"子列子"之稱決非後人杜撰同
也。至墨子書"子禽子"之稱，亦當如"子公羊子"等之例；所謂墨
家不稱姓，又有何確實之證據乎？"子墨子"之稱與"子思子"之稱
如風馬牛不相涉，焉能取相比附？"子墨子"，可簡稱"墨子"，
"子思子"豈亦可簡稱爲"思子"乎？曩嘗讀某人筆記亦襲江氏之説
以詆"子程子"之稱爲非，不知程朱輩讀書之博，固非後人所能隨
口妄議者也。此江説之誤六也。

（7）江氏云："孟子多拒墨之詞，其稱之也，或曰墨子，或曰
墨氏，或直單稱之曰墨。……韓非子顯學篇亦……單以墨稱。然
人有姓亦有名，姓所同而名所獨，故古者稱人必舉其名，寧去姓
而稱名，無去名而稱姓，……而斷無單稱姓而不著其名之理。今
孟韓皆單稱曰'墨'，則'墨'豈得爲姓乎？……此其證七也。"今
案，孟子亦單稱楊，韓非子亦單稱孔，江氏所謂"古者稱人必舉
其名，寧去姓而稱名，無去名而稱姓"者，究有何證乎？若"墨"
果僅爲學派道術之名，而墨翟可以稱"墨子"，則儒爲學派道術之
名，孔子其亦可以稱"儒子"乎？此江説之誤七也。

（8）江氏云："凡爲墨家之學可稱曰'墨者'……然'墨者'之義

指學墨子之人言之，學墨子之人非必姓墨，何以繫其師之姓？孔子之門弟子三千，未聞稱曰‘孔者’也。墨家之稱‘墨者’，當與儒家之稱‘儒者’同，而儒非姓。……史記有日者列傳，而古人亦多有‘卜者’‘漁者’之稱……而此類又皆非姓。……以此推之，則‘墨者’之‘墨’亦非墨子之姓，尤瞭然明矣！此其證八也。”今案，“墨者”之義，猶言爲神農之言者，爲孔子者，爲黃老者，爲申韓者；蓋墨子之姓既成爲一大學派之號，約久俗成，遂有“墨者”之稱耳。孔子之姓，未成爲學派之號，故無“孔者”之稱。“儒”者，古之術士（即學者）之稱，以術士名家，正可證孔學最先出，故襲通常學者之號也。且儒者自謂“述而不作”，如以“孔”名家，則是示自絕於堯舜禹湯文武周公之道，而與百家之學同也，蓋非宣傳道統之儒家所樂爲矣。墨學本有宗教性，故即以創教者之姓爲學派之號，亦尊教主之義耳。“日者”“卜者”“漁者”之稱與“墨者”之稱大不同：一謂職業，一謂學派也。“墨者”之稱絶不足證墨子之“墨”非姓。此江説之誤八也。

　　江氏自謂據上八證，墨子之“墨”非姓已“鐵案如山，不可動搖”，吾人則以爲其説不堪一駁。墨翟可稱墨子，即墨翟之“墨”爲姓之鐵證。墨子非姓墨，特江氏鑿空之説，豈其本然耶？江氏又謂班固譔漢志，高誘注呂氏春秋皆只云“墨子名翟”而不言其姓，固心焉疑之。今案，高誘之説從班固來，班志於儒家曾子亦只云“名參”，宓子亦只云“名不齊”，世子亦只云“名碩”，孟子亦只云“名軻”，孫卿子亦只云“名況”，芋子（今作“芊子”，字誤）亦只云“名嬰”，董子亦只云“名無心”，於道家、陰陽家、法家、縱横家、雜家諸子亦多但注其名而不言其姓，豈班固亦疑孟荀輩之“孟”“荀”等字樣爲非姓耶？江氏之武斷如此！江氏又謂墨子之“墨”乃學術之稱，“墨”者“瘠墨”“繩墨”之義，其爲學始於大禹，傳於史佚，至墨子而益發揚，世乃以其學稱其人，故曰“墨子”。又疑墨子既發揚墨學，因而以“墨”自名，或別字爲“子墨”，故墨書亦稱"子墨子"。"墨"者，墨子之學；"翟"者，墨子之姓。今案，墨子之"墨"乃姓，非學術之稱，已詳上論。墨家從未特別提出"瘠墨""繩墨"之口號與教義，"墨"乃墨子之學之說終爲無稽。至墨學始於大禹，傳於史佚，則後人託古之論，固不能存在於今日。墨子以"墨"爲名及以"子墨"爲別字之說，亦近於戲論，毫無證佐。夫"子某子"之稱先秦書多有，此種怪論之來，亦由於未詳考耳！至以"翟"爲墨子之姓，乃後世道教徒之謬論（見道書琅環記），難解於墨子自名爲"翟"（見墨子本書）之證矣。總之，江瑔之論，爲吾人理性所決不能承認者。自有江氏墨子之"墨"非姓之說，乃有胡懷琛氏墨翟爲印度人之妙論；自有胡氏墨翟爲印度人之說，乃有衛聚賢氏老聃即釋迦，亦印度人，老子或爲雲南苗民等妙論；江氏之說既破，則胡衛諸氏之說如秋葉矣！

（二）錢賓四先生說之商榷

晚近主張墨子非姓墨者，以錢賓四先生之說最爲近理。錢先生先秦諸子繫年考辨三二爲墨翟非姓墨墨爲刑徒之稱考，大旨以爲："墨"乃古刑名，墨家之"墨"即取義於此。墨尚勞作，近於刑徒，故號爲"墨"。墨翟猶後世之黥布，"墨者"之稱猶謂"黥徒"。儒墨即士與民之分，君子與刑徒之等；而刑徒即奴隸。墨者之衣服爲奴隸之衣服，飲食爲奴隸之飲食，起居動作言論爲奴隸之起居動作言論。墨家不主仕，儒者以求仕爲職志，仕之與否，即儒墨之鴻溝。墨者之稱"墨"，其名號由儒者之徒所加。古人不必盡有姓氏可稽，貴者有氏，賤者不必有氏；墨子之以"墨"稱，殆如屠牛坦，屠羊說之流，彼固曾親自在役夫刑徒之列者。案錢說極辨，然吾人仍不能承認其說。黥布之名因受黥刑而得，但古書中從未見有墨子曾受墨刑之記載，此取例未當也（案史記索隱云："（英）布以少時有人相云，'當刑而王'，故漢雜事云，'布改姓

“黥”以厭當之也’”）。墨者常自居爲士君子，如墨子本書所染篇云：

> 非獨國有染也，士亦有染，……則段干木、禽子、傅説之徒是也。

此以禽子爲士，是墨家自居於士矣。又如耕柱篇云：

> 子墨子曰：“君子無鬭”。

“無鬭”即“非攻”，乃墨家之義，是墨家自居於君子矣。又魯問篇云：

> 魯之南鄙人有吳慮者，冬陶夏耕，自比於舜，子墨子聞而見之。……子墨子曰：“子之所謂義者，亦有力以勞人，有財以分人乎？”吳慮曰：“有。”子墨子曰：“翟嘗計之矣：翟慮耕而食天下之人矣，盛，然後當一農之耕，分諸天下，不能人得一升粟；籍而以爲得一升粟，其不能飽天下之飢者既可睹矣。翟嘗慮織而衣天下之人矣，盛，然後當一婦人之織，分諸天下，不能人得尺布；籍而以爲得尺布，其不能暖天下之寒者既可睹矣。……翟以爲不若誦先王之道而求其説，通聖人之言而察其辭，上説王公大人，次説匹夫徒步之士：王公大人用吾言，國必治；匹夫徒步之士用吾言，行必脩；故翟以爲雖不耕而食飢，不織而衣寒，功賢於耕而食之，織而衣之者也。故翟以爲雖不耕織乎，而功賢於耕織也。”

此章雖未必真爲墨子之言（墨子書爲後人所編，此等記載未必真爲當時事實，另有考證），然總可代表墨家之學說；此段語與孔子責樊遲，孟子闢許行之説何等相似！“雖不耕織而功賢於耕織”，實爲儒墨共同之觀念。儒與墨爲同一階級，證據昭然如此，曾何有“儒與墨即士與民之分，君子與刑徒之等”之説乎？此條證據不但足以破“墨”爲刑徒之道之説，且足以破許行爲墨子後學之説矣（許行爲墨子後學，說見錢先生先秦諸子繫年考辨一一三許行考，又見古史辨第四册）。

　　貴義篇又載墨子不廢書，云：

　　　　翟上無君上之事，下無耕農之難。

可見墨家與儒家同爲坐食階級，儒者固爲士君子，墨者豈非亦士君子乎？至所謂“墨家之起居動作言論爲奴隸之起居動作言論”，説更難通！墨家多游説之士，墨子本人即戰國游士之首選，其生活言論與奴隸之生活言論絕然不同也。

　　至“墨家不主仕”之説，反證更多。史記孟荀列傳云：

　　　　墨翟，宋之大夫。

墨子本書耕柱篇云：

　　　　子墨子使管黔游游高石子於衛，衛君致禄甚厚，設之於卿。

貴義篇云：

　　　　子墨子弟子仕於衛（舊脱“弟子”二字，據荀子注引文增。一本“仕”下有“人”字，非）。

公孟篇云：

> 有游於子墨子之門者，身體强良，思慮徇通，欲使隨而
> 學；子墨子曰："姑學乎？吾將仕子。"

魯問篇云：

> 子墨子游公尚過於越，公尚過説越王。

又云：

> 子墨子仕曹公子於宋。

又云：

> 子墨子使勝綽事項子牛，……綽也禄厚。……

吕氏春秋上德篇云：

> 孟勝爲墨者鉅子，善荆之陽城君，陽城君令守於國。

據以上八證，謂"墨家不主仕"，其説尚可通乎？

至"古人不必盡有姓氏可稽，賤者不必有氏"，固然！然墨子之上世非必賤者（據吾人考證，墨子爲宋公子目夷之後，乃宗室貴族），何能遽斷墨子無氏？且墨子爲宋大夫，大夫可以無氏姓乎？至謂墨子親自在役夫刑徒之列，説亦無據。墨子"好學而博"（莊子天下篇語），"上無君上之事，下無耕農之難"（本書貴義篇語），曾謂役夫刑徒階級而有此乎？

　　此外錢先生又有"子墨子"當讀爲"子（墨子）"之説（見商務出版之百科小叢書墨子），謂"子（墨子）"者，猶言"子乃墨先生"也。説並未安！"子墨子"之稱明與"子公羊子"等同例，加"子"者，著其爲師也。"子乃墨先生"，焉有如此累贅難解之稱謂乎？

　　墨學中如"尚賢"，"天志"等皆非刑徒階級之思想。又墨家盛稱三代聖王堯舜禹湯文武，引徵詩書，尤與儒家之觀念同條共貫，蓋既爲同一階級，自有類同之思想。錢先生謂"儒家爲模擬上層之貴族，墨家爲代表下層之庶民"，亦非事實也。

　　錢先生博學精思，平時見解往往過人，而獨於考證墨子姓氏等問題則立説類嫌牽強：蓋錢説亦自江瑔之説來，江氏之説固根本不能成立者也。

下篇　墨子姓氏來源之兩種假定

　　對於墨子非姓"墨"説，吾人既已予以消極的破壞，至此吾人應積極的提出吾人所建立之假定：吾人以爲"墨"確爲墨子之真姓氏。關於"墨"氏之來源，可有下列之兩種假定：

（一）墨姓出於目夷氏，乃宋公子目夷之後

史記伯夷列傳索隱引應劭云：

　　（孤竹）盖伯夷之國，君姓墨胎氏。

又周本紀正義引括地志：

孤竹，……殷時諸侯孤竹國也，姓墨胎氏（今本作“姓墨
氏也”）。

是知伯夷姓墨胎。通志氏族略引元和姓纂：

墨氏，孤竹君之後，本墨台氏，後改爲墨氏，……戰國
時宋人墨翟著書號墨子。

則以墨氏爲孤竹君之後，由墨台（胎）縮短而爲墨氏。梁玉繩漢書
古今人表考云：

考北周書怡峰傳云：“本姓默台，避難改焉”，則“台”即
“怡”字，作“胎”非也（原注，“‘台’有‘胎’音，故誤”）。

據此，則“墨台”應讀作“墨怡”；直至南北朝時尚有姓墨台者。查
史記殷本紀，殷後有目夷氏。潛夫論志氏姓篇以目夷氏爲微子之
後。廣韻六脂“夷”字注云：

宋公子目夷之後，以目夷爲氏（據張澍輯本世本，以此
爲世本之文）。

則公子目夷之後爲目夷氏。案公子目夷字子魚，其後人見於左傳
世左師者爲魚氏，蓋別有一支氏目夷者。春秋大事表姓氏表魚氏
下云：

目夷氏，當亦子魚之後。

是顧棟高亦承認此説矣。目夷氏又作墨夷氏（張澍姓氏尋源云：

“墨夷即目夷，音轉也”），世本云：

> 宋襄公子墨夷須爲大司馬，其後有墨夷皋。（廣韻六脂
> 及姓氏急就篇引。案風俗通義亦云：“宋大夫有墨夷須，墨
> 夷鴻，墨夷皋。”）

墨夷須之名不見於左傳，如世本之記載確有所本，則“宋襄公子”
或是“宋襄公兄子”之傳訛。惟墨夷須如爲目夷之子，則不得氏目
夷，以公子之子當稱公孫，不得遂以父名爲氏也。然以公子彄字
子臧，即稱臧僖伯之例例之（左傳正義云：“僖伯名彄，字子臧，
世本云：‘孝公之子’。……僖伯之孫始得以臧爲氏，今於僖伯之
上已加臧者，蓋以僖伯是臧氏之祖，傳家追言之也”），則公孫須
固亦可稱墨夷須也。但世本之文每多錯誤，“宋襄公子墨夷須爲
大司馬”或當作“宋襄公兄墨夷爲大司馬”，或“宋桓公子墨夷爲大
司馬”，均未可知。左傳楚宋泓之戰，“大司馬固諫”云云，史記
宋世家作“子魚諫”；胡適之先生云“固”是形容“諫”字的副詞，杜
預誤解“固”爲公孫固（說儒。案胡說本顧炎武左傳杜解補正），蓋
宋襄公時子魚嘗爲大司馬也。楊拱辰先生（向奎）據韓非子作“右
司馬購強諫”，“購強”即“固”以駁胡說（讀說儒。案盧文弨鍾山札
記亦以“購強”爲公孫固之字），然作韓非子者恐即讀左傳之文而
誤；據雜說以疑正史，未爲全得。證以世本之文，蓋爲大司馬而
諫襄公者確爲目夷，史記疑未誤也。通志氏族略又云：

> 墨台氏，子姓，宋成公子墨台之後，漢書有墨台惲。

此“宋成公”決是“宋桓公”之訛，則“目夷”直作“墨台”，與伯夷姓
合。又左傳襄公四年魯臧紇救鄫侵邾，敗于狐駘，杜注：

魯國蕃縣東南有目台亭。

傳云“狐駘”，注以“目台”，未詳何故？考續漢書郡國志，魯國蕃縣，劉注：“左傳襄公四年戰狐台，杜預曰：‘縣東南有目台山’”，可證古本杜注自作“目台”。路史國名紀二載：

今徐之滕東有目夷亭。

宋之滕縣即古蕃縣，可見“目夷亭”即“目台亭”，此亦“台”“夷”古通用之證。惟“目台亭”終疑是“狐台亭”之誤耳。繆贊虞先生（鳳林）云：

“伯夷之國君姓墨胎氏”，“胎”或作“台”（原注，“據路史”），古音如怡（原注，“書湯誓，‘非台小子’，可證”。頡剛案，路史國名紀一，“‘怡’，一曰‘默怡’……亦作‘台’，即‘墨台’”），史記殷本紀，“殷之同姓其後分封，以國爲姓，有目夷氏”，則“墨台”或即殷同姓目夷氏，故其後嗣恥食周粟歟？（評東北史綱卷首）

繆先生以爲“墨台”即“目夷”，其説與吾人之意見同。

左傳僖公八年載宋太子兹父（襄公）與公子目夷互相以仁讓國，兹父云：

目夷長且仁。

目夷云：

能以國讓，仁孰大焉。

是頗與伯夷叔齊相互讓國之傳說相似。論語亦謂伯夷、叔齊：

> 求仁而得仁，又何怨？（述而）

可證伯夷、叔齊之傳說即由目夷茲父來。又說苑立節篇云：

> 宋襄公茲父爲桓公太子，桓公有後妻子，曰公子目夷，公愛之，茲父爲公愛之也，欲立之，請於公曰：“請使目夷立，臣爲之相以佐之。”……公許之。目夷辭曰：“……弟立而兄在下，不義也；……”乃逃之衞，茲父從之。

此以目夷爲宋襄公弟，固是傳訛；然其所載目夷逃位之事又何其與伯夷逃位之事相似耶？史記伯夷列傳云：

> 伯夷、叔齊，孤竹君之二子也。父欲立叔齊，及父卒，叔齊讓伯夷，伯夷曰：“父命也”，遂逃去。叔齊亦不肯立而逃之。

伯夷與目夷讓國之事既甚相近，姓又相同，即名亦有一半相同，說爲一人傳說之分化，固未爲甚武斷。目夷居長，故曰伯夷；叔齊當即太子茲父（“茲”“齊”音近）也。伯夷以隘廉堅苦稱，固與墨子之品格相近（柳下惠則與楊朱相近），墨子有爲孤竹後人之說，則與伯夷有血統之關係，其實是墨子與目夷有血統之關係也。論語正義引春秋少陽篇云：

> 伯夷姓墨。

是爲“墨怡”可去其下一字而單作“墨”之明證。墨子受姓之始於此可徵矣。

墨子既爲公子目夷之後，則當是宋人，是在古籍亦有明證。史記孟荀列傳云：

> 墨翟，宋之大夫。

鄒陽傳又云：

> 宋信子罕之計而囚墨翟。

又墨子書中詳記墨子止楚攻宋之事，徵以元和姓纂、葛洪神仙傳、文選長笛賦注引抱朴子、荀子楊注並謂墨子爲宋人之記載，則墨子爲宋人之假設已可成立。然尚有一極堅强之證據焉，即墨學與宋俗及宋人思想多相合是也。俞正燮云：

> 墨者，宋君臣之學也。……記曰："天子命諸侯教，然後爲學。"宋王者後，得自立學。又亡國之餘，言仁義或失中。管子書立政云："兼愛之説勝，則士率不戰"，立政九敗解云："不能令彼無攻我，彼以教士，我以毆衆，彼以良將，我以無能，其敗必覆軍殺將"，如此正宋襄公之謂。左傳公子目夷謂襄公："未知戰，若愛重傷，則如勿傷；愛其二毛，則如服焉"；兼愛非攻，蓋宋人之蔽。呂氏春秋審應覽云："偃兵之義，兼愛天下之心也"；據左傳襄公歿後，華元向戌皆以止兵爲務。墨子出，始講守禦之法，不如九敗解所譏。墨子實宋大夫，其後宋牼亦墨徒，欲止秦楚之兵，言戰不利。有是君則有是臣，……墨爲宋學明也。（癸巳類稿卷十四墨學論）

馮芝生先生（友蘭）亦云：

> 宋爲殷後，在春秋列國中文化亦甚高。漢書地理志云：
> “宋地，房心之分野也。……其民猶有先王遺風，重厚多君
> 子，好稼穡，惡衣食，以致畜藏”（史記貨殖傳略同）。惟宋
> 人重厚，故在當時以愚見稱。……墨子之道：“其生也勤，
> 其死也薄，其道太觳，以自苦爲極”（莊子天下篇），所謂“其
> 智可及也，其愚不可及也”，必在宋人重厚多君子之環境中
> 乃能發展。且“好稼穡，惡衣食，以致畜藏”，亦墨子“强本
> 節用”之説所由出也。（中國哲學史上卷第五章（一）論墨學爲
> 宋學）

據俞、馮二先生之言，“兼愛”，“非攻”，“節用”等均爲宋人思想
與宋國風俗。其實“明鬼”亦爲殷、宋之俗，左傳僖公十九年載宋
襄公“用鄫子於次睢之社，欲以屬東夷”，胡適之先生云：

> 用人祭社，似是殷商舊俗。（説儒）

殺人媚鬼，乃極端野蠻之宗教行爲，可證殷人信鬼程度之深。又
商書盤庚三篇亦露骨的表示殷人迷信祖宗神靈之思想，與周書所
表現之周人宗教思想頗不一致。甲骨文中尤多殷人信鬼之證。案
禮記表記云：

> 子曰：“夏道尊命，事鬼敬神而遠之，近人而忠焉……
> 殷人尊神，率民以事神，先鬼而後禮……周人尊禮尚施，事
> 鬼敬神而遠之，近人而忠焉。……”

漢書董仲舒傳云：

夏上忠，殷上敬，周上文。

史記高祖本紀云：

> 夏之政忠；忠之敝小人以野，故殷人承之以敬；敬之敝小人以鬼，故周人承之以文。……

此雖爲漢人文質三教之説，然殷獨以"尊神"、"先鬼"、"上敬"稱，似非偶然之事，是亦可爲"明鬼"爲殷俗之旁證也。

古既有墨子爲宋人之明文，又有墨學與宋俗相合之旁證，而"墨氏"實從"墨台氏"化出，"墨台"即"目夷"，故假定墨子爲宋公子目夷之後，墨姓由目夷氏來也。

（二）墨姓出於墨山之地名

九州要記云：

> 黑山一名"墨山"，墨子昔居此山。（寰宇記引）

查古即墨有墨山、墨水，即墨爲齊地。墨子本書公輸篇云：

> 公輸盤爲楚造雲梯之械成，將以攻宋。子墨子聞之，起於齊，行十日十夜而至於郢。

是墨子居齊之證（吕氏春秋，淮南子作墨子自魯往荆，蓋誤）。墨子之"墨"姓或從"墨山""墨水"之地名來，如舜居嬀水姓嬀之例（古書中此種例證甚多，不勝枚舉）。又貴義篇云：

> 子墨子南游使於衞。

此條文字若無誤，亦爲墨子居齊之確證（觀"使"字是時墨子當仕於齊）。以方向考之，魯在衞東，宋在衞南，往衞並不得云"南游"也。

古書中又有墨子爲魯人及居魯之記載，呂氏春秋當染篇及慎大覽高注並云：

> 墨子，名翟，魯人。

當染篇本文云：

> 魯惠公使宰讓請郊廟之禮於天子。桓王使史角往，惠公止之；其後在於魯，墨子學焉。

此説恐屬附會，如可信，是墨子學於魯也。又墨子本書魯問篇云：

> 越王……爲公尚過束車五十乘，以迎子墨子於魯。

貴義篇云：

> 墨子自魯即齊。

又墨子書中數見魯君問于墨子之記載，可證墨子嘗居於魯，或仕於魯也。魯與齊近，墨子居魯，亦可作爲墨子爲齊人之旁證。

古書中具有墨子仕宋居魯居齊之記載，若主墨姓出於墨山、墨水之地名説，則當假定墨子本爲齊人，游居於魯，又游仕於宋也。惟考北周書怡峰傳謂怡峰本姓默台，祖居遼西，是漢以後默（墨）台氏猶有居遼西者，或墨台爲孤竹國君之姓説不誤（日本人或謂墨台氏即貊夷氏），墨台氏之一支越海至齊，即爲墨子之族與？（然説爲公子目夷之後遷徙至遼西，因目夷與伯夷之名合，遂以目夷後裔之姓爲伯夷之姓，因有孤竹國君姓墨台之説，亦未爲不可。）

　　上列兩種假定，以第一説較爲有徵而近理，故吾人暫時主張第一説焉。

春秋戰國史講義第一編[*]

（民族與疆域）

第一章　亞洲的形勢

　　約當亞洲的中央，有一座世界上最廣的高原，橫梗在印度、中國、蘇聯的邊界上。在這座高原的西首，還有一座最高的高原，喚做帕米爾。這是一個波斯的名詞，它的意義是平的屋頂，借來形容那邊的形勢的。把這名詞一想，便感到那邊是怎樣的"居高臨下"了。

　　假設你已經到了帕米爾，再假設你的眼睛會望得很遠很遠，你就見着六大支的山脈蜿蜒向四方分布。

　　一支往西邊去，從阿富汗、波斯直入歐洲，稱爲興都庫士山系。一支往西南去，成爲印度和阿富汗、俾路芝兩國的界山稱爲薩利曼山系。這兩個山脈和中國無關，我們不講它罷。

　　至于往東邊來的，有四大支：在北面的是阿爾泰山系，稍南爲天山系，居中的是崑崙山系，南面是喜馬拉耶山系。這阿爾泰

* 1933 年 9 月—1934 年 1 月作。燕京大學鉛印。其中第四章略改，載文史雜誌第五卷第三、四合期，1945 年 4 月。

山系是我們中國北方的界牆，大致隔斷了滿洲、蒙古和西伯利亞的交通。喜馬拉耶山系是西南隅的界牆，隔斷了西藏和印度的交通。天山系是橫斷新疆南北的。這三系都在我們的邊疆上，我們現在講的春秋戰國史也講不到這些。

惟有崑崙山系是最切近於我們的。這一大支還可以分成三支（我們不能稱它們爲小支，因爲實在不小），就是：戈壁之南，黃河之北，爲陰山系；黃河之南，長江之北，爲北嶺山系；長江之南，直到南海，把安南、緬甸、暹羅都包括在裏面，爲南嶺山系。如果把這三系算做三個區域，那麼，在春秋時代，我們祖先活動的根據地，在記載裏最多見的，僅限於第二區域的東邊一部分，和第一區域的南邊一小部分；在戰國時代，則這三個區域就差不多已走遍了。

亞洲的地勢，是中央高，四方低的，帕米爾既是屋頂，當然有流水的瓦楞，所以水脈也就向四方分流。我們看，西伯利亞的雷那河、葉尼塞河、鄂畢河，都是向北流入北冰洋的；印度的恒河、印度河都是向南流入印度洋的；蘇聯中亞細亞的阿母河、西爾河，都是向西流入鹹海的。固然全體的河流不必完全照了它們的方向，但大都是這樣。因爲有這原因，所以中國居於亞洲的東部，水就都向東面流，使得我們的詩人直把"東流"二字代替了河道這名詞。

中國的山（除了西南部的橫斷山脈）是由西發脈往東的，中國的水也大都是由西發源往東的。我們應得記着：爲了這個緣故，中國國內的交通，東西遠勝於南北。古代的中國境域，所以窄於南北而寬於東西，並不是古人懶得向南北去，實在天然界的困難給予得太多了。

我們再看全亞洲的交通，真是够得上説聲不方便。喜馬拉耶山是世界上最高的山，山頂積雪，四時不消，卻矗立在中部，葱嶺、喀喇崑崙山又是一道長牆，弄得西邊的文明傳不到東邊來，東邊的文明也傳不到西邊去。就是喜歡活動的民族，住在那裏，也只得閉關獨立了。倘使亞洲的形勢是北高南低的，害處還可稍減。不幸卻是南高北低，於是印度洋的水蒸氣順着南風吹來的一概給喜馬拉耶山擋着，這水蒸氣落在山頂，便化成了積雪。北面吹來的風是不帶水蒸氣的，所以亞洲中部終年不見雨；積了多少萬年，土脈太乾燥了，也就變爲沙漠。因此，西起天山南路，東抵大興安嶺，綿延數千里，都給沙漠所浸沒，稱爲戈壁。南北如此，東西又如彼，怎麼不叫中國人把自己一國看成了"天下"！

可是亞洲北部的地勢比了南部大有不同。南部到處是山嶺，以致很近的地方也不易交通。北部則阿爾泰山的外面幾乎不見有山脈，所以那邊的民族可以騎了馬自由往來。不過他們雖有這種便利，而氣候嚴寒，生產太少，文化甚低，也僅能使用這種便利，使得各個閉關的國家，靠了他們的破壞的力量，彼此發生些間接的關係而已。

第二章　近代的中國與古代的中國

我們且不要回想這十餘年來悲痛的事（外蒙古的獨立，東北四省的淪陷），只當還在中華民國的初年，享有那不破的金甌，那麼，我們講起中國的地勢來，可以這樣説：

我們這國家在帕米爾的東邊，西北兩面都是叢山環抱，東南則濱海，地勢是西高東下的。要拿這地方分起類來，可以分爲五類。

第一類是山嶽之地，約占全面積三分之一，好像滿洲的北部，中原的西部（山西、陝西、甘肅、四川、雲南、貴州）。那邊有崇高的峰嶺，繁茂的林木，土地的肥瘠是不等的。

　　第二類是高原，也約佔全面積三分之一，地勢高而平，雨量少，不適於種植而適於畜牧。數起來有蒙古高原、青海高原、西藏高原三處。

　　第三類是邱陵之地，比較最少，約佔全面積百分之九，雖多峰巒，但高低不等，在交通上不算太不便；地質也豐腴，富於物產。滿洲的南部和中原的中南部（湖北、湖南、江西、福建、廣東、廣西）即屬於此。

　　第四類是盆地，比較也少，約佔全面積百分之十六，四面高山，中央低平，好似一個盆子；因爲受水多，所以也適於農業。這樣的地方，在蒙古有烏梁海、科布多兩處，在新疆有塔里木河一處，在中原有四川一處。這四處中，以塔里木盆地算最大，四川盆地算最腴。

　　第五類是平原，約佔全面積百分之十，那是最好的地方，曠野平坦，川澤流通，物產富饒，人煙稠密。這樣最大的有三個：在松花江和遼河兩流域之間的喚做松遼平原；在長城之南，黃河下游流域的喚做華北平原；在淮河以南，長江中下游流域的喚江淮平原。這三處的面積差不多，都是十萬方哩上下。此外還有在陝西的關中平原，在秦嶺南的漢中平原，在廣東的東江西江之間的粵江平原等等；但是都不大，總共算來也不過十萬方哩左右而已。

　　就這個統計看來，第一、二類佔去了全面積三分之二，第三、四、五類只合佔了三分之一。因此，若不是大規模的建設，中國的文化是命定的偏枯的。古代的文化中心爲什麼永在黃河下流，近代的文化中心爲什麼永在長江下流，這沒有別的理由，只爲那裏是華北平原和江淮平原呵。

　　知道了這個，再來看春秋和戰國時的中國。

　　在春秋時，這"中國"一名實在無從説起，因爲到處是獨立的國家，朝中雖説有周天子，但對於其他各國或者只有名義上的宗主權(就是由他封建的)，或者連這一點名義也沒有(就是所謂蠻夷)。許多國家，有的大至數千里，有的小至數十里；有的設有郡縣，有的僅是部落。

那時幾個大國，是秦、晉、齊、楚、吳、越。這六國裏面，楚、吳、越是被認作"蠻夷"的，秦則介在"蠻夷"和"華夏"之間。所謂純粹的華夏，僅僅是姬姓民族的晉和姜姓民族的齊。其實，就是這兩民族在周人入主中原以前是不是被認作華夏也很難說。不過那時人對於民族的見解和現在不同，他們不是用血統來定而是用文化來定的，所以蠻夷而學了華夏的文化就看他們爲華夏，華夏而學了蠻夷的文化就看他們爲蠻夷。姬、姜二族自從周武王由西方起兵得了天下以來，久已襲用商的文化，所以即使分明是西戎的血統，也可稱爲華夏。此外，秦、楚兩國之君都有謚法，與中原的王侯同，證明他們已經承受了中原的文化，也不妨稱爲華夏。所以，如把華夏文化所及的地方稱爲"中國"，我們可以說：那時的中國西起陝西(秦)，東至山東(齊)，北至山西(晉)，南至湖北、安徽(楚)，中包河南(周)，約當現在六省之地。這是連楚算的；如果依照向來的習慣，因爲楚自稱王，不統屬於周天子，不算作華夏，那麼，那時的"中國"還不到五省，因爲河南的南部也是楚呵！

如果我們把凡與華夏諸國有交通的都算做"中國"，吳、越就當請進來。吳國的地約當今江蘇，越國的地約當今浙江，"中國"又大了兩省。那時還有一個燕國，也是周的同姓，國都就在北平；不知什麼緣故，和中原的交通極少，而且直到戰國還自承爲蠻夷。大約周初把那位封得太遠了，被許多蠻夷隔着，所以也就同化於蠻夷了。如果把它也拉進來，又多了河北一省。

這樣的七拼八湊，那時的"中國"居然有了現今九省之地。甘肅、四川、雲南、貴州、廣西、廣東、湖南、江西、福建，這九省仍然被擯在"中國"之外。在幾十年前，我們常常聽人說"天下十八省”這一個成語，現在我們知道，在春秋時代竭力把“中國”放大的結果，也不過抵得近代把中國竭力縮小的結果的一半。

　　這承認爲春秋時代的“中國”的九省，實在説來，真正可稱爲華夏的，還只有河南和山東兩省。在河南，有周、鄭、宋、陳、蔡、衛諸國。在山東，有魯、齊、滕、邾、杞、莒諸國。其中，杞是夏後，宋是商後，周是王室，魯和齊是文化最高的國家，尤爲觀瞻所繫。其後因了孔子和儒家的講學，魯文化就統一了全中國，支配了中國的全部歷史。直到如今受着歐風美雨的打擊，方纔倒了。這兩省，就是所謂華北平原，受着黄河下游及其支流的灌溉，是古代最膏腴之地。其餘可以拉在那時的“中國”裏的，不是平原也是邱陵之地，只爲開發較遲，所以不能和那邊爭勝。

　　到了戰國，因爲交通方便，人們的慾望增多，一班謀臣武將鼓勵國君去爭城奪地，所以弱小民族完全給大民族同化，弱小國家完全給大國家吞併。在那時，只有秦、楚、趙、魏、韓、齊、燕、中山、宋、越幾個大國。除了魏、韓、宋地處中原，中山逼近趙國，不能十分發展之外，其它秦國努力向西方和西南開拓，攫得了甘肅（義渠）和四川（蜀）。楚國向南方、西南、東方和東北開拓：在東和東北，他們有了吳、越的故地；在南和西南，他們有了四川的東部（巴），貴州的東部（黔中），湖南的全境（洞庭），直達廣西的北部（蒼梧）。當楚威王時，派將軍莊蹻帶兵沿了長江，到蜀的西邊去略地；他一走走到了雲南（滇池），想要還報，恰巧秦國奪取楚的西境，道路不通，他就在那邊做起王來。趙國呢，努力向北邊開發，佔有了山西北部（雁門）和綏遠（雲中、九原）。齊國差不多把山東半島統一了，而且他們很會講求海外交通，説不定佔得了海中許多島嶼。燕國曾用一次的兵力，把東胡打得大敗，趕出數千里外，他們就據有了遼寧（遼東、遼西）和熱河（右北平、上谷）。還有一個越，他們的本國雖給楚國滅掉，但他們還能散開，殖民到浙江南部，稱爲甌越；又到福建，稱爲閩越；再到廣東，稱爲南越；還到江西湖南之間，稱爲西嘔。越的占地的廣大，正不下於楚了。秦始皇統一天下之後，又發兵打南越，立了三郡，就是現在的廣東（南海）、廣西（桂林）、安南（象郡）。

把這許多地方合併起來，春秋時缺去的九省已填滿了不用說，此外北方還有遼寧、熱河、綏遠，南方還有安南。那時的"中國"比了春秋時的"中國"大了不止兩倍了！在那時，崑崙的三支全算做中國了；中國不但有了平原和邱陵之地，就是盆地（四川）和山嶽之地（甘肅、四川、雲南、貴州）也都有了，惟有高原還沒有。然而在那時人的作品裏常見"流沙"這名詞，知道他們已早和戈壁交通，説不定因它是不毛之地，所以不要呢。

那時的"中國"境界是突然地擴大，但吃得太多了，一時還不能消化。漢朝這一朝，就是盡力做這消化的工作的。

第三章　　中國民族由來的推測

倘使你隨便拉住一個人，問他"中國人是怎樣來的？誰是他們的始祖？"無疑地他會回答你："中國人的始祖是盤古，自從他開天闢地以來，中國人就住在中國這塊地方，沒有搬過家。"這原是一個正統的見解。

但是給我們歷史學者一查考，可就失望了。盤古這個名詞，不但商周時人不知道，春秋戰國時人不知道，連西漢和東漢時人也不知道。他是直到三國時纔露臉的。三國時爲什麽會忽然出現這樣一個大人物呢？據我們的推測，或者他即是南蠻（就是現在所謂"湖南的苗子"）的祖先槃瓠的化身；因爲東漢時用兵征伐南蠻很久，無意中把這件故事帶進了中原，加以渲染，纔變成了全人類的始祖。

槃瓠的故事是這樣：從前有一個皇帝不幸碰到很強的外寇，他爲要激起臣民的抵抗的勇氣，出了一個極重的賞格，說有人能得着敵軍吳將軍的首級的，給他黃金千鎰，人民萬家，又把自己的小女兒嫁給他。但臣民都沒有這能力。有一天，一條狗銜了一個人頭到皇宮裏來，大家一看這人頭，確是吳將軍；再看這條狗，乃是這位皇帝所蓄養的五采毛狗，名叫槃瓠的。皇帝得到了這個頭，快樂極了，但他一想槃瓠是一條狗，怎麼可以去封它呢？又怎麼能把愛女嫁給它呢？心中正在躊躇，他的女兒聽得了，以爲皇帝的話是不該失信的，決意嫁給它。皇帝沒有辦法，只得答應了。槃瓠娶得了這位公主，立刻把她背到南山的石室之中，那是一個很險峻的地方，皇帝所尋不到的。隔了三年，她生了六男六女。後來他們自相婚配，就成了南蠻一族。因爲他們雜處在酉潕等五溪的流域，也稱爲五溪蠻。他們喜歡穿五色的衣服，好像他們的始祖的五采毛；衣服的後邊也縫上一條尾巴。

除了盤古，說到中國人的祖先就是炎帝和黃帝了。大家深信，我們是他們的子孫，所以常常自稱爲"炎黃遺胄"，表示其出身的高貴。這句話自有它的發生的需要，也有它的存在的理由，也有它的良好的結果，但現在的我們已不該信它是一件事實了。所以然的緣故，讓我在以後細講。

中國民族在始就住在中國，他們共同有一個祖先，這是二千餘年來不變的信仰，直到現在還是如此。這本來是不成問題的。

自從和歐洲交通頻繁之後，這不成問題的事情忽然生出問題來了。在歐洲人的見解，大概以爲中國民族是從外面進入中國的。他們的主張也各有不同：說得近呢，是由馬來半島渡海來的，是由于闐越山來的。說得遠些，是由中亞細亞來的，也有說由美索普達米亞（Mesopotamia）來的，也有說從印度來的。更說得遠，是由非洲的埃及來的，或者竟由美洲大陸來的。這許多說法雖不一致，但有一共同之點，就是中國民族由西方來。

這諸説之中，比較最占勢力的是中亞細亞説。有幾位地質學家在中亞細亞發掘地層，證明那邊在距今一萬年前，土質膏腴，應當是古代文化散布之地；後經地質上的大變動，驟然變爲乾燥的沙漠，那地的居民不得已紛紛離散，移殖于世界各地：西下的是埃及；南下的是印度；漂泊到幼發拉底河（Euphrates River）流域的，稱爲蘇曼利族（Sumerians，即巴比侖人）；佔有印度支那半島的，成爲現在的西藏緬甸族。至於中國民族，由帕米爾高原越過葱嶺，到天山南路，沿了塔里木河，東下至青海。從此分爲兩道：南道由長江順流而下，抵四川；但東邊給三峽擋住了，不得到湖北，北邊又給秦嶺擋住了，不得到陝西，於是蟠據於長江的上流，滋生繁盛：這是巴、蜀二國的前身。北路呢，沿黃河而下，達到甘肅和陝西，由此順流而東，一瀉千里，到處是平原曠野，找到了最合適的家了。他們在那邊住了好多年，建設了許多文化，中國的歷史方纔開頭。

中國民族既由西來，那麼，當他們没有來到中國的時候，難道中國地方就没有人居住嗎？他們説：有的，原來居住這地方的土著是苗人（就是上面所説的"南蠻"）。他們先住在江河兩流域中，後來給西來的民族逼走了，就逃入西南的深山叢林裏面，度他們的低等生活去了。這苗民族實在也是很大的一個民族，他們雖抵不住西來民族的侵略，沈埋了一萬年，但他們的人口到現在還有三千餘萬。他們的名稱複雜得很，現今在廣東的叫做猺和黎，在廣西的叫做猺和獞，在貴州的叫做苗和狇，在湖南的叫做苗，在雲南的叫做猓玀和擺夷，在四川的叫做猓玀和西番，在安南、暹羅和緬甸的叫做撣人。我們雖是瞧不起他們，總喜歡加上犬字旁，表示其不齒於人類，然而他們卻是我們的家的舊主人呢！

科學固然逼着我們要"證據"，但也容許我們用"假設"。中國民族西來説，實在沒有多少的證據，僅是一種假設；我們對它，只該看作有這樣的可能，不當看作一定是這樣。所以然者何？因爲這是歷史記載以前的一件事情，我們要求這個問題的解決，沒有歷史記載可以根據，只該靜靜地等待人類學家、地質學家、考古學家去求得各人工作的方便，多多從事於地下的發掘，讓充分的事實來作證明而已。

我們現在講春秋史，似乎和苗民族不生關係。但山東東部的萊夷，山東南部和江蘇北部的淮夷、徐戎等等，也有人説是原住在中原而給西來的民族趕到海邊上的。講起戰國史，那時楚國的南疆已經開拓至湖南和廣西，必然和苗民族起了很大的爭鬭，有壯烈的歷史存在。可恨那時的各國史書已一齊給秦始皇燒了，我們也得不到什麽，只有用推測來彌補這缺憾。

至於中國民族是否西來的問題，當然不必在春秋戰國史裏來討論。但周秦兩代得天下的事情卻很可以給予我們一個暗示。周民族生長在渭河流域，他們自稱爲"西土之人"，克服了東土的商和奄，稱王者八百年。當犬戎滅掉西周之後，他們也不想永久據有這塊土地，回到老家去了，那時西北方面有一個嬴姓的民族，起來填補這個空缺，在西周的原址建立了秦國，經營五百年，又把崤函以東的六大國滅掉了。當漢高帝平定了天下，許多人都願意他仿照東周，建都洛陽；只有婁敬和張良反對，他們以爲關中最好。婁敬説："和人打架，一定要捏住他的咽喉，再用力按着他的脊梁，方可得勝。這秦國的故地，正是一個人的咽喉和脊梁。"張良説："關中之地，既富饒又堅固，只要東邊防備好就不怕什麽。一旦諸侯有叛變，我們順流而下，運輸便利，自然很快把他打平了。"如果中國民族真是西來的，這"順流而下"四個字就表顯了他們的"西風壓倒東風"的主要原因。

第四章　黃河流域與中國文明

　　黃河源出青海的巴顏喀喇山；沿着山麓東南流，到了星宿海，那地有幾千個源泉一齊湧出，望去好像燦燦的列星。往東流，給西傾山擋住了，只得沿了積石山向西北流。直到青海的東邊，往東有了路，又復向東流去。但行不多久，又給六盤山脈擋住了；索性往北去，到了五原再往東。但流到了包頭之後，東邊是高原，南邊呢，陝西和山西之間恰好有一道山溝，水就順着這低窪而南行了。這樣的自南而北，又自北而南，曲了兩曲，成爲河套。南流到了潼關，給華山擋住了，便順着崤、函東流。從此就是華北平原，一瀉千里，更没有攔阻它的了。黃河好比一個惡漢，山脈好比許多警察，崤、函的西面，它處處受着拘束，只得循規蹈矩，照了指定的路綫走；一過了崤、函，它就自在起來了，再過了嵩山的北麓，它就更無法無天起來了。歷代的水患，所以不發生於黃河上游而專慣發生於下游者，即以此故。

　　黃河是中國北部的最大的川，從發源以至入海，經流青海、甘肅、寧夏、綏遠、山西、陝西、河南、河北、山東九省（在古代，它是逕從河北入海的，不經山東），長凡八千一百一十里（古代從天津入海，要更長些）。聯合了它的支流計算，流域之廣達到一百六十萬方里。這一片大地，實爲古代正統的中國民族惟一的根據地，他們在那裏長養發育，建設了不少光榮燦爛的文化。

　　有了尼羅河，纔有埃及的文化。有了幼發拉底河，纔有巴比侖的文化。有了黃河，纔有中國的文化。據地質學家的研究，中國文化的發生實在是受了黃土的恩惠。黃土的性質是黏而腴的：乾時極輕，隨風飄揚，混入空中；一遇陰雨，就化爲泥濘，土質

輕鬆，不能任重，動輒没輪陷脛。因爲它的性質極腴，所以得水
即能發酵，助長植物的發達，不需要肥料。這種黄土遍布於黄河
流域的全境，不論是山陵和原野。它的肥沃的程度，和尼羅河的
沈澱物相彷彿，但土地之廣卻遠過于尼羅河的流域。當古代時，
水蒸氣充足，受了雨澤的涵濡，黄河流域的全土實在是亞洲東部
最膏腴的地方。陝西的渭水流域，河南的洛水流域，尤爲富饒，
所以古人稱作"天府"。河北的南部，山東的西部，極目平原，一
望無際，農産品的豐盛也可想而知。

　　就是淮水流域，也是一色的黄土。古書裏常説"天玄地黄"，
他們以爲地的顏色到處總是黄的，不知道他們所到的地方，還没
有轉出黄土區域的圈子呵！

　　講到氣候，那時也和現在不同。現在一提到黄河流域，南方
的人們就起了寒冷的印象。竹子、梅花、稻、象，現在北方真是
極少極少，即使有也是南方搬了去的；但在那時的黄河流域裏，
這種東西都有，可見那時的氣候是怎樣的暖和。又湖泊的分布與
氣候也很有關係，因爲湖泊多了，空中的水分就充足了；水分充
足，就可以長養森林，調節氣候，使得它没有酷寒和燥熱。我們
從古書裏看，那時黄河下流的湖泊是怎麼多：河南的中部有滎
澤，往東去有圃田、逢澤、孟諸；山東的西部有菏澤、雷夏、大
野。此外，陝西有弦蒲藪，山西有昭余祁，山東有貕養澤。這些
湖泊現在都到哪裏去了？河北南部的大陸澤，現在固然還有，但
從前是縱橫千里的，現在縮小至於地圖上也可以不畫上了！

　　正統的中國民族，不管他是由西方侵入的，還是本來住在中
原的，他們既久留在這塊好地方，經過了狩獵時代和牧畜時代，
漸入於農業時代，由行國變成居國，就有了一定的住所和一定的
職業。他們用了歷年所得的經驗，逐漸改良他們的事業。又因農
業的工作是適宜於共同經營的，漸漸養成了他們的團結力。每年
的冬季是農隙，更可以利用了這些閒暇研究些學問。於是文明就

一天比一天發達起來，而有春秋和戰國的歷史。

　　當春秋時，黃河上游都給蠻夷所佔據，和中原民族往來極少，所以不見於紀載。從河套以下，它行過龍門，汾水從東來注入，汾水流域就是晉的根據地，他們把這個流域裏的小國一一吞噬了。再往南行，到潼關，西邊來了渭水，那邊是周的老家而給秦國替代了，正在蓄養它的潛勢力。由此轉東，到鞏縣，洛水從西南來，那邊住的是衰老的周王室。再往東去一點兒，就是氾水等等小水，那邊是短小精悍的鄭。就在這地方，濟水從黃河裏分出，和黃河約略成個平行綫，在這兩道河流之間的是衛。從衛國沿了濟水往東，就是曹。再往東去，就是魯。這幾國是文王和周公的子孫，作西周文化的保管者，孕育了孔子和儒家。魯都曲阜在洙、泗二水之間，這二水也均通於濟水。從曹國往南便是失了王冠的宋，宋都商丘在汳、睢二水之間，一樣地通入濟水。魯的東北是最會做買賣的齊，它就住在濟水的南邊。齊的北面是儘和異族打麻煩的燕。那又是黃河本幹的流域了。所以在春秋時，黃河的下游和它的旁支濟水是造成中國文明的兩大河流。

　　此外，在淮水流域的有陳、蔡、徐，在江水流域的有楚和吳，後來徐給吳滅了，陳、蔡給楚滅了，淮水流域的勢力算完了。司馬遷作史記，看作春秋時最重要的十二國（他寫的十二諸侯年表是周、魯、齊、晉、秦、楚、宋、衛、陳、蔡、曹、鄭、燕、吳；除了周外實在是十三國），盡於此矣！因此，古人稱“江、淮、河、濟”爲“四瀆”，看作中國最重要的大川。實在說來，江、河和淮確是獨立的大川，濟則不過是河的支流（雖說發源王屋的沇水入河之後復出爲濟，但沇與濟並不是南北相對的，沇入於河就是河水了，哪裏可以知道它和東邊的濟是一水呢？），且本身亦不很長，排起等次來不過在二三等之列，決不足與江、河並駕齊驅。只因在濟水流域的魯、衛、齊諸國都是當時文化的重心，沾着這點光榮，擡起了它的價值而已。

　　到戰國時，疆域雖竭力向四方推廣，但文化中心還是在黄河流域，七國的都城照舊沿着這幾條大川。

　　黄河流域爲中國文化的中心，這情形，到漢代依然未變。自從五胡亂華，金人滅北宋，中國民族經過了這兩次的大遷徙，保守文化的士族都被趕到長江、珠江兩流域去了，纔失掉了它的固有的地位。這是種族方面的原因。

　　還有一個更重要的自然界的原因。原來中亞細亞水蒸氣減少了，從前豐饒之地往往化爲沙漠，華北平原也受其影響，以至森林草木日漸消減，湖泊亦日見湮塞，土地從肥變瘠。農産既少，人民的生計自然枯窘；大家的心已給衣食拘束住了，哪裏還有餘力去保存古代的光榮呢！

　　春秋戰國之際是黄河流域的黄金時代。我們講的春秋戰國史實在只是這一流域的歷史；江、淮流域的人物不過像唱戲那樣，做些配角而已。至于“江、淮、河、濟”以外，完全黑漆一團，讓我們猜猜謎是可以的，可别存了得着正確的知識的野心！

第五章　　洪水的傳説

　　世界各民族的古史講起洪水的很多。好像巴比侖人在塼上記的：洪水是神西蘇詩羅斯（Xisuthros）所造，爲的是有二神殺了一條神牛。洪水以前有十王，一共四十三萬年；洪水以後乃是今世。

　　希伯來人的創世紀説的更詳細：上帝看世界上的人壞的太多了，要把他們一齊毁滅。只有挪亞（Noah）是好人，上帝吩咐他豫備一隻方舟，把家眷遷入，還帶上了些鳥獸蟲魚。上帝降雨四十晝夜，洪水就掩蓋了大地。水儘往上長，山嶺都淹没了，生靈都死盡了，只有在挪亞的船裏的沒有死。經過了一百五十天，他們纔出了這船，現在一切的生物都是那時留下的種。

雲南的猓羅也做了好些書。其中的一種是世界的洪水時代，說：古時先有宇宙乾燥時代，後來就是洪水時代。那時有兄弟四人，三男一女，都想避水。長男乘的是鐵箱，次男乘的是銅箱，三男和季女乘的是木箱。後來只有木箱沒有沉，他們就傳種下去了。

中國民族也把洪水看成古代的惟一大事。他們說的話雜亂得很，現在勉强把這些貫串到一條綫上，成了下面兩個故事。

其一說是：古代有一個共工氏，他的能力是無限大的。他和顓頊爭做皇帝，發怒了；挺着腦袋向不周之山撞了一撞，這一下可就了不得，天柱也折了，地維也絕了（地是方的，下面有四根柱子撐着，叫作地維，也叫四極）。於是天傾西北，不能兼覆；地傾東南，不能兼載。洪水大發，一片汪洋。人民都上邱陵，攀樹木，死了不知多少。那時有一個女媧氏出來，鍊了五色石以補蒼天，斷了鼇足以立四極，積了蘆灰以止洪水，人民方慶再生。可是因爲地傾東南的緣故，所以直到如今，東南方永遠留着很多的水。一個共工氏的臣子，名喚相繇，他的頸子上長着九個頭，身體是一條蛇，無論什麼地方給他一碰，就成了一大個谿澤，這水不是甘泉，乃是含着辣味或苦味的。後來他給禹殺死了，流出許多腥臭的血，那地上就生不出五穀來。

還有一說，它沒有舉出洪水的由來，單說：那時洪水芒芒，高有三百仞（周時八尺爲仞，合現今營造尺六尺四寸八分），廣有二億三萬三千五百五十里。在氾濫的橫流中活動的是龍和蛇，人們在山頂挖個洞，在樹上築個巢，苟延殘喘，但仍到處受它們的壓迫。有一個人叫鯀，他有心救世，從上帝那裏偷了息壤（一作息土，能自己生長不窮的土塊）來投入洪水。上帝因爲他沒有請求就盜竊了，把他殺在羽山。他的魂靈化爲黃熊，跳入羽淵，做郊神去了。但上帝也願意將洪水弄平，就命鯀的兒子禹把息壤填了極深的洪泉，鋪了九州的土地。那時有一條應龍，它用尾巴在地上一畫，水泉就流通了，禹隨身帶着它。他治水時，曾娶塗山氏的女兒爲妻，有一次他的妻暗暗地跟着他，看他工作時的模樣，忽然間他搖身一變，變成了一頭熊。她羞慙極了，奔到嵩山，化而爲石。禹追上去，叫道，"還我兒子來!"石縫開處，落下一個小孩，就是夏后啓。

　　以上説的，無論是發水的共工和相繇，治水的女媧、鯀、禹和應龍，神話的意味都很濃。這雖不是真的事實，卻是真的想象。但儒家是只講人事，不要神怪的，所以在他們的書裏，故意要把這有趣的故事化作平淡。他們説：在堯的時候，不幸有洪水之災。他聽信了大臣的薦舉，用了鯀去治水。經過了九年的長時間，還没有弄好。那時已是舜攝帝位之際，便把鯀殺了，令禹繼續施功。禹不辭勞苦，親身工作，在外八年，忙得三次過了家門都没有進去。他掘了地把洪水注到海裏，又把龍蛇趕到水草叢中，然後人民方得安居在平地上。那時幫助禹治水的很多，有益、稷、皋陶、四嶽等。後來還有人替他算工人，説，那時天下有九州，一州出三萬人，九州共出二十七萬人；工人這樣多，所以他能在幾年之中作成這樣偉大的事業。

　　洪水是怎樣來的呢？在戰國人的理智之下，以爲是黃河的決口。他們説：古時龍門(在陝西韓城縣東)還没有鑿開，黃河的水不能從龍門南流，只由孟門(龍門北首的山)直衝下來，橫流到各處，就成了洪水。所以禹治水時，凡當路的山陵都打破了。他鑿開龍門，引水南行到華陰，又向東到大伾(在河南濬縣東南)；因爲這河的性子湍悍，在平地上容易闖禍，所以從大伾分作兩條，一條東北去爲漯水，一條北去仍爲黃河。但黃河過了大陸之後，他又把它分作九道，以減殺它的水勢。除了黃河之外，他還疏通江、漢、淮、泗、濟、汝、渭、洛，以及三江、五湖諸水。他的治水的方法，是把小水聯到大川，再把大川灌到海裏的。經過了這樣的洗飾，於是這位半神半人的禹居然變作很純粹的河海工程專家了！

我們所能見的古代治水傳説的材料限於春秋以下。那時的人不但説禹會治水，且會治山。所以名山五千，支川三千，都是他一手經理的。在五藏山經的末尾，説“天地的東西二萬八千里，南北二萬六千里”，這就是禹的工作區域的面積。因此，那時人都承認自己住的地方是禹所經營過的地方，自己的祖先是幫助禹做過工作的。春秋戰國時的民族本來是亂紛紛的，卻不料靠了這一點“禹域”的觀念而漸趨於統一。所以，中國之爲中國，可以説和禹有不解之緣！

時到今日，我們再不能安於無思考的信仰。我們該得發問：禹治洪水究竟有這回事嗎？對於這事，應當分作兩層：一是洪水的虛實問題，一是禹治洪水的虛實問題。

黃河挾沙重濁，又流經大平原，容易汎濫。現在尚且常常成災，何況古代。但水災的事，近代固因交通的便利，有了清楚的地域觀念，知道是限於一地的，而在古代各以自己所住的地方看作世界中心的時候，一望汪洋無際，没處逃生，就很容易看作極普遍的。所以古代的黃河流域可以有水災，也可以有大洪水的傳説。

照這樣説來，中國的洪水傳説是獨立發生的，和亞洲西部民族的洪水傳説没有什麽關係。但我覺得有一疑點，就是那位坐了方舟爲一切生物留種的“挪亞”和用了蘆灰吸乾洪水的“女媧”聲音太相同了，會有這樣的巧事嗎？所以這件故事是由内發的呢，還是外來的呢，現在還得存疑。

至於禹治洪水這件事，究竟怎樣也很難説。不過像“禹鑿龍門”這種話，真成了“信口開河”。丁文江説得好：“龍門是黃河出峽的口子，河面在峽中，寬不過幾十丈，兩岸的峭壁卻有一千多尺高；同長江的三峽情形一樣。一出龍門，峽口變爲廣川，河面有二里以上。這也全是有天然的理由的，與禹毫不相干；況且龍門是天然的峽口，用不着人鑿的，也非人工所能爲力的。——所以治水的話我向來不信！"

第六章　茫昧的夏民族

我們一切人，在娘胎裏就有了知覺，産下地來，三歲能説話，六歲能讀書，一切生活都是人的生活了，但決想不到把這種生活保存在記憶之中，所以等到長大之後，誰也想不起那時的事情來。有朝一日，他想寫一篇自己幼年的歷史，如果這時已沒有長輩可詢問了，他只得向舊櫃子和破籃子裏尋找去。找到一頂虎頭帽子，想道，"這大概是我三歲時戴的吧"，但也許是你的叔叔的。找到一張影描的書法紙，又想道，"這是我六歲寫的吧"，但也許是你的哥哥的，或者還是你的鄰兒的。忽然找出一張照片，可以説一定是自己的，快樂極了；但究竟是四歲照的，還是五歲照的呢，腦子裏一點影踪也沒有。你要一一確定它嗎？這算不算自欺？

我們的古史，也像這樣。在東周以前，簡直渺茫極了。我們只知道有那幾個朝代和若干個人名地名，但都是零零碎碎的，聯貫不起來。從前固然也很有人提到這些，但不是粘附着許多神話，使我們不敢信，就是支離矛盾，使我們没法信。這原是一件極無奈何的事情。我們真要知道那時的情形，只有從事於考古學，努力向地下發掘遺物，像英國人考求埃及古史一樣。遺物固然也很零碎，但總是當初的實物。只要我們肯耐煩，這很多的掘出來的東西未必不能供給我們一個抽象的系統。不幸自戰國以來，想不出這種腳踏實地的方法，卻另外發明了一種"託古改制"的方法，大家要用自己的意見去構造古史。在没有這種人的時候，人們對於古代史的智識只有缺乏而已。有了這種人，古史的材料似乎堆積得很豐富了，然而人們的腦筋卻被鬧糊塗了！

這樣的糊塗生活過了二千年，到現在，方以歐洲考古學的輸入而改觀。

考古學者依據了人類使用器物的程序，分歷史爲石器、銅器、鐵器三個時期。他們説：在五十萬年以前，地球上只有半人半猿的猿人。他們進化了，能殼使用極粗糙的石器，但這種石器，我們看着還不能確定它是天然的或人工的，所以稱爲始石器時代。這個時代約距今五十萬年至二十萬年前，那時的人類只能稱爲"原人"而不能稱爲真人。後來原人變爲真人了，他們會得製造粗糙的石器，能用石斧來斬割動植物；這時便稱爲舊石器時代，約在距今二十萬年開始。再過了十九萬年，他們的石器愈製愈精，本來是敲鑿的，現在會用琢磨的功夫了；他們的衣服，本來是用動物的皮革的，現在會用苧麻織布了；農業也有了，家室也定了，陶器也發明了：這時便稱爲新石器時代。再過了多少時候，約距今六千年左右，始發見紫銅，製造器具，入於銅器時代。不久，又發見紫銅太軟，如能混鎔些錫鋅等質在內，就可以變成性質較堅硬的青銅，拿它來製造刀斧更爲適宜，於是冶金之術益精而器物之用益廣。又過了三四千年，纔發明了鐵的效用而入于鐵器時代。從人類全部的歷史看來，鐵的發明還彷彿是昨天的事呢！

這是歐洲學者在中國以外工作的結論。當這個學説初傳進中國時，很多人不信，以爲中國哪裏有什麼石器時代？況且書上明説"蚩尤鑠金爲兵"，"黄帝采銅鑄鼎"，不是自古就用銅器嗎？禹貢和山海經都是禹做的，其中屢屢提起鐵，不是古來就把鐵和銅一起使用，和現今一般模樣嗎？

但事實是漸漸證明了。最先（民國十年）在河南澠池縣和遼寧錦西縣等處掘出許多單色的和彩色的陶器，以及許多石器，但沒有在那裏得到些些銅器，證明中國亦有新石器時代。稍後（民國十二年），河套一帶又發見了大宗粗糙的石器，證明這是舊石器時代的中期的東西，最近（民國十九年），又在北平西南房山縣發見了一座完好的猿人頭骨，確實的年代雖不能斷定，總是五十萬年以前的。我們得到這消息，快樂得跳起來，叫道：“中國歷史的第一頁找到了！”

第一頁的猿人（第二頁的始石器時代尚未找出），第三頁的舊石器時代，第四頁的新石器時代，都很快地在十年內找出了。銅器時代，本來是我們金石學者工作的領域，這個鐘是周，那個鼎是商，都已大略考定。“科學的中國古史”固然一時間還不該寫出，但一個簡要的綱領也可以說是立起來了。

不過我們講到夏民族的歷史，仍只有歎一口氣！

在西周和東周人的記載裏，很清楚地告訴我們：在周的前邊有夏和商二代。他們說話中常提到“三代”，這就是指的當朝的周和前代的夏商。在這三代以前，他們不聞不問，彷彿沒有什麼了。是不是以前的歷史都被洪水洗乾淨了？還是沒有可以留作人們紀念的，以致被忘卻呢？還是年代太久了，已不是那時人的記憶力所能顧到呢？

夏的存在是無可疑的，而夏的歷史從來就少給人談起。銅器出了許多，誰是夏的東西呢？古文字發見得不少，哪一件是夏人寫的呢？沒有銅器，是不是他們尚在新石器時代？沒見夏的文字，是不是那時尚未有文字？還是這些東西尚沒有給我們發見？提起這種問題，我們真是茫昧得很，好像一個大人老想不起他自己四五歲時的事情一樣。

現在我們姑且不因他們的沒有實物流傳下來而看他們爲史前時代，只依據了春秋戰國間人講起的夏事去定他們的疆域，那麼，我們可以說：夏的都城在陽城（今河南登封縣），又在晉陽（今山西太原縣），又在帝丘（今河北濮陽縣）。他們的國境，是河濟之西，華山之東，伊洛之北，羊腸坂（屬太行山）之南，約當現今山西、山東、河南、河北四省之間。夏后啟的母親的化石在嵩山，夏后皋的墳墓在崤山，都很近陽城的。

　　據左傳裏講：在夏后相的時候，夏的國勢衰了，那時有一個有窮的國君，名喚后羿，就奪取了他的天下。羿是最有名的射手，他不會管政事，專喜歡打獵。他惟一的心腹人是寒浞；浞是一個很利害的角色，他一方面愚弄羿，一方面又愚弄人民，內內外外都對他表示好感。有一天，羿從獵場回來，他自己的手下人一陣暴動就把他殺了，而且把他的死尸烹了，給他的兒子吃。兒子怎吃得下父親的肉呢，他就喪命在窮門（那時的國門）了。有一個羿的忠臣，單名叫靡，逃到有鬲氏去。浞就住在皇宮裏，把羿的妃妾收用了，生下兩個兒子，一個叫澆，一個叫豷。夏后相自從失了天下之後，依靠了他的同姓諸侯斟灌氏和斟尋氏過活，寒浞覺得留着這禍根總是不妙，等他的兒子澆長大了，就命他領兵把這兩國滅掉，把夏后相殺掉。其時相妻后緡方有身孕，從牆洞裏鑽出來，奔回她的娘家有仍氏。後來她生下遺腹子，名爲少康，成年之後做有仍的牧羊之官。那時寒浞的二子，澆封於過，豷封於戈。澆也是一個很有心計的人，想把少康捉住；他只得逃出有仍，到有虞去，做他們的庖廚之官。虞思（虞君）很看得起他，嫁給他兩個女兒，又封給他一個綸邑。他在那邊有了十里週圍的田園和五百個兵丁，對于人民很肯布施恩德，夏的舊民漸漸兒歸向他了。同時，逃在有鬲氏的靡也悄悄出來，收集了夏和窮二國的遺民，把寒浞滅了，立少康爲夏王。少康和他的兒子后杼又把過和戈二國滅了，夏的原來的疆土沒有損失分毫。

　　上面的故事是傳統的夏史裏最詳細曲折的一段。如果它是可信的（我所以不甚放心，因爲史記夏本紀裏偏偏沒記這事），那麼這裏邊的地名很多，我們可以抽出來看一看那時的舞臺有怎樣大。據歷代經學家的研究，羿的有窮在今山東德縣北；浞的寒在今山東濰縣東北；靡逃奔的有鬲氏和有窮是一地；夏后相逃奔的斟灌氏在今山東壽光縣東北，斟尋氏在今山東濰縣西南；后緡逃奔的有仍氏在今山東濟寧縣；澆封的過在今山東掖縣北；豷封的戈無考，他們猜測大概在河南商丘縣與新鄭縣之間；少康逃奔的有虞和他受封的綸在今河南虞城縣。這一個地名單子如果都可信，那麼我們在一望之間就知道這數十年的戰爭都在濟水流域。那時東邊的人往西打，西邊的人往東逃；結果，依然是逃到東邊的人回向西來"光復"了。

　　此外，詩經裏說到的夏代的國名，有韋、顧、昆吾。這三國都是那時的強國，所以當商湯滅夏之前，先伐他們，絕去了夏的後援。據考證：韋國在今河南滑縣東南；顧國在今山東范縣東南；昆吾國在今河北濮陽縣東。這三國現在雖分割在三省，但在地理上卻是非常的接近，也都在濟水流域。

　　至於夏的同姓及其後裔的侯國，查得出來的有觀、莘、杞、鄫諸國。觀國在今山東觀城縣，就在顧國之西。莘國在今河南陝縣，貼近夏后皋之墓。杞國先在河南杞縣；春秋前遷到山東，未詳何縣；後來又遷到安丘縣，再遷到昌樂縣。鄫國在山東嶧縣。比較上面許多地方，境域還很相同，只有鄫國稍偏南些。

　　以前我們因爲晉封夏虛，衛封殷虛（"虛"就是遺址的意思），又因爲晉用夏正，他們的紀月法和用周正諸國不同，覺得晉和夏特別接近。又因魏晉以來都說"夏都安邑"，覺得他們的政治中心定在山西南部。現在有了以上這些材料，就知道夏民族的政治中心在河南；他們的勢力範圍，大部分在山東，小部分在河北、山西。他們享有了黃河流域的下游和濟水流域的全部。他們所以這樣的緣故也不難解釋，這是一片平原肥沃之區，而且水道縱橫，交通是十分方便的。至於他們的民族是從哪裏來，他們發展的方向是順流而東呢，還是逆流而西呢，這可沒法解答。我早在上面聲明了，夏民族的歷史是很茫昧的。

這一民族對於中國的影響非常大，這是中國文化的底層。我們看，周民族明明是西方的一個獨立的民族，但他們到得中原之後，就稱自己的國土爲"時夏"，稱自己的民族爲"諸夏"，可以知道他們對於夏是怎樣的仰慕。"夏"又轉爲"華"，這就是我們中華民國的名稱的來源。我們寶愛這個國名，是不是該對夏更增眷戀？

夏的事情可説的止於此了。但近來發見許多沒有文字的古物，似乎和夏很有關係的。順便説一番，讓我們心中留着這個問題！

民國十年，北平地質調查所派員到河南考察地質，順便考古，採集到石器數百件。農商部顧問瑞典人安特生（J. G. Andersson）見了，豫料那邊定有石器時代的遺址。四月中，他乘隴海路車到澠池縣，調查了幾天，到縣城北面十五里的仰韶村，看見許多陶器的碎片，紅色黑花，礒磨光平。他以爲這樣優美的器皿決不是石器時代的遺物，沒有很留心。但不久，就在灰土中拾得一柄精緻的石斧，始知道這就是一個石器時代的遺址。過了數月，加以正式的發掘，又知道這遺址的面積甚廣，南北凡九百六十公尺，東西凡四百八十公尺，厚度平均三公尺，可以確定它是一個古代的大村落。掘出來的東西有石斧、石鑿、石刀、石杵、石環、石鏃、骨針、人骨、獸骨等等，最多的是陶器碎片，但沒有一點兒銅器。看較大的石器，有耨，有耡，可知那時已有農業。還有石製的和泥製的圓錠，推想其爲紡織的合綫底墜；紡織的材料該是植物，可知那時已有織物材料的種植。又看陶器上的印紋，有繩印和布印兩類，從繩印上見得這繩是用苧麻製的，又可知道那時已種苧麻。陶器的質地很細，紅地上畫以黑白色的花紋，證明這是一種精美的工藝，屬於較高的文化階段。其中的陶鼎陶鬲，又極像周代的銅鼎銅鬲。獸骨都是豬的，經過考查之後，知道這是家畜的豬而不是野豬。

在發掘仰韶村的次年，又在遼寧錦西縣的沙鍋屯掘出許多石器、陶器、骨器等，證明這與仰韶文化屬於同一時期。他們接着到甘肅、陝西、山西、河北、山東等省去發掘，也得到差不多的遺物。他們把這些東西，就其時代早晚和出土的地方，分作齊家期(得名於甘肅寧定縣的齊家坪)、仰韶期、馬廠期(得名於甘肅碾伯縣的馬廠沿)、新店期(得名於甘肅洮沙縣的新店)、寺窪期(得名於甘肅狄道縣的寺窪山)、沙井期(得名於甘肅民勤縣的沙井)六期。前三期只有石器和陶器，應屬於新石器時代的末期；後三期漸多銅器，陶器反較粗劣，應屬於銅器時代的初期。仰韶期位列第二，這一期的文化分布最廣，現在所知道的已有甘肅、陝西、河南、山西、河北、山東、遼寧諸省。

這仰韶期的文化，區域既這樣廣，而且它的陶鬲和周代的銅鬲，石環和周代的玉瑗，石戈和漢代的銅戈，石鐮和現在的鐵鐮，石鑿和現在的鐵鑿，石刀和現在的金圭(就是北平磨刀匠所打的四片鐵刀)，都有逐漸演化的痕跡，足以證明這種史前文化和中國的歷史文化是非常的接近的。又從仰韶期以下都挖到人骨，而以仰韶爲最多，研究的結果，是：那時的人和現在北方人種的差異，並不超過現在中國北方各種族間的差異。然則，這種人是誰呢？他們什麼時候在這些地方生長着的呢？

河南安陽縣的小屯村於西元一八九八年(光緒戊戌)發見許多龜甲獸骨，上有刻的文字。經許多人的研究，確定它是商代的東西，又確定這出土的地方是殷虛。從民國十七年起，中央研究院派李濟等到那邊作大規模的發掘；五年以來，得到的東西很多很多。他們曾把這些東西和仰韶文化作個比較。他們説：仰韶有石斧、石鑿；小屯有石斧、銅鑿。仰韶的箭鏃有石、骨、貝三種；小屯的箭鏃有骨、銅二種。這都足以證明前一個屬於石器時代，後一個屬於銅器時代。至於陶器，仰韶是带彩的，小屯是刻紋的。從上面的結論，可知有刻紋陶器時，带彩陶器必已消滅。但是忽然碰到了一件奇怪的事情。十八年秋季工作中，發現了一塊带彩的陶片。據本村熟悉三十年中出土物件的工人説，這樣的東西是從來不曾見過。這塊陶片，紅色的胎，白色的衣，紅色和黑色的格子紋；拿來和仰韶的一比較，非常相像。於是又有問題來了，這塊陶片是那時交易得來的外貨呢？還是那時慎重保藏的古董呢？李濟的回答是："如果仰韶文化只代表殷商時代同時的一個異族文化，那麽小屯既可以有仰韶式的帶彩陶器，仰韶至少也該有小屯所出的刻紋陶器之類。但在這些仰韶式遺址内尚没有發現這類實物。這種片面的關係只有仰韶文化先於殷商文化的一個可能的解釋。"他又反問道："要是我們認定仰韶期文化早於殷商，進一步的問題就是這文化要早到多少年？"

　仰韶式的陶器發現於殷虚不算奇怪，蘇聯中亞細亞、波斯、美索普達米亞，甚至到歐洲的東南，都曾發現過這類東西，形式非常相像，又是都屬於新石器時代末期的。這問題就牽涉得大了！是偶然的符合，彼此不相連屬呢？還是由西方傳到東方來，或東方傳向西方去的呢？據安特生猜想，以爲"把河南和安諾（Anau，屬中亞細亞）的古陶器相較，其圖形相似之點實屬多而且切，使人不能不起同出一源的感想。這兩地固然離得太遠，但西藏高原的北邊，西伯利亞的南邊，東從太平洋，西到黑海，這一帶地方或爲林麓，或爲草田，或爲沙漠，很有成爲一條交通孔道的可能。而且那邊的氣候，在古代較適宜於人類的生存，文化流傳並非不可能之事"。提到這件事，又令人想起中國民族西來説了。仰韶村中發見的人骨固然和現在中國北部人種没有很多差異，但在甘肅所得的多數人骨中，確有三數個頭骨，他的鼻骨眼眶頗與西方人種相近的。這一種人，究爲那時和西方交通而混雜的呢，還是在仰韶期以前原爲近乎這一種的（由舊石器時代的歐洲人所蜕化），後來變爲近乎現代中國人的人種，這三數個骨骼僅僅是舊種遺留的呢？這問題原不是現在所能解決，但即此一閃的光明，我們也該捉住而已。

據歐洲學者的研究，带彩陶器以美索普達米亞爲最早，約在西元前三千五百年。安諾的可以分作四期，第一期約在西元前二千年，以後約五百年爲一期。仰韶陶器既與周代的銅製鼎鬲很相像，陶工也用了磨輪，都足以證明這時代必和中國有史時期相去不遠，是必在美索普達米亞之後。如果不是獨立創造，那麼可以説，這一定是從西方傳到東方的。

我們且按下了中西交通的話不談。我們該問：仰韶文化既在石器時代的末期，又確在商代以前，又和中國有史時期這樣的密切，那麼，它究竟是什麼時候的呢？説到這兒，自然叫人聯想到夏代上面。我們在上邊講起，夏以河南爲中心，它的勢力範圍及於山東、山西、河北，現在這幾省都已發現了仰韶期的文化了。夏后皋的墳墓在澠池，其同姓的莘國在陝縣，仰韶村又正在那邊。夏的銅器没有發現過，而仰韶期正無銅器。夏的文字没有發現過，而仰韶期正無文字。靡逃奔的是有鬲氏，傳説中又説"昆吾作陶""桀作瓦屋"，而仰韶期的文化正以陶器爲最盛。然則這十餘年來新石器時代末期的遺物大批發現，或者就是給我們看一部夏的歷史吧？——我們希望這樣"躊躇滿志"的話，不久再有新發現會給我們證明！

第七章　商民族的成長和發展

不知在什麼時候，出來了一個商民族。據他們自己説，他們這個民族是上帝降下來的。當禹平洪水之後，有一個正在興盛的國家，叫做有娀氏，他們的國君生有兩個美麗的姑娘，大的叫簡狄，小的叫建疵。國君寵愛她們，特地造了一座九層的瑤臺，叫她們住在上面；每逢飲食的時候都要命人打鼓作樂。有一天，她們到河裏洗澡，一隻燕子飛來，叫的聲音很好聽，她們爭着捉它，捉住了蓋在玉筐裏。等一刻，提開蓋來，燕子飛走了，留下一個五彩的卵。簡狄搶來吞了，她就懷了孕，原來這是上帝派來送種子的呢。後來她生下一個兒子，取名叫契，就是商的始祖。因此，詩經的商頌裏說："天命玄鳥，降而生商"，玄鳥即是燕子的別名。又說："有娀方將，帝立子生商"，就是表示上帝借了有娀氏的女兒來立自己的兒子。因爲商王是上帝的兒子，所以稱爲"天子"。

　　商王既是上帝的兒子，然則這位上帝的名字叫什麼呢？經多方面的研究，知道這就是帝嚳，也稱做帝俊的。從殷虛發現的甲骨文看來，商王最重大的祭禮是"尞"，這就是現在的"燎"字，祭祀時要大燒木柴，火光燭天，好讓天上人看見。（北平的天壇尚存有這種遺型）。他們應用這種祭禮的祖先有四個，是高祖夋、妣乙、土、王亥，可見這四人的地位是特別高的，遺澤是特別長的。土和王亥下面再講。高祖夋即是帝嚳，妣乙即是有娀氏之女簡狄。在我們傳統的古史上，帝嚳是一位人王，簡狄是他的妃子。但我們若懂得了民族起源的神話，就可知道帝嚳是商民族的"宗神"（Tribal God），和簡狄並不是同等的人類。

　　契是帝嚳和簡狄的兒子，他的事蹟我們知道的太少了（說他佐禹治水，教民五常等等乃是後起的話，待將來再講），只知道他號爲"玄王"，國勢有相當的興盛。他所以有這個名號，大約因爲他這個人是玄鳥帶來的緣故。他的國在哪裏，現在也不知道。不過把"玄鳥生商"的神話和別的種族的神話比較研究，那麼它和高麗的和滿洲的很相像，或者這個民族是起於遼審和河北之間的。近年來的考古學者不曾告訴我們，仰韶文化已經伸展到了遼夤嗎?

　　契的孫兒相土(就是甲骨文中的土)始搬到商(今河南商丘縣),因此他們的國號就叫商。他是一個武功烈烈的國王。他開拓的土地多了,所以立了兩個都城,西都是商,東都在泰山。詩經中還説他的勢力達到了"海外"。可惜説得太簡單了,只知道在海外,不知道可以"外"到哪裏。依我們的推測,或者他據了渤海和黄海的西岸而發展他的勢力到東岸朝鮮。這是一個很有可能性的推測,因爲商亡之後,箕子是到朝鮮去做王的。倘不是兩方面向來就有密切的關係,怎還能於喪敗之後退保這遼遠之地呢!

　　又傳了幾代,到王亥,這是一個商初的重要的人物而久被人們忘卻了的。他從商丘北渡黄河,帶了很多的牛羊,游牧於高爽之地,走到易水,停留在有易國裏(今河北省易縣)。有易的國君緜臣起初待他很好,請他看跳舞,把他吃得胖胖兒的。可是這種假殷勤終究拆穿,緜臣乘他不備,把他殺了,把他的牛羊統統搶去了。商國興師問罪,打了兩世的仗,纔把緜臣殺掉,算復了仇。這是古代的一件大事,古書裏很多記及的,只因歷史書裏没有王亥這個名字,以致許多零碎材料聯貫不起來,而他的事也被人誤解爲别人的事。直至十餘年前王國維研究甲骨文發見了這個可注意的古人,重新提出,而後古書中的材料也綜合起來了。

　　相土和王亥還有同樣可注意的事:原來用馬駕車是相土發明的,用牛駕車是王亥發明的。有了這種發明,交通始大方便。恐怕商人所以對他們有隆重的祀典,也就爲的是這種大功德吧?

　　又過了好幾代,到湯(甲骨文作"唐")。他的都城在亳(一稱北亳,在商丘西北,今山東曹縣南)。他非常的敬重上帝;他的聖德一天天的升聞到天上,上帝很信任他,命他享有天下。他既受了上帝的寵愛,政治更好了,武功更强了,小國大國歸附他的更多了。那時有一個葛國(今河南夤陵縣,在曹縣西南),他們的國君不行祭祀之禮。湯去質問他不祭的理由,他道:"我没有犧牲!"湯叫人把牛羊送去，葛君自己吃了。第二次去質問的時候，他的回答是沒有黍稷，湯又叫自己的人民到他國裏去種田。少壯的正在耕種，老弱的來往送飯，葛君又叫人把飯食搶下來。有一個小孩提了一籃子黍和肉，不讓他們搶，就被殺了。因爲他殺了這個小孩，湯就出兵把他的國滅掉。那時各處的人聽得這事，都稱讚道："湯這番舉動，並非貪佔地盤，乃是替匹夫匹婦復讐呀!"自從這一次開頭，一共舉了十一次兵，他就成了那時的最强者了。

那時天下的共主是夏桀，他不是一個賢君。他在自己的王國裏壓迫人民，人民咒詛他早死。桀聽得了，笑道："他們幹什麼!我是太陽，待沒有太陽時我纔死呢!"湯想機會到了，他就麾戈北向，先伐滅韋、顧、昆吾，把桀的與國剪除了，進一步和夏王開戰。他的軍士們倒不願意，於是他誓師道："聽你們説，'夏王的不賢和我們有什麼關涉?'這是錯的。你們要知道，我的出兵是受的上帝的命令。我畏懼這最高的威嚴，不敢不這樣做。你們現在應當盡力幫我去執行上帝的責罰!你們肯去，我有大大的賞賜;不去，連你們的妻子都殺了!"在這堅決的意志之下，果然把夏師打得一敗塗地。桀逃到三朡(今山東定陶縣)，他就追到三朡。桀又逃過淮水，直奔南巢(今安徽巢縣東北);那裏離中原太遠了，他纔罷手。這是中國歷史上"革命"的第一幕。怎麼叫革命呢?原來夏王作天下的共主，是數百年前上帝的命令;現在上帝又有新命令給湯了:受了這新命令去革掉那舊命令，這就叫做革命。

這時候，湯的武功像火一般的旺盛，號爲武王。在很遠的西方有兩個民族，一個叫氐，一個叫羌，也都迢迢的來忠心朝貢。

自從契立了國，相土大擴國境，王亥游牧北方，經歷約十四代，四百年，打好了這一個基業，到湯的時候，纔發展到了頂點。商和夏只是同時存在的二國，它們的大小强弱本來沒有差得怎樣遠。後世學者牽於君臣的名分觀念，以爲湯是桀的臣子，他是忽然間從七十里的封地興起來的，彷彿王莽、曹操一般，那實在是大大的謬誤。不看玄王和王亥們都早已稱王了嗎！

第八章　商的都邑及其鄰邦

在春秋的末年，孔子很想尋求商代的制度，特地到宋國去，但只有帶着了失望回來。現在離那時又已二千四百年了，孔子所看見的東西我們也看不見了，我們要講商的地理將如何講起？千幸萬幸，三十五年前甲骨卜辭發現於安陽，經學者們長時間的研究，加上舊傳的材料，我們方得説出一個約略。

商的疆域究竟有多少大，我們找不到那時的地圖，是没法知道的。但看相土闢土至海外，箕子退保至朝鮮，殷虚中掘出來的東西有鹹水貝，有鯨魚骨，足見他們和海上的交通是很密的。猜想起來，那個王國當是介於山東、河南、河北、山西之間，而朝鮮及遼寧、陝西諸省則爲其宗主權所及的地方。

許多記載告訴我們，商是常常遷都的：湯以前遷過八次，湯以後又遷過六次。他們爲什麼要遷：是不是游牧部落的習慣，還是遭遇了水災？這個問題現在還没法解决。

書上説：自湯建都於亳之後，經過八代没有移動。到第九代仲丁，他遷到囂（亦作隞，在今河南河陰縣西北）。又傳了兩代，到河亶甲，他渡河而北，建都於相（在今河南内黃縣東南）。他的下一代祖乙又遷於耿（舊説在今山西河津縣；但是别的都城全在太行山之東，爲什麼獨有這個遠在山之西呢，所以有人説，耿即邢，在今河南温縣）。住了不久，遇了水災，冲壞了，他又遷到庇（不詳何地，大約離耿不遠）。在那裏傳到第四代南庚，又渡河而東，遷都到奄（今山東曲阜縣）。只隔了一代，到盤庚，又西渡河，都於殷（今河南安陽縣）。從此以後，他們住定了，直到亡國，在那邊經歷了二百七十五年。現在殷虛發現的甲骨所以這樣多，原爲那邊是一個長時期的都城，保有十二代君主的占卜。——總看上面這些建都的地方，都在黃河和濟水之間，和夏代的疆域似乎是不差什麽。

他們這樣的遷都，民衆的生活該怎樣？據尚書中盤庚篇的紀載，當時許多人是很怨恨的。盤庚是一位賢君，他好幾次喚他們到跟前，剴切勸諭道："現在上天降下大災，我要把你們的生命從天上迎接下來，使得你們可以繼續生存。我若不遷，在天上的先王一定重重的責罰我。你們不肯遷，先王也要責罰你們，並且要撤除你們的先祖先父在天上侍奉先王的職役。你們的先祖先父受了你們的牽累，就要棄絕你們，不救你們的死罪了！"他還說："倘有不道德的人亂作胡爲，不肯恭奉上命，以及作歹爲非，刼奪行路的，我就要把他們殺戮了，消滅了，決不讓這些惡劣的種子遺留一個在這個新邑之内！"看他這番話，倘使不是河患，怎說是上天的大災？倘使竟是河患，那麽人民將逃避之不暇，爲什麽要反對遷都，逼得盤庚借了鬼來嚇人？

殷是商代最久的都城，所以古人就用了"殷"來稱商，或合稱爲"殷商"。但別人儘管稱他們爲殷，他們自己還是稱商，在甲骨文裏就稱殷爲"商"或"大邑商"。這個地方在黃河的轉角上，太行山的東邊；講到交通，是北望漳水，南望淇水，靠近的是洹水，可説是十分方便。古書裏也曾説紂都朝歌，朝歌就在淇水之南。但據甲骨文看來，紂没有遷都的事。説不定他因爲淇水之旁菉竹叢生，風景幽雅，蓋造幾個離宮別館在那邊，作避暑的所在呢。

商人既是這般信鬼，所以國王做一件事必先占卜。祭祀的事，占卜最多，不用説了；除此之外，出去，回來，走到那裏，停在那裏，經過那裏，在那裏打獵，在那裏捕魚，向那方開仗，都要占卜，因此留下的地名有好幾百個。如果這些地名我們都能知道它的所在，真可以修成一部大商國志。不幸這些文字我們多數認不得，就是認得的也因古書裏提到的太少，没有比較材料，不敢確定在那裏。據王國維所考，略可推知的有八個：冀，今河南輝縣；盂，今河南沁陽縣；雝，今河南修武縣。這三處都在黄河之北，現今道清鐵路一帶。亳，今山東曹縣；曹，今山東定陶縣；杞，今河南杞縣；戴（載），今河南考城縣；雇（扈），今河南原武縣。這五處都在黄河之南，但現在原武縣是移到黄河的北面去了（雇或爲范縣，見下）。這些地方都在黄河南北一千里之内，是商天子所常游的。商頌裏説"邦畿千里"，這句話想來是確實的哩。

　　湯以後武功最大的王有兩個，一個是武丁，一個是紂。武丁時有個强大的異族，唤做鬼方，他們的根據地大概在陝西和甘肅之間。不知是否爲了他們侵凌中原，武丁領兵去征伐；一打打了三年，纔把他們克服。打一處仗要用三年工夫，在古代真是一個極大的戰爭了。那時還有三個强鄰，在商的北面的是土方，西北面的是吾方，西面的是羌方。從甲骨文看來，武丁曾用了五千人打土方，用了三千人打吾方，顯見得土方更爲强盛。但征伐的次數，在現在已整理的材料裏，伐土方的只有四次，伐吾方的卻有二十六次之多，可見吾方來搗麻煩的回數更要多。商的屬國，有沚，有㠱，有戈，都在西邊，時時受土方和吾方的欺凌，他們就時時到這宗邦來請求救護。羌方是湯時就朝貢的，但在武丁時也曾有些小變亂，也當欺凌過戈國，結果仍被征服了。至於東方的屬國，有肅（或即古書裏常提起的肅慎氏），有兒（即郳，亦即小邾，在今山東鄒縣），他們和井方爲鄰，没有聽説動過刀兵。

　　商的末葉有一件很重要的戰史，久被史家湮没了，這就是紂征人方。在紂的十年、十五年、二十年，一共對於人方打了三次。人方這個名字，在甲骨没有發現的時候早就在鐘鼎上見過；經金石學者的研究，説這"人"字就是"夷"字，即東夷。這個考據是不錯的，當前年在一個坑裏掘出"征人方"這卜辭時，同時掘出了鯨魚的胛骨，說不定這是用兵東方的戰利品呢。不止如此，還掘出一個大象的下顎，這就令人想起古書裏"商人服象，爲虐于東夷"的故事來了，恐怕這象就是這回戰爭中的犧牲者吧。左傳裏明明記着：商紂之世，東夷背叛了他；他出兵征伐，靠他的才幹強，兵士多，把東夷攻克；但他不修德行，所以這表面的勝利就成了他的根本失敗的原因。這種故事，人們一向是熟視無覩的，假使沒有這些新材料的發現，如何能再生在歷史裏呢！

我們既知道人方是東夷，再看甲骨文，商人行軍所到的地方有雇、漷、攸、齊諸處。雇即顧，在今山東范縣；漷即鬲，在今山東德縣：這在夏民族的一章裏都説過了。齊，即今山東臨淄縣。攸，當即鳴條的"條"字的省文，在今山東定陶縣；倘使不是，也必在臨淄和安陽的中間。這幾處地方都在濟水流域，即此可以推定人方的疆域。攸國的君名喜，是幫助紂打平人方的。

董作賓研究商代史是根據發掘的坑位的，他把每坑裏掘出的甲骨，作書體、字形、文法、詞句、史實各方面的研究，因而區別它的時代，從此可以知道某一坑所出大抵是某一個王朝的東西，更進一步去研究某一個王朝的歷史。我現在想介紹他對於商和外邦的交涉史的結論，應當先把武丁以下的世系説一下。武丁以後，一世是祖庚，二世是祖甲，三世是廩辛，四世是康丁，五世是武乙，六世是文丁，七世是帝乙，八世是帝辛（即紂）。董氏説："盂方，在武乙時還常常到那裏去田獵，村中出土多'王田工盂'的卜辭；到了殷之末葉，他卻叛變了，所以就命'多侯與多伯征盂方'。羌方是早被征服了的民族，武丁時有'師獲羌'的記載，祖甲以來，他們常供祭祀的樂舞；後來也不服從了，所以在廩辛康丁時有'于父甲求災羌方'之辭，是禱于祖甲在天之靈，要他降災罰于羌方。武乙之世，羌方又來賓了，卜辭有'王于宗門逆羌'的記載。人方在武乙、文丁時還是屬國，替他祝福，村中出土龜版有'惟人方受祐'之辭；到帝辛時卻叛變了，有勞帝辛的親征。
舌方、土方，在武丁時爲西北的强敵，祖庚祖甲以後，彼此和好，
再也不起戰爭了。"這是商代後期民族史的一個很簡要的敘述。

　　商的境外的國家，有屬國，有外邦。商人稱外邦常用"方"
字。除了上舉的鬼方、土方、舌方、羌方、井方、人方、盂方之
外，還有馬方、虎方、三封方；還有文字不識得的幾個方，恕我
因刻字的困難不告你們了。人方、馬方、虎方，用生物爲號，是
否即是一種圖騰（Totem）制度，用來表示他們的血統關係的，這
也有待於研究。

　　在西晉太康二年（西元二八一），汲郡人不準挖開戰國時魏襄
王的墳墓，想偷取寶貝，不意竟得着七十五篇的竹簡古書；其中
有十三篇是夏以來的紀年史，取出之後，一班學者定名爲竹書紀
年。在這部書裏，所記的夏商時的夷人種類很多：在夏時有淮
夷、畎夷、風夷、白夷、赤夷、黃夷、于夷、方夷、陽夷，總稱
爲"九夷"；在商時有藍夷，又有班方，又有西落鬼戎、燕京之
戎、余無之戎、始呼之戎、翳徒之戎，等等。但依照甲骨文中的
稱謂，似乎那時只該有"方"而不該有"夷，戎"的。恐怕這只是代
表魏襄王時的古史吧？實在，我們生在這個時代太幸福了，靠了
甲骨文的發見和三十餘年來學者的研究，我們對於商代歷史的智
識不但超過了漢以下的史學家，而且也超過了春秋時的那位徵文
考獻的孔子了！

第九章　周民族的崛起西方

　　周民族的來源和商民族有些相像，也是上帝降下來的，但關
於這個聖胎的獲得卻又別出蹊徑。他們説：在古時有一個女子名

喚姜嫄，她的德行爲上帝所賞識；她爲要得一個兒子，曾向上帝祭祀。有一天，她在野裏走路，瞥見一路上留着很大的腳印。她一時高興，踏在上面走過去，就忽然懷了孕。足月之後，很順利的産下一個兒子。因爲這個小孩是上帝降下來的，所以他不受人間的一切傷害。有一次，她把他放在小巷裏，沒有去照管，牛和羊便來給他吃奶。有一次，他迷失在一座樹林裏，就有砍樹的人把他帶出來了。又有一次，他掉在凍冰的河上，有鳥來把他遮護了；等到鳥飛去時，他呱的一聲哭出來，聲音很響，驚動行路的人，就給他們抱起來了。他稍微長大時，表現他的擅長種植的天才，菽咧，麻咧，麥咧，都種得很像樣的。因爲他什麼植物都會種，並且傳下了許多的好種子，所以後世的人稱他爲"后稷"，年年祭祀，向他祈求好年成。他的家説是在有邰（今陝西武功縣西南），正當渭水的中部。

后稷是周民族的始祖，同時也是農神。周王祭祀上帝時，請他作陪。但我們知道古代民族自稱的始祖是多半出於幻想的，所以究竟是先有了這始祖而後來看作農神的呢，還是先有了這農神而後來算作始祖的呢，這是很有問題的一件事。

周民族的形成恐怕殼不上夏，因爲從文王推上去只有十四代，比了從湯到紂有二十九代的還要減少一半。當時渭水流域是氐羌們的根據地，而周祖后稷就説是姜嫄生下來的，姜就是羌（羌從人，是種族之名；姜從女，是羌族女子的姓：這一族大約是用羊作它的圖騰的。好像鬼方的鬼，在甲骨文中有從人的，也有從女的），我們很可假定周民族是羌族中間的一個支族，或者是更大一族的兩支，至少也和羌族有血統的混合。這一族世居陝西中部，或者受過商王的羈縻，但決沒有很深的政治上的隸屬的關係。

不知在什麼時候，這個民族裏出了一個酋長，稱爲公亶父的，他領了部衆，離開原來的穴居之地，順着杜水走向漆水（在今扶風岐山兩縣界內）；到了岐山之下的胥，那兒是一塊極肥美的平原，喚作周原，他們就停下來，建築屋子，立起一個國家。公亶父娶的姜女，是姜嫄的一家。（公亶父這人，從戰國以來都說是太王，我覺得不對。他乃是一個很辛苦的創業之君，太王時則已到了周的全盛時代了。而且在稱呼上看，他稱公，太王稱王，也不該爲一人。）傳到公劉，他們開拓的地域廣了，除了原有的胥以外，東面有了京（大約即是鎬，在今長安縣西南），北面有了豳（在今栒邑縣），渭水芮水（出今甘肅華亭縣，至甘肅崇信縣入涇，當豳之西北）一帶地方都是他們的領土了。公劉很勤於農業，把國家弄得很富；又獎勵武事，把國家弄得很強：那時候，周就成了西方的惟一大國。

太王繼承了公劉的遺業，勢力向東方發展，他的國都雖仍在岐山，但他的志願卻想奪取商國的土地。從他那時起，就稱王了。到他的兒子王季手裏，大約因爲更強的緣故，商王只得用和親的政策，把摯國（說在今河南汝南縣東南）之君的女兒太任嫁過去。後來她就生了文王。

文王即位的初年，商王帝乙把自己的少女嫁與他。他們結婚的時候舉行一個很重大的典禮，文王到洽水（在渭水之北，源出陝西郃陽縣西北，南流入黃河）和渭水的邊上去親迎，把許多船隻聯結成了一道長橋。以前王季的妻還是商的畿內諸侯之女，這一回是王女了，這樣的大典禮使得僻處西邊的周人大開眼界，所以後來詩人詠歌，說這位大國的姑娘表現她的光榮，彷彿真是天上降下來的一般。但文王卻並不因他自己一來是商的外甥，二來是商的姑爺，就忘掉了他自己的民族的使命；商王的恩禮愈重，他的圖謀發展的欲望也繼長增高。他是一個有大幹才的人，又有許多的好輔佐。他奉事上帝很謹慎，四方的小國歸附他的很多。他說：“上帝多年向下方看，要找尋一個可以做人民的主人的國家，到後來在西方找到了周是適合這個資格的，他已給我們種種興盛的機會，所以我們應當享有天下。"他在最後的幾年之內非常的活動：先判斷了虞國（今山西平陸縣東北）和芮國（今陝西朝邑縣）的爭訟，獲得了東北方（西河兩岸）的主權；又趕走了畎夷（又稱混夷、串夷），伐滅了密須國（今甘肅靈臺縣），開闢了西邊的土地；又滅了崇國（今陝西鄠縣東），定了渭南之地；又打下了邘國（今河南沁陽縣）和耆國（又作黎，今河南潞縣西南），勢力伸展到東方，和商國的王畿相接觸。他伐到耆時，離商的都城太近了，給他們一個嚴重的威嚇。當時有一個商的大臣祖伊奔告紂道："天子呵，我們的天命恐怕已經完結了罷？西伯（西方的霸君）的兵打下了耆了！"但紂還是很安靜地回答道："唉，我不是有命在天嗎，怕什麼！"

實在説來，紂果然是不好，但那時一般的商民也走到了絕路。他們這個王國在那時是文化的中心，但就因爲文化發達，所以漸漸兒奢侈起來，大家只管喝酒作樂，喝得個人事不知。（現在發現的商代銅器，多數是裝酒的，大的叫做尊、彝、壺、罍、盉、卣，小的叫做爵、觚、觶、角、斝、觥。我們很可想見當時喝酒的藝術。）他們的最主要的道德原是敬鬼神，重祭祀，但到了這末期，品行的墮落甚至於偷竊到祭神的犧牲來了。做官的也沒有一點綱紀，只會互相欺騙。人民呢，時常鬧意氣，彼此結成冤家，全國化爲一盤散沙。在這時候，西方興起了一個周民族，他們有很大的地盤，很富的農產，很强的武力，還有刻苦奮鬥的精神，試問在這個老國度裏享福慣了的人們如何抵擋得住這銳利的侵略呢！

當文王滅崇之後，就把都城從岐山遷到灃水（即崇地，在今長安縣南），稱爲豐邑。他得到了這個新根據地，很想完成他的伐商的大志，但不幸他病逝了。他的長子武王（他是莘國之女太姒生的）繼起，自稱"太子發"，祭天於畢（在今陝西咸陽縣北。把文王親迎於洽北和這事合看，足見其時由周到商是走今山西河津而不走崤函的），奉了文王的木主行軍，到了孟津（今河南孟縣南），諸侯带兵來會的很多。他看看情形，似乎還不能一定操勝算，即命班師回國。過了二年，他覺得時候到了，就率領了戎車三百乘（一乘是駕着四匹馬的一輛車，每車容步卒七十二人），虎賁（勇士）三千人，還帶着西南方的八國聯軍（牧誓裏説這八個國是 1. 庸，2. 蜀，3. 羌，4. 髳，5. 微，6. 盧，7. 彭，8. 濮。這八國在何處，現在還考不清。前人解詁多説得太遠，甚至遠到貴州，但在那時的交通情況之下是否能由很遠的國出兵助周，實在是一個可考慮的問題），東去伐紂。他們走到了商邑的郊外牧野，武王左手拿了黄色的斧，右手揑住白旄牛尾的指揮旗子，誓師道："諸位從西方來，走得辛苦了！商王紂聽信了婦人的語言，輕忽了神靈的祭祀，疏遠了自己的弟兄，包庇了外邦的罪犯；所以我要恭行上天的責罰！你們應當整齊步伐，勇敢向前，像虎、貔、熊、羆一樣！你們勉力吧！上帝在你們的面前，你們不要疑惑呀！"那時商的軍隊重重叠叠，像一座茂密的樹林；但周的明晃晃的戰車直衝過去，勇將師尚父像天空中老鷹一樣的飛揚擊鬪，打得商人支架不住，一齊崩潰，據説那時流血之多甚至於把舂杵也浮起來了。

紂是一條硬漢，他不逃走，奔到鹿臺之上，自己放火燒死。武王舉起旗子麾進諸侯，向紂射了三箭，砍下他的頭，掛在大白旗上；又把兩個已經自縊了的他的妃子的頭砍下，掛在小白旗上。過了一天，行一個盛大的祭禮，拜受天命，那時武王就成爲天下的共主。從此以後，黄河流域的政治文化全給渭河流域的人們所支配了。

那時的打仗是用獸類幫助的，除了打仗之外還養着許多好玩的獸，所以逸周書的世俘解裏記着一篇武王克紂後所得的獸類的賬單，計有：虎二十二，猫（似虎而淺毛）二，熊一百五十一，羆一百十八，犀十二，氂七百二十一，豕（野豬）三百五十二，貉

（似狐）十八，麈（駝鹿）十六，麝（似鹿無角，有香塊）五十，麛（獐）三十，鹿三千五百〇八，麇（似鹿而大）五千二百三十五。那時的寶貝是玉，世俘裏又説紂自焚時把四千塊寶玉圍繞了身子，其中有五塊上好的"天智玉"。這四千塊玉都燒壞了，只有五塊天智玉燒不壞，給武王收了。此外還有舊寶玉一萬四千塊，佩玉十八萬塊，也被他一齊收了。這些話如果都是真的，那就是周民族對於商民族的一回大掠奪。因爲掠奪的東西這樣多，所以這篇書稱爲世俘，——世者大也，俘者戰利品也。

你們看了不要吐出舌頭來，掠奪的東西還多着呢，下文再講。

第十章　周公東征和封建諸侯

夏民族不知從那裏來的，他們佔據了中原數百年。商民族大概原住在渤海的西岸，經營了數百年，已在中原佔有相當的勢力，然後一舉滅夏，做了天下的共主，又歷了數百年。周民族呢，它是一個新興的西方羌種，靠了他們的富强，一舉滅商，然而他們對於中原並沒有什麼潛勢力，要馬上做東方的主人翁是不可能的。與其礙手礙腳的在異地作客，還不如回老家的好。所以武王勝殷殺紂，取得寶物之後，依然建都在鎬（今陝西長安縣西南）。商的地方，交給紂子武庚執管，另外派了兩個親弟——管叔和蔡叔——做監督者，連武庚稱爲"三監"，好防住了商的遺民，不許他們叛變。有人說，武王把商的故土分爲三國：武庚管的是邶，管叔管的是鄘，蔡叔管的是衛。這話也許是對的。

商民族差不多有了一千年的歷史，決不能在一時間受周民族的武力所征服。武庚雖仍做王，但已失掉（下缺）

春秋史講義[*]

頡剛編此講義，本欲組織成文，不幸人事過繁，未能如願。今但節錄春秋左傳原文，以類相從，爲他日創作之準備，乞諸同學諒之。

第一章　周王室

（隱三年傳）鄭武公莊公爲平王卿士，王貳于虢，鄭伯怨王，王曰："無之"，故周、鄭交質，王子狐爲質于鄭，鄭公子忽爲質于周。王崩，周人將畀虢公政，四月，鄭祭足帥師取溫之麥；秋，又取成周之禾。周、鄭交惡。

（隱六年傳）鄭伯如周，始朝桓王也，王不禮焉。周桓公言于王曰："我周之東遷，晉、鄭焉依。善鄭以勸來者，猶懼不蔇；況不禮焉，鄭不來矣！"

（桓五年傳）王奪鄭伯政，鄭伯不朝。秋，王以諸侯伐鄭，鄭伯禦之。王爲中軍；虢公林父將右軍，蔡人衛人屬焉；周公黑肩將左軍，陳人屬焉。……戰於繻葛……蔡、衛、陳皆奔，王卒亂，鄭師合而攻之，王卒大敗，祝聃射王中肩，王亦能軍。……

---

* 1935 年 11 月—1936 年 6 月作。燕京大學鉛印。

夜，鄭伯使祭足勞王，且問左右。

　　　按，讀此可見東遷之初，鄭主周政；至桓王之世而鄭虢並作王卿，至桓王十五年而奪鄭與虢。鄭居周東，虢居周西，夾輔周室，勢至便也。自桓奪鄭政，晉獻滅虢，而周王遂卵翼于晉侯之下矣。

　　（隱五年傳）曲沃莊伯以鄭人邢人伐翼，王使尹氏武氏助之。翼侯奔隨。……曲沃叛王，秋，王命虢公伐曲沃，而立哀侯于翼。

　　（桓八年傳）春，滅翼。……冬，王命虢仲立晉哀侯之弟緡于晉。

　　（桓九年傳）秋，虢仲、芮伯、梁伯、荀侯、賈伯伐曲沃。

　　（莊十六年傳）王使虢公命曲沃伯以一軍爲晉侯。

　　（僖五年傳）冬十二月丙子朔，晉滅虢，虢公醜奔京師。

　　　按，周桓王之時，能助曲沃伐翼，又能命虢公等兩伐曲沃，又能立哀侯與緡以與曲沃抗，王靈非不振也。從戎事者有鄭、虢、邢、芮、梁、荀、賈諸國（伐鄭時又有蔡、衛、陳諸國），聽命之諸侯亦非不多也。獨奈何至僖王之時反命所伐者爲侯國，而至惠王之時坐視受王命而出師者之被滅而不救耶？周爲晉之囊中物，固早決于僖、惠之世矣。

　　（僖九年傳）夏，會于葵丘。……王使宰孔賜齊侯胙，曰：“天子有事于文、武，使孔賜伯舅胙。”齊侯將下拜，孔曰：“且有後命。天子使孔曰：‘以伯舅耋老，加勞賜一級，無下拜！’”對曰：“天威不違顏咫尺，小白余敢貪天子之命無下拜！恐隕越于下以遺天子羞，敢不下拜！”下拜，登受。

　　（僖十二年傳）冬，齊侯使管夷吾平戎于王，……王以上卿之禮饗管仲，管仲辭曰：“臣，賤有司也，有天子之二守國、高在。

若節春秋，來承王命，何以禮焉？陪臣敢辭！"王曰："舅氏，余嘉乃勳，應乃懿德，謂督不忘，往踐乃職，無逆朕命！"管仲受下卿之禮而還。

（僖二十八年傳）五月……丁未，獻楚俘于王……己酉，王享醴，命晉侯宥。王命尹氏及王子虎內史叔興父策命晉侯爲侯伯，賜之大輅之服，戎輅之服，彤弓一，彤矢百，旅弓十，旅矢千，秬鬯一卣，虎賁三百人，曰："王謂叔父，敬服王命，以綏四國，糾逖王慝！"晉侯三辭從命，曰："重耳敢再拜稽首，奉揚天子之丕顯休命！"受策以出，出入三覲。

（宣十六年傳）春，晉士會帥師滅赤狄甲氏及留吁、鐸辰。三月，獻狄俘。晉侯請于王，戊申，以黻冕命士會將中軍，且爲太傅。

（哀十六年傳）衛侯使鄢武子告于周，曰："蒯聵得罪于君父君母，逋竄于晉；晉以王室之故，不棄兄弟，寘諸河上；天誘其衷，獲嗣守封焉，使下臣肸敢告執事！"王使單平公對，曰："肸以嘉命來告余一人。往謂叔父，余嘉乃成世，復爾禄次，敬之哉！方天之休。弗敬弗休，悔其可追！"

　　按，讀此可見當時君臣間威儀之盛，一若諸侯與其卿大夫悉恭受約束于天王者。實則晉侯召王，魯春秋書曰"天王狩于河陽"，上下苟以相欺而已。雖然，齊、晉之霸主倘無尊土之口號，則其滅周也曾無以異于滅紀號，而春秋時代將立陷于混戰之局，中原文化或遂爲秦、楚、戎、狄所摧殘，此形式的尊崇未始非延長諸夏壽命之術也。

（文三年傳）楚師圍江，晉先僕伐楚以救江。冬，晉以江故告于周。王叔桓公、晉陽處父伐楚以救江。

（宣七年傳）冬，盟于黑壤。王叔桓公臨之，以謀不睦。

（成十三年傳）三月，公如京師……公及諸侯朝王，遂從劉康公、成肅公會晉侯伐秦。

（成十五年傳）春，會于戚，討曹成公也，執而歸諸京師。書曰“晉侯執曹伯”，不及其民也。

（成十六年傳）七月，公會尹武公及諸侯伐鄭。

（成十七年傳）夏五月，鄭太子髡頑、侯獳爲質於楚，楚公子成、公子寅戍鄭，公會尹武公、單襄公及諸侯伐鄭，自戲童至于曲洧。

　　按，凡此征伐盟會，皆晉國主之，而天子之卿士皆預之，此即所謂“挾天子以令諸侯”也。

（文十四年傳）春，頃王崩，周公閱與王孫蘇爭政。……周公將與王孫蘇訟于晉，王叛王孫蘇而使尹氏與聃季訟周公于晉。趙宣子平王室而復之。

（襄十年傳）王叔陳生與伯輿爭政，王右伯輿。王叔陳生怒而出奔，及河，王復之，殺史狡以説焉；不入，遂處之。晉侯使士匄平王室，王叔與伯輿訟焉，王叔之宰與伯輿之大夫瑕禽坐獄于王庭，士匄聽之。……

（哀三年傳）劉氏、范氏世爲婚姻，萇弘事劉文公，故周與范氏。趙鞅以爲討。六月癸卯，周人殺萇弘。

　　按，讀此可見周室之弱。匡王助周公而卒不能去王孫蘇，靈王右伯輿而卒不能黜王叔，必待晉臣之聽訟焉。萇弘，周之卿士也，以接近晉之范氏，遂致趙鞅之討，而王亦聽命惟謹，殺之以取悅焉。天王之力不及陪臣，吁可傷已！

（桓十八年傳）周公欲弑莊王而立王子克，辛伯告王，遂與王殺周公黑肩。王子克奔燕。初，子儀有寵於桓王，桓王屬諸周公，辛伯諫曰：“並后，匹嫡，兩政，耦國，亂之本也。”周公弗從，故及。

按，此爲王子克之亂，春秋時王室内亂之第一次。

（莊十九年傳）初，王姚嬖于莊王，生子頹，子頹有寵，蒍國爲之師。及惠王即位，取蒍國之圃以爲囿；邊伯之宮近于王宮，王取之；王奪子禽祝跪與詹父田而收膳夫之秩：故蒍國邊伯、石速、詹父、子禽祝跪作亂，因蘇氏。秋，五大夫奉子頹以伐王，不克，出奔温。蘇子奉子頹以奔衛。衛師燕師伐周。冬，立子頹。

（莊二十年傳）春，鄭伯和王室，不克，執燕仲父。夏，鄭伯遂以王歸，王處于櫟。秋，王及鄭伯入于鄔，遂入成周，取其寶器而還。

（莊二十一年傳）夏，〔鄭、虢〕同伐王城。鄭伯將王自圉門入，虢叔自北門入，殺王子頹及五大夫。……王與之武公之略，自虎牢以東。……王巡虢守，虢公爲王宮于玤，王與之酒泉。……

　　　按，此爲王子頹之亂，王室内亂之第二次。此時衛、燕黨於子頹，鄭、虢則助惠王。以鄭、虢差強，故惠王得以復辟。王之所以酬庸者爲土地，王畿削矣。

（僖七年傳）閏月，惠王崩。襄王惡太叔帶之難，懼不立，不發喪而告難于齊。

（僖十一年傳）夏，揚拒、泉皋、伊雒之戎同伐京師，入王城，焚東門，王子帶召之也。秦、晉伐戎以救周。秋，晉侯平戎于王。

（僖二十四年傳）夏，狄伐鄭，取櫟，王德狄人……以其女爲后。……初，甘昭公有寵于惠后，惠后將立之，未及而卒，昭公奔齊；王復之，又通于隗氏。王替隗氏。頹叔、桃子……奉太叔以狄師攻王，……王遂出，及坎欿，國人納之。秋，頹叔、桃子

奉太叔以狄師伐周，大敗周師，獲周公忌父、原伯、毛伯、富
辰。王出適鄭，處于氾。太叔以隗氏居于溫。

（僖二十五年傳）秦伯師于河上，將納王。狐偃言于晉侯曰：
“求諸侯莫如勤王，諸侯信之，且大義也！……”使卜偃卜之，曰
吉。……晉侯辭秦師而下。三月甲辰，次于陽樊，右師圍溫，左
師逆王。夏四月丁巳，王入于王城，取太叔于溫，殺之于隰城。
戊午，晉侯朝王，王……與之陽樊溫、原、攢茅之田，晉於是始
啟南陽。陽樊不服，圍之。倉葛呼曰：“……此誰非王之親姻，
其俘之也！”乃出其民。……冬，晉侯圍原……原降。

　　　按，此爲王子帶之亂，王室內亂之第三次。襄王雖出居
　　于鄭，而鄭伯坐視不救，蓋修舊怨也。秦伯欲納王，而晉文
　　公辭卻之。狐偃以“勤王”爲“求諸侯”之手段，晉遂得藉納王
　　以取霸。王酬之以陽樊溫、原、攢茅之田，而王畿益削矣。
　　自此以後，王室遂爲晉之保護國，鄭不復能過問。

（昭二十二年傳）王子朝、賓起有寵于景王，王與賓孟説之，
欲立之。劉獻公之庶子伯蚠事單穆公，惡賓孟之爲人也，願殺
之；又惡王子朝之言以爲亂，願去之。……夏四月，王田北山，
使公卿皆從，將殺單子、劉子。王有心疾，乙丑，崩于榮錡氏。
戊辰，劉子摯卒，無子，單子立劉蚠。五月庚辰見王，遂攻賓
起，殺之，盟群王子于單氏。……王子朝因舊官百工之喪職秩
者，與靈、景之族以作亂，帥郊、要、餞之甲以逐劉子。壬戌，
劉子奔揚，單子逆悼王于莊宮以歸。……癸亥，單子出。王子還
與召莊公謀曰：“不殺單旗，不捷！與之重盟，必來，背盟而克
者多矣。”從之。樊頃子曰：“非言也，必不克！”遂奉王以追單子。
及領，大盟而復，殺摯荒以説。劉子如劉。單子亡，乙丑，奔于
平畤；群王子追之，單子殺還、姑、發、弱、鬷、延、定、稠；
子朝奔京。丙寅，伐之，京人奔山。劉子入于王城。辛未，鞏簡

公敗績于京。乙亥，甘平公亦敗焉。……單子欲告急于晉，秋七月戊寅，以王如平時，遂如圃車，次于皇。……冬十月丁巳，晉籍談、荀躒帥九州之戎及焦、瑕、溫、原之師以納王于王城。庚申，單子、劉盆以王師敗績于郊，前城人敗陸渾于社。十一月乙酉，王子猛卒。……己丑，敬王即位，館于子旅氏。十二月庚戌，晉籍談、荀躒、賈辛、司馬督帥師軍于陰，于侯氏，于谿泉，次于社；王軍師于氾，于解，次于任人。閏月，晉箕遺、樂徵、右行詭濟師取其前城，軍其東南，王師軍于京楚。辛丑，伐京，毀其西南。

（昭二十三年傳）八月丁酉，南宮極震。萇弘謂劉文公曰：“……周之亡也，其三川震；今西王之大臣亦震，天棄之矣，東王必大克。”

（昭二十六年傳）冬，王起師于滑。辛丑，在郊，遂次于尸。十一月辛酉，晉師克鞏，召伯盈逐王子朝。王子朝及召氏之族毛伯得、尹氏固、南宮嚚奉周之典籍以奔楚。……癸酉，王入于成周。……王子朝使告于諸侯曰：“……今王室亂，單旗、劉狄剝亂天下，壹行不若，謂先王何常之有，唯余心所命，其誰敢討之，帥群不弔之人以行亂于王室。……晉爲不道，是攝是贊。……昔先王之命曰：‘王后無適則擇立長，年鈞以德，德鈞以卜……。’穆后及太子壽早夭即世，單、劉贊私立少，以間先王，亦惟伯仲叔季圖之！”

（定五年傳）王人殺子朝于楚。

　　　按，此爲王子朝之亂，王室內亂之第四次。此亂歷時五載，子朝南面已久，稱爲東王，徒以不能聯晉，終歸失敗。晉於周有舉足輕重之力，王位惟其所欲與，即此可見矣。

第二章　魯國

第一節　魯之國際關係

　　顧剛案：左傳主於描寫故事，故於朝廷之亂，室家之私，記載最有聲色，而於所以立國之點，言之轉嫌疏略，以其無傳奇性也。幸也有魯史春秋在，文雖太簡，而出於史官逐年所記，非一人之創作，方面較爲普遍，故得窺見當時國際關係。今編此章，經、傳雜用；舉一隅以反三，春秋時各國大勢亦可知矣。

　　（隱六年經）夏五月辛酉，公會齊侯盟于艾。

　　（隱九年經）冬，公會齊侯于防。（左傳）謀伐宋也。

　　（隱十年經）春王二月，公會齊侯、鄭伯于中丘。夏，翬帥師會齊人鄭人伐宋。

　　（隱十一年經）秋七月，壬午，公及齊侯、鄭伯入許。

　　（桓二年經）三月，公會齊侯、陳侯、鄭伯于稷以成宋亂。

　　（桓十年經）冬十有二月丙午，齊侯、衛侯、鄭伯來，戰于郎。（左傳）初，北戎病齊，諸侯救之，鄭公子忽有功焉。齊人餼諸侯，使魯次之，魯以周班後鄭。鄭人怒，請師於齊；齊人以衛師助之。

　　（桓十三年經）春二月，公會紀侯、鄭伯，己巳，及齊侯、宋公、衛侯、燕人戰，齊師、宋師、衛師、燕師敗績。

　　（桓十七年經）春正月丙辰，公會齊侯、紀侯盟于黃。……五月丙午，及齊師戰于奚。（左傳）盟于黃，平齊、紀，且謀衛故也。……夏，及齊師戰于奚，疆事也。於是齊人侵魯疆，疆吏來告，公曰："疆場之事，慎守其一而備其不虞，姑盡所備焉。事至而戰，又何謁焉！"

（桓十八年經）春王正月，公會齊侯于濼。公與夫人姜氏遂如齊。夏四月丙子，公薨于齊。

（莊四年經）冬，公及齊人狩于禚。

（莊五年經）冬，公會齊人、宋人、陳人、蔡人伐衛。

（莊六年經）冬，齊人來歸衛俘。

（莊八年經）夏，師及齊師圍郕，郕降于齊師。

　　按，以上爲齊僖公、襄公時代齊與魯之國交。當時二國勢均力敵，或會或戰皆處于平等地位。魯桓在位，與齊三戰，且嘗大敗齊師；乃輕身入齊，遂致被殺。左氏以爲文姜與齊襄通，而桓謫之，因有斯變，此但觀莊公之世，文姜屢如齊，故有此妄意之揣測；與齊桓以諸侯之師侵蔡，而謂其起因于蔡姬之蕩舟，同一不達事實。夫桓公之薨，莊公僅十三歲耳，女主當國，睦鄰國而暖母家，僕僕道途以寧其邦，人之情也。若必謂其個人之淫泆，然則莊九年齊襄已被殺矣，何以其後文姜尚如齊，且如莒也？觀僖公娶于齊曰聲姜，僖十一年經亦書"夏，公及夫人姜氏會齊侯于陽穀"，十七年又以魯師滅項，齊人以爲討而止公，聲姜以公故至齊，經書曰"秋，夫人姜氏會齊侯于卞"，寧能謂其亦與齊桓通耶？

（莊九年經）夏，公伐齊，納子糾。齊小白入于齊。……八月庚申，及齊師戰于乾時，我師敗績。九月，齊人取子糾殺之。

（莊十年經）春王正月，公敗齊師於長勺。……夏六月，齊師宋師次于郎，公敗宋師于乘丘。

（莊十三年經）冬，公會齊侯盟于柯。（左傳）始及齊平也。

（莊十六年經）冬十有二月，會齊侯、宋公、陳侯、衛侯、鄭伯、許男、滑伯、滕子，同盟于幽。

（莊十九年經）冬，齊人、宋人、陳人伐我西鄙。

（莊二十二年經）冬，公如齊納幣。

（莊二十三年經）夏，公如齊觀社。……公及齊侯遇于穀。……十有二月甲寅，公會齊侯盟于扈。

（莊二十六年經）秋，公會宋人、齊人伐徐。

（莊二十七年經）夏六月，公會齊侯、宋公、陳侯、鄭伯，同盟于幽。……冬，……公會齊侯于城濮。

（莊二十八年經）秋，荊伐鄭。公會齊人、宋人救鄭。

（莊三十一年經）六月，齊侯來獻戎捷。

（僖元年經）八月，公會齊侯、宋公、鄭伯、曹伯、邾人于檉。

（僖四年經）春王正月，公會齊侯、宋公、陳侯、衛侯、鄭伯、許男、曹伯侵蔡，蔡潰。遂伐楚，次于陘。……楚屈完來盟于師，盟于召陵。齊人執陳轅濤塗。秋，及江人、黃人伐陳。八月，公至自伐楚。……冬十有二月，公孫茲帥師會齊人、宋人、衛人、鄭人、許人、曹人侵陳。

（僖五年經）夏……公及齊侯、宋公、陳侯、衛侯、鄭伯、許男、曹伯會王世子于首止。秋八月，諸侯盟于首止。鄭伯逃歸不盟。

（僖六年經）夏，公會齊侯、宋公、陳侯、衛侯、曹伯伐鄭，圍新城。秋，楚人圍許，諸侯遂救許。

（僖七年經）秋七月，公會齊侯、宋公、陳世子款、鄭世子華，盟于寧母。

（僖八年經）春王正月，公會王人齊侯、宋公、衛侯、許男、曹伯、陳世子款，盟于洮。

（僖九年經）夏，公會宰周公、齊侯、宋子、衛侯、鄭伯、許男、曹伯于葵丘。……九月戊辰，諸侯盟于葵丘。

（僖十三年經）夏四月……公會齊侯、宋公、陳侯、衛侯、鄭伯、許男、曹伯于鹹。

（僖十五年經）春王正月，公如齊。楚人伐徐。三月，公會齊侯、宋公、陳侯、衛侯、鄭伯、許男、曹伯，盟于牡丘，遂次于匡。公孫敖帥師及諸侯之大夫救徐。

（僖十六年經）冬十有二月，公會齊侯、宋公、陳侯、衛侯、鄭伯、許男、邢侯、曹伯于淮。

　　按，以上爲齊桓公時代。齊桓北伐戎而南伐楚，救邢存衛，開創霸局，且滅譚遂，降鄣，遷陽，其實力足以濟之，以是魯對於齊遂由平等之地位而降處於從屬之地位。魯國既然，東諸侯亦無不然。故召陵之師，爲春秋第一大事。

（僖二十六年經）……齊人侵我西鄙。公追齊師至酅，弗及。夏，齊人伐我北鄙。……公子遂如楚乞師。……冬……公以楚師伐齊，取穀。

　　按，以上爲齊孝公時代。是時中原無霸主，齊人侵略魯疆，而魯乃乞異族之師以報之，忘“荊舒是懲”之大義矣。

（僖二十八年經）夏四月己巳，晉侯、齊師、宋師、秦師及楚人戰于城濮，楚師敗績。……五月癸丑，公會晉侯、齊侯、宋公、蔡侯、鄭伯、衛子、莒子，盟于踐土。……冬，公會晉侯、齊侯、宋公、蔡侯、鄭伯、陳子、莒子、邾子、秦人于溫。……諸侯遂圍許。

（僖二十九年經）夏六月，會王人、晉人、宋人、齊人、陳人、蔡人、秦人，盟于翟泉。

　　按，以上爲晉文公時代。自城濮之戰而後，魯遂以向之事齊者事晉矣。

（文二年經）三月乙巳，及晉處父盟。夏六月，公孫敖會宋公、陳侯、鄭伯、晉士穀，盟于垂隴。（左傳）晉人以公不朝，來討。公如晉。夏四月己巳，晉人使陽處父盟公以恥之。

（文三年經）春王正月，叔孫得臣會晉人、宋人、陳人、衛人伐沈。沈潰。（左傳）莊叔會諸侯之師伐沈，以其服於楚也。

（又）冬，公如晉。十有二月己巳，公及晉侯盟。（左傳）晉人懼其無禮於公也，請改盟。公如晉，及晉侯盟。晉侯饗公，賦菁菁者莪。莊叔以公降拜，曰："小國受命于大國，敢不慎儀！君貺之以大禮，何樂如之！抑小國之樂，大國之惠也！"晉侯降辭，登成拜。公賦嘉樂。

按，以上為晉襄公時代。

（文七年經）秋八月，公會諸侯、晉大夫盟于扈。（左傳）晉侯立故也。公後至。

（文八年經）冬十月壬午，公子遂會晉趙盾盟于衡雍。（左傳）晉人以扈之盟來討。冬，襄仲會晉趙孟盟于衡雍，報扈之盟也。

（文九年經）三月……楚人伐鄭。公子遂會晉人、宋人、衛人、許人救鄭。

（文十三年經）冬，公如晉。……十有二月己丑，公及晉侯盟。

（文十四年經）六月，公會宋公、陳侯、衛侯、鄭伯、許男、曹伯、晉趙盾，癸酉，同盟于新城。

按，以上為晉靈公時代。

（宣七年經）冬，公會晉侯、宋公、衛侯、鄭伯、曹伯于黑壤。（左傳）晉侯之立也，公不朝焉，又不使大夫聘。晉人止公于會。盟于黃父，公不與盟，以賂免。

　　按，以上爲晉成公時代。

　　（宣十七年經）六月……己未，公會晉侯、衛侯、曹伯、邾子同盟于斷道。

　　（成三年經）春王正月，公會晉侯、宋公、衛侯、曹伯伐鄭。

　　（成五年經）十有二月己丑，公會晉侯、齊侯、宋公、衛侯、鄭伯、曹伯、邾子、杞伯，同盟于蟲牢。

　　（成七年經）秋，楚公子嬰齊帥師伐鄭。公會晉侯、齊侯、宋公、衛侯、曹伯、莒子、邾子、杞伯救鄭。八月戊辰，同盟于馬陵。

　　（成八年經）冬……晉侯使士燮來聘。叔孫僑如會晉士燮、齊人、邾人伐郯。

　　（成九年經）春……公會晉侯、齊侯、宋公、衛侯、鄭伯、曹伯、莒子、杞伯，同盟于蒲。

　　（成十年經）五月，公會晉侯、齊侯、宋公、衛侯、曹伯伐鄭。

　　（又）五月……丙午，晉侯獳卒。秋七月，公如晉。（左傳）秋，公如晉。晉人止公，使送葬。……諸侯莫在，魯人辱之。

　　按，以上爲晉景公時代。

　　（成十二年經）夏，公會晉侯、衛侯于瑣澤。

　　（成十三年經）春，晉侯使郤錡來乞師。三月，公如京師。夏五月，公自京師遂會晉侯、齊侯、宋公、衛侯、鄭伯、曹伯、邾人、滕人伐秦。

　　（成十五年經）三月……癸丑，公會晉侯、衛侯、鄭伯、曹伯、宋世子成、齊國佐、邾人同盟于戚。

　　（又）冬十有一月，叔孫僑如會晉士燮、齊高無咎、宋華元、衞孫林父、鄭公子鰌、邾人會吳于鍾離。

（成十六年經）六月……晉侯使欒黶來乞師。甲午晦，晉侯及楚子、鄭伯戰于鄢陵；楚子、鄭師敗績。……秋，公會晉侯、齊侯、衞侯、宋華元、邾人于沙隨，不見公；公至自會。（左傳）公待于壞隤，申宮儆備，設守而後行，是以後。……秋，會于沙隨，謀伐鄭也。宣伯使告郤犨曰：“魯侯待于壞隤，以待勝者！”郤犨將新軍，且爲公族大夫，以主東諸侯，取貨于宣伯，而訴公于晉侯。晉侯不見公。

（又）公會尹子、晉侯、齊國佐、邾人伐鄭。

（成十七年經）夏，公會尹子、單子、晉侯、齊侯、宋公、衞侯、曹伯、邾人伐鄭。六月乙酉，同盟于柯陵。……九月……晉侯使荀罃來乞師。冬，公會單子、晉侯、宋公、衞侯、曹伯、齊人、邾人伐鄭。

按，以上爲晉厲公時代。

（成十八年經）冬……晉侯使士魴來乞師。十有二月，仲孫蔑會晉侯、宋公、衞侯、邾子、齊崔杼同盟于虛杅。

（襄元年經）仲孫蔑會晉欒黶、宋華元、衞甯殖、曹人、莒人、邾人、滕人、薛人圍宋彭城。

（又）夏，晉韓厥帥師伐鄭。仲孫蔑會齊崔杼、曹人、邾人、杞人次于鄫。

（襄二年經）冬，仲孫蔑會晉荀罃、齊崔杼、宋華元、衞孫林父、曹人、邾人、滕人、薛人、小邾人于戚，遂城虎牢。

（襄三年經）春……公如晉。夏四月壬戌，公及晉侯盟于長樗。（左傳）公如晉，始朝也。夏，盟于長樗。孟獻子相，公稽首。知武子曰：“天子在，而君辱稽首，寡君懼矣！”孟獻子曰：“以敝邑介在東表，密邇仇讎，寡君將君是望，敢不稽首！”

（又）六月，公會單子、晉侯、宋公、衞侯、鄭伯、莒子、邾子、齊世子光，己未，同盟于雞澤。

（襄五年經）秋……公會晉侯、宋公、陳侯、衛侯、鄭伯、曹伯、莒子、邾子、滕子、薛伯、齊世子光、吳人、鄫人于戚。

（又）冬……楚公子貞帥師伐陳。公會晉侯、宋公、衛侯、鄭伯、曹伯、齊世子光救陳。

（襄七年經）冬十月……楚公子貞帥師圍陳。十有二月，公會晉侯、宋公、陳侯、衛侯、曹伯、莒子、邾子于鄔。

（襄八年經）春王正月，公如晉。（左傳）公如晉朝，且聽朝聘之數。

（又）夏……季孫宿會晉侯、鄭伯、齊人、宋人、衛人、邾人于邢丘。

（襄九年經）冬，公會晉侯、宋公、衛侯、曹伯、莒子、邾子、滕子、薛伯、杞伯、小邾子、齊世子光伐鄭。十有二月己亥，同盟于戲。

（襄十年經）春，公會晉侯、宋公、衛侯、曹伯、莒子、邾子、滕子、薛伯、杞伯、小邾子、齊世子光會吳于柤。

（又）秋……公會晉侯、宋公、衛侯、曹伯、莒子、邾子、齊世子光、滕子、薛伯、杞伯、小邾子伐鄭。……戍鄭虎牢。

（襄十一年經）夏……公會晉侯、宋公、衛侯、曹伯、齊世子光、莒子、邾子、滕子、薛伯、杞伯、小邾子伐鄭。秋七月己未，同盟于亳城北。

（又）楚子、鄭伯伐宋。公會晉侯、宋公、衛侯、曹伯、齊世子光、莒子、邾子、滕子、薛伯、杞伯、小邾子伐鄭，會于蕭魚。

（襄十四年經）春王正月，季孫宿、叔老會晉士匄、齊人、宋人、衛人、鄭公孫蠆、曹人、莒人、邾人、滕人、薛人、杞人、小邾人會吳于向。

（又）夏四月，叔孫豹會晉荀偃、齊人、宋人、衛北宮括、鄭公孫蠆、曹人、莒人、邾人、滕人、薛人、杞人、小邾人伐秦。

（又）冬，季孫宿會晉士匄、宋華閱、衛孫林父、鄭公孫蠆、莒人、邾人于戚。

按，以上爲晉悼公時代。會盟征伐之事，以是時爲最繁。

（襄十六年經）三月，公會晉侯、宋公、衛侯、鄭伯、曹伯、莒子、邾子、薛伯、杞伯、小邾子于溴梁。……晉人執莒子、邾子以歸。（左傳）會于溴梁，命歸侵田。以我故，執邾宣公、莒犂比公。

（又）五月……叔老會鄭伯、晉荀偃、衛甯殖、宋人伐許。

（襄二十年經）夏六月庚申，公會晉侯、齊侯、宋公、衛侯、鄭伯、曹伯、莒子、邾子、滕子、薛伯、杞伯、小邾子，盟于澶淵。

（襄二十一年經）冬……公會晉侯、齊侯、宋公、衛侯、鄭伯、曹伯、莒子、邾子于商任。

（襄二十二年經）冬，公會晉侯、齊侯、宋公、衛侯、鄭伯、曹伯、莒子、邾子、薛伯、杞伯、小邾子于沙隨。

（襄二十四年經）八月……公會晉侯、宋公、衛侯、鄭伯、曹伯、莒子、邾子、滕子、薛伯、杞伯、小邾子于夷儀。

（襄二十五年經）夏五月……公會晉侯、宋公、衛侯、鄭伯、曹伯、莒子、邾子、滕子、薛伯、杞伯、小邾子于夷儀。……秋八月己巳，諸侯同盟于重丘。

（襄二十六年經）夏……公會晉人、鄭良霄、宋人、曹人于澶淵。（左傳）夏，中行穆子來聘，召公也。

（襄二十七年經）夏，叔孫豹會晉趙武、楚屈建、蔡公孫歸生、衛石惡、陳孔奐、鄭良霄、許人、曹人于宋。……秋七月辛巳，豹及諸侯之大夫盟于宋。

（襄二十九年經）夏……仲孫羯會晉荀盈、齊高止、宋華定、衛世叔儀、鄭公孫段、曹人、莒人、滕人、薛人、小邾人城杞。

（昭元年經）春……叔孫豹會晉趙武、楚公子圍、齊國弱、宋向戌、衛齊惡、陳公子招、蔡公孫歸生、鄭罕虎、許人、曹人于虢。

　　　　按，以上爲晉平公時代。自襄二十七宋向戌倡弭兵之後，會盟稀矣。

（昭十一年經）秋，季孫意如會晉韓起、齊國弱、宋華亥、衛北宮佗、鄭罕虎、曹人、杞人于厥憖。

（昭十三年經）秋，公會劉子、晉侯、齊侯、宋公、衛侯、鄭伯、曹伯、莒子、邾子、滕子、薛伯、杞伯、小邾子于平丘。八月甲戌，同盟于平丘；公不與盟。（左傳）邾人莒人愬于晉曰："魯朝夕伐我，幾亡矣。我之不共，魯故之以。"晉侯不見公，使叔向來辭曰："諸侯將以甲戌盟，寡君知不得事君矣，請君無勤！"子服惠伯對曰："君信蠻夷之訴，以絕兄弟之國，棄周公之後，亦唯君。寡君聞命矣！"叔向曰："寡君有甲車四千乘在，……若奉晉之衆，用諸侯之師，因邾莒杞鄫之怒，以討魯罪，……何求而弗克！"魯人懼，聽命。

　　　　按，以上爲晉昭公時代。

（昭廿五年經）夏，叔詣會晉趙鞅、宋樂大心、衛北宮喜、鄭游吉、曹人、邾人、滕人、薛人、小邾人于黃父。

　　　　按，以上爲晉頃公時代。

（昭卅二年經）冬，仲孫何忌會晉韓不信、齊高張、宋仲幾、衛世叔申、鄭國參、曹人、莒人、薛人、杞人、小邾人城成周。

（定四年經）三月，公會劉子、晉侯、宋公、蔡侯、衛侯、陳

子、鄭伯、許男、曹伯、莒子、邾子、頓子、胡子、滕子、薛
伯、杞伯、小邾子、齊國夏于召陵，侵楚。……五月，公及諸侯
盟于皋鼬。

（哀十三年經）公會晉侯及吳子于黃池。

　　按，以上爲晉定公時代。

　　又按，魯於春秋爲二等國，其南雖諸小國緩衝其間，距
楚稍遠，而北鄙密邇於齊，乃一可畏之強國。幸也晉文挺
起，累傳而不失霸，仗其“姬姓之伯”以保衛昆弟之邦，魯遂
始終服事，凡晉之征伐會盟幾於無役不從，而其頤指氣使亦
莫不忍受，乃得自存於爭奪劇烈之世，不經震盪而蘊蓄爲古
文化之中心。否則齊、楚交迫，將不及戰國而亡矣。

（文十五年經）秋，齊人侵我西鄙。季孫行父如晉。冬十有一
月，諸侯盟于扈。十有二月……齊侯侵我西鄙。（左傳）秋，齊人
侵我西鄙，故季文子告于晉。冬十一月，晉侯、宋公、衛侯、蔡
侯、陳侯、鄭伯、許男、曹伯盟于扈……謀伐齊也。齊人賂晉
侯，故不克而還。

（文十六年經）春，季孫行父會齊侯于陽穀，齊侯弗及盟。六
月戊辰，公子遂及齊侯盟于郪丘。（左傳）春王正月，及齊平。公
有疾，使季文子會齊侯于陽穀，請盟，齊侯不肯。……公使襄仲
納賂于齊侯，故盟于郪丘。

（文十七年經）夏……齊侯伐我西鄙。六月癸未，公及齊侯盟
于穀。

（宣元年經）夏……公會齊侯于平州。……六月，齊人取濟西
田。（左傳）會于平州，以定公位，東門襄仲如齊拜成。六月，齊
人取濟西之田，爲立公故，以賂齊也。

（宣七年經）夏，公會齊侯伐萊。

（宣十年經）春，公如齊。……齊人歸我濟西田。（左傳）春，

公如齊。齊侯以我服故，歸濟西之田。

（成二年經）春，齊侯伐我北鄙。六月癸酉，季孫行父、臧孫許、叔孫僑如、公孫嬰齊帥師會晉郤克、衛孫良夫、曹公子首，及齊侯戰于鞌，齊師敗績。秋七月，齊侯使國佐如師。己酉，及國佐盟于袁婁。八月……取汶陽田。（左傳）衛侯……將侵齊，與齊師遇。……新築人仲叔于奚救孫桓子。……孫桓子還於新築，不入，遂如晉乞師，臧宣叔亦如晉乞師，皆主郤獻子。晉侯許之七百乘，郤子……請八百乘，許之。郤克將中軍……以救魯、衛。臧宣叔逆晉師，且道之。……六月壬申，師至于靡笄之下。齊侯使請戰，曰：“子以君師辱於敝邑，不腆敝賦，詰朝請見！”對曰：“晉與魯衛，兄弟也，來告曰：‘大國朝夕釋憾於敝邑之地’，寡君不忍，使群臣請於大國，無令輿師淹於君地。……”癸酉，師陳于鞌，……齊師敗績。……秋七月，晉師及齊國佐盟于袁婁，使齊人歸我汶陽之田。

（成三年經）夏，公如晉。（左傳）公如晉，拜汶陽之田。

（又）秋，叔孫僑如帥師圍棘。（左傳）秋，叔孫僑如圍棘，取汶陽之田。

（成八年經）春，晉侯使韓穿來言汶陽之田歸之于齊。（左傳）春，晉侯使韓穿來言汶陽之田歸之于齊。季文子餞之，私焉，曰：“大國制義以爲盟主，是以諸侯懷德畏討，無有貳心。謂汶陽之田，敝邑之舊也，而用師於齊，使歸諸敝邑。今有二命，曰歸諸齊。信以行義，義以成命，小國所望而懷也。信不可知，義無所立，四方諸侯其誰不解體！……”

（成九年左傳）爲歸汶陽之田故，諸侯貳於晉。晉人懼，會於蒲以尋馬陵之盟。季文子謂范文子曰：“德則不競，尋盟何爲！”

（襄十五年經）夏，齊侯伐我北鄙，圍成。公救成，至遇。季孫宿、叔孫豹帥師城成郛。（左傳）齊侯圍成，貳於晉故也。

（襄十六年經）三月……齊侯伐我北鄙。秋，齊侯伐我北鄙，圍郲。

（襄十七年經）秋，齊侯伐我北鄙，圍桃。高厚帥師伐我北鄙，圍防。

（襄十八年經）秋，齊師伐我北鄙。冬十月，公會晉侯、宋公、衛侯、鄭伯、曹伯、莒子、邾子、滕子、薛伯、杞伯、小邾子，同圍齊。（左傳）冬十月，會于魯濟，尋溴梁之言，同伐齊。齊侯禦諸平陰，塹防門而守之。……丙寅晦，齊師夜遁。……魯、衛請攻險。……東侵及濰，南及沂。

（襄十九年經）春王正月，諸侯盟于祝柯。……公至自伐齊。

（襄二十三年經）秋，齊侯伐衛，遂伐晉。八月，叔孫豹帥師救晉，次于雍榆。

（襄二十四年經）春……仲孫羯帥師侵齊。（左傳）孟孝伯侵齊，晉故也。

（襄二十五年經）春，齊崔杼帥師伐我北鄙。（左傳）崔杼帥師伐我北鄙，以報孝伯之師也。公患之，使告于晉。

（昭七年經）春王正月，暨齊平。……三月，叔孫婼如齊涖盟。

（定七年經）秋……齊國夏帥師伐我西鄙。

（定八年經）春王正月，公侵齊。公至自侵齊。二月，公侵齊。三月，公至自侵齊。……夏，齊國夏帥師伐我西鄙。公會晉師于瓦。（左傳）晉士鞅、趙鞅、荀寅救我。

（定十年經）春王三月，及齊平。夏，公會齊侯于夾谷。……齊人來歸鄆、讙、龜陰田。（左傳）公會齊侯于祝其，實夾谷，孔丘相。……將盟，齊人加於載書曰：“齊師出境而不以甲車三百乘從我者，有如此盟！”孔丘使茲無還揖對曰：“而不反我汶陽之田，吾以共命者，亦如之！”……齊人來歸鄆、讙、龜陰之田。

（定十二年經）冬十月癸亥，公會齊侯盟于黃。

（定十四年經）五月……公會齊侯、衛侯于牽。（左傳）晉人圍朝歌。公會齊侯、衛侯于牽、上梁之間，謀救范、中行氏。

（哀八年經）夏，齊人取讙及闡。……冬十有二月……齊人歸讙及闡。（左傳）夏五月，齊鮑牧帥師伐我，取讙及闡。……齊侯使如吳請師，將以伐我。……秋，及齊平。九月，臧賓如如齊涖盟；齊閭丘明來涖盟，且逆季姬以歸，嬖。……冬十有二月，齊人歸讙及闡，季姬嬖故也。

（哀十年經）春王二月……公會吳伐齊。（左傳）公會吳子、邾子、郯子伐齊南鄙，師于鄎。齊人弒悼公，赴于師。

（哀十一年經）春，齊國書帥師伐我。（左傳）齊爲鄎故，國書、高無㔻帥師伐我，及清。……師及齊師戰于郊……齊人不能師。

（又）五月，公會吳伐齊。甲戌，齊國書帥師及吳戰于艾陵，齊師敗績，獲齊國書。（左傳）爲郊戰故，公會吳子伐齊，五月克博，壬申至于嬴。……甲戌，戰于艾陵……，大敗齊師，獲國書、公孫夏、閭丘明、陳書、東郭書，革車八百乘，甲首三千，以獻于公。

按，自晉文樹霸以來，魯受其庇護，與齊齟齬時不復勞乞師于楚；而齊亦憚晉，不敢作大舉之侵略。自牽與平陰二戰，而齊更不得南逞。迄于春秋之末，晉卿内鬨，齊景圖霸，魯乃漸有從齊之趨勢。然哀公之世，吳之强盛已在齊上，於是魯又親吳而叛齊矣。

（隱四年經）夏……宋公、陳侯、蔡人、衛人伐鄭。秋，翬帥師會宋公、陳侯、蔡人、衛人伐鄭。（左傳）宋殤公之即位也，公子馮出奔鄭。……及衛州吁立，將修先君之怨於鄭……使告於宋曰：“君若伐鄭以除君害，君爲主，敝邑以賦與陳、蔡從，則衛國之願也！”宋人許之。於是陳、蔡方睦於衛，故宋公、陳侯、蔡人、衛人伐鄭。……秋，諸侯復伐鄭，宋公使來乞師。公辭之。

羽父請以師會之，公弗許；固請而行。……

（隱六年經）春，鄭人來渝平。

（隱八年經）鄭伯使宛來歸祊。庚寅，我入祊。（左傳）鄭伯請釋泰山之祀而祀周公，以泰山之祊易許田。三月，鄭伯使宛來歸祊，不祀泰山也。

（隱十一年經）夏，公會鄭伯于時來。秋七月壬午，公及齊侯、鄭伯入許。（左傳）夏，公會鄭伯于郲，謀伐許也。……秋七月，公會齊侯、鄭伯伐許。……壬午，遂入許。……齊侯以許讓公。公曰：“君謂許不供，故從君討之。許既伏其罪矣，雖君有命，寡人弗敢與聞！”乃與鄭人。

（桓元年經）三月，公會鄭伯于垂，鄭伯以璧假許田。夏四月丁未，公及鄭伯盟于越。（左傳）元年春，公即位，修好于鄭。鄭人請復祀周公，卒易祊田。公許之。三月，鄭伯以璧假許田，爲周公祊故也。夏四月丁未，公及鄭伯盟于越，結祊成也。盟曰：“渝盟無享國！”冬……鄭伯拜盟。

（桓十年經）冬十有二月丙午，齊侯、衛侯、鄭伯來戰于郎。（左傳）初，北戎病齊，諸侯救之，鄭公子忽有功焉。齊人餼諸侯，使魯次之；魯以周班後鄭。鄭人怒，請師于齊，齊人以衛師助之。

（桓十二年經）冬十有一月……丙戌，公會鄭伯盟于武父。……十有二月，及鄭師伐宋。（左傳）公欲平宋、鄭……宋公辭平，故與鄭伯盟于武父，遂帥師而伐宋，戰焉，宋無信也。

（桓十三年經）春二月，公會紀侯、鄭伯。己巳，及齊侯、宋公、衛侯、燕人戰，齊師、宋師、衛師、燕師敗績。（左傳）宋多責賂於鄭，鄭不堪命，故以紀、魯及齊與宋、衛、燕戰。……鄭人來請修好。

（桓十四年經）春正月，公會鄭伯于曹。……夏……鄭伯使其弟語來盟。

（桓十五年經）冬十有一月，公會宋公、衛侯、陳侯于袲，伐鄭。（左傳）祭仲專……夏，厲公出奔蔡。六月乙亥，昭公入。……冬，會于袲，謀伐鄭，將納厲公也，弗克而還。

（桓十六年經）春正月，公會宋公、蔡侯、衛侯于曹。夏四月，公會宋公、衛侯、陳侯、蔡侯伐鄭。

（莊三年經）冬，公次于滑。（左傳）冬，公次于滑，將會鄭伯，謀紀故也。鄭伯辭以難。

（文十三年經）十有二月……公還自晉，鄭伯會公于棐。（左傳）冬，公如晉朝，且尋盟。衛侯會公于沓，請平于晉，公還，鄭伯會公于棐，亦請平于晉；公皆成之。

（定六年經）二月，公侵鄭。（左傳）公侵鄭取匡，爲晉討鄭之伐胥靡也。……夏，季桓子如晉，獻鄭俘也。

（定十一年經）冬，及鄭平。叔還如鄭涖盟。（左傳）及鄭平，始叛晉也。

　　按，魯之與鄭，地醜力均，介乎其間者爲衛、曹、宋，故魯於春秋初年，或因宋、衛以伐鄭，或又因鄭以戰宋、衛。及齊、晉、楚之霸業既興，而魯、鄭俱失其獨立之國格，故桓公以後更無交兵之事。定公雖奉晉命以侵鄭，而五年之後，又以晉衰齊强，兩國俱叛晉而即齊矣。

（隱元年經）九月，及宋人盟于宿。

（隱四年經）夏，公及宋公遇于清。……翬帥師會宋公、陳侯、蔡人、衛人伐鄭。

（隱五年經）邾人、鄭人伐宋。（左傳）宋人取邾田。邾人告于鄭曰：“請君釋憾於宋，弊邑爲道！”鄭人以王師會之，伐宋，入其郛。……宋人使來告命。公聞其入郛也，將救之，問於使者曰：“師何及？”對曰：“未及國。”公怒，乃止。

（隱九年經）冬，公會齊侯于防。（左傳）宋公不王。鄭伯爲王左卿士，以王命討之，伐宋。宋以入郕之役怨公，不告命。公怒，絕宋使。秋，鄭人以王命來告伐宋。冬，公會齊侯于防，謀伐宋也。

（隱十年經）春王二月，公會齊侯、鄭伯于中丘。夏，翬帥師會齊人、鄭人伐宋。六月壬戌，公敗宋師于菅。辛未，取郜。辛巳，取防。（左傳）公會齊侯、鄭伯于中丘，癸丑盟于鄧，爲師期。夏五月，羽父先會齊侯、鄭伯伐宋。六月戊申，公會齊侯、鄭伯于老桃。壬戌，公敗宋師于菅。庚午，鄭師入郜；辛未，歸于我。庚辰，鄭師入防；辛巳，歸于我。

（桓二年經）三月，公會齊侯、陳侯、鄭伯于稷以成宋亂。夏四月，取郜大鼎于宋。戊申，納于太廟。（左傳）宋督……弒殤公。……會于稷以成宋亂……召莊公于鄭而立之。……以郜大鼎賂公。

（桓十一年經）柔會宋公、陳侯、蔡叔盟于折。公會宋公于夫鍾。冬十有二月，公會宋公于闞。

（桓十二年經）秋七月丁亥，公會宋公、燕人盟于穀丘。……公會宋公于虛。冬十有一月，公會宋公于龜。丙戌，公會鄭伯盟于武父。十有二月，及鄭師伐宋；丁未，戰于宋。（左傳）公欲平宋、鄭。秋，公及宋公盟于句瀆之丘，宋成未可知也，故又會于虛；冬，又會于龜。宋公辭平，故與鄭伯盟于武父，遂帥師而伐宋，戰焉。

（莊十年經）二月，公侵宋。……夏六月，齊師、宋師次于郎，公敗宋師于乘丘。（左傳）夏六月，齊師、宋師次于郎。公子偃曰：“宋師不整，可敗也！宋敗齊必還，請擊之！”公弗許。自雩門竊出，蒙皋比而先犯之。公從之，大敗宋師于乘丘。齊師乃還。

（莊十一年經）夏五月戊寅，公敗宋師于鄑。（左傳）夏，宋爲乘丘之役故侵我，公禦之。宋師未陳而薄之，敗諸鄑。……秋，宋大水，公使弔焉。

（莊十九年經）秋，公子結媵陳人之婦于鄄，遂及齊侯、宋公盟。……冬，齊人、宋人、陳人伐我西鄙。

（僖二十一年經）春……宋人、齊人、楚人盟于鹿上。……秋，宋公、楚子、陳侯、蔡侯、鄭伯、許男、曹伯會于盂，執宋公以伐宋。……楚人使宜申來獻捷。十有二月癸丑，公會諸侯盟于薄，釋宋公。

（文十一年經）秋……公子遂如宋。（左傳）襄仲聘于宋……因賀楚師之不害也。

（成四年經）春，宋公使華元來聘。（左傳）通嗣君也。

（成五年經）春……仲孫蔑如宋。（左傳）報華元也。

（成六年經）秋，仲孫蔑、叔孫僑如帥師侵宋。（左傳）三月，晉伯宗、夏陽説、衛孫良夫、甯相、鄭人、伊雒之戎、陸渾、蠻氏侵宋，以其辭會也。……子叔聲伯如晉，命伐宋。秋，孟獻子、叔孫宣伯侵宋，晉命也。

（成八年經）春……宋公使華元來聘。夏，宋公使公孫壽來納幣。（左傳）宋華元來聘，聘共姬也。夏，公孫壽來納幣，禮也。

（襄十五年經）春，宋公使向戌來聘。二月己亥，及向戌盟于劉。

（襄二十年經）冬……季孫宿如宋。（左傳）報向戌之聘也。

（襄三十年經）秋七月，叔弓如宋，葬宋共姬。

（昭十一年經）春王二月，叔弓如宋，葬宋平公。

（昭十二年經）夏，宋公使華定來聘。（左傳）通嗣君也。

　　按，宋與魯壤地比連，關涉之事宜甚多，而檢理春秋，所得惟此。當其初載，頗極縱橫；文公以下，僅有聘弔。成六年忽有二卿侵宋之事，而按其實則因宋公辭會，受晉命而致討。以其被動而非主動，故宋人對之亦無復嫌怨，未及兩年，即聯姻好焉。立國於霸主之世，固若是其可憐乎！

（桓十年經）秋，公會衛侯于桃丘，弗遇。冬十有二月丙午，齊侯、衛侯、鄭伯來，戰于郎。

（莊三年經）春王正月，溺會齊師伐衛。

（莊五年經）冬，公會齊人、宋人、陳人、蔡人伐衛。

（莊六年經）秋，公至自伐衛。冬，齊人來歸衛俘。

（文四年經）秋……衛侯使甯俞來聘。

（文十三年經）冬，公如晉，衛侯會公于沓。

（成三年經）冬十有一月……衛侯使孫良夫來聘。……丁未，及孫良夫盟。

（襄元年經）冬，衛侯使公孫剽來聘。

（襄七年經）秋，季孫宿如衛。

（又）冬十月，衛侯使孫林父來聘。壬戌，及孫林父盟。

（定八年經）秋……晉士鞅帥師侵鄭，遂侵衛。……九月……季孫斯、仲孫何忌帥師侵衛。（左傳）九月，師侵衛，晉故也。

　　按，魯、衛爲兄弟之邦，又爲脣齒之國，而國交之寥落乃如此，何也？觀魯始爲衛襲位之爭，從齊以平其亂，爲德不卒，終受晉命，帥師以侵其疆，而中間百五十年，但有玉帛而無干戈，魯之西境，衛之東鄙，寧謐逾恒，以視邾、莒，大相逕庭，是豈周公、康叔之遺澤有以致之乎？

（隱元年經）三月，公及邾儀父盟于蔑。

（隱五年經）九月……邾人鄭人伐宋。

（隱七年經）秋，公伐邾。（左傳）爲宋討也。

（桓八年經）秋，伐邾。

（桓十五年經）夏……邾人、牟人、葛人來朝。

（桓十七年經）二月丙午，公會邾儀父盟于趡。……秋八月……及宋人、衞人伐邾。（左傳）伐邾，宋志也。

（莊五年經）秋，郳犂來來朝。（案，郳即小邾。）

（僖元年經）八月，公會齊侯、宋公、鄭伯、曹伯、邾人于檉。九月，公敗邾師于偃。

（僖七年經）夏，小邾子來朝。

（僖二十一年經）冬，公伐邾。（左傳）任、宿、須句、顓臾，風姓也，實司太皞與有濟之祀，以服事諸夏。邾人滅須句，須句子來奔，因成風也。成風爲之言於公曰：“崇明祀，保小寡，周禮也。變夷猾夏，周禍也。若封須句，是崇皞、濟而脩其祀，紓禍也。”

（僖二十二年經）春，公伐邾，取須句。……秋八月丁未，及邾人戰于升陘。（左傳）伐邾取須句，反其君焉。……邾人以須句故出師，公卑邾，不設備而禦之。……我師敗績。邾人獲公胄，縣諸魚門。

（僖三十三年經）夏……公伐邾，取訾婁。秋，公子遂帥師伐邾。（左傳）以報升陘之役。

（文七年經）春，公伐邾。三月甲戌，取須句，遂城郚。

（文十四年經）春……邾人伐我南鄙。叔彭生帥師伐邾。（左傳）邾文公之卒也，公使弔焉，不敬。邾人來討。

（宣元年經）秋，邾子來朝。

（宣十年經）公孫歸父帥師伐邾，取繹。……冬，公孫歸父如齊。（左傳）子家如齊，伐邾故也。

（成六年經）夏六月，邾子來朝。

（成十八年經）八月，邾子來朝。（左傳）邾宣公來朝，即位而來見也。

（襄元年經）九月……邾子來朝。

（襄七年經）夏……小邾子來朝。（左傳）小邾穆公來朝，亦始朝公也。

（襄十五年經）秋……邾人伐我南鄙。（左傳）秋，邾人伐我南鄙，使告于晉。晉將爲會以討邾、莒，晉侯有疾，乃止。冬，晉悼公卒，遂不克會。

（襄十六年經）三月，公會晉侯、宋公、衞侯、鄭伯、曹伯、莒子、邾子、薛伯、杞伯、小邾子于溴梁。……晉人執莒子、邾子以歸。（左傳）會于溴梁，命歸侵田。以我故，執邾宣公、莒犁比公。

（襄十七年經）冬，邾人伐我南鄙。（左傳）爲齊故也。

（襄十九年經）春王正月，諸侯盟于祝柯。晉人執邾子。公至自伐齊。取邾田自漷水。（左傳）諸侯還自沂上，盟于督揚。……執邾悼公，以其伐我故。遂次于泗上，疆我田。取邾田自漷水，歸之于我。

（襄二十年經）秋……仲孫速帥師伐邾。（左傳）邾人驟至。……秋，孟莊子伐邾以報之。

（襄二十一年經）春王正月，公如晉。邾庶其以漆、閭丘來奔。（左傳）公如晉，拜師及取邾田也。邾庶其以漆、閭丘來奔，季武子以公姑姊妻之。

（襄二十三年經）夏，邾畀我來奔。……冬十月乙亥，臧孫紇出奔邾。

（襄二十八年經）夏……邾子來朝。（左傳）邾悼公來朝，時事也。

（昭三年經）秋，小邾子來朝。（左傳）小邾穆公來朝。季武子欲卑之。穆叔曰：“不可！曹、滕二邾實不忘我好，敬以逆之，猶懼其貳；又卑一睦，焉逆群好也！其如舊而加敬焉。……”季孫從之。

（昭十一年經）仲孫貜會邾子，盟于祲祥。

（昭十七年經）春，小邾子來朝。（左傳）小邾穆公來朝。

（昭二十三年經）春王正月，叔孫婼如晉，……晉人執我行人叔孫婼。（左傳）邾人城翼，還，將自離姑。公孫鉏曰：“魯將御我！”欲自武城還，循山而南。徐鉏、丘弱、茅地曰：“道下，遇雨將不出，是不歸也”，遂自離姑。武城人塞其前，斷其後之木而弗殊；邾師過之，乃推而蹶之，遂取邾師，獲鉏、弱、地。邾人愬于晉，晉人來討。叔孫婼如晉，晉人執之。……晉人使與邾大夫坐，叔孫曰：“列國之卿當小國之君，固周制也。邾，又夷也。寡君之命介子服回在，請使當之，不敢廢周制故也。”乃不果坐。……

（昭二十七年經）冬……邾快來奔。

（昭三十一年經）冬，黑肱以濫來奔。（左傳）……邾黑肱以土地出，求食而已。……

（定三年經）冬，仲孫何忌及邾子盟于拔。（左傳）冬，盟于郯，修邾好也。

（定十四年經）秋……大蒐于比蒲，邾子來會公。

（定十五年經）春王正月，邾子來朝。（左傳）春，邾隱公來朝。……

（又）夏五月……壬申，公薨于高寢。……邾子來奔喪。……冬，城漆。

（哀元年經）冬，仲孫何忌帥師伐邾。

（哀二年經）春王二月，季孫斯、叔孫州仇、仲孫何忌帥師伐邾，取漷東田及沂西田。癸巳，叔孫州仇、仲孫何忌及邾子盟于句繹。（左傳）春，伐邾將伐絞，邾人愛其土，故略以漷、沂之田而受盟。

（哀三年經）夏……季孫斯、叔孫州仇帥師城啟陽。……冬十月……叔孫州仇、仲孫何忌帥師圍邾。

（哀六年經）冬，仲孫何忌帥師伐邾。

（哀七年經）秋，公伐邾。八月己酉，入邾，以邾子益來。（左傳）季康子欲伐邾，乃饗大夫以謀之。子服景伯曰：“小所以事大，信也，大所以保小，仁也。背大國不信，伐小國不仁。民保于城，城保于德；失二德者危，將焉保！"孟孫曰："二三子以爲何如？……"對曰："……魯德如邾，而以衆加之，可乎？"不樂而出。秋，伐邾，及范門，猶聞鐘聲。大夫諫，不聽。茅成子請告于吳，不許，曰："魯擊柝聞于邾，吳二千里，不三月不至，何及于我！且國內豈不足！"成子以茅叛。師遂入邾，處其公宮。衆師畫掠，邾衆保于繹。師宵掠，以邾子益來，獻于亳社，囚諸負瑕，負瑕故有繹。邾茅夷鴻以束帛乘韋自請救于吳，曰："魯弱晉而遠吳，馮恃其衆，而背君之盟，辟君之執事，以陵我小國。邾非敢自愛也，懼君威之不立。君威之不立，小國之憂也！若夏盟於鄫衍，秋而背之，成求而不違，四方諸侯其何以事君！且魯賦八百乘，君之貳也；邾賦六百乘，君之私也：以私奉貳，唯君圖之！"吳子從之。

（哀八年經）春……吳伐我。夏……歸邾子益于邾。（左傳）吳爲邾故……伐魯。……伐武城，克之。……懿子謂景伯："若之何？"對曰："吳師來斯與之戰，何患焉！且召之而至，又何求焉！"吳師克東陽而進，……遂次于泗上。……吳人行成，……盟而還。……乃歸邾子。邾子又無道，吳子使大宰子餘討之，囚諸樓臺，栫之以棘，使諸大夫奉太子革以爲政。

（哀十年經）春王二月，邾子益來奔。（左傳）邾隱公來奔，齊甥也，故遂奔齊。

（哀二十七年左傳）春，越子使舌庸來聘，且言邾田封于駘上。

　　按，邾國居魯南鄙，國力較差於魯，遂爲魯之囊中物。然邾猶有相當之武備，故能滅須句，敢與魯抗，有以自存於爭競之世。春秋經中，書公伐邾者六，書大夫伐邾者八，書伐邾者一，蓋魯之垂涎之者至矣。苟晉霸衰而吳未起，則哀七年俘其君歸，邾殆將不復存乎？及于戰國，孟子猶記"鄒

（即邾）與魯鬩”之事，以同等文化之國而仇怨如此，迄偕亡而始已，可畏哉！

又按，左傳作者未見邾國史書，惟有敷衍經文，參以世本，聊作解釋而已，故以魯與邾關係之密，而除公孫鉏與茅夷鴻二事之外，兩國交爭，他無所記。夫以邾國文化之高，學者多稱述“鄒魯搢紳先生”，而其史不克自存，是亦不可解也。

（隱二年經）夏五月，莒人入向。

（又）紀子伯（左經伯作帛）、莒子盟于密。（左傳）魯故也。

（隱八年經）九月辛卯，公及莒人盟于浮來。（左傳）以成紀好也。

（桓十二年經）夏六月壬寅，公會紀（左經紀作杞）侯、莒子盟于曲池。（左傳）平杞、莒也。

（莊二十七年經）莒慶來逆叔姬。

（桓十六年經）冬，城向。

（僖元年經）冬十月壬午，公子友帥師敗莒師于酈，獲莒挐。（左傳）冬，莒人來求賂，公子友敗諸酈，獲莒子之弟挐。……

（僖二十五年經）冬十有二月癸亥，公會衛子、莒慶盟于洮。（左傳）衛人平莒于我。十二月盟于洮，修衛文公之好，且及莒平也。

（僖二十六年經）春王正月己未，公會莒子、衛甯速盟于向。（左傳）公會莒茲丕公、甯莊子盟于向，尋洮之盟也。

（文七年經）冬，徐伐莒。公孫敖如莒涖盟。（左傳）穆伯娶于莒，曰戴己，……其娣聲己。……戴己卒，又聘于莒，莒人以聲己辭，則爲襄仲聘焉。冬，徐伐莒，莒人來請盟，穆伯如莒涖盟，且爲仲逆。……

（文十二年經）冬……季孫行父帥師城諸及鄆。

（宣四年經）春王正月，公及齊侯平莒及郯；莒人不肯，公伐莒取向。

（宣十一年經）夏……公孫歸父會齊人伐莒。

（成八年經）春……公孫嬰齊如莒。（左傳）聲伯如莒，逆也。

（襄四年左傳）冬十月，邾人、莒人伐鄫。臧紇救鄫侵邾，敗於狐駘。

（襄六年經）秋……莒人滅鄫。冬……季孫宿如晉。（左傳）莒人滅鄫，鄫恃賂也。……晉人以鄫故來討，曰："何故亡鄫？"季武子如晉，見且聽命。

（襄八年經）夏……莒人伐我東鄙。（左傳）莒人伐我東鄙以疆鄫田。

（襄十年經）秋，莒人伐我東鄙。（左傳）莒人間諸侯之有事也，故伐我東鄙。

（襄十二年經）春王二月，莒人伐我東鄙，圍台。季孫宿帥師救台，遂入鄆。（左傳）季武子救台，遂入鄆，取其鐘以爲公盤。

（襄十四年經）夏……莒人侵我東鄙。

（襄十六年經）春……晉人執莒子、邾子以歸。（左傳）春，葬晉悼公，平公即位。……會于溴梁，命歸侵田。以我故，執邾宣公、莒犁比公。

（襄二十年經）春王正月辛亥，仲孫速會莒人盟于向。（左傳）春，及莒平。孟莊子會莒人盟于向，督揚之盟故也。

（昭元年經）三月，取鄆。……秋……叔弓帥師疆鄆田。（左傳）季武子伐莒取鄆，莒人告於會。楚告於晉曰："尋盟未退而魯伐莒，瀆齊盟也，請戮其使！"……趙孟聞之曰："……莒之疆事，楚勿與知，諸侯無煩，不亦可乎！莒、魯爭鄆，爲日久矣，苟無大害於其社稷，可無亢也。……"固請於楚，楚人許之。……叔弓帥師疆鄆田，因莒亂也。

（昭四年經）九月，取鄫。（左傳）莒亂，著丘公立而不撫鄫，鄆叛而來。

（昭五年經）夏，莒牟夷以牟婁及防、茲來奔。秋七月……戊辰，叔弓帥師敗莒師于蚡泉。（左傳）夏，莒牟夷以牟婁及防、茲來奔。……莒人愬于晉，晉侯欲止公，范獻子曰：“不可！……”乃歸公。秋七月，公至自晉，莒人來討，不設備。戊辰，叔弓敗諸蚡泉，莒未陳也。

（昭十年經）秋七月，季孫意如、叔弓、仲孫貜帥師伐莒。（左傳）秋七月，平子伐莒取郠，獻俘，始用人於亳社。

（昭十三年左傳）邾人、莒人愬于晉曰：“魯朝夕伐我，幾亡矣。我之不共，魯故之以。”晉侯不見公。……魯人懼，聽命。

（昭二十三年經）秋七月，莒子庚輿來奔。（左傳）莒子庚輿虐而好劍，……烏存帥國人以逐之，……遂來奔。齊人納郊公。

（昭二十六年經）三月，公至自齊，居于鄆。……秋，公會齊侯、莒子、邾子、杞伯盟于鄟陵。

　　按，莒立國魯東，濱海而居，無強鄰肘掖之虞。其國力與魯方駕，不若邾之可侮，故屢有兵爭而不見屈伏。顧棟高嘗論魯、邾、莒三國之事，終春秋之世凡三變，其言甚切，曰：“魯立國於兗州之曲阜，其南則邾，其東則莒，地小而偪，其勢不得不爭。然邾列在附庸，而莒介于蠻夷，故春秋之初，魯嘗凌邾而畏莒。隱、桓皆再盟邾而再伐邾，邾不敢報；而莒則隱與其微者盟于浮來矣，莊以叔姬女其大夫矣。隱、桓、莊三世，魯、莒未嘗交兵，至僖公首年，一敗莒師，旋即再盟洮、向以弭其隙；而邾則僖公之世戰伐無已：則以邾近而莒差遠，邾弱而莒差強故也。至文十二年，季孫行父城郓而爭郓之禍起；襄四年魯請屬鄫而莒即滅鄫，而爭鄫之禍又起。當其時晉悼興霸，群侯方屏息聽命，魯以禮義之國，兢兢焉軌於法度，罔敢凌虐弱小；而邾、莒反恃齊靈而肆橫，十年之間，莒四伐我而邾再伐我；魯凡十六年不伐郳，反爲脩平以講好：蓋郳、莒倚齊以軋魯，魯之所恃者晉，晉遠，不若齊之近，又是時晉方以楚、鄭爲事，無暇理郳、莒，蓋倚人立國，強弱隨時，理固然也。至昭之元年而莒有亂，季孫以大盜竊國，取鄆不已，旋而取鄟，取鄟不已，旋而取鄆；而郳則連歲四納其叛人。昭公以後，莒不復見；哀之世無歲不與郳爲難，竟俘其君以歸，獻於亳社，陵蔑弱小之禍至此極矣。嗚呼，以郳、莒之密邇于魯，而得終春秋之世不亡者，以大國林立，環視而莫敢先動，然其民之死于戰爭已不可勝數"。讀此，可洞然於春秋東隅之局勢，而霸主之功用亦章章矣。

（僖十四年經）夏六月，季姬及鄫子遇于防，使鄫子來朝。（左傳）鄫季姬來寧，公怒止之，以鄫子之不朝也。夏，遇于防，而使來朝。

（襄四年經）冬，公如晉。（左傳）冬，公如晉聽政。晉侯享公，公請屬鄫，晉侯不許。孟獻子曰："以寡君之密邇於仇讎，而願固事君，無失官命。鄫無賦於司馬。爲執事朝夕之命敝邑，敝邑褊小，闕而爲罪，寡君是以願借助焉！"晉侯許之。

（左襄四年傳）冬十月，邾人、莒人伐鄫。臧紇救鄫，侵邾；敗於狐駘。

（襄五年經）夏……叔孫豹、鄫世子巫如晉。（左傳）穆叔覿鄫太子于晉，以成屬鄫。

（又）秋，公會晉侯……鄫人于戚。（左傳）穆叔以屬鄫爲不利，使鄫大夫聽命于會。

（襄六年經）秋……莒人滅鄫。（左傳）莒人滅鄫，鄫恃賂也。冬，穆叔如邾聘，且脩平。晉人以鄫故來討，曰："何故亡鄫？"季武子如晉見，且聽命。

（襄八年經）莒人伐我東鄙。（左傳）莒人伐我東鄙以疆鄫田。

（昭四年經）九月，取鄫。（左傳）取鄫，言易也。莒亂，著丘公立而不撫鄫，鄫叛而來，故曰取。凡克邑不用師徒曰取。

　　按，鄫介于邾、莒之間，故邾、莒聞晉許魯屬鄫，即會師伐之。魯屬鄫未及二載，而莒遽滅鄫，魯亦不能保也。邾與莒同伐鄫者，而鄫滅之後，魯遂遣使脩好。來晉之責，無辭以對，是可羞也。

（桓九年經）冬，曹伯使其世子射姑來朝。（左傳）冬，曹太子來朝，賓之以上卿。……

（僖三十一年經）春，取濟西田。公子遂如晉。（左傳）取濟西田，分曹地也。使臧文仲往，宿于重館。重館人告曰："晉新得諸侯，必親其共。不速行，將無及也。"從之。分曹地自洮以南，東傅于濟，盡曹地也。襄仲如晉，拜曹田也。

（文十一年經）秋，曹伯來朝。（左傳）曹文公來朝，即位而來見也。

（文十五年經）夏，曹伯來朝。（左傳）諸侯五年再相朝，以脩王命，古之制也。

（成七年經）夏五月，曹伯來朝。（左傳）曹宣公來朝。

（襄二十一年經）冬……曹伯來朝。（左傳）曹武公來朝，始見也。

　　按，曹爲魯之西鄰，且爲兄弟之國，而交接之稀，尤甚於衛，何也？作左傳者但見文十一年來朝，而十五年又至，遂傅會之曰"五年再相朝以脩王命"，不知將何以解於二百四十二年間之僅五朝？觀晉文報怨，魯即拜曹田，知魯之拓土廣矣。

（隱二年經）九月，紀裂繻來逆女。冬十月，伯姬歸于紀。（左傳）卿爲君逆也。

（隱七年經）春王三月，叔姬歸于紀。

（桓二年經）秋七月，紀（左經作杞）侯來朝。

（桓三年經）六月，公會紀（左經作杞）侯于郕。

（桓六年經）夏四月，公會紀侯于成。……冬，紀侯來朝。（左傳）夏，會于成，紀來諮謀齊難也。……冬，紀侯來朝，請王命以求成于齊，公告不能。

（桓十二年經）夏六月壬寅，公會紀（左經作杞）侯、莒子盟于曲池。

（桓十三年經）春二月，公會紀侯鄭伯。己巳，及齊侯、宋公、衛侯、燕人戰，齊師、宋師、衛師、燕師敗績。

（桓十七年經）春正月丙辰，公會齊侯、紀侯盟于黃。（左傳）平齊、紀，且謀衛故也。

（莊三年經）冬，公次于滑。（左傳）公次于滑，將會鄭伯，謀紀故也。鄭伯辭以難。

　　按，紀在齊東，其關係一若魯之與邾，齊有狄焉啟疆之計，則必首及焉。魯以昏姻，竭力援之，爲之平于齊，謀于鄭；然至于莊公四年而紀侯終大去其國，則同情之助固無補于不振之邦也。

（桓二年經）秋七月，杞（公、穀經作紀）侯來朝。……九月，入杞。（左傳）杞侯來朝，不敬。杞侯歸，乃謀伐之。……九月，入杞，討不敬也。

（桓三年經）六月，公會杞（公、穀經作紀）侯于郕。（左傳）杞求成也。

（桓十二年經）夏六月壬寅，公會杞（公、穀經作紀）侯、莒子盟于曲池。（左傳）平杞莒也。

（莊二十七年經）冬，杞伯姬來。……杞伯來朝。

（僖二十七年經）春，杞子來朝。……秋八月……乙巳，公子遂帥師入杞。(左傳)杞桓公來朝,用夷禮,故曰子。公卑杞,杞不共也。……秋,入杞,責無禮也。

(文十二年經)春……杞伯來朝。二月庚子,子叔姬卒。(左傳)杞桓公來朝,始朝公也。且請絶叔姬而無絶昏,公許之。二月,叔姬卒,不言杞,絶也。書叔姬,言非女也。

(成四年經)三月,……杞伯來朝。(左傳)歸叔姬故也。

(成九年經)春王正月,杞伯來逆叔姬之喪以歸。(左傳)杞桓公來逆叔姬之喪,請之也。……

(成十八年經)秋,杞伯來朝。(左傳)杞桓公來朝,勞公,且問晉故。公以晉君語之,杞伯於是驟朝于晉而請爲昏。

(襄二十九年經)夏……仲孫羯會晉荀盈……城杞。晉侯使士鞅來聘。杞子來盟。(左傳)晉平公,杞出也,故治杞。六月,知悼子合諸侯之大夫以城杞,孟孝伯會之。……范獻子來聘,拜城杞也。……晉侯使司馬女叔侯來治杞田,弗盡歸也。晉悼夫人愠曰:"齊也取貨!……"公告叔侯,叔侯曰:"……杞,夏餘也,而即東夷。魯,周公之後也,而睦於晉。以杞封魯猶可,而何有焉!魯之於晉也,職貢不乏,玩好時至,公卿大夫相繼於朝,史不絶書,府無虛月,如是可矣,何必瘠魯以肥杞!……"

(昭六年經)春王正月,杞伯益姑卒。(左傳)杞文公卒,弔如同盟。

(左昭七年傳)晉人來治杞田,季孫將以成與之。謝息爲孟孫守,不可。……季孫曰:"君之在楚,於晉罪也。又不聽晉,魯罪重矣。晉師必至,吾無以待之。不如與之。閒晉而取諸杞,吾與子桃,成反誰敢有之,是得二成也。……"乃遷于桃。晉人爲杞取成。

按,杞立國於魯之東北,雖接界而未聞戎事。然觀女叔侯至魯治杞田之事,則知魯亦侵杞之疆矣。

又按,春秋桓公之世,公、穀並作"紀侯",左氏則作

"杞侯"，今俱列之，以待考覈。

（莊二十三年經）夏……荆人來聘。

（僖四年經）春王正月，公會齊侯……伐楚，次于陘。……八月，公至自伐楚。

（僖二十六年經）冬，楚人伐宋，圍緡。公以楚師伐齊，取穀。（左傳）公以楚師伐齊，取穀。……寘桓公子雍於穀，易牙奉之，以爲魯援。

（文九年經）冬，楚子使椒來聘。（左傳）楚子越椒來聘，執幣傲。……

（宣十五年經）春，公孫歸父會楚子于宋。

（成二年經）十有一月，公會楚公子嬰齊于蜀。丙申，公及楚人、秦人、宋人、陳人、衛人、鄭人、齊人、曹人、邾人、薛人、鄫人盟于蜀。（左傳）宣公使求好于楚。莊王卒，宣公薨，不克作好。公即位，受盟于晉。會晉伐齊，衛人不行使于楚，而亦受盟于晉，從於伐齊，故楚令尹子重爲陽橋之役以救齊。……冬，楚師侵衛，遂伐我，師于蜀。使臧孫往，辭曰："楚遠而久，固將退矣。無功而受名，臣不敢！"楚侵及陽橋，孟孫請往賂之，以執斲執鍼織紝，皆百人，公衡爲質，以請盟；楚人許平。十一月，公及楚公子嬰齊、蔡侯、許男、秦右大夫説、宋華元、陳公孫寧、衛孫良夫、鄭公子去疾及齊國之大夫盟于蜀。……於是乎畏晉而竊與楚盟。……楚師及宋，公衡逃歸。臧宣叔曰："衡父不忍數年之不宴，以棄魯國，國將若之何！……"是行也，晉辟楚，畏其衆也。

（成四年經）夏……公如晉。（左傳）公如晉，晉侯見公不敬。……秋，公至自晉，欲求成于楚而叛晉。季文子曰："不可！晉雖無道，未可叛也。國大臣睦而邇於我，諸侯聽焉，未可以貳。史佚之志有之曰：'非我族類，其心必異。'楚雖大，非我族也，其肯字我乎！"公乃止。

（襄二十八年經）十有一月，公如楚。十有二月……乙未，楚子昭卒。（左傳）爲宋之盟故，公及宋公、陳侯、鄭伯、許男如楚。……及漢，楚康王卒。公欲反，叔仲昭伯曰："我楚國之爲，豈爲一人行也！"……公遂行。……

（襄二十九年經）春王正月，公在楚。夏五月，公至自楚。（左傳）公在楚，……楚人使公親襚。……夏四月，葬楚康王，公及陳侯、鄭伯、許男送葬，至於西門之外；諸侯之大夫皆至于墓。

（襄三十年經）春王正月，楚子使薳罷來聘。（左傳）通嗣君也。……

（昭六年經）冬，叔弓如楚。（左傳）叔弓如楚聘，且弔敗也。

（昭七年經）三月，公如楚。……九月，公至自楚。（左傳）楚子成章華之臺，願與諸侯落之。大宰薳啓彊曰："臣能得魯侯！"薳啓彊來召公，辭曰："昔先君成公命我先大夫嬰齊曰：'吾不忘先君之好，將使衡父照臨楚國，鎮撫其社稷，以輯寧爾民。'嬰齊受命于蜀，奉承以來，弗敢失隕。……於今四王矣，嘉惠未至。唯襄公之辱臨我喪，孤與其二三臣悼心失圖，社稷之不皇，況能懷思君德！今君若步玉趾，辱見寡君，寵臨楚國，以信蜀之役，致君之嘉惠，是寡君既受貺矣，何蜀之敢望！……君若不來，使臣敢問行期，寡君將承質幣而見于蜀，以請先君之貺！"……三月，公如楚。……楚子享公于新臺，使長鬛者相，好以大屈；既而悔之。薳啓彊聞之，見公。公語之，拜賀。公曰："何賀？"對曰："齊與晉、越欲此久矣，寡君無適與也，而傳諸君。君其備禦三鄰，慎守寶矣，敢不賀乎！"公懼，乃反之。

（昭九年經）春，叔弓會楚子于陳。（左昭八年傳）九月，楚公子棄疾帥師……圍陳，……冬十一月壬午，滅陳。……（左昭九年傳）春，叔弓、宋華亥、鄭游吉、衛趙黶會楚子于陳。

　　按，楚之謀北展者至亟，漢陽諸姬，早盡之矣，淮水流域之陳蔡，存滅惟其所欲爲；由淮至泗，一葦可航，彼豈忘情于魯哉！徒以晉主霸中原，而魯爲其手足，齊稱雄東海，而魯爲其齒脣，是以不敢輕啟兵戎，姑舍之爾。吳、越並興，楚且有肘腋之患，東方之局勢非彼所可問，是以春秋之末，兩國更無關涉之事。

　　（莊二十六年經）秋，公會宋人齊人伐徐。

　　（僖十五年經）春……楚人伐徐。三月，公會齊侯……盟于牡丘，遂次于匡；公孫敖帥師及諸侯之大夫救徐。（左傳）楚人伐徐，徐即諸夏故也。三月，盟于牡丘……救徐也。孟穆伯帥師及諸侯之師救徐，諸侯次于匡以待之。

　　按，“淮夷徐戎”並見費誓，“遂荒徐宅”又著閟宮，故知魯之與徐，關係素密，而春秋一代，頗少其文，何也？蓋徐即於楚，失其獨立之地位，未能北伐，魯亦畏楚，不敢南侵也。及昭三十年，吳滅徐，而魯遂與吳接壤；至於晉霸之衰，吳遂自居爲魯之支配者矣。

　　（成十五年經）冬十有一月，叔孫僑如會晉士燮……會吳于鍾離。（左傳）始通吳也。

　　（襄十四年經）春王正月，季孫宿、叔老會晉士匄……會吳于向。

　　（襄二十九年經）夏……吳子使札來聘。（左傳）吳公子札來聘，……請觀于周樂。……其出聘也，通嗣君也，故遂聘于齊。

　　（哀七年經）夏，公會吳于鄫。（左傳）公會吳于鄫，吳來徵百牢。子服景伯對曰：“先王未之有也。”吳人曰：“宋百牢我，魯不可以後宋。且魯牢晉大夫過十，吳王百牢，不亦可乎！”景伯曰：“晉范鞅貪而棄禮，以大國懼敝邑，故敝邑十一牢之。君若以禮命于諸侯，則有數矣；若亦棄禮，則有淫者矣。周之王也，制禮上物不過十二，以爲天之大數也。今棄周禮，而曰必百牢，亦唯執事！”吳人弗聽。景伯曰：“吳將亡矣，棄天而背本！不與，必棄疾于我！”乃與之。太宰嚭召季康子，康子使子貢辭。太宰嚭曰：“國君道長，而大夫不出門，此何禮也?”對曰：“豈以爲禮，畏大國也！大國不以禮命于諸侯，苟不以禮，豈可量也！寡君既共命焉，其老豈敢棄其國！太伯端委以治周禮，仲雍嗣之，斷髮文身，贏以爲飾，豈禮也哉，有由然也！”反自鄙，以吳爲無能爲也。

　　（哀八年經）春……吳伐我。（左哀七年傳）秋，伐邾，……以邾子益來。……邾茅夷鴻以束帛乘韋自請救于吳，……吳子從之。（左哀八年傳）吳爲邾故，將伐魯，問于叔孫輒，叔孫輒對曰：“魯有名而無情，伐之，必得志焉！”退而告公山不狃，公山不狃曰：“非禮也。……子以小惡而欲覆宗國，不亦難乎！若使子率，子必辭，王將使我。”子張病之。王問於子洩，對曰：“魯雖無與立，必有與斃。諸侯將救之，未可以得志焉。晉與齊、楚輔之，是四讎也。夫魯，齊、晉之脣，脣亡齒寒，君所知也，不救何爲！”三月，吳伐我，子洩率。故道險，從武城。初，武城人或有因於吳竟田焉，拘鄫人之漚菅者，曰：“何故使我水滋！”及吳師至，拘者道之，以伐武城，克之。……吳師克東陽而進，舍於五梧。明日，舍於蠶室。公賓庚、公甲叔子與戰於夷，獲叔子與析朱鉏，獻於王。王曰：“此同車，必使能，國未可望也。”明日，舍于庚宗，遂次於泗上。微虎欲宵攻王舍，私屬徒七百人，三踊於幕庭；卒三百人，有若與焉，及稷門之內。或謂季孫曰：“不足以害吳而多殺國士，不如已也！”乃止之。吳子聞之，一夕三遷。吳人行成。將盟，景伯曰：“楚人圍宋，易子而食，析骸而爨，猶無城下之盟。我未及虧而有城下之盟，是棄國也！吳輕而遠，不能久，將歸矣，請少待之！”弗從。景伯負載造於萊門。

乃請釋子服何於吳，吳人許之；以王子姑曹當之，而後止。吳人盟而還。

（哀十年經）春……公會吳伐齊。（左哀九年傳）冬，吳子使來徵師伐齊。（左哀十年傳）公會吳子、邾子、郯子伐齊南鄙。……齊人弑悼公赴于師……吳師乃還。……秋，吳子使來復徵師。

（哀十一年經）五月，公會吳伐齊。（左傳）爲郊戰故，公會吳子伐齊。五月，克博。壬申，至于嬴。……甲戌，戰于艾陵……大敗齊師。獲……革車八百乘，甲首三千，以獻于公。……

（襄五年經）夏……仲孫蔑、衛孫林父會吳于善道。（左傳）吳子使壽越如晉……請聽諸侯之好。晉人將爲之合諸侯，使魯、衛先會吳，且告會期，故孟獻子、孫文子會吳于善道。

（又）秋，公會晉侯……吳人……于戚。（左傳）九月丙午，盟于戚，會吳，且命戍陳也。

（襄十年經）春，公會晉侯……會吳于柤。（左傳）會吳子壽夢也。

（哀十二年經）夏……公會吳于橐皋。（左傳）公會吳于橐皋，吳子使太宰嚭請尋盟。公不欲，使子貢對曰：“……寡君以爲苟有盟焉，弗可改也已。若猶可改，曰盟何益！……”乃不尋盟。

（哀十三年經）夏……公會晉侯及吳子于黃池。（左傳）夏，公會單平公、晉定公、吳夫差于黃池。……秋七月辛丑，盟。……吳人將以公見晉侯，子服景伯對使者曰：“王合諸侯則伯帥侯牧以見於王，伯合諸侯則侯帥子、男以見於伯。自王以下，朝聘玉帛不同，故敝邑之職貢於吳，有豐於晉，無不及焉，以爲伯也。今諸侯會而君將以寡君見晉君，則晉成爲伯矣，敝邑將改職貢。魯賦於吳八百乘，若爲子、男，則將半邾以屬於吳，而如邾以事晉。且執事以伯召諸侯而以侯終之，何利之有焉！”吳人乃止。……

按，吳當晉霸之衰，崛起南服，由淮而北，首當其衝者爲魯，故魯之職貢，吳遂有豐於晉。如火之烈，一舉而消，而魯遂投入越人之懷矣。

（左哀二十一年傳）夏五月，越人始來。

（左哀二十三年傳）秋八月，叔青如越，始使越也。越諸鞅來聘，報叔青也。

（左哀二十四年傳）閏月，公如越；得太子適郢，將妻公而多與之地。公孫有山使告于季孫；季孫懼，使因太宰嚭而納賂焉，乃止。

（左哀二十五年傳）六月，公至自越。

（左哀二十六年傳）夏五月，叔孫舒帥師會越皋如、舌庸、宋樂茷納衛侯。

（左哀二十七年傳）春，越子使舌庸來聘，且言邾田封于駘上。二月，盟于平陽，三子皆從。……

（又）公患三桓之侈也，欲以諸侯去之，三桓亦患公之妄也，故君臣多間。……公欲以越伐魯而去三桓，秋八月甲戌，公如公孫有陘氏，因孫于邾，乃遂如越。國人施公孫有山氏。

　　按，越之通魯已在春秋經後。自哀二十二年滅吳，而與魯毗境。二十六年徵師納衛侯，二十七年定邾田之封界，宛然爲魯宗主之國。其後孟子記魯事，猶云"有越寇"，則其頻施壓迫可知也。及楚滅越，而魯旋爲楚有，蓋觀於吳、越在泗上之聲威而即審其運命之久定矣。

（文九年經）冬，秦人來歸僖公成風之襚。

（文十二年經）秋……秦伯使術來聘。（左傳）秦伯使西乞術來聘，且言將伐晉。襄仲辭玉，曰："……寡君敢辭玉！"……

（成十三年經）夏五月，公自京師遂會晉侯……伐秦。……秋七月，公至自伐秦。

（襄十四年經）夏四月，叔孫豹會晉荀偃……伐秦。

　　按，魯之與秦，東西遼隔，殆可謂風馬牛不相及，而文公之世，秦人歸襚來聘，頗欲修好者，則以襲鄭雖不遂其志，東土之謀固未嘗忘也。然晉文以來，魯與晉早爲一體矣，故襄仲不敢受玉，而麻隧之戰，遷延之役，魯皆從晉伐秦。秦有施而魯無報，勢則然矣。

（隱四年經）宋公、陳侯、蔡人、衛人伐鄭。秋，翬帥師會宋公、陳侯、蔡人、衛人伐鄭。

（桓二年經）三月，公會齊侯、陳侯、鄭伯于稷以成宋亂。

（桓十一年經）九月……柔會宋公、陳侯、蔡叔盟于折。

（桓十六年經）春正月，公會宋公、蔡侯、衛侯于曹。夏四月，公會宋公、衛侯、陳侯、蔡侯伐鄭。（左傳）會于曹，謀伐鄭也。

（莊五年經）冬，公會齊人、宋人、陳人、蔡人伐衛。（左傳）伐衛，納惠公也。

（莊八年經）春王正月，師次于郎，以俟陳人、蔡人。

（莊十九年經）秋，公子結媵陳人之婦于鄄。

（又）冬，齊人、宋人、陳人伐我西鄙。

（莊二十五年經）春，陳侯使女叔來聘。……冬，公子友如陳。（左傳）始結陳好也。

（莊二十七年經）夏六月，公會齊侯、宋公、陳侯、鄭伯，同盟于幽。（左傳）同盟于幽，陳、鄭服也。

（又）秋，公子友如陳，葬原仲。（左傳）原仲，季友之舊也。

（僖四年經）春王正月，公會齊侯、宋公、陳侯……侵蔡，蔡潰。

（又）秋，及江人、黃人伐陳。……冬十二月，公孫茲帥師會齊人……侵陳。

（僖十九年經）冬，公（依公羊經增）會陳人、蔡人、楚人、鄭人盟于齊。（左傳）脩桓公之好也。

（文六年經）夏，季孫行父如陳。（左傳）臧文仲以陳、衛之睦也，欲求好於陳。夏，季文子聘于陳，且娶焉。

（襄五年經）秋……公會晉侯、宋公、陳侯……于戚。……冬，戍陳。楚公子貞帥師伐陳。公會晉侯……救陳。十有二月，公至自救陳。

（襄七年經）冬……楚公子貞帥師圍陳。十有二月，公會晉侯、宋公、陳侯……于鄬。……陳侯逃歸。

　　按，陳、蔡在春秋之初，爲宋之與國，追隨盟戰，頗不自寧。自霸主之興，失其自由活動之權利，與魯乃無私交可言矣。

（隱十一年經）夏，公會鄭伯于時來。秋七月壬午，公及齊侯、鄭伯入許。（左傳）夏，公會鄭伯于郲，謀伐許也。……秋七月，公會齊侯、鄭伯伐許。……壬午，遂入許，許莊公奔衛。齊侯以許讓公，公曰：“君謂許不共，故從君討之。許既伏其罪矣，雖君有命，寡人弗敢與聞！”乃與鄭人。鄭伯使許大夫百里奉許叔以居許東偏。……

（桓十五年經）夏……許叔入于許。公會齊侯于艾。（左傳）謀定許也。

（僖六年經）夏，公會齊侯……伐鄭。……秋，楚人圍許，諸侯遂救許。（左傳）楚子圍許以救鄭，諸侯救許，乃還。

（僖二十八年經）冬，公會晉侯……于溫，……諸侯遂圍許。（二十九年經）春……公至自圍許。

　　按，春秋之初，楚霸未興，鄭莊公結齊、魯以伐許，分裂其國土之半。其後累經遷徙，卵翼于楚，逼迫于鄭。以其去魯之遠也，魯除聽晉指揮之外，遂不復與之相接觸矣。

（隱十一年經）春，滕侯、薛侯來朝。（左傳）滕侯、薛侯來朝，爭長。……公使羽父請于薛侯曰："……君若辱貺寡人，則願以滕君爲請！"薛侯許之，乃長滕侯。

（桓二年經）春……滕子來朝。

（文十二年經）秋，滕子來朝。（左傳）滕昭公來朝，亦始朝公也。

（襄六年經）秋……滕子來朝。（左傳）滕成公來朝，始朝公也。

（襄三十一年經）夏六月辛巳，公薨于楚宮。……冬十月，滕子來會葬。（左傳）滕成公來會葬。

（昭三年經）春王正月丁未，滕子原卒。夏，叔弓如滕。五月，葬滕成公。（左傳）叔弓如滕，葬滕成公，子服椒爲介。

（定十五年經）夏五月……壬申，公薨于高寢。……九月，滕子來會葬。

（哀二年經）夏……滕子來朝。

按，滕之傳國雖永而國力彌衰，當孟子之世，截長補短，僅五十里耳，是其國曾無異於附庸。觀其朝弔之頻，知其託重於魯者至矣。

又按，薛之與魯，地雖密邇而鮮往來。然薛君卒葬，春秋前中兩期均未見，而忽見於末期，昭、哀之世凡三記焉，意者是時曾通報聘而史佚其文耶？

（莊八年經）夏，師及齊師圍郕，郕降于齊師。

（文十二年經）春王正月，郕伯來奔。（左傳）十一年……郕太子朱儒自安于夫鍾，國人弗徇。十二年春，郕伯卒，郕人立君。太子以夫鍾與郕邦來奔，公以諸侯逆之。

按，郕包於魯國之中，其都南去曲阜數十里耳，且又爲文王子叔武所封，於魯爲兄弟之邦，而春秋中未嘗一紀其朝聘與卒葬，若非魯之輕蔑弱小，則史必有遺文矣。

（宣十六年經）秋，郯伯姬來歸。（左傳）出也。

（成八年經）冬……晉侯使士燮來聘。叔孫僑如會晉士燮、齊人、邾人伐郯。（左傳）晉士燮來聘，言伐郯也，以其事吳故。公賂之，請緩師。文子不可，曰：“君命無貳，失信不立，禮無加貨，事無二成。君後諸侯，是寡君不得事君也，燮將復之！”季孫懼，使宣伯帥師會伐郯。

（襄七年經）春……郯子來朝。（左傳）始朝公也。

（昭十七年經）秋，郯子來朝。（左傳）郯子來朝，公與之宴。昭子問焉，曰：“少皞氏鳥名官，何故也？”郯子曰：“吾祖也，我知之。……”仲尼聞之，見於郯子而學之。……

　　　　按，魯地爲少皞之虛，而郯子爲少皞之裔，郯國又在邾莒之間，魯與之關係應密，而春秋所記惟此四事。然觀於晉伐郯而魯請緩師，知兩國交誼必深，特經傳闕記之耳。

（襄三十一年經）夏六月辛巳，公薨于楚宮。秋九月癸巳，子野卒。（左傳）立胡女敬歸之子子野，……秋九月癸巳卒，毀也。……立敬歸之娣齊歸之子公子裯。

（昭十一年經）五月甲申，夫人歸氏薨。（左傳）齊歸薨。

　　　　按，胡在徐南，服屬於楚者。然苟非敬歸嫡庶之見於經傳，又安知魯與胡之曾通婚姻。既通婚姻，便不當無聘弔；春秋闕之，知史之墜簡多矣。

（桓十二年經）秋七月丁亥，公會宋公、燕人盟于穀丘。

（桓十三年經）春二月，公會紀侯、鄭伯，己巳，及齊侯、宋公、衛侯、燕人戰，齊師、宋師、衛師、燕師敗績。

　　　　按，此南燕也，以其近于宋，故與宋取一致行動。後無所見，蓋滅矣。

（僖二十年經）夏，郜子來朝。

　　按，隱十年公敗宋師取郜，此北郜也，本宋邑。茲來朝之郜子，則南郜也。其地俱在宋北魯南。

（隱八年經）夏六月……辛亥，宿男卒。

　　按，春秋既記宿君之卒，則魯、宿二國諒有往還。隱元年經，“及宋人盟于宿”，杜注：“宿，小國，東平無鹽縣也”，知宿當間於宋、魯之境。故莊十年，宋人遷宿，地入于宋。

（僖二十九年經）春，介葛盧來。……冬，介葛盧來。（左傳）春，介葛盧來朝，舍于昌衍之上。公在會，饋之芻米。……冬，介葛盧來，以未見公，故復來朝。禮之，加燕好。……

　　按，介間於莒地之中，觀其一載兩來，而此後絕不復至，疑其以國難乞援。作傳者未得其事，故但敷衍於河陽之會，以爲公不在國，故再朝爾。

（宣七年經）夏，公會齊侯伐萊。秋，公至自伐萊。（左傳）不與謀也。

　　按，宣與齊睦，故助之東略以示厚；至于襄六年而齊滅萊矣。海疆之闢，齊所以有魚鹽之富也。

（桓十五年經）邾人、牟人、葛人來朝。
（僖五年經）夏，公孫茲如牟。（左傳）公孫茲如牟，娶焉。
　　按，牟在齊南，葛在宋西，皆蕞爾之國也。

（莊二十三年經）夏……公及齊侯遇于穀，蕭叔朝公。

　　按，蕭，服屬於宋之國。先言遇而次言朝者，蓋是時蕭叔主朝齊桓于穀，順朝魯公耳。

（桓七年經）夏，穀伯綏來朝。鄧侯吾離來朝。

　　按，小國朝魯，皆欲託重而受庇焉。穀、鄧二國遠在漢水流域，魯力之所不及，何求於彼而來朝，頗不可解。意者是時鄭國頗具霸威，而魯與鄭睦，兩國之君朝鄭而藉便以朝魯乎？

（文三年經）春王正月，叔孫得臣會晉人、宋人、陳人、衛人、鄭人伐沈，沈潰。（左傳）莊叔會諸侯之師伐沈，以其服於楚也。沈潰。

　　按，沈國在淮水之濱，介於陳、蔡。魯受晉命而伐之，一戰而沈潰，可謂有功矣。

（桓五年經）冬，州公如曹。（左傳）冬，淳于公如曹，度其國危，遂不復。

（桓六年經）春正月，寔來。（左傳）春，自曹來朝。書曰“寔來”，不復其國也。

　　按，州爲杞逼，自州公大去其國，而杞遂都於淳于。州公朝魯，非有明文，左傳作者聊取以解“寔來”之謎耳。

（隱二年經）春，公會戎于潛。（左傳）脩惠公之好也。戎請盟，公辭。

（又）秋八月庚辰，公及戎盟于唐。（左傳）戎請盟。秋，盟于唐，復脩戎好也。

（桓二年經）九月……公及戎盟于唐。（左傳）脩舊好也。

（莊十八年<u>經</u>）夏，公追<u>戎</u>于<u>濟</u>西。（<u>左傳</u>）不言其來，諱
之也。

（莊二十六年<u>經</u>）春，公伐<u>戎</u>。夏，公至自伐<u>戎</u>。

（莊三十年<u>經</u>）冬，公及<u>齊侯</u>遇于<u>魯濟</u>。<u>齊</u>人伐<u>山戎</u>。（<u>左傳</u>）
遇于<u>魯濟</u>，謀<u>山戎</u>也，以其病<u>燕</u>故也。

（莊三十一年<u>經</u>）六月，<u>齊侯</u>來獻<u>戎</u>捷。

按，<u>春秋</u>之初，<u>魯</u>與<u>戎</u>交接頗繁，而<u>莊公</u>以後即無所
見，非其族之已燼，則必率群而他徙矣。<u>戎</u>立國之地不詳，
<u>杜預注</u>謂“<u>陳留濟陽縣</u>東南有<u>戎城</u>”，則在<u>曹</u>、<u>衛</u>之間。<u>衛</u>有
地曰“<u>戎州</u>”，又莊二十四年<u>戎</u>侵<u>曹</u>，其言當可信。至于<u>山
戎</u>，當在<u>濟</u>北。按<u>河</u>、<u>濟</u>之間，悉爲平原曠野，拓地開疆，
其事至便，而<u>春秋</u>一代絕鮮關涉，若不知有是地者。<u>呂氏春
秋</u>以國別州，於<u>兗</u>獨言<u>衛</u>，然<u>衛</u>只踞<u>兗州</u>之西南一角，不足
舉以爲專稱也。頗疑其地爲<u>戎</u>族所居，故<u>齊</u>、<u>燕</u>俱不能有，
而<u>戎</u>與諸<u>夏</u>隔絕，故其地不見於紀載爾。後人定<u>山戎</u>於<u>盧
龍</u>，無乃太遠？

（文七年<u>經</u>）夏……<u>狄</u>侵我西鄙。（<u>左傳</u>）<u>狄</u>侵我西鄙，公使告
于<u>晉</u>。

（文十一年<u>經</u>）秋……<u>狄</u>侵<u>齊</u>。冬十月甲午，<u>叔孫得臣</u>敗<u>狄</u>于
<u>鹹</u>。（<u>左傳</u>）<u>鄋瞞</u>侵<u>齊</u>，遂伐我。公卜使<u>叔孫得臣</u>追之，吉。……
敗<u>狄</u>于<u>鹹</u>，獲<u>長狄僑如</u>。

按，<u>狄</u>伐<u>邢</u>入<u>衛</u>，並在<u>魯</u>西，故其侵<u>魯</u>由西鄙。<u>杜注</u>，
“<u>東郡濮陽縣</u>東南有<u>鹹城</u>”，則此戰地亦鄰<u>衛</u>之邑也。

（襄十八年<u>經</u>）春，<u>白狄</u>來。（<u>左傳</u>）<u>白狄</u>始來。

按，<u>白狄</u>僻在<u>西河</u>，何以朝<u>魯</u>，亦不可解。<u>左成</u>十三年
傳記<u>呂相</u>絕<u>秦</u>之辭曰：“<u>白狄</u>及君同州，君之仇讎而我昏姻

也"，則或以魯、狄俱睦於晉，約爲與國乎？

（隱二年經）夏……無駭帥師入極。（左傳）司空無駭入極，費庈父勝之。

（莊二年經）夏，公子慶父帥師伐於餘丘。

（僖十七年經）夏，滅項。（左傳）師滅項。淮之會，公有諸侯之事，未歸而取項。齊人以爲討而止公。

（宣九年經）秋，取根牟。（左傳）言易也。

（成六年經）春……取鄟。（左傳）言易也。

（襄十三年經）夏，取邿。（左傳）邿亂，分爲三。師救邿，遂取之。

（哀三年經）五月……季孫斯、叔孫州仇帥師城啟陽。

　　按，以上七條，皆魯所伐取之國也。極與邿在魯西南，近於邾、滕；鄟與根牟在東南，近於莒、郯；於餘丘在郯、鄆之間；啟陽在於餘丘北。按昭十八年邾人襲鄅，鄅爲邾邑，哀二年魯伐邾，取漷東田及沂西田，而啟陽在沂東，邾遂不能有，故魯得城啟陽，實無異於魯滅鄅也。此皆在魯四境，無足爲奇；所奇者則僖之滅項是已。項爲今河南項城縣，更在宋、陳之南，而魯不惜越國鄙遠，來齊桓之討者，何也？其後魯不能保，地歸於楚，殊覺多此一舉耳。

　　又按，公羊於鄟、詩（即邿）、根牟、於餘丘並謂"邾、婁之邑"，疏云："欲言是國，天下未聞；欲言是邑，而不繫國"，蓋能道出作傳者之實情，以其本無所知，而魯侵邾最亟，故姑謂之邾邑爾。穀梁則以鄟爲國而以於餘丘爲邾邑。惟左氏皆以爲國名，而杜注俱爲尋出其地，亦不知果信否也。

　　又按，滅項之役，穀梁歸之齊桓公。此於事亦未嘗不可能，特不知左氏所謂齊人討公之言果有實證否耳。

第二節　魯國與王朝之關係

（隱元年經）秋七月，天王使宰咺來歸惠公仲子之賵。（左傳）緩，且子氏未薨，故名。

（又）冬十有二月，祭伯來。（左傳）非王命也。

（隱三年經）三月庚戌，天王崩。……秋，武氏子來求賻。（左傳）武氏子來求賻，王未葬也。

（隱七年經）冬，天王使凡伯來聘。……

（隱九年經）春，天王使南季來聘。

（又）冬，公會齊侯于防。（左傳）宋公不王。鄭伯爲王左卿士，以王命討之，伐宋。宋以入郛之役怨公，不告命。公怒，絕宋使。秋，鄭人以王命來告伐宋。冬，公會齊侯于防，謀伐宋也。

（桓四年經）夏，天王使宰渠伯糾來聘。（左傳）父在，故名。

（桓五年經）夏……天王使仍叔之子來聘。

（桓八年經）春……天王使家父來聘。

（又）冬……祭公來，遂逆王后于紀。

（桓十五年經）春二月，天王使家父來求車。（左傳）非禮也，諸侯不貢車服，天子不私求財。

（莊元年經）夏，單伯送王姬。秋，築王姬之館于外。……王姬歸于齊。（左傳）爲會，禮也。

（又）冬……王使榮叔來錫桓公命。

（莊二十三年經）春……祭叔來聘。

（僖五年經）夏……公及齊侯……會王世子于首止。（左傳）會于首止，會王太子鄭，謀寧周也。

（僖八年經）春王正月，公會王人、齊侯……盟于洮。（左傳）謀王室也。

（又）冬十有二月丁未，天王崩。（左僖七年傳）閏月，惠王崩。襄王惡太叔帶之難，懼不立，不發喪而告難于齊。（八年傳）冬，王人來告喪，難故也，是以緩。

（僖十三年經）夏……公會齊侯……于鹹。（左傳）會于鹹，淮夷病杞故，且謀王室也。

（僖二十四年經）冬，天王出居于鄭。（左傳）冬，王使來告難，曰：“不穀不德，得罪于母弟之寵子帶，鄙在鄭地氾，敢告叔父！”臧文仲對曰：“天子蒙塵于外，敢不奔問官守！”

（僖二十八年經）五月癸丑，公會晉侯……盟于踐土。……公朝于王所。（左傳）次于城濮，……楚師敗績，……作王宮于踐土。

（又）冬，公會晉侯……于溫。天王狩于河陽。壬申，公朝于王所。（左傳）是會也，晉侯召王，以諸侯見，且使王狩。

（僖三十年經）冬，天王使宰周公來聘。公子遂如京師。（左傳）王使周公閱來聘，饗有昌歜、白黑、形鹽。辭曰：“國君文足昭也，武可畏也，則有備物之饗以象其德；薦五味，羞嘉穀，鹽虎形，以獻其功。吾何以堪之！”東門襄仲將聘于周，遂初聘于晉。

（文元年經）春……天王使叔服來會葬。夏四月丁巳，葬我君僖公。天王使毛伯來錫公命。……叔孫得臣如京師。（左傳）王使內史叔服來會葬。……王使毛伯衛來錫公命。叔孫得臣如周拜。

（文三年經）夏五月，王子虎卒。（左傳）夏四月乙亥，王叔文公卒，來赴，弔如同盟，禮也。

（文四年經）冬十有一月壬寅，夫人風氏薨。（五年經）春王正月，王使榮叔歸含，且賵。三月辛亥，葬我小君成風。王使召伯來會葬。（左傳）召昭公來會葬。

（文八年經）秋八月戊申，天王崩。……冬十月……公孫敖如京師，不至而復。（左傳）秋，襄王崩。……穆伯如周弔喪，不至，以幣奔莒。……

（文九年經）春，毛伯來求金。……二月，叔孫得臣如京師。辛丑，葬襄王。（左傳）毛伯衛來求金，非禮也。不書王命，未葬也。二月，莊叔如周，葬襄王。

（文十年經）秋……及蘇子盟于女栗。（左傳）秋七月，及蘇子盟于女栗，頃王立故也。

（左文十四年傳）春，頃王崩。周公閱與王孫蘇爭政，故不赴。

（宣九年經）夏，仲孫蔑如京師。（左傳）春，王使來徵聘。夏，孟獻子聘于周。王以爲有禮，厚賄之。

（宣十年經）秋，天王使王季子來聘。（左傳）劉康公來報聘。

（成元年經）秋，王師敗績于茅戎。（左傳）劉康公徵戎，……三月癸未，敗績于徐吾氏。……秋，王人來告敗。

（成八年經）秋七月，天子使召伯來賜公命。（左傳）召桓公來賜公命。

（成十二年經）春，周公出奔晉。（左成十一年傳）周公楚惡惠、襄之偪也，且與伯輿爭政，不勝，怒而出。（十二年傳）春，王使以周公之難來告。書曰“周公出奔晉”，凡自周無出，周公自出故也。

（成十三年經）三月，公如京師。夏五月，公自京師遂會晉侯……伐秦。（左傳）三月，公如京師。宣伯欲賜，請先使，王以行人之禮禮焉。孟獻子從，王以爲介，而重賄之。公及諸侯朝王，遂從劉康公、成肅公，會晉侯伐秦。

（襄二十四年經）冬……叔孫豹如京師。（左傳）齊人城郟。穆叔如周聘，且賀城。王嘉其有禮也，賜之大路。

（襄二十八年經）十有二月甲寅，天王崩。（左傳）癸巳，天王崩，未來赴，亦未書，禮也。……王人來告喪，問崩日，以甲寅告，故書之，以徵過也。

（昭二十二年經）夏四月乙丑，天王崩。六月，叔鞅如京師，葬景王。

（昭三十二年經）冬，仲孫何忌會晉韓不信……城成周。（左傳）王使富辛……如晉，請城成周。……冬十一月，晉魏舒、韓不信如京師，合諸侯之大夫于狄泉，尋盟，且令城成周。

（定十四年經）秋……天王使石尚來歸脤。

按，東周之王，等夷諸侯，諸侯不與之相須者，雖止絕往來可也。以魯與周族誼之親，魯又稱爲"秉周禮"之國，顧隱公之世，天王來歸惠公之賵，及平王崩而魯未如周會葬也；桓莊之世，王室聘魯之使屢至，魯又未嘗一遣使報聘也。至于僖公，兩值齊桓、晉文之霸，尊王之義，霸者倡之，故魯亦數厠會盟，謀寧王室，踐土、河陽，再朝王所，此豈其本心然哉，勢迫之而已。自此關係寖密：僖公之薨，則叔服來會葬；文公之立，則毛伯來錫命；而成風之薨，榮叔歸含，及其葬也，召伯來會；即王叔之卒，亦來赴告。魯則於襄王之崩，既遣穆伯弔喪，又遣莊叔會葬：雖鎬京盛世威儀，無以過之。宣公遠晉親齊，周使幾絕；王來徵聘，始使孟獻子一至周。成公從晉伐秦，道出京師，與諸侯同朝王，蓋二百四十年間蒞王朝行朝禮者惟此一事而已。自此以還，往來絕少，敬王之立，王室大亂，魯亦無一使以相存問，勢利之所不歸，亦禮節之所不至矣。善乎馬驌之計之也，曰："魯諸公之朝齊、晉、楚三十有三，而朝周僅三；諸大夫之聘列國五十有六，而聘周僅五"（左傳事緯卷十二）。噫，王者之跡息，已不必徵之於他事矣。

第三節　魯國之內亂

（左隱元年傳）惠公元妃孟子；孟子卒，繼室以聲子，生隱公。宋武公生仲子，仲子生而有文在其手，曰"爲魯夫人"，故仲子歸於我；生桓公而惠公薨，是以隱公立而奉之。

（隱十一年經）冬十有一月壬辰，公薨。（左傳）羽父請殺桓公，將以求太宰。公曰："爲其少故也，吾將授之矣。使營菟裘，吾將老焉。"羽父懼，反譖公於桓公而請弒之。公之爲公子也，與鄭人戰于狐壤，止焉，鄭人囚諸尹氏。賂尹氏，而禱於其主鍾巫，遂與尹氏歸，而立其主。十一月，公祭鍾巫，齊于社圃，館于寪氏。壬辰，羽父使賊弒公于寪氏。立桓公而討寪氏，有死者。不書葬，不成喪也。

按，隱公欲讓國於桓，三傳均載之，然春秋列國之君更無暫攝待讓之事，何也？頗疑隱公元年，春秋不書即位，說經者乃是說以通之。然春秋脫簡多矣，他不書即位者尚有莊、閔、僖諸公，亦無庸深求其義也。

又按，史記魯世家云："初，惠公適夫人無子，公賤妾聲子生子息。息長，爲娶於宋。宋女至而好，惠公奪而自妻之，生子允，登宋女以爲夫人，以允爲太子。及惠公卒，爲允少故，魯人共令息攝政，不言即位。"此說頗奇，不知其所據，抑出司馬遷之猜想耶？

（莊三十二年經）秋七月癸巳，公子牙卒。八月癸亥，公薨于路寢。冬十月己未，子般卒。公子慶父如齊。（左傳）初，公築臺臨黨氏，見孟任，從之，閟；而以夫人言，許之，割背盟公，生子般焉。雩，講于梁氏，女公子觀之，圉人犖自牆外與之戲；子般怒，使鞭之。公曰："不如殺之，是不可鞭！犖有力焉，能投蓋于稷門。"公疾，問後於叔牙，對曰："慶父材。"問於季友，對曰："臣以死奉般。"公曰："鄉者牙曰'慶父材'。"成季使以君命命僖叔待于鍼巫氏，使鍼季酖之，曰："飲此則有後于魯國；不然，死且無後！"飲之，歸及逵泉而卒，立叔孫氏。八月癸亥，公薨于路寢，子般即位，次于黨氏。冬十月已未，共仲使圉人犖賊子般于黨氏。成季奔陳，立閔公。

（閔元年經）秋八月，公及齊侯盟于落姑，季子來歸。冬，齊仲孫來。（左傳）秋八月，公及齊侯盟于落姑，請復季友也。齊侯許之，使召諸陳。公次于郎以待之，季子來歸。……冬，齊仲孫湫來省難。……仲孫歸曰：“不去慶父，魯難未已！”公曰：“若之何而去之？”對曰：“難不已，將自斃，君其待之！”……

（閔二年經）秋八月辛丑，公薨。九月，夫人姜氏孫于邾。公子慶父出奔莒。（左傳）初，公傅奪卜齮田，公不禁。秋八月辛丑，共仲使卜齮賊公于武闈。成季以僖公適邾；共仲奔莒，乃入立。以賂求共仲于莒，莒人歸之。及密，使公子魚請，不許。哭而往，共仲曰：“奚斯之聲也！”乃縊。閔公，哀姜之娣叔姜之子也，故齊人立之。共仲通於哀姜，哀姜欲立之。閔公之死也，哀姜與知之，故孫于邾。齊人取而殺之于夷，以其屍歸；僖公請而葬之。

（僖元年經）九月，公敗邾師于偃。冬十月壬午，公子友帥師敗莒師于酈，獲莒挐。十有二月丁巳，夫人氏之喪至自齊。（左傳）九月，公敗邾師于偃，虛丘之戍將歸者也。冬，莒人求賂，公子友敗諸酈，獲莒子之弟挐，非卿也，嘉獲之也。公賜季友汶陽之田及費。夫人氏之喪至自齊。君子以齊人之殺哀姜也爲已甚矣，女子從人者也。

　案，此爲慶父之亂，亦即三桓之所自始。桓公之子，可徵者四人：文姜之子曰同，嗣位爲莊公；他三子長者曰慶父，謚曰共仲；次曰叔牙，謚曰僖叔；又次曰季友，謚曰成季。莊公將薨，而季友以嗣位問題殺叔牙；其後閔公之弒，又以治罪人而殺慶父。故三家雖並峙，而季氏之勢獨優。自僖元年季友敗莒師，公賜之汶陽田及費，累代握政，勇于開拓，故論語稱之曰“季氏富于周公”，而孟子之世遂有“費惠公”，離魯而宣告獨立矣。

又按，閔元年“齊仲孫來”，公羊以爲即慶父，蓋上年經文原有“公子慶父如齊”之語，故取以爲解也。然慶父弑君，春秋不正其弑君之罪，而乃以“齊”冠之，無乃滑稽？左氏謂爲齊之仲孫湫，自較近情，然於“公子慶父如齊”未爲之傳，則彼果何事而赴齊，又何時而返魯耶？

（文七年經）冬，徐伐莒，公孫敖如莒涖盟。（左傳）穆伯娶於莒，曰戴己，生文伯；其娣聲己，生惠叔。戴己卒，又聘於莒；莒人以聲己辭，則爲襄仲聘焉。冬，徐伐莒，莒人來請盟。穆伯如莒涖盟，且爲仲逆。及鄢陵，登城見之美，自爲娶之。仲請攻之，公將許之。叔仲惠伯諫曰：“臣聞之：‘兵作於內爲亂，於外爲寇，寇猶及人，亂自及也。’今臣作亂而君不禁，以啟寇讎，若之何！”公止之，惠伯成之，使仲舍之，公孫敖反之，復爲兄弟如初，從之。

（文八年經）冬……公孫敖如京師，不至而復；丙戌，奔莒。（左傳）穆伯如周弔喪，不至，以幣奔莒，從己氏焉。

（文十四年經）九月甲申，公孫敖卒于齊。（左傳）穆伯之從己氏也，魯人立文伯。穆伯生二子於莒，而求復文伯以爲請。襄仲使無朝聽命。復而不出。三年而盡室以復適莒。文伯疾而請曰：“穀之子弱，請立難也。”許之。文伯卒，立惠叔。穆伯請重賂以求復，惠叔以爲請，許之。將來，九月，卒于齊。告喪，請葬，弗許。

（文十五年經）夏……齊人歸公孫敖之喪。（左傳）齊人或爲孟氏謀曰：“魯，爾親也，飾棺寘諸堂阜，魯必取之。”從之。卞人以告。惠叔猶毀以爲請，立於朝以待命，許之。取而殯之，齊人送之。書曰“齊人歸公孫敖之喪”，爲孟氏，且國故也。葬視共仲。聲己不視，帷堂而哭。襄仲欲勿哭，惠伯曰：“喪，親之終也。雖不能始，善終可也。……"襄仲説，帥兄弟以哭之。

　　按，公孫敖爲慶父之子，跌宕聲色而不恤其家，與襄仲幾以凶終，而己亦流亡于莒，輿櫬而歸，貴族驕淫，此見之矣。夫以共仲之暴亂，繼以穆伯之荒奢，而魯人必爲孟氏立後，此亦非尚賢之説之下所許者也。

　　（文十八年經）春王二月丁丑，公薨于臺下。……秋，公子遂叔孫得臣如齊。冬十月，子卒。夫人姜氏歸于齊。（左傳）文公二妃，敬嬴生宣公。敬嬴嬖，而私事襄仲。宣公長，而屬諸襄仲；襄仲欲立之，叔仲不可。仲見于齊侯而請之；齊侯新立而欲親魯，許之。冬十月，仲殺惡及視而立宣公。書曰"子卒"，諱之也。仲以君命召惠伯，其宰公冉務人止之曰："入必死！"叔仲曰："死君命可也。"公冉務人曰："若君命可死，非君命何聽！"弗聽，乃入。殺而埋之馬矢之中。公冉務人奉其帑以奔蔡。既而復叔仲氏。夫人姜氏歸于齊，大歸也。將行，哭而過市，曰："天乎，仲爲不道，殺適立庶！"市人皆哭。魯人謂之哀姜。

　　（宣十八年經）秋……公孫歸父如晉。冬十月壬戌，公薨于路寢。歸父還自晉，至笙，遂奔齊。（左傳）公孫歸父以襄仲之立公也，有寵，欲去三桓以張公室，與公謀而聘于晉，欲以晉人去之。冬，公薨。季文子言於朝曰："使我殺適立庶，以失大援者，仲也夫！"臧宣叔怒曰："當其時，不能治也。後之人何罪？子欲去之，許請去之！"遂逐東門氏。子家還及笙，壇帷，復命於介。既復命，袒、括髮，即位哭，三踊而出，遂奔齊。書曰"歸父還自晉"，善之也。

　　案，此爲東門襄仲之亂。襄仲，莊公之子，文公之叔伯行也。以敬嬴之私事，遂殺二適子而立庶，又以叔仲惠伯之持正，併殺之，可不謂忍人哉！及宣之薨，而季孫行父逐其族，是時襄仲已前卒矣。

　　（成十六年經）九月，晉人執季孫行父，舍之于苕丘。冬十月乙亥，叔孫僑如出奔齊。十有二月乙丑，季孫行父及晉郤犨盟于扈。……乙酉，刺公子偃。（左傳）晉侯將伐鄭，……鄭人聞有晉師，使告于楚，……楚子救鄭。……六月，晉、楚遇於鄢陵。……戰之日……衛侯出于衛，公出于壞隤。宣伯通于穆姜，欲去季、孟而取其室。將行，穆姜送公，而使逐二子。公以晉難告，曰："請反而聽命！"姜怒，公子偃、公子鉏趨過，指之曰："女不可，是皆君也！"公待于壞隤，申宮儆備，設守而後行，是以後。使孟獻子守于公宮。秋，會于沙隨，謀伐鄭也。宣伯使告郤犨曰："魯侯待于壞隤，以待勝者！"郤犨……取貨于宣伯而訴公于晉侯，晉侯不見公。……七月，公會尹武公及諸侯伐鄭。將行，姜又命公如初；公又申守而行。……宣伯使告郤犨曰："魯之有季、孟，猶晉之有欒、范也，政令於是乎成。今其謀曰：'晉政多門，不可從也；寧事齊、楚。有亡而已，蔑從晉矣！'若欲得志於魯，請止行父而殺之，我斃蔑也而事晉，蔑有貳矣。魯不貳，小國必睦。不然，歸必叛矣！"九月，晉人執季文子于苕丘。公還，待于鄆，使子叔聲伯請季孫于晉。郤犨曰："苟去仲孫蔑而止季孫行父，吾與子國，親於公室。"對曰："僑如之情，子必聞之矣。若去蔑與行父，是大棄魯國而罪寡君也。若猶不棄，而惠徼周公之福，使寡君得事晉君，則夫二人者，魯國社稷之臣也。若朝亡之，魯必夕亡。以魯之密邇仇讎，亡而爲讎，治之何及！"郤犨曰："吾爲子請邑。"對曰："嬰齊，魯之常隸也，敢介大國以求厚焉！承寡君之命以請，若得所請，吾子之賜多矣，又何求！"范文子謂欒武子曰："季孫於魯，相二君矣，妾不衣帛，馬不食粟，可不謂忠乎！信讒慝而棄忠良，若諸侯何！子叔嬰齊奉君命無私，謀國家不貳，圖其身不忘其君，若虛其請，是棄善人也，子其圖之！"乃許魯平，赦季孫。……十二月，季孫及郤犨盟于扈。歸刺公子偃，召叔孫豹于齊而立之。齊聲孟子通僑如，使立於高、國之間。僑如曰：“不可以再罪！”奔衞，亦間於卿。

　　按，此爲叔孫僑如之亂。穆姜，成公之母也，乃與僑如比，欲去季、孟而使僑如取其室；公不遽應，遂指偃與鉏而昌言欲易其位。事未成而僑如又告晉，謂季、孟欲從齊、楚，請晉殺季孫行父而已斃仲孫蔑，以成公之恪謹事晉，亦誣以待于壞隤以待勝者，何其猖狂一至是乎？是知權勢所在，殺機伏焉。及行父赦歸，改立僑如之弟豹爲叔孫氏，又以公子偃之通謀，刺殺之，勢固有不得不然者矣。

（襄二十三年經）冬十月乙亥，臧孫紇出奔邾。（左傳）季武子無適子，公彌長而愛悼子，欲立之。……訪於臧紇，臧紇曰：“飲我酒，吾爲子立之！”季氏飲大夫酒，臧紇爲客。既獻，臧孫命北面重席，新樽絜之，召悼子，降逆之，大夫皆起；及旅，而召公鉏，使與之齒。季孫失色。季氏以公鉏爲馬正，愠而不出。閔子馬見之，曰：“子無然！禍福無門，唯人所召。爲人子者患不孝，不患無所。……若能孝敬，富倍季氏可也！……”公鉏然之，敬共朝夕，恪居官次。季孫喜，使飲己酒而以俱往，盡舍旃，故公鉏氏富，又出爲公左宰。孟孫惡臧孫，季孫愛之。孟氏之御騶豐點好羯也，曰：“從余言，必爲孟孫！”再三云，羯從之。孟莊子疾，豐點謂公鉏：“苟立羯，請讎臧氏！”公鉏謂季孫曰：“孺子秩，固其所也。若羯立，則季氏信有力於臧氏矣。”弗應。己卯，孟孫卒；公鉏奉羯立于户側。季孫至，入哭而出，曰：“秩焉在？”公鉏曰：“羯在此矣！”季孫曰：“孺子長！”公鉏曰：“何長之有！唯其才也！且夫子之命也！”遂立羯。秩奔邾。臧孫入哭甚哀，多涕；出，其御曰：“孟孫之惡子也而哀如是，季孫若死，其若之何？”臧孫曰：“季孫之愛我，疾疢也；孟孫之惡我，藥石也；美疢不如惡石。……孟孫死，吾亡無日矣！”孟氏閉門，告於季孫曰：“臧氏將爲亂，不使我葬！”季孫不信。臧孫聞之，戒。

冬十月，孟氏將辟，藉除於臧氏；臧孫使正夫助之。除於東門，甲從己而視之。孟氏又告季孫；季孫怒，命攻臧氏。乙亥，臧孫斬鹿門之關以出，奔邾。初，臧宣叔娶于鑄，生賈及爲而死；繼室以其姪，穆姜之姨子也，生紇，長於公宮，姜氏愛之，故立之；臧賈、臧爲出在鑄。臧武仲自邾使告臧賈，且致大蔡焉，曰：“紇不佞，失守宗祧，敢告不弔！紇之罪不及不祀，子以大蔡納請，其可！”賈曰：“是家之禍也，非子之過也，賈聞命矣！”再拜受龜，使爲以納請，遂自爲也。臧孫如防，使來告曰：“紇非能害也，知不足也。非敢私請：苟守先祀，無廢二勳，敢不辟邑！”乃立臧爲。臧紇致防而奔齊。……將盟臧氏，季孫召外史掌惡臣而問盟首焉；對曰：“盟東門氏也，曰：‘毋或如東門遂不聽公命，殺適立庶！’盟叔孫氏也，曰：‘毋或如叔孫僑如欲廢國常，蕩覆公室！’”季孫曰：“臧孫之罪皆不及此。”孟椒曰：“盍以其犯門斬關？”季孫用之，乃盟臧氏曰：“無或如臧孫紇干國之紀，犯門斬關！”……

　　　按，此爲臧孫氏之變。臧氏系出孝公，雖爲魯世卿而未握大權，武仲固可善保其所有也，惟以其一時喜事，迎合季孫宿之心，廢適而立庶，遂構怨于公鉏。適會孟氏家臣慇愬奪適，授公鉏以擁立之隙，既塞季孫之口，復進臧孫之讒，乃不得不斬關行矣。怨之于人甚矣哉！

（昭四年經）冬十二月乙卯，叔孫豹卒。（左傳）初，穆子去叔孫氏，及庚宗，遇婦人，使私爲食而宿焉。問其行，告之故，哭而送之。適齊，娶於國氏，生孟丙仲壬。夢天壓己，弗勝；顧而見人，黑而上僂，深目而豭喙，號之曰：“牛，助余！”乃勝之。旦而皆召其徒，無之；且曰：“志之！”及宣伯奔齊，饋之。宣伯曰：“魯以先子之故，將存吾宗，必召汝。召汝何如？”對曰：“願之久矣！”魯人召之，不告而歸。既立，所宿庚宗之婦人獻以雉，問其姓，對曰：“余子長矣，能奉雉而從我矣。”召而見之，則所夢也。未問其名，號之曰“牛”，對曰：“唯！”皆召其徒使視之，遂使爲豎；有寵，長使爲政。公孫明知叔孫於齊；歸，未逆國姜，子明取之，故怒，其子長而後使逆之。田於丘蕕，遂遇疾焉。豎牛欲亂其室而有之，强與孟盟，不可。叔孫爲孟鐘，曰：“爾未際，饗大夫以落之。”既具，使豎牛請日。入，弗謁，出，命之曰。及賓至，聞鐘聲，牛曰：“孟有北婦人之客。”怒，將往，牛止之。賓出，使拘而殺諸外。牛又强與仲盟，不可。仲與公御萊書觀於公，公與之環，使牛入示之；入，不示，出，命佩之。牛謂叔孫：“見仲而何？”叔孫曰：“何爲？”曰：“不見，既自見矣，公與之環而佩之矣！”遂逐之，奔齊。疾急，命召仲；牛許而不召。杜洩見，告之飢渴，授之戈；對曰：“求之而至，又何去焉！”豎牛曰：“夫子疾病，不欲見人”，使實饋于个而退。牛弗進，即置虛命徹。十二月癸丑，叔孫不食；乙卯，卒。牛立昭子而相之。公使杜洩葬叔孫，豎牛賂叔仲昭子與南遺，使惡杜洩於季孫而去之。杜洩將以路葬，且盡卿禮。南遺謂季孫曰：“叔孫未乘路，葬焉用之！且冢卿無路，介卿以葬，不亦左乎！”季孫曰：“然。”使杜洩舍路；不可，曰：“夫子受命於朝而聘于王，王思舊勳而賜之路，復命而致之君，君不敢逆王命而復賜之，使三官書之：吾子爲司徒，實書名；夫子爲司馬，與工正書服；孟孫爲司空，以書勳。今死而弗以，是棄君命也；書在公府而弗以，是廢三官也。若命服，生弗敢服，死又不以，將焉用之！”乃使以葬。季孫謀去中軍；豎牛曰：“夫子固欲去之。”（左昭五年傳）五年春王正月，舍中軍。……使杜洩告於殯曰：“子固欲毀中軍，既毀之矣，故告！”杜洩曰：“夫子唯不欲毀也，故盟諸僖閎，詛諸五父之衢。”受其書而投之，帥士而哭之。叔仲子謂季孫曰：“帶受命於子叔孫，曰：‘葬鮮者自西門’。”季孫命杜洩；杜洩曰：“卿喪自朝，魯禮也。吾子爲國政未改禮而又遷之，群臣懼死，

不敢自也！"既葬而行。仲至自齊，季孫欲立之。南遺曰："叔孫
氏厚則季氏薄。彼實家亂，子勿與知，不亦可乎！"南遺使國人助
豎牛以攻諸大庫之庭，司宮射之，中目而死。豎牛取東鄙三十邑
以與南遺。昭子即位，朝其家衆，曰："豎牛禍叔孫氏，使亂大
從，殺適立庶，又披其邑，將以赦罪，罪莫大焉！必速殺之！"豎
牛懼，奔齊；孟仲之子殺諸塞關之外，投其首於寧風之棘
上。……

　　　按，此爲叔孫氏豎牛之亂，亦爲家臣叛變之始。叔孫豹
　　用人不謹，致讒殺其長子，攻殺其次子，而己亦餓而死焉。
　　叔孫婼爲豎牛所立，顧能不受其挾制，聲討其罪而誅之，亦
　　難能哉！

　　（昭十二年經）冬十月，公子憖出奔齊。（左傳）季平子立，而
不禮於南蒯。南蒯謂子仲："吾出季氏，而歸其室於公；子更其
位，我以費爲公臣。"子仲許之。南蒯語叔仲穆子，且告之故。季
悼子之卒也，叔孫昭子以再命爲卿。及平子伐莒，克之，更受三
命。叔仲子欲構二家，謂平子曰："三命踰父兄，非禮也。"平子
曰："然。"故使昭子。昭子曰："叔孫氏有家禍，殺適立庶，故婼
也及此。若因禍以避之，則聞命矣。若不廢君命，則固有著矣。"
昭子朝而命吏，曰："婼將與季氏訟，書辭無頗！"季孫懼，而歸
罪於叔仲子，故叔仲小、南蒯、公子憖，謀季氏。憖告公而遂從
公如晉。南蒯懼不克，以費叛如齊。子仲還及衛，聞亂，逃介而
先；及郊，聞費叛，遂奔齊。南蒯之將叛也，其鄉人或知之，過
之而歎，且言曰："恤恤乎，湫乎攸乎，深思而淺謀，邇身而遠
志，家臣而君圖，有人矣哉！"……將適費，飲鄉人酒。鄉人或歌
之曰："我有圃，生之杞乎？從我者子乎？去我者鄙乎？倍其鄰
者恥乎？已乎已乎，非吾黨之士乎？"平子欲使昭子逐叔仲小；小
聞之，不敢朝。昭子命吏謂小待政於朝，曰："吾不爲怨府！"

（昭十三年經）春，叔弓帥師圍費。（左傳）叔弓圍費，弗克，敗焉。平子怒，令見費人執之以爲囚俘。冶區夫曰："非也！若見費人，寒者衣之，飢者食之，爲之令主而共其乏困，費來如歸，南氏亡矣！民將叛之，誰與居邑！若憚之以威，懼之以怒，民疾而叛，爲之聚也！若諸侯皆然，費人無歸，不親南氏，將焉入矣！"平子從之，費人叛南氏。

（左昭十四年傳）南蒯之將叛也，盟費人。司徒老祁、慮癸僞廢疾，使請於南蒯曰："臣願受盟而疾興。若以君靈不死，請待間而盟！"許之。二子因民之欲叛也，請朝衆而盟，遂刼南蒯，曰："群臣不忘其君，畏子以及今，三年聽命矣。子若弗圖，費人不忍其君，將不能畏子矣。子何所不逞欲，請送子！"請期五日，遂奔齊。侍飲酒於景公，公曰："叛夫！"對曰："臣欲張公室也。"子韓晳曰："家臣而欲張公室，罪莫大焉！"司徒老祁、慮癸來歸費，齊侯使鮑文子致之。

　　按，此爲南蒯之亂，亦即季氏家臣叛變之始。南蒯欲出季氏而歸其室於公，自後人視之，其公忠爲何如；而以當時人階級思想論之，則家臣而欲張公室，爲有大罪焉。孟、叔二家屢有禍亂，獨季氏晏然得蓄養其精力，故其力最雄，然至於此而亦有極盛難繼之勢矣。

（昭二十五年經）春，叔孫婼如宋。（左傳）季公若之姊爲小邾夫人，生宋元夫人，生子，以妻季平子。昭子如宋聘，且逆之。公若從，謂曹氏"勿與，魯將逐之"。曹氏告公，公告樂祁。樂祁曰："與之！如是，魯君必出。政在季氏，三世矣；魯君喪政，四公矣。無民而能逞其志者，未之有也。……魯君失民矣，焉得逞其志！靖以待命猶可，動必憂！"

（又）夏……有鸜鵒來巢。（左傳）有鸜鵒來巢，書所無也。師己曰："異哉！吾聞文、成之世，童謠有之曰：'鸜之鵒之，公出辱之。鸜鵒之羽，公在外野，往饋之馬。鸜鵒趹趹，公在乾侯，徵褰與襦。鸜鵒之巢，遠哉遙遙，禂父喪勞，宋父以驕。鸜鵒鸜鵒，往歌來哭。'童謠有是，今鸜鵒來巢，其將及乎？"

（又）九月己亥，公孫于齊，次于陽州；齊侯唁公于野井。（左傳）初，季公鳥娶妻於齊鮑文子，生甲。公鳥死，季公亥與公思展與公鳥之臣申夜姑相其室。及季姒與饔人檀通，而懼，乃使其妾抶己，以示秦遄之妻，曰："公若欲使余，余不可而抶余。"又訴於公甫曰："展與夜姑將要余。"秦姬以告公之。公之與公甫告平子。平子拘展於卞，而執夜姑，將殺之。公若泣而哀之曰："殺是，是殺余也！"將爲之請。平子使豎勿內。日中不得請，有司逆命，公之使速殺之；故公若怨平子。季、郈之雞鬬，季氏介其雞，郈氏爲之金距。平子怒，益宮於郈氏，且讓之；故郈昭伯亦怨平子。臧昭伯之從弟會爲讒於臧氏而逃於季氏，臧氏執旃；平子怒，拘臧氏老。將禘於襄公，萬者二人，其衆萬於季氏；臧孫曰："此之謂不能庸先君之廟"，大夫遂怨平子。公若獻弓於公爲，且與之出射於外，而謀去季氏。公爲告公果、公賁。公果、公賁使侍人僚柤告公；公寢，將以戈擊之，乃走。公曰："執之"，亦無命也。懼而不出，數月不見。公不怒。又使言；公執戈以懼之，乃走。又使言；公曰："非小人之所及也！"公果自言。公以告臧孫，臧孫以難；告郈孫，郈孫以可勸。告子家懿伯，懿伯曰："讒人以君徼幸。事若不克，君受其名，不可爲也。舍民數世以求克事，不可必也。且政在焉，其難圖也！"公退之；辭曰："臣與聞命矣。言若洩，臣不獲死！"乃館於公。叔孫昭子如闞。公居於長府。九月戊戌，伐季氏。殺公之于門，遂入之。平子登臺而請，曰："君不察臣之罪，使有司討臣以干戈，臣請待於沂上以察罪。"弗許。請囚于費，弗許。請以五乘亡，弗許。子家子曰："君其許之！政自之出久矣。隱民多取食焉，爲之徒者衆矣。日入愿作，弗可知也。衆怒不可蓄也。蓄而弗治，將蘊蘊蓄，民將生心。生心，同求將合。君必悔之！"弗聽。郈孫曰：
"必殺之！"公使郈孫逆孟懿子。叔孫氏之司馬鬷戾言於其眾曰：
"若之何？"莫對。又曰："我家臣也，不敢知國。凡有季氏與無，
於我孰利？"皆曰："無季氏，是無叔孫氏也。"鬷戾曰："然則救
諸！"帥徒以往，陷西北隅以入。公徒釋甲，執冰而踞；遂逐之。
孟氏使登西北隅，以望季氏；見叔孫氏之旌，以告。孟氏執郈昭
伯，殺之於南門之西，遂伐公徒。子家子曰："諸臣偽劫君者，
而負罪以出。君止，意如之事君也，不敢不改。"公曰："余不忍
也！"與臧孫如墓謀，遂行。己亥，公孫於齊，次於陽州。齊侯將
唁公于平陰，公先至于野井。齊侯曰："寡人之罪也！使有司待
於平陰，爲近故也。"……齊侯曰："自莒疆以西，請致千社，以
待君命！寡人將帥敝賦以從執事，唯命是聽。君之憂，寡人之憂
也。"公喜。子家子曰："天祿不再。天若胙君，不過周公，以魯
足矣。失魯而以千社爲臣，誰與之立？且齊君無信，不如早之
晉。"弗從。

（又）冬十月戊辰，叔孫婼卒。（左傳）昭子自闞歸，見平子。
平子稽顙曰："子若我何？"昭子曰："人誰不死，子以逐君成名，
子孫不忘，不亦傷乎！將若子何！"平子曰："苟使意如得改事君，
所謂生死而肉骨也！"昭子從公于齊，與公言，子家子命適公館者
執之。公與昭子言於幄內，曰："將安眾而納公。"公徒將殺昭子，
伏諸道。左師展告公，公使昭子自鑄歸。平子有異志。冬十月辛
酉，昭子齊於其寢，使祝宗祈死。戊辰，卒。左師展將以公乘馬
而歸，公徒執之。

（又）十有二月，齊侯取鄆。（左傳）十二月庚辰，齊侯圍鄆。
（左昭二十六年傳）春王正月庚申，齊侯取鄆。

（昭二十六年經）三月，公至自齊，居于鄆。（左傳）公至自
齊，處于鄆，言魯地也。

（又）夏，公圍成。（左傳）夏，齊侯將納公，命無受魯貨。申

豐從女賈，以幣錦二兩，縛一如瑱，適齊師，謂子猶之人高齕：
"能貨子猶爲高氏後，粟五千庚。"高齕以錦示子猶，子猶欲之。
齕曰："魯人買之，百兩一布。以道之不通，先入幣財。"子猶受
之，言於齊侯曰："群臣不盡力于魯君者，非不能事君也。然據
有異焉：宋元公爲魯君如晉，卒于曲棘。叔孫昭子求納其君，無
疾而死。不知天之棄魯耶？抑魯君有罪於鬼神，故及此也？君若
待于曲棘，使群臣從魯君以卜焉，若可，師有濟也，君而繼之，
茲無敵矣；若其無成，君無辱焉！"齊侯從之，使公子鉬帥師從
公。成大夫公孫朝謂平子曰："有都以衛國也，請我受師。"許之。
請納質，弗許，曰"信女足矣！"告於齊師曰："孟氏，魯之敝室
也。用成已甚，弗能忍也，請息肩于齊！"齊師圍成。成人伐齊師
之飲馬于淄者，曰："將以厭衆。"魯成備而後告曰："不勝衆！"師
及齊師戰于炊鼻。……

（又）秋，公會齊侯、莒子、邾子、杞伯盟于鄟陵。公至自
會，居于鄆。（左傳）盟于鄟陵，謀納公也。

（昭二十七年經）春，公如齊。公至自齊，居于鄆。（左傳）言
在外也。

（又）秋，晉士鞅、宋樂祁犁、衛北宮喜、曹人、邾人、滕人
會于扈。（左傳）秋，會于扈，令成周，且謀納公也。宋、衛皆利
納公，固請之。范獻子取貨於季孫，謂司城子梁與北宮貞子曰：
"季孫未知其罪而君伐之，請囚請亡，於是乎不獲，君又弗克而
自出也，夫豈無備而能出君乎？季氏之復，天救之也，休公徒之
怒而啟叔孫氏之心；不然，豈其伐人而說甲執冰以游！叔孫氏懼
禍之濫而自同於季氏，天之道也。魯君守齊，三年而無成。季氏
甚得其民，淮夷與之，有十年之備，有齊、楚之援。有天之贊，
有民之助，有堅守之心，有列國之權，而弗敢宣也，事君如在
國，故鞅以爲難。二子皆圖國者也，而欲納魯君，鞅之願也；請
從二子以圍魯，無成，死之！"二子懼，皆辭；乃辭小國而以

難復。

（左昭二十七年傳）孟懿子、陽虎伐鄆，鄆人將戰。子家子曰：“天命不慆久矣，使君亡者必此眾也！……”公使子家子如晉。公徒敗于且知。

（昭二十七年經）冬……公如齊。公至自齊，居于鄆。（左傳）公如齊，齊侯請饗之。子家子曰：“朝夕立於其朝，又何饗焉！其飲酒也。”乃飲酒，使宰獻而請安。……

（昭二十八年經）春……公如晉，次于乾侯。（左傳）公如晉，將如乾侯。子家子曰：“有求於人而即其安，人孰矜之！其造於竟！”弗聽，使請逆於晉。晉人曰：“天禍魯國，君淹恤在外，君亦不使一个辱在寡人，而即安於甥舅，其亦使逆君！”使公復于竟而後逆之。

（昭二十九年經）春，公至自乾侯，居于鄆。齊侯使高張來唁公。公如晉，次于乾侯。（左傳）公至自乾侯，處于鄆。齊侯使高張來唁公，稱“主君”。子家子曰：“齊卑君矣，君祇辱焉！”公如乾侯。

（昭二十九年傳）平子每歲賈馬，具從者之衣屨而歸之于乾侯。公執歸馬者賣之，乃不歸馬。衛侯來獻其乘馬，曰啟服，塹而死。公將爲之檟；子家子曰：“從者病矣，請以食之。”乃以帷裹之。公賜公衍羔裘，使獻龍輔於齊侯，遂入羔裘；齊侯喜，與之陽穀。公衍、公爲之生也，其母偕出；公衍先生。公爲之母曰：“相與偕出，請相與偕告。”三日，公爲生，其母先以告；公爲爲兄。公私喜於陽穀而思於魯，曰：“務人爲此禍也；且後生而爲兄，其誣也久矣！”乃黜之，而以公衍爲太子。

（昭二十九年經）冬十月，鄆潰。

（昭三十年經）春王正月，公在乾侯。

（昭三十一年經）春王正月，公在乾侯。（左傳）言不能外內也。

（又）季孫意如會晉荀躒于適歷。夏……晉侯使荀躒唁公于乾侯。（左傳）晉侯將以師納公，范獻子曰："若召季孫而不來，則信不臣矣，然後伐之，若何？"晉人召季孫，獻子使私焉，曰："子必來，我受其無咎。"季孫意如會晉荀躒于適歷。荀躒曰："寡君使躒謂吾子：'何故出君？有君不事，周有常刑。子其圖之！'"季孫練冠麻衣跣行，伏而對曰："事君，臣之所不得也，敢逃刑命！君若以臣爲有罪，請囚于費以待君之察也，亦唯君！若以先臣之故，不絕季氏而賜之死，若弗殺弗亡，君之惠也，死且不朽！若得從君而歸，則固臣之願也，敢有異心！"夏四月，季孫從知伯如乾侯。子家子曰："君與之歸！一憾之不忍，而終身憾乎！"公曰："諾。"衆曰："在一言矣，君必逐之！"荀躒以晉侯之命唁公，且曰："寡君使躒以君命討於意如，意如不敢逃死，君其入也！"公曰："君惠顧先君之好，施及亡人，將使歸糞除宗祧以事君，則不能見夫人！己所能見夫人者有如河！"荀躒掩耳而走，曰："寡君其罪之恐，敢與知魯國之難！臣請復于寡君！"退而謂季孫："君怒未息，子姑歸祭。"子家子曰："君以一乘入于魯師，季孫必與君歸。"公欲從之；衆從者脅公，不得歸。

（昭三十二年經）春王正月，公在乾侯。取闞。

（又）十有二月己未，公薨于乾侯。（左傳）十二月，公疾，遍賜大夫，大夫不受。賜子家子雙琥，一環，一璧，輕服，受之。大夫皆受其賜。己未，公薨。子家子反賜於府人曰："吾不敢逆君命也！"大夫皆反其賜。……趙簡子問于史墨曰："季氏出其君而民服焉，諸侯與之，君死于外而莫之或罪，何也？"對曰："……天生季氏以貳魯侯，爲日久矣，民之服焉不亦宜乎！魯君世從其失，季氏世修其勤，民忘君矣，雖死于外，其誰矜之！……政在季氏，於此君也四公矣，民不知君，何以得國！是以爲君慎器與名，不可以假人！"

（定元年經）夏六月癸亥，公之喪至自乾侯。戊辰，公即位。

（左傳）夏，叔孫成子逆公之喪于乾侯。季孫曰："子家子亟言於我，未嘗不中吾志也，吾欲與之從政。子必止之，且聽命焉。"子家子不見叔孫，易幾而哭。叔孫請見子家子，子家子辭曰："羈未得見而從君以出，君不命而薨，羈不敢見！"叔孫使告之曰："公衍、公爲實使群臣不得事君；若公子宋主社稷，則群臣之願也！凡從君出而可以入者，將唯子是聽！子家氏未有後，季孫願與子從政！此皆季孫之願也，使不敢以告。"對曰："若立君，則有卿士大夫與守龜在，羈弗敢知。若從君者，則貌而出者入可也，寇而出者行可也。若羈也，則君知其出也而未知其入也，羈將逃也！"喪及壞隤，公子宋先入；從公者皆自壞隤反。六月癸亥，公之喪至自乾侯。戊辰，公即位。

（又）秋七月癸巳，葬我君昭公。（左傳）季孫使役如闞公氏，將溝焉。榮駕鵝曰："生不能事，死又離之，以自旌也，縱子忍之，後必或恥之！"乃止。季孫問於榮駕鵝曰："吾欲爲君謚，使子孫知之。"對曰："生弗能事，死又惡之，以自信也，將焉用之！"乃止。秋七月癸巳，葬昭公於墓道南。孔子之爲司寇也，溝而合諸墓。

（又）九月……立煬宮。（左傳）昭公出，故季平子禱于煬公。九月，立煬宮。

　　按，此爲季孫意如逐君之亂，昭公出亡者七年，身死而子廢，實春秋時魯國最鉅之變故。自僖公之立，季友以元勳執政，其孫行父（文子）相宣、成、襄三公，行父之子宿（武子）又相襄、昭二公，迄于意如（平子），其勢厚矣。成十六年，叔孫僑如欲藉穆姜之助而去季、孟，不克；昭十二年，南蒯以季氏家臣而欲張公室，以費叛，又不克：則更無所忌憚矣。昭公即位，傳雖謂其猶有童心，然觀春秋之文，於二年曰："冬，公如晉，至河乃復。季孫宿如晉"，於五年曰："春……公如晉，……秋七月，公至自晉"，於六年曰："夏，季孫宿如晉”，於十二年曰：“夏……公如晉，至河乃復”，於十三年曰：“冬，……公如晉，至河乃復”，於十五年曰：“冬，公如晉”，於十六年曰：“夏，公至自晉。……季孫意如如晉”，於二十一年曰：“冬……公如晉，至河乃復”，於二十三年曰：“冬，公如晉；至河有疾，乃復”，凡如晉者七，至河退回者五，而成事者僅二；及昭公方歸，季氏即往，雖傳稱其由他事，然君臣間傾軋之情得此亦足以透露其消息矣。蓋季氏結援晉國之卿，昭公欲藉大國之力以去之，而未易自達其情，其所以臨河而返者，必有季氏之讒間在也。誠使昭公已自達於晉之平、昭諸公矣，而晉國政權亦在群卿，又何濟乎！一旦因季公亥郈昭伯之怨，帥兵以伐季氏，作孤注之一擲，其不爲曹魏之高貴鄉公得乎！意如於公之伐也則登臺而請罪請囚請亡，於叔孫婼之歸也則稽顙而請改事君，於公之居乾侯也則每歲賈馬具從者之衣屨以歸之，於晉荀躒之來問罪也則麻衣練冠跣行而伏對，其容貌之恭順與言語之卑巽也若是，遂使人釋憾於季氏，反疑昭公之兒戲國事矣。然而齊侯將納公，則季氏家臣申豐、女賈行貨於梁丘據而緩其師；宋、衛欲納公，則范獻子取貨于季孫而以恐懼之辭止之：以賄賂遂其詐術，其陰謀又若此。然則叔孫婼之欲納公而無疾以死，荀躒請昭公返國而公誓“不能見夫人”，衆從者又脅公不得歸，季孫欲以子家覊從政而逃去之，皆實有其不得不然之故矣。至於哀公，又以逃死而遜越。是知昭公失國，非其自謀之不臧，乃諸侯寄生於權門之下所必有之運命，讀者勿爲季氏宣傳所欺可耳。

(定五年經)六月丙申，季孫意如卒。(左傳)六月，季平子行東野，還未至，丙申，卒于房。陽虎將以璵璠歛，仲梁懷弗與，曰：“改步改玉。”陽虎欲逐之，告公山不狃；不狃曰：“彼爲君也，子何怨焉！"既葬，桓子行東野，及費。子洩爲費宰，遂勞於郊；桓子敬之。勞仲梁懷；仲梁懷弗敬。子洩怒，謂陽虎："子行之乎？"……九月……乙亥，陽虎囚季桓子及公父文伯而逐仲梁懷。冬十月丁亥，殺公何藐。己丑，盟桓子于稷門之內。庚寅，大詛；逐公父歜及秦遄，皆奔齊。

（定六年經）二月，公侵鄭。（左傳）公侵鄭，取匡，爲晉討鄭之伐胥靡也；往不假道於衛。及還，陽虎使季、孟自南門入，出自東門，舍於豚澤。衛侯怒，使彌子瑕追之。公叔文子……曰："尤人而效之，非禮也。……天將多陽虎之罪以斃之。君姑待之，若何？"乃止。

（又）夏，季孫斯、仲孫何忌如晉。（左傳）季桓子如晉，獻鄭俘也。陽虎强使孟懿子往報夫人之幣，晉人兼享之。孟孫立于房外，謂范獻子曰："陽虎若不能居魯而息肩於晉，所不以爲中軍司馬者有如先君！"獻子曰："寡君有官，將使其人，鞅何知焉！"獻子謂簡子曰："魯人患陽虎矣！孟孫知其釁，以爲必適晉，故强爲之請以取入焉。"

（左定六年傳）陽虎又盟公及三桓於周社，盟國人于亳社，詛於五父之衢。

（左定七年傳）齊人歸鄆陽關，陽虎居之以爲政。

（定七年經）秋……齊國夏帥師伐我西鄙。（左傳）齊國夏伐我，陽虎御季桓子，公斂處父御孟懿子，將宵軍齊師。齊師聞之，墮伏而待之。處父曰："虎不圖禍而必死！"苫夷曰："虎陷二子於難，不待有司，余必殺女！"虎懼，乃還；不敗。

（定八年經）冬……盜竊寶玉大弓。（左傳）季寤，公鉏極，公山不狃，皆不得志於季氏，叔孫輒無寵於叔孫氏，叔仲志不得志於魯，故五人因陽虎。陽虎欲去三桓，以季寤更季氏，以叔孫輒更叔孫氏，己更孟氏。冬十月，順祀先公而祈焉。……壬辰，將享季氏于蒲圃而殺之，戒都車曰："癸巳至。"成宰公斂處父告孟孫曰："季氏戒都車，何故？"孟孫曰："吾弗聞。"處父曰："然則亂也，必及於子，先備諸！"與孟孫以壬辰爲期。陽虎前驅。林楚御桓子，虞人以鈹盾夾之，陽越殿。將如蒲圃，桓子咋謂林楚，曰："而先皆季氏之良也，爾以是繼之！"對曰："臣聞命後。陽虎爲政，魯國服焉；違之，徵死，死無益於主。"桓子曰："何後之有！而能以我適孟氏乎？"對曰："不敢愛死，懼不免主。"桓子曰："往也！"孟氏選圉人之壯者三百人，以爲公期築室於門外。林楚怒馬，及衢而騁。陽越射之，不中。築者闔門；有自門間射陽越，殺之。陽虎刧公與武叔以伐孟氏，公斂處父帥成人自上東門入，與陽氏戰于南門之內；弗勝，又戰于棘下，陽氏敗。陽虎說甲如公宮，取寶玉大弓以出，舍于五父之衢，寢而爲食。其徒曰："追其將至！"虎曰："魯人聞余出，喜於徵死，何暇追余！"從者曰："嘻，速駕，公斂陽在！"公斂陽請追之，孟孫弗許。陽欲殺桓子，孟孫懼而歸之。子言辨舍爵於季氏之廟而出。陽虎入于讙陽關以叛。

　　（定九年經）夏……得寶玉大弓。（左傳）夏，陽虎歸寶玉大弓。書曰"得"，器用也。凡獲器用曰得，得用焉曰獲。六月，伐陽關。陽虎使焚萊門，師驚，犯之而出，奔齊，請師以伐魯，曰："三加，必取之！"齊侯將許之，鮑文子諫曰："臣嘗爲隸於施氏矣，魯未可取也。上下猶和，衆庶猶睦，能事大國而無天菑，若之何取之！陽虎欲勤齊師也。齊師罷，大臣必多死亡，己於是乎奮其詐謀。夫陽虎有寵於季氏而將殺季孫，以不利魯國而求容焉。親富不親仁，君焉用之！君富于季氏而大於魯國，茲陽虎所欲傾覆也。魯免其疾而君又收之，無乃害乎？"齊侯執陽虎，將東之。陽虎願東，乃囚諸西鄙。盡借邑人之車，鍥其軸，麻約而歸之，載蔥靈，寢於其中而逃。追而得之，囚於齊；又以蔥靈逃奔宋，遂奔晉適趙氏。……

　　　　按，此爲陽虎之亂，季氏家臣叛變之第二次。此四年中，季桓子囚焉，公父文伯逐焉，公及國人與盟詛焉，魯國之政盡屬之矣。猶不自足，欲去三桓而更之，載季桓子而欲殺之，三桓之不亡幸矣。季孫意如逐昭公，以公室之弱不克洩怨於季氏，乃假陽虎之手以報復之，螳螂黃雀之次第相噬何其速也？論語記孔子言曰：“天下無道則禮樂征伐自諸侯出：自諸侯出，蓋十世希不失矣；自大夫出，五世希不失矣；陪臣執國命，三世希不失矣”，爲三桓與陽虎言之也。又云：“禄之去公室五世矣，政逮於大夫四世矣，故夫三桓之子孫微矣”，蓋在此時言之。及陽虎奔齊，三家又盛，伐邾城郰，迫公去魯，未可謂之“微”也。

（定十年經）夏，叔孫州仇、仲孫何忌帥師圍郈。秋，叔孫州仇、仲孫何忌帥師圍郈。（左傳）初，叔孫成子欲立武叔，公若藐固諫曰：“不可！”成子立之而卒。公南使賊射之，不能殺。公南爲馬正，使公若爲郈宰。武叔既定，使郈馬正侯犯殺公若，弗能。其圍人曰：“吾以劍過朝，公若必曰：‘誰之劍也？’吾稱子以告，必觀之。吾僞固而授之末，則可殺也。”使如之。公若曰：“爾欲吳王我乎？”遂殺公若。侯犯以郈叛；武叔懿子圍郈，弗克。秋，二子及齊師復圍郈，弗克。叔孫謂郈工師駟赤曰：“郈非唯叔孫氏之憂，社稷之患也。將若之何？”對曰：“臣之業在揚水卒章之四言矣。”叔孫稽首。駟赤謂侯犯曰：“居齊、魯之際而無事，必不可矣。子盍求事於齊以臨民，不然將叛。”侯犯從之。齊使至，駟赤與郈人爲之宣言於郈中，曰：“侯犯將以郈易於齊。齊人將遷郈民。”衆凶懼。駟赤謂侯犯曰：“衆言異矣。子不如易于齊，與其死也；猶是郈也，而得紓焉，何必此！齊人欲以此偪魯，必倍與子地。且盍多舍甲于子之門以備不虞？”侯犯曰：“諾”，乃多舍甲焉。侯犯請易于齊，齊有司觀郈，將至，駟赤使周走呼曰：“齊師至矣！”郈人大駭，介侯犯之門甲，以圍侯犯。

駟赤將射之，侯犯止之曰：“謀免我！”侯犯請行，許之。駟赤先如宿，侯犯殿。每出一門，邱人閉之。及郭門，止之曰：“子以叔孫氏之甲出，有司若誅之，群臣懼死！”駟赤曰：“叔孫氏之甲有物，吾未敢以出。”犯謂駟赤曰：“子止而與之數。”駟赤止而納魯人。侯犯奔齊，齊人乃致邱。

（又）冬……叔孫州仇如齊。（左傳）武叔聘于齊，齊侯享之，曰：“子叔孫，若使邱在君之他竟，寡人何知焉；屬與敝邑際，故敢助君憂之！”對曰：“非寡君之望也！所以事君，封疆社稷是以；敢以家隸勤君之執事！夫不令之臣，天下之所惡也，君豈以爲寡君賜！”

按，此侯犯之亂，叔孫氏家臣叛變之第二次。邱爲叔孫氏之邑，公若藐爲之宰，叔孫州仇（武叔）以立子時之私怨欲殺公若，使邱之馬正侯犯殺之，侯犯不能而叔孫之圉人能之，侯犯乃憝懼而叛。倚其城固，叔、仲兩圍不克，賴駟赤之謀，得不戰而下焉。

（哀十四年經）八月辛丑，仲孫何忌卒。（左傳）初，孟孺子洩將圍馬于成，成宰公孫宿不受，曰：“孟孫爲成之病。不圍馬焉。”孺子怒，襲成；從者不得入，乃反。成有司使，孺子鞭之。秋八月辛丑，孟懿子卒。成人奔喪，弗內。袒免哭于衢，聽共，弗許。懼，不歸。

（哀十五年經）春王正月，成叛。（左傳）春，成叛于齊。武伯伐成不克，遂城輸。

（又）冬……及齊平。（左傳）冬，及齊平。子服景伯如齊，子贛爲介，見公孫成，曰：“人皆臣人而有背人之心；況齊人雖爲子役，其有不貳乎！子，周公之孫也，多饗大利，猶思不義，利不可得而喪宗國，將焉用之！”成曰：“善哉，吾不早聞命！”陳成子館客，曰：“寡君使恒告曰：‘寡人願事君如事衛君！’”景伯揖子贛而進之，對曰："寡君之願也。昔晉人伐衛，齊爲衛故，伐晉冠氏，喪車五百；因與衛地，自濟以西，禚、媚、杏以南，書社五百。吳人加敝邑以亂，齊因其病，取讙與闡，寡君是以寒心。若得視衛君之事君也，則固所願也！"成子病之，乃歸成。公孫宿以其兵甲入于嬴。

　　　　按，此爲公孫宿之亂，孟孫氏家臣惟一之叛變。成爲孟氏之邑，孟武伯以圍馬病民，公孫宿爲成宰，擯而不受，雖不順於上而其心則可原也。武伯未能自責，數加凌辱，迫之叛於齊。其後公孫宿聞子貢之數語，遽斂手而退讓，亦賢矣哉！

　　（左哀二十四年傳）閏月，公如越，得太子適郢，將妻公而多與之地。公孫有山使告于季孫；季孫懼，使因太宰嚭而納賂焉。乃止。

　　（左哀二十五年傳）六月，公至自越，季康子、孟武伯逆於五梧，郭重僕，見二子，曰："惡言多矣，君請盡之！"公宴於五梧，武伯爲祝，惡郭重曰："何肥也！"季孫曰："請飲彘也！以魯國之密邇仇讎，臣是以不獲從君，克免於大行，又謂重也肥。"公曰："是食言多矣，能無肥乎！"飲酒不樂，公與大夫始有惡。

　　（左哀二十七年傳）夏四月己亥，季康子卒，公弔焉，降禮。……公患三桓之侈也，欲以諸侯去之，三桓亦患公之妄也，故君臣多間。公游于陵阪，遇孟武伯于孟氏之衢，曰："請有問于子，余及死乎？"對曰："臣無由知之！"三問，卒辭不對。公欲以越伐魯，而去三桓。秋八月甲戌，公如公孫有陘氏，因孫于邾，乃遂如越。國人施公孫有山氏。

　　　　按，此爲哀公遜越之變，非若昭公之興兵戎也，而亦不能不去。觀其"及死"之問，即知其含痛之深，與後世亡國帝王"不知命在何時"之歎如出一口；左氏乃以飲酒不樂爲君臣交惡之始，何其不達於事理之甚耶！論語云："孔子謂'季氏八佾舞於庭，是可忍也孰不可忍也！'"又云："三家者以雍徹"，又云："季氏旅於泰山"，是"三桓之侈"之證也。

又云："陳成子弒簡公，孔子沐浴而朝，告於哀公曰：'陳恒弒其君，請討之！'公曰：'告夫三子！'孔子曰：'以吾從大夫之後，不敢不告也！'公曰：'告夫三子者！'之三子告，不可"，是哀公畏三桓之證也。以如此之兢兢小心，而在三桓目中終不免於"妄"，卒至大去其國，可悲哉！

〔附〕（襄三十一年經）夏六月辛巳，公薨于楚宮。秋九月癸巳，子野卒。（左傳）公薨于楚宮。……立胡女敬歸之子子野；次于季氏；秋九月癸巳卒，毀也。……立敬歸之娣齊歸之子公子裯。

按，經文此條，自公、穀以來，未有以子野爲被弒者；獨方苞、顧棟高疑之，謂與子般、子赤（子赤即文公之子惡）一例。顧氏之言曰："隱之遇弒也，傳稱'館于寪氏；壬辰，羽父使賊弒公于寪氏'。子般之遇弒也，傳稱'次于黨氏；冬十月己未，共仲使圉人犖賊子般于黨氏'。凡亂臣賊子謀行不軌，類不于宮庭，慮君之徒御多而耳目廣也；必伺其間於寬閒隱僻之所而後得以肆虐，且爲後日諉罪飾奸之地。況此傳更明云'次于季氏；秋九月癸巳卒'，入大臣之家而不得反，則弒逆之罪季氏將誰逃乎！左氏乃云毀，此正季之欲蓋而彌彰也。……豈平日倚廬堊室之毀獨無恙，次于季氏遂至一毀而卒乎！……意子野平日憤襄公之見欺，與季有違言，而季亦憚其英武，計不若昭之童騃易制，遂萌邪謀……謀曰：'子之喪親，禮當哀毀，可以毀卒飾。'加至美之名于君父以惑群聽，立其親娣之子以釋群疑，舉朝莫得知，通國莫敢議，而學士大夫亦遂相蒙以至于今。……謹因方氏之論爲二語判其狀曰：據經文，無殊于子般、子赤之卒；據傳文，顯同于蔿氏、黨氏之事！"（春秋大事表卷二十一）其説甚是。以其於經、傳無顯證，故列之於附錄。

　　又按，禮記明堂位云："魯，王禮也，天下傳之久矣；君臣未嘗相弑也，禮樂刑法政俗未嘗相變也，天下以爲有道之國，是故天下資禮樂焉。"此之誣謾雖鄭玄亦揭之矣。今觀本章所録，則弑君者四（一，桓弑隱；二，共仲弑子般；三，共仲弑閔公；四，襄仲殺惡及視），有弑君嫌疑者一（子野卒于季氏），逐君者二（一，季平子逐昭公；二，三桓逐哀公），世卿相閲者五（一，季友酖叔牙；二，孟穆伯與襄仲奪妻；三，季文子逐東門氏；四，叔孫宣伯與穆姜謀去季孟；五，季武子逐臧武仲），家臣叛變者五（一，叔孫氏豎牛之亂；二，季氏南蒯之亂；三，季氏陽虎之亂；四，叔孫氏侯犯之亂；五，孟氏公孫宿之亂）。二百五十餘年中，犖犖可指者凡十七，何有於秉周禮焉！雖然，春秋之世，封建制度崩潰之際也，此擾擾攘攘者正在醖釀新時代耳；必以倫常觀念繩之，是膠柱鼓瑟之見也。

第四節　魯國之内政

甲　賦税

　　（宣十五年經）秋……初税畝。（公羊傳）初者何？始也。税畝者何？履畝而税也。初税畝何以書？譏。何譏爾？譏始履畝而税也。何譏乎始履畝而税？古者什一而藉。古者曷爲什一而藉？什一者天下之中正也。多乎什一，大桀小桀；寡乎什一，大貉小貉。……（穀梁傳）古者什一，藉而不税。初税畝，非正也。古者三百步爲里，名曰井田。井田者，九百畝，公田居一。私田稼不善，則非吏；公田稼不善，則非民。初稅畝者，非公之去公田而履畝十取一也，以公之與民爲已悉矣。古者公田爲居，井竈葱韭盡取焉。（左傳）非禮也。穀出不過藉，以豐財也。

（成元年經）三月，作丘甲。（左傳）爲齊難故，作丘甲。

（襄十一年經）春王正月，作三軍。（左傳）季武子將作三軍，告叔孫穆子曰：“請爲三軍，各征其軍。”穆子曰：“政將及子，子必不能。”武子固請之。穆子曰：“然則盟諸！”乃盟諸僖閎，詛諸五父之衢。正月，作三軍，三分公室而各有其一。三子各毀其乘。季氏使其乘之人以其役邑入者無征，不入者倍征。孟氏使半爲臣，若子若弟。叔孫氏使盡爲臣，不然不舍。

（昭五年經）春王正月，舍中軍。（左傳）四年……季孫謀去中軍，豎牛曰：“夫子固欲去之。”五年春王正月，舍中軍，卑公室也。毀中軍于施氏，成諸臧氏。初作中軍，三分公室而各有其一：季氏盡征之，叔孫氏臣其子弟，孟氏取其半焉。及其舍之也，四分公室：季氏擇二，二子各一，皆盡征之，而貢于公。

（哀十二年經）春，用田賦。（左傳）十一年……季孫欲以田賦，使冉有訪諸仲尼。仲尼曰：“丘不識也！”三發，卒曰：“子爲國老，待子而行，若之何子之不言也？”仲尼不對，而私於冉有曰：“君子之行也，度於禮：施取其厚，事舉其中，斂從其薄；如是，則以丘亦足矣。若不度於禮而貪冒無厭，則雖以田賦，將又不足。且子季孫若欲行而法，則周公之典在；若欲苟而行，又何訪焉！”弗聽。十二年春王正月，用田賦。

按，古者諸侯取於民者，在田爲粟，在軍爲車。其制度俱不可詳，就先儒所稱説，則十取其一，民得不病。春秋中葉以降，交通日繁，消耗日廣，加以大國對於弱小之誅求無厭，什一之制已不足以給國君卿大夫之需要，遂不得不創立新制以取民之財。就魯史以觀，則稅畝爲一變，田賦爲再變。詩曰：“雨我公田，遂及我私”，是當時田有公私之別：

私田者，民耕之以自養；公田者，民共耕以養公者也。公但當取公田所出者耳，無所謂稅也；有稅，則計田以征賦，民於公田勞役之外更當獻納其私田之所產，是倍征之矣。丘賦之法見於司馬法，曰："四邑爲丘，丘出戎馬一匹，牛三頭。"季孫欲用田賦而孔子以爲"以丘亦足"，是其重於丘賦可知也。前者計田以稅，後者計田以賦，制雖難曉，要之增加農夫之負擔則無可疑。丘甲者，猶晉之州兵，今之團練，民自以其財組織之武力。魯本二軍，而襄十一年作三軍者，確立三桓之權勢也；昭五年復舍中軍者，更以削弱公室也。蓋其初民屬于公，三桓僅有其采邑之民耳，自三分公室而各有一，則民歸於三家，非公所有矣。然叔孫但臣其子弟而不取其父兄，則衰老之民猶在；孟氏僅取其半，則壯丁之半猶在。區國民爲十二，孟氏取其一，叔孫取其二，季氏取其四，是公得其五，三家得其七也。及舍中軍，征民之權盡歸三家，季孫得其六，叔孟並得其三，而公惟有垂拱無爲，以聽三家之來貢耳。在如此局勢之下，昭公安得不起而抗季氏？亦惟在如此局勢之下，昭公之抗季氏又安得不失敗？

乙　營築

（隱元年左傳）夏四月，費伯帥師城郎。不書，非公命也。

（隱七年經）夏，城中丘。（左傳）書不時也。

（隱九年經）夏，城郎。（左傳）書不時也。

（桓五年經）夏……城祝丘。

（桓十六年經）冬，城向。（左傳）書時也。

（莊二十八年經）冬，築郿（公穀經皆作微）。（左傳）非都也。凡邑有宗廟先君之主曰都，無曰邑；邑曰築，都曰城。

（莊二十九年經）冬十有二月……城諸及防。（左傳）書時也。凡土功，龍見而畢務，戒事也；火見而致用，水昏正而栽，日至而畢。

（莊三十二年經）春，城小穀。（左傳）爲管仲也。

（文十二年經）冬十有二月……季孫行父帥師城諸及鄆。（左傳）書時也。

（宣八年經）冬……城平陽。（左傳）書時也。

（成四年經）冬，城鄆（公羊經作運）。

（成九年經）冬……城中城。（左傳）書時也。

（襄七年經）夏……城費。（左傳）南遺爲費宰，叔仲昭伯爲隧正，欲善季氏而求媚於南遺，謂遺：“請城費，吾多與而役。”故季氏城費。

（襄十三年經）冬，城防。（左傳）書事時也。於是將早城，臧武仲請俟畢農事，禮也。

（襄十五年經）季孫宿、叔孫豹帥師城成郛。（左傳）夏，齊侯圍成，貳於晉故也。於是乎城成郛。

（襄十九年經）冬……城西郛。……城武城。（左傳）城西郛，懼齊也。齊及晉平，盟于大隧，故穆叔會范宣子于柯。……穆叔歸曰：“齊猶未也，不可以不懼！”乃城武城。

（定六年經）冬，城中城。

（定十二年經）夏……叔孫州仇帥師墮郈。……季孫斯、仲孫何忌帥師墮費。（左傳）仲由爲季氏宰，將墮三都，於是叔孫氏墮郈，季氏將墮費。公山不狃、叔孫輒帥費人以襲魯，公與三子入于季氏之宮，登武子之臺。費人攻之，弗克。入及公側，仲尼命申句須、樂頎下伐之，費人北。國人追之，敗諸姑蔑。二子奔齊。遂墮費。將墮成，公斂處父謂孟孫：“墮成，齊人必至于北門。且成，孟氏之保障也；無成，是無孟氏也。子僞不知，我將不墮。”冬十二月，公圍成，弗克。

（定十四年經）秋……城莒父及霄。

（定十五年經）冬，城漆。（左傳）書不時告也。

（哀三年經）夏……季孫斯、叔孫州仇帥師城啟陽（啟，公羊經作開）。

（哀四年經）夏……城西郛。

（哀五年經）春，城毗（公羊經作比）。

（哀六年經）春，城邾瑕（公羊經作邾婁葭）。

　　按，以上爲城之建築。其事或由國防，或爲世卿之擁兵自固，均有待於稽考。左傳作者不詳其事，惟以時與不時定其載於春秋之故。夫既以不時而書矣，胡爲時而亦書？苟有築必書，復何有於時不時哉？定十二年之墮郈墮費，實孔子抑損三家之謀，假家臣之據邑而叛以墮城歆動三家之心，及其既墮則三家亦將無所資藉以抗君；不幸此耿耿之孤忠，卒爲公斂處父所窺破而不得成其事。姑附於此，以見築城之意義焉。

（莊九年經）冬，浚洙。

　　按，此爲春秋中惟一治水之記載。

（隱元年左傳）新作南門。不書，亦非公命也。

（莊二十九年經）春，新延廄。（左傳）書不時也。凡馬，日中而出，日中而入。

（莊三十一年經）春，築臺于郎。夏……築臺于薛。……秋，築臺于秦。

（僖二十年經）春，新作南門。（左傳）書不時也。凡啟塞從時。

（文十六年經）秋……毀泉臺。（左傳）有蛇自泉宮出，入于國，如先君之數。秋八月辛未，聲姜薨，毀泉臺。

（成十八年經）八月……築鹿囿。（左傳）書不時也。

（昭九年經）冬，築郎囿。（左傳）書時也。季平子欲其速成也，叔孫昭子曰：“詩曰：‘經始勿亟，庶民子來。’焉用速成，其以勤民也！無囿猶可，無民其可乎！”

（定二年經）夏五月壬辰，雉門及兩觀災。……冬十月，新作雉門及兩觀。

（定十三年經）夏，築蛇淵囿。

按，以上爲國都及宮囿之建築。

丙　蒐狩

（隱五年經）春，公矢魚于棠。（左傳）公將如棠觀魚者，臧僖伯諫曰：“凡物不足以講大事，其材不足以備器用，則君不舉焉。……故春蒐，夏苗，秋獮，冬狩，皆於農隙以講事也。……若夫山林川澤之實，器用之資，皁隸之事，官司之守，非君所及也！”公曰：“吾將略地焉。”遂往陳魚而觀之。僖伯稱疾不從。……

（桓四年經）春正月，公狩于郎。（左傳）書時，禮也。

（桓六年經）秋八月壬午，大閱。（左傳）簡車馬也。

（莊四年經）冬，公及齊人狩于禚（公羊經作郜）。

（莊二十三年經）夏，公如齊觀社。（左傳）非禮也。曹劌諫曰：“不可！夫禮，所以整民也，故會以訓上下之則，制財用之節，朝以正班爵之義，帥長幼之序，征伐以討其不然；諸侯有王，王有巡守，以大習之。非是，君不舉矣。君舉必書；書而不法，後嗣何觀！”

（昭八年經）秋，蒐于紅。（左傳）大蒐于紅，自根牟至于商衛，革車千乘。

（昭十一年經）五月……大蒐于比蒲。（左傳）五月，齊歸薨，大蒐于比蒲，非禮也。

（昭二十二年經）春……大蒐于昌間。

（定十三年經）夏……大蒐于比蒲。

（定十四年經）秋……大蒐于比蒲。

（哀十四年經）春，西狩獲麟。（左傳）西狩于大野，叔孫氏之車子鉏商獲麟；以爲不祥，以賜虞人。仲尼觀之，曰，"麟也！"然後取之。

按，蒐狩之事，所以教武習戰也。周之正月，夏之十一月也，時當農隙，故左氏稱桓四年之狩郎爲合禮。至于"大蒐"，則惟昭、定間有之，意者是時已舍中軍，三家四分公室，私門之武力既厚，因假公家名義以訓練其徒乎？若隱之矢魚于棠，莊之觀社于齊，皆致賢臣之諫，國君行動之不得自由如此。

丁　祭祀

（僖三十一年經）夏四月，四卜郊，不從，乃免牲，猶三望。（左傳）四卜郊，不從，乃免牲，非禮也。猶三望，亦非禮也。禮不卜常祀而卜其牲日。牛卜日曰牲。牲成而卜郊，上怠慢也。望，郊之細也。不郊，亦無望可也。

（宣三年經）春王正月，郊牛之口傷，改卜牛；牛死，乃不郊，猶三望。（左傳）不郊而望，皆非禮也。望，郊之屬也。不郊，亦無望可也。

（成七年經）春王正月，鼷鼠食郊牛角，改卜牛；鼷鼠又食其角，乃免牛。………夏五月……不郊，猶三望。

（成十年經）夏四月，五卜郊，不從，乃不郊。

（成十七年經）九月辛丑，用郊。

（襄七年經）夏四月，三卜郊，不從，乃免牲。（左傳）孟獻子曰："吾乃今而後知卜筮。夫郊祀后稷，以祈農事也，是故啟蟄而郊，郊而後耕。今既耕而卜郊，宜其不從也！"

（襄十一年經）夏四月，四卜郊，不從，乃不郊。

（定十五年經）春王正月……鼷鼠食郊牛；牛死，改卜牛。……夏五月辛亥，郊。

（哀元年經）春王正月……鼷鼠食郊牛（穀梁經牛下有角字），改卜牛。夏四月辛巳，郊。

　　　按，以上爲郊祭。禮記明堂位云：“成王以周公爲有勳勞於天下，是以……命魯公世世祀周公以天子之禮樂，是以魯君……祀帝于郊，配以后稷，天子之禮也。”依此說，是魯之郊祭，天子之命也。禮運則云：“魯之郊禘，非禮也，周公其衰矣！杞之郊也，禹也；宋之郊也，契也：是天子之事守也。故天子祭天地，諸侯祭社稷。”然則魯之郊祭，僭天子者也。古人不可作，將使誰定其誠乎？郊者，年祭也，而春秋所書僅此，是知常態不書，惟書其變矣。

（桓五年經）秋……大雩。（左傳）書不時也。凡祀，啟蟄而郊，龍見而雩，始殺而嘗，閉蟄而烝。過則書。

（僖十一年經）秋八月，大雩。

（僖十三年經）秋九月，大雩。

（成三年經）秋……大雩。

（成七年經）冬，大雩。

（襄五年經）秋，大雩。（左傳）旱也。

（襄八年經）秋九月，大雩。（左傳）旱也。

（襄十六年經）秋……大雩。

（襄十七年經）九月，大雩。

（襄二十八年經）秋八月，大雩。（左傳）旱也。

（昭三年經）八月，大雩。（左傳）旱也。

（昭六年經）秋九月，大雩。（左傳）旱也。

（昭八年經）秋……大雩。

（昭十六年經）九月，大雩。（左傳）旱也。

（昭二十四年經）秋八月，大雩。（左傳）旱也。

（昭二十五年經）秋七月上辛，大雩。季辛，又雩。（左傳）書再雩，旱甚也。

（定元年經）九月，大雩。

（定七年經）秋……大雩。……九月，大雩。

（定十二年經）秋，大雩。

（哀十五年經）秋八月，大雩。

　　按，以上爲雩祭。雩，旱祭也。其曰“大雩”，亦天子之禮。因旱而雩，非常祭，故舉必書之。然僖二十一年書“夏，大旱”，文二年書“自十有二月不雨，至于秋七月”，文十一年書“自正月不雨，至于秋七月”，文十三年書“自正月不雨，至于秋七月”，旱至於此，而其下都無大雩之文，何也？豈雩不盡爲旱祭耶？

（莊二十五年經）六月辛未朔，日有食之，鼓用牲于社。（左傳）非常也。唯正月之朔，慝未作，日有食之，於是乎用幣于社，伐鼓于朝。

（又）秋，大水，鼓用牲于社于門。（左傳）亦非常也。凡天災，有幣無牲；非日月之眚不鼓。

（莊三十年經）九月庚午朔，日有食之，鼓用牲于社。

（文十五年經）六月辛丑朔，日有食之，鼓用牲于社。（左傳）非禮也。日有食之，天子不舉，伐鼓于社；諸侯用幣于社，伐鼓于朝，以昭事神。訓民事君，示有等威，古之道也。

（哀四年經）六月辛丑，亳（公羊經作蒲）社災。

　　按，以上爲社祭。日食大水，則鼓用牲于社，社祭之偏于禳災可知。“門”，國門也。用牲于門，則國門亦祀所矣。亳社，商人之社，而魯亦有之，又可知魯禮之必多襲商也。

（桓八年經）春正月己卯，烝。……夏五月丁丑，烝。

（桓十四年經）秋八月壬申，御廩災。乙亥，嘗。（左傳）書不害也。

（莊八年經）春王正月，師次于郎，以俟陳人、蔡人。甲午，治（公羊經作祠）兵。（左傳）春，治兵于廟，禮也。

　　按，烝與嘗皆宗廟之祭也，而春秋所書僅此，其以不時故乎？苟然，則何故而不時乎？出師之時，祠兵于廟，自應每戰有之，而春秋中僅一見，頗不可解。

（隱五年經）九月，考仲子之宮，初獻六羽。（左傳）九月，考仲子之宮，將萬焉。公問羽數於衆仲，對曰：“天子用八，諸侯用六，大夫四，士二。夫舞，所以節八音而行八風，故自八以下。”公從之，於是初獻六羽，始用六佾也。

（桓二年經）夏四月，取郜大鼎于宋。戊申，納于大廟。（左傳）非禮也。臧哀伯諫曰：“君人者將昭德塞違以臨照百官，猶懼或失之，故昭令德以示子孫。……今滅德立違而寘其賂器于大廟，以明示百官，百官象之，其又何誅焉！……”公不聽。

（莊二十三年經）秋，丹桓宮楹。

（莊二十四年經）春王三月，刻桓宮桷。（左傳）二十三年……秋，丹桓宮之楹。二十四年春，刻其桷，皆非禮也。御孫諫曰：“臣聞之：‘儉，德之共也；侈，惡之大也。’先君有共德而君納諸大惡，無乃不可乎！”

（閔二年經）夏五月乙酉，吉禘于莊公。（左傳）速也。

（僖八年經）秋七月，禘于大廟，用致夫人。（左傳）禘而致哀姜焉，非禮也。凡夫人，不薨于寢，不殯于廟，不赴于同，不祔于姑，則弗致也。

（文二年經）春王二月……丁丑，作僖公主。（左傳）書不時也。

（又）八月丁卯，大事于大廟，躋僖公。（左傳）逆祀也。於是夏父弗忌爲宗伯，尊僖公，且明見曰："吾見新鬼大，故鬼小。先大後小，順也。躋聖賢，明也。明順，禮也。"……

（宣八年經）夏六月……辛巳，有事于大廟；仲遂卒于垂；壬午，猶繹，萬入，去籥。（左傳）襄仲卒而繹，非禮也。

（成三年經）二月……甲子，新宮災；三日哭。

（成六年經）二月辛巳，立武宮。（左傳）季文子以鞌之功立武宮，非禮也。聽于人以救其難，不可以立武。立武由己，非由人也。

（昭十五年經）二月癸酉，有事于武宮；籥入，叔弓卒，去樂卒事。（左傳）春，將禘于武公，戒百官。梓慎曰："禘之日其有咎乎？吾見赤黑之祲，非祭祥也，喪氛也，其在涖事乎？"二月癸酉，禘，叔弓涖事，籥入而卒。去樂卒事，禮也。

（定元年經）九月……立煬宮。（左傳）昭公出，故季平子禱于煬公。九月，立煬宮。

（定八年經）冬……從祀先公。（左傳）陽虎欲去三桓，……冬十月，順祀先公而祈焉。辛卯，禘于僖公。

　　按，以上皆諸公與諸夫人之廟祭。煬公、武公並在西周之世，其廟已以親盡而毀，而成公之世又以鞌之戰功立武宮，定公之世又以季氏之禱而立煬宮，則廟無定制可知也。一曰："武宮爲由武功而作宮，非立武公之宮也"，然則將何以解於"桓宮""煬宮"焉？

戊　刑法

（莊二十二年經）春王正月，肆大眚（公羊經作省）。（公羊傳）肆者何？跌也。大省者何？災省也。肆大省何以書？譏。何譏爾？譏始忌省也。（穀梁傳）肆，失也。眚，災也。災紀也，失故也，爲嫌天子之葬也。

　　按，此經左氏無傳，而亦同穀梁作"眚"。以堯典"眚災

肆赦”之文比而觀之，自是大赦囚徒或赦重罪之義。故杜預
注云：“赦有罪也。……放赦罪人，盪滌衆惡，故以新其心
也。有時而用之，非制所常，故書也。”左襄九年傳：“諸侯
伐鄭……師于紀，令於諸侯曰：‘脩器備，盛餱糧，歸老幼，
居疾于虎牢，肆眚，圍鄭！’”此“肆眚”亦赦罪之義也。公羊
傳以“省赦”之義解之，穀梁傳則牽連下文“葬文姜”爲一事，
失之矣。

己　曆朔

（僖五年左傳）春王正月，辛亥朔，日南至。公既視朔，遂登
觀臺以望而書，禮也。凡分，至，啟，閉，必書雲物，爲備
故也。

（文元年左傳）於是閏三月，非禮也。先王之正時也，履端於
始，序則不愆；舉正於中，民則不惑；歸餘於終，事則不悖。

（文六年經）閏月不告月，猶朝于廟。（左傳）閏月不告朔，非
禮也。閏以正時，時以作事，事以厚生，生民之道於是乎在矣。
不告閏朔，弃時政也，何以爲民！

（文十六年經）夏五月，公四不視朔。（左傳）疾也。

（襄二十七年經）冬十有二月乙亥朔，日有食之。（左傳）十一
月乙亥朔，日有食之，辰在申，司曆過也。再失閏矣！

（哀十二年經）冬十二月，螽。（左傳）季孫問諸仲尼，仲尼
曰：“丘聞之，火伏而後蟄者畢。今火猶西流，司曆過也！”

　　按，古代曆算之術不精，各國所行之曆多歧異，遂有
“三正”之說。魯之曆，周天子所頒者也，魯侯奉而行之，月
必告朔于廟，分至啟閉亦必登臺以望。春秋之世，此禮漸
弛，文公至四不視朔，而論語載子貢之言，竟欲去告朔之餼
羊，其視爲具文可知矣。

春秋史講義[*]

第一章　三代的略史與周的東遷

　　商代以前的中國歷史，我們已不能詳確知道了。大約在耶穌紀元前二千年左右，黃河流域的中部，有一種比較文明的民族在那裏居住着，發展着，這種民族所建立的國家，就是那歷史上有名的"三代"的第一代夏。不知在什麼時候，出來了一個商民族，在現在山東省的境內發展勢力。約在耶穌紀元前一千多年的時候，商民族出來了一位很能幹的君主叫做湯，統一了東方諸部族，舉兵西向，就把夏國滅了。

　　商民族滅夏以後，勢力格外強盛，便成爲中原的宗主邦。從近代在河南安陽縣發掘出來的甲骨卜辭同銅器銘文等看來，商民族已有較完備的文字，較高尚的文化。詩經裏説在成湯的時候，一直到西方的氐羌，都没有敢不來朝貢的。最近在甲骨卜辭裏也發現了"令周"，"令周侯"的記載。可見商國雖不必如後人所説的

---

　　* 1936 年 9 月—1937 年 5 月與童書業合作。燕京大學鉛印。1942 年 9
　　　月—10 月將前六章改寫，前五章刊讀書通訊第七三—七七期，1943
　　　年 9 月 1 日—11 月 1 日。

那樣"赫赫天朝"的樣子，也自成個大國的規模。從湯傳了二十九代，出來了一個不成材的君主叫做紂，貪酒好色，把商國的政治弄得一團糟。同時商民族的民族性也日就墮落，沾染了貪酒的惡習，詩經裏說，殷商的人好喝酒，喝醉了整夜呼叫，甚至於拿白天當作晚上，同現在吸雅片煙的人真差不多。近來在河南地下發掘出來的商代器物中也有很多酒器，可見商民族好酒的風俗。商民族正在衰微的時候，西方已有一個新興的民族叫做周的在等待，他們起來漸漸的代執了中原的宗主權。

　　周民族是個很晚起的民族，據史記的記載，從他們的始祖后稷算起，到代商而興的文王，還只有十四代，比了商國從湯到紂已有二十九代的還要減少一半。大約這個民族成立的時代就在商。周民族的根據地，大約在現在的陝西省西部，詩經上說周民族最初的時候從杜地搬到漆地，到公亶父時又搬到岐山下的胥地（周原）。杜爲漢的杜陽縣，在今陝西省麟游縣的西北。漆是漆水，漆地也在現在麟游縣的西邊。胥不知在何處，總離開不了岐山下的地面。杜、漆、胥都在陝西省的西部。到公劉的時候，周民族開拓的地域廣了，除了原有的胥以外，又有京和豳，渭水芮水一帶地都歸了他們。傳到太王，勢力更向東方發展，開始致力於翦商。再傳到了文王，是個很有材幹的君主，又有許多的好輔佐，漸漸統一了西方諸部族，東作邑于豐（在今陝西鄠縣東），自稱受了上帝的命而伐商，於是戡定了黎國，給商國的王畿以很大的威脅。不幸伐商的功績沒有做成，他就死了。他的兒子武王繼起，順天命以伐商，和商國的兵旅在牧野地方開戰，勇將師尚父奮力戰鬥，就把商國滅了。

　　武王滅商以後，不久去世，他的兒子成王年幼，便由成王的叔父周公旦攝政。在這個時候，周室的內部忽然發生變亂，原因是武王的其他弟弟管叔蔡叔們妒忌周公攝政，造出謠言，說周公要想自己做天子，引得全國起了猜疑。於是紂的兒子武庚就乘這機會聯絡了反對周公的周室宗親和商民族與國淮夷奄等舉兵反周，聲勢很是浩大。這時周室的地位實在危險到萬分，幸而周公是個很能幹的人，親自帶了人馬東征，打了好幾年的仗，結果把敵人完全撲滅，東方也因此平定了。

原來武王滅殷，只滅了殷的本邦，並沒有把殷民族的地盤完全收歸己有，不但東方未全歸周民族的勢力範圍，就是殷的本邦也還讓紂子武庚居住着，不過派人監視着他罷了。武王一死，周既發生內變，殷人自然想乘機重新抬頭，與周對抗，不幸既衰敗了的民族終究敵不過新興的民族，所以結果反給了周民族以平定東方的機會。

周公東征勝利以後，就在東方大封同姓和功臣爲諸侯以鎮壓殷民，又把一部分頑抗的殷民遷到洛水流域，叫他們建築洛邑，以爲周的東都；洛邑建成，就叫他們居住在那裏，以便隨時監視他們的行動。就在這時，周公把政權奉還了成王。周公從攝政到歸政，首尾共歷七年，周室的基業也就在這時期內確立。

從成王到康王是周室的全盛時代，後世的傳說甚至於說那時候刑罰停止了四十多年。從這過甚的言詞裏也可測量出那時的人民是何等享受太平幸福。

康王七傳到厲王。厲王是個很專制的君主，政令暴虐，卻不許人民批評他。他竭力壓制輿論的結果，引起人民的大反動，首都起了革命，厲王被趕到彘地去，由一位共國的諸侯名字叫做和的來代做了天子。過了十四年，王位才歸給厲王的兒子宣王。這次革命，可以說是平民革命的開始，然而政權始終在貴族的手裏。

宣王是周室的一位中興之主，他即位以後，內修政事，外攘夷狄，西北方的玁狁和東南方的淮夷、徐方、蠻荆（就是後來的楚）都被平定，王室的威靈爲之一振。可惜到了晚年，漸漸衰頹，對外打了好幾次敗仗，人民喪失很多，甚至於有"料（數）民"的舉動，數數人民究竟還剩多少。在這裏可見周的衰微，在宣王時已開始了。

到了宣王的兒子幽王嗣位，比了他的祖父厲王還要不如，他寵愛一個妃子叫做褒姒的，把政治弄得一塌糊塗。加以這時候天災流行，民不聊生。在人民流亡的當兒，外侮仍是不息，詩經上說那時候"日蹙國百里"，可見周國受戎、狄侵陵的厲害。在這天人兩重災患交逼之下，政治又不上軌道，周國本來已岌岌不可終日了。但幽王還不覺悟，因爲寵愛褒姒，想立她爲王后，立她所生的兒子伯服爲太子，把原來的王后姜氏廢了，又把原來的太子趕到外舅家西申國去，於是觸怒了申侯，就聯合繒國和西夷、犬戎等一同起兵攻周，打破了周都，把幽王殺死在驪山下，周室就亡了。

幽王死後，王室在西方的領土已全被戎族佔據，那時申、魯、許等國諸侯奉太子宜臼在東南方的申地即位，這就是東周第一代的天子平王。同時虢公翰也奉王子余臣在攜地即位，後來稱爲攜王。二王並立的結果，攜王被平王的黨晉文侯所殺，於是周室又歸統一；但是在西方已不能立國，於是諸侯奉平王東遷到周公所營建的洛邑，後人就稱作東周。周室初遭戎難，剛東遷時，國力非常微弱，祇得依附諸侯以立國，王靈衰落，於時列國並峙的形勢頓時造成。那時晉、鄭兩國與東周的王室是最有關係的。等到晉國因分化而發生內亂，於是東周王室惟一的屏藩就祇有鄭國了。

第二章　春秋以前的列國世系

春秋是列國並峙的時代，在講春秋史之前，除了應該略叙三代的簡史以外，還應該叙述春秋以前的列國世系。春秋列國甚多，最重要的有魯、齊、晉、秦、楚、宋、衛、鄭、陳、蔡、吳、越十二國，現在就在本章裏略叙這十二國在春秋以前的略史：

（一）魯　魯是周公旦的兒子伯禽的封國。周公旦有大功于國，周初平定了東方，需要宗室功臣去鎮壓，於是封伯禽于舊奄國的地方（在現在山東省曲阜縣），爲周室的大藩。伯禽本封於明，周初銅器中有明公保的稱號，據近人考證，明公保就是伯禽。令彝銘文記載着成王令周公的兒子明保尹三事四方，明公殷銘文又記成王令明公帶了三族去伐東國，周書費誓據舊説是伯禽伐淮夷徐戎的誓師詞，可見伯禽對於周室也是很有功勞的。伯禽八傳到武公敖，那時周宣王在位，武公帶了他的大兒子括和小兒子戲去朝周，宣王很喜歡戲，就立戲爲魯太子，武公死後，太子戲即位，是爲懿公。過了九年，懿公的哥哥括的兒子伯御結合了國人殺死懿公而自立。又過了十一年，周宣王帶兵伐魯，把伯御殺了，改立他的叔父稱爲魯君，是爲孝公。孝公傳子惠公弗湟，惠公的長夫人孟子早死，没有兒子，庶夫人聲子生個兒子名叫息姑，後來惠公又娶了宋公的女兒仲子爲夫人，生個兒子叫做軌。惠公死後，軌還年幼，息姑即位，是爲隱公。隱公元年，就是春秋經託始的一年。

（二）齊　齊國的始祖是周室的功臣師尚父，他姓姜，名望。周室的滅商，得他的力量最大，所以始封於呂（在現在河南省南陽縣），到東方平定以後，又封他於齊（在現在山東省臨淄縣），與魯並爲周初的大國。師尚父係始封之公，所以後人稱爲太公。太公四傳至哀公不辰，被紀國的君在周夷王面前説了壞話，周夷王把哀公殺了，因此結下了齊、紀的世仇。哀公八傳爲僖公祿甫，僖公九年入春秋。

（三）晉　晉的始封祖據舊説是周成王的弟弟虞：成王滅了唐

國，就封他在那裏（今山西省翼城縣），稱爲唐叔虞。但我很疑心唐叔的輩行要高於成王，因爲春秋時的銅器銘文裏曾説唐公輔佐武王，唐公是武王所封。唐公若是唐叔，那末唐叔當是與武王同世的人，或者他與管叔、蔡叔、康叔等同爲武王諸弟之一，也未可知。又書序裏説唐叔得到了一種異樣的禾種，獻給成王，成王叫唐叔到遠地去送給周公，這説若是可信，也可證唐叔的年紀並不幼小。唐叔的兒子晉侯燮父遷居在晉水之傍，改國號爲晉。晉侯七傳爲穆侯費王，穆侯生了兩個嫡子：長的叫做仇，小的叫做成師。穆侯死，弟殤叔自立。過了三年，太子仇攻掉殤叔，自己即位，是爲文侯。那時周幽王被犬戎所殺，文侯與諸侯推立平王，攻殺與平王並立的攜王，對于平王很有功勞，平王賜給他秬鬯（秬是黑色的黍，鬯是鬯草，用以釀酒的）和彤弓彤矢盧弓盧矢（彤是紅色，盧是黑色）等器物，命他與鄭國夾輔周室。文侯死後，子昭侯即位，封文侯的弟成師于曲沃，稱爲曲沃桓叔。過了七年，晉國的大臣潘父殺了昭侯，想迎立桓叔爲君；被晉人所拒絕，由昭侯的兒子孝侯平嗣位。不久曲沃桓叔也去世，桓叔的兒子莊伯嗣位，帶兵伐翼（晉的國都），殺了孝侯；翼人又立孝侯的弟鄂侯爲君。鄂侯二年，曲沃莊伯十一年入春秋。

（四）秦　　秦是嬴姓民族。據傳説，他們的始祖叫做大業；大業生大費，又叫做柏翳，與禹同平水土有功，做了帝舜的女婿。大費生了兩個兒子：一個叫做大廉，爲鳥俗氏的始祖；一個叫做若木，爲費氏的始祖。大廉的玄孫叫做孟戲中衍，身體是一頭鳥，卻會説人話，他做了殷帝太戊的御者，世有功績，遂爲諸侯。傳了多少代之後到蜚廉，蜚廉生惡來，父子兩人都以材力做商紂的寵臣。周武王滅商，把蜚廉惡來都殺了。蜚廉的孫子叫作孟增，又叫作宅皋狼，做了周成王的臣子。以上所述的世系，當然不可盡信。大約秦民族本是東方的民族，與春秋時的鄰國是同族。據古書記載，武庚叛周時，有熊盈族與他同叛，周公東征熊盈族的國家有十七國，俘擄回來的有九國。盈就是嬴，秦民族大約就在那時被遷到西方的。宅皋狼再傳爲造父，造父替周穆王駕馬有功，受封于趙城，便是後來趙氏的始祖。另有一個與造父同族的人叫做非子，也是蜚廉的六世孫，住在犬邱的地方，善於養馬，做了周孝王養馬的官，服務很有成績，孝王封他在秦地作附庸，稱爲秦嬴。秦嬴三傳到秦仲，適當周厲王時，那時西戎作亂，把住在犬邱地方的秦嬴同族滅了。周宣王即位，命秦仲爲大夫，叫他去討伐西戎，反被西戎所殺。秦仲有五個兒子，長子莊公嗣位，得到周的幫助，打敗了西戎，兼有了犬邱之地，做周室的西垂大夫。莊公死，子襄公嗣位。七年，犬戎殺周幽王，襄公帶兵救周，戰伐很有功勞。平王東遷，襄公又用兵護送，於是平王就封他爲諸侯，叫他去攻打戎族，許他如把戎族赶走，就拿岐山以西的地方賜給他。到襄公的兒子文公的時候，居然把戎族赶跑，佔有了岐山以西的地；他把岐山以東的地獻給周室。文公四十四年入春秋。

（五）楚　楚是芈姓民族。據傳説他們的始祖叫做祝融，做高辛氏的火正。祝融的後裔分爲六姓，最末的一支便是芈姓。芈姓的祖先叫做季連；季連的後裔有個叫做鬻熊的，做周文王的臣子。三傳到熊繹，他受了周成王的封，立國于丹陽，那就是楚國的第一代君王。以上的世系，也是很有疑問的。甲骨卜辭裏有一片“辛卯，帚楚……”的記載，可見殷代已有楚的國名。又鬻熊或許就是祝融的演變，他的時代當在殷代。楚實在也是東方的民族。周初的銅器銘文記成王伐楚，駐兵在炎的地方；這該就是後來的郯國，地在山東。左傳又記昆吾之虛在衛，昆吾是楚的同族。詩經也有楚宮、楚室的名稱。春秋裏更有楚丘的地名（一在現在山東省曹縣，一在河南省滑縣）。大約楚民族本來居住在現今山東省與河南省之間。逸周書記周公東征熊盈族十七國，俘回來的九國，熊是楚氏，盈就是嬴，所以我們很疑心楚民族同秦民族一樣，都本是東方的民族而被周人硬遷到西方去的。楚民族遷到西方以後，就住在丹陽，丹陽實是河南西南部的地方，當丹水淅水交流之處；史記載秦、楚交兵在丹陽，這個丹陽就是楚的初國。熊繹五傳到熊渠，當周夷王時，興兵伐庸和揚越，一直到鄂，封他的大兒子康爲句亶王，中兒子紅爲鄂王，小兒子執疵爲越章王。在這裏有個疑問，便是楚在熊渠時既已強盛，爲什麼到若干傳之後的若敖、蚡冒和武王、文王，左傳中反説他們"篳路藍縷以啟山林""土不過同"（方百里爲一同）？我以爲這大約是因爲周宣王平定南方，開闢疆域直到南海，楚民族在那時受了一次大壓迫，被逼南遷，重新經營，因而直到武王時才漸漸的復興起來。武王名熊通，是熊渠的十一傳孫。武王十九年入春秋。

　　（六）宋　宋是殷宗室微子啟的封國。周公攝政時，紂子武庚叛周，被周公打滅，便封已投降的殷室宗親微子啟于宋（在今河南省商丘縣），代武庚爲殷後。周公的用意，大約是叫他幫助周室鎮壓殷民的。微子十二傳爲宣公力，宣公讓位給他的弟和，是爲穆公。穆公七年入春秋。

　　（七）衛　衛國的始祖是周武王的弟康叔封。康叔原先封于康地，彝器銘文和易經裏的"康侯"就是他。武王滅殷，命康叔監視殷國，周書裏康誥、酒誥兩篇便是武王命康叔的訓詞。到了周公東征以後，又實封康叔於殷故地，便是衛國（在今河南省淇縣。案衛就是殷，殷或作鄁）。康叔八傳爲僖侯（史記作釐侯）。僖侯有兩個兒子：長的叫做共伯餘，小的叫做和。僖侯很寵愛和，賜給他很多的財物，他便拿這財物去聯絡士民。僖侯去世，共伯餘即位，他就招集了兵士去攻共伯，共伯自殺，和即位，是爲武公。武公即位以後，勤修政事，百姓很愛戴他。周幽王被犬戎所殺，武公帶了人馬去救周，很有功績，爲西周末年最有名的諸侯。武公再傳爲桓公完，桓公十三年入春秋。

　　（八）鄭　鄭的始封祖是周厲王的小兒子，名友，宣王時受封

于鄭(在今陝西省華縣),是爲桓公。桓公是一個很賢能的君主,
頗得國民的信愛。幽王時,入爲王朝的司徒,替王室辦事也很有
成績。那時周室已衰,戎、狄强盛,桓公恐怕自己與王室同歸于
盡,因此去問周的一個太史叫做史伯的:什麽所在可以避難呢?
史伯告訴他説:濟、洛、河、潁,四水之間,虢、鄶兩國所在的
地方最爲穩固;教他先把妻子財物寄存在那裏,有事的時候就可
以帶了王室的軍隊把這地方佔領。桓公依了他的話辦去,後來鄭
國果然得了虢、鄶一帶的領土,遷到了東方。西周的滅亡,桓公
殉難;他的兒子武公掘突嗣位,擁護平王有功,仍做王朝的卿士。
武公去世,太子寤生即位,是爲莊公。莊公二十二年入春秋。

　　(九)陳　陳是虞國的後裔,姓媯。有個叫做虞閼父的做周室
的陶正有功,周武王把自己的長女太姬嫁給虞閼父的兒子滿,封
他在陳國(在今河南省淮陽縣),是爲胡公。胡公十一傳爲桓公
鮑,桓公二十三年入春秋。

　　(十)蔡　蔡是周武王的弟蔡叔度的封國(在今河南省上蔡
縣)。武王滅殷,命蔡叔度與管叔鮮監視殷國。周公攝政時,紂
子武庚聯合二叔叛周;周公東征勝利,蔡叔度被放死。他的兒子
名胡,德行比父親好,周公便重封了他,稱爲蔡仲。蔡仲九傳爲
宣侯考父,宣侯二十八年入春秋。

　　(十一)吳　吳國的始祖據説是周太王的長子太伯和次子仲
雍。因爲他們的弟弟王季特別賢能,而且王季有個極好的兒子叫
做昌(文王),太王想立王季爲後嗣,以便將來挨次把君位傳到昌
的身上。太伯和仲雍二人知道父親的意思,要成全他,於是結伴
逃到荆蠻去,建立了吳國。這種傳説很是可疑! 太伯、仲雍生當
周室勢力尚未大發達的時候,古代交通閉塞,就是要逃,怎能逃
到這麽遠的地方去? 又左傳提到山西虞國的祖宗是太伯虞仲,虞
仲就是仲雍(史記吳世家把虞仲當作仲雍的曾孫,是不對的。史
記也説武王封虞仲于夏墟,可見太伯虞仲是虞國的祖先,與在江

蘇的吳國並沒有什麼關係。我疑心吳、越都是楚的支族：史記説仲雍的玄孫叫做熊遂，熊是楚國王室的氏，楚的君主的名上都有一個熊字。在前清乾隆年間，江西省出現了幾件吳國的銅器，都是春秋初年的物事，可見吳國的故地本在江西。史記説太伯、仲雍逃奔荊蠻，楚世家又記熊渠封三子于江上楚蠻之地，其少子執疵封于越章，越章就是豫章，古豫章在淮南江北之間，可見楚的勢力早已發展到長江下游。所以説吳、楚是一族，並不算很武斷；何況吳本是楚的屬國）。吳的冒爲姬姓，當在春秋時：大約自從吳與晉交通，勢力漸漸北上，他們就頂了已亡的虞國的祖宗，自認爲周的支族，以便參預中國諸侯盟會。這似乎是一個很近情理的假設。從熊遂傳十三代到壽夢，吳國開始強大，見於春秋。

　　（十二）越　　越國的始祖據説是夏少康的庶子無餘。禹巡行天下，死于會稽；少康恐怕禹在會稽的祭祀絶了，於是封庶子無餘於越，典守祭禹的禮節。這個説法也是毫不足信的。禹會會稽，究竟在什麼地方，到現在還不能確定。何況這種傳説本是一種神話，萬不能當作事實看。史記記越的世系從無餘到允常只有二十多代，與楚、吳的世系差不多長，這怎麼可以把無餘説成夏代的人？我以爲越國定是楚的同族，國語同世本都説越是芈姓。史記記熊渠立少子執疵爲越章王，這大約就是越的始封。墨子説“越王緊艓出自有遽”，據清人考證，緊艓就是無餘，有遽就是熊渠。這説如對，越確是楚的支族了。越到允常時開始強盛，見於春秋。

　　以上所述十二國的世系並不是完全確實的。這因爲西周時各國的史籍本不全，又經過秦火的焚燒，史料越發殘缺了；漢朝人根據不全的記載，隨意湊合成列國的世系，我們現在再根據他們的記載來重述，自然不會全合於事實。這真是沒有辦法的事情！本章所述，有些地方根據先秦的史料來訂正漢人的錯誤，有些地方還是只能依隨漢人。在這古史研究的草創時代，也只能做到這樣，請大家原諒罷！

第三章　鄭國獨强時代

　　春秋最初期的歷史（齊桓稱霸以前），是鄭、宋、魯、衛、齊、陳諸國的歷史；諸國之中，尤以鄭國爲這時期歷史的核心。當周室東遷之初，晉、鄭兩國與王室最有關係；自從晉分爲晉與曲沃兩國，内部戰爭不息，無暇向外發展，於是"挾天子以令諸侯"的事業便讓鄭國獨佔了。在剛入春秋時期的當兒，鄭國内部也險些鬧出一件大亂子來：原來鄭莊公的母親——鄭武公的夫人——武姜是個很偏愛的婦人，她生了兩個兒子：大的就是莊公，小的叫做叔段。左傳上説鄭莊公是在武姜睡夢中出生的，那時候驚嚇了他的母親，因此他便受不到母愛，家庭的幸福給叔段獨佔了。其實女人家偏愛小兒子本是情理中的事，左傳上的話恐怕只是後人在鄭莊公的名字（寤生）上替武姜想出來的不愛大兒子的理由。武姜既偏愛她的小兒子，便屢次在她的丈夫武公的面前請求立段爲太子；武公不願廢長立幼，不答應她。等到武公去世，莊公即位，武姜又在莊公面前替叔段要求封邑：先要制邑，莊公因爲那是一處險塞，不肯給段；跟着又要京邑，莊公答應了，便封叔段在那裏，稱爲京城太叔。這同晉公子成師的封曲沃是差不多的一件事。成師封於曲沃以後便想吞晉，叔段封於京以後也想爭奪鄭國。他第一步先命鄭國的西鄙北鄙的地方兼屬於自己，不久又把這兩處地方完全畫做自己的領土，一直達到廩延的地方。第二步他便修築城池，招練兵馬，與他母親約好日期，請她做内應，想一舉攻入鄭都。莊公打聽明白他們的陰謀，就命大將公子吕帶了二百乘兵車去打京城，京城的人都背叛太叔段，太叔段只得逃到鄢邑：莊公又指揮兵將追打過去，他立足不住，逃到共國去了。在太叔段初封京城的時候，大臣祭仲曾勸諫莊公道：“京城太高大了，把這地方封太叔是很不妥當的。”莊公裝着很無用的樣子説道：“這是太夫人姜氏的意思啊，有什麼辦法？”祭仲又説：“她那裏會厭足，不如提早防備，不要使他們的勢力發展開來才好。”莊公就説：“他們多做不合理的事情，一定會自走到死路上去的，你姑且候着罷！”等到叔段的勢力漸漸發展的時候，又有公子呂一再勸諫莊公，叫他趕快翦除叔段。莊公説：“不必，他們的勢力來得愈厚，便崩倒得愈快了！”在這裏可見莊公的處心積慮，要想加重叔段的罪狀，以便一舉將他除掉。我們看他的計畫是何等的嚴密，他的手段是何等的毒辣！然而鄭國所以不致造成分裂的局面，也就靠着莊公的能幹。叔段奔共的時候，他的兒子公孫滑逃到衛國，衛國爲了他起兵伐鄭，奪取了廩延的地方。鄭國也用了王室的軍隊同虢國的兵馬回打衛國，以爲報復。

　　不久，衛國也起了内亂。原因是衛國在先的君主莊公有個庶出的兒子，叫做公子州吁，很爲莊公所寵愛。他生性喜歡武事，莊公並不禁止他弄兵。莊公的嫡夫人莊姜卻把另外一位庶夫人戴嬀所生的兒子完當作自己的兒子而很嫌惡州吁。那時衛國的大臣有個叫做石碏的也曾在莊公面前説州吁的不好，勸莊公抑制他；莊公不聽。等到莊公去世，公子完即位，是爲桓公；石碏也告了老。桓公十六年（魯隱公四年），州吁作亂，殺了桓公，自立爲衛君。他恐怕國人不服，想與諸侯聯絡，並耀武於外國，以安定自己的君位，於是聳動了宋國，又聯合了陳、蔡兩國起兵伐鄭，把鄭國的東門圍了五天。那年秋天，宋、衛等國再起兵伐鄭，又來聯合魯國；魯隱公不願與他們聯絡，但終因公子翬的請求，去湊了一回熱鬧。諸侯的人馬把鄭國的步兵打敗，割了鄭國的禾子回去。這回主戰的國家是宋與衛，至於魯、陳、蔡都只是附從。我

們應記住，在春秋初年，鄭國的敵人是宋、衛兩國。衛州吁出了
兩次兵，仍舊不能使全國的人民歸附自己，於是他便派他的同黨
石厚（石碏的兒子）去問他父親，怎樣才能安定君位？石碏本來嫌
惡州吁，曾告誡石厚，不要去同州吁打伙伴；石厚不肯聽從。到
此時，他趁着他們來請教，胸中便打定了主意，對他的兒子說
道："要想安定君位，非去朝見周王不可！"那時離西周時代不遠，
王室還有些威權，周王不是輕易可以朝見的，石厚又問："怎樣
纔能得到朝王的機會呢？"石碏教他道："陳國的君主（桓公）正有
寵於周王，陳國與衛國現在正和睦，如果你們肯去朝陳，請陳國
轉向周王請求，就能夠達到目的了。"於是州吁便帶了石厚去朝陳
君。石碏暗地派人到陳國去說道："這兩個人是殺害敝國先君的
逆賊，請貴國把他們除去了罷！"石碏是衛國的國老，說話很有效
力，所以陳國聽了他的話，便把州吁、石厚二人拿下，向衛國邀
請監斬官。衛國派右宰醜去監斬了州吁，石碏也派了他的家臣獳
羊肩去監斬了石厚。州吁既死，衛國人便向邢國去迎公子晉回國
爲君，是爲宣公。

　　鄭國趁了衛國的亂，起兵侵擾他們的郊野，回報了圍東門一
役的仇恨。衛國也用了南燕國（在今河南省延津縣）的兵去回打鄭
國，卻被鄭國用埋伏計殺了個大敗。在這裏看來，衛國到底不是
鄭國的對手。不但衛國，就是宋國也被鄭國用了王室的軍隊同邾
兵打進了外城；宋國雖起兵報復，也是得不到多大的便宜。當時
齊國看見宋、衛、鄭三國的互相攻伐，想來做個和事老，便於温
的地方召會三國，在瓦屋的地方結了一次盟。不料口血未乾，鄭
國就借了宋公"不共王職"的罪名，自說奉了周王的命起兵伐宋。
魯國也因宋國不來告警，與宋絕了交好。鄭國便乘機聯合了魯、
齊兩國再伐宋國，打敗宋兵，奪取了宋邑郜、防，做人情送給魯
國，來討魯國的好。宋國也聯合了衛、蔡兩國的兵回打鄭國，三
國的兵反被鄭兵在戴的地方打得全軍覆没。此後鄭國又連次伐

宋，把宋國打得喘不過氣來，於是宋國就發生了內亂。

原來宋國那時是殤公與夷在位，殤公是穆公的姪兒，因爲穆公的即位是受了他哥哥宣公的讓，所以他要把君位讓還宣公的兒子與夷，而叫自己的兒子公子馮出居鄭國。殤公即位以後，鄭國要想把公子馮送回宋國來，因此宋鄭兩國結了怨，大家相斫了好幾年。宋殤公在位十年，倒打了十一次的仗，百姓很吃些苦頭，弄得都對殤公不滿。恰巧那時宋國的太宰華督與穆公的顧命大臣大司馬孔父不知爲了什麼事情結怨，華督在百姓面前宣言說："我國連年打仗，都是司馬（孔父）的主意"，他便糾集了徒黨攻殺孔父。孔父是殤公的保護人，華督害怕殤公要替孔父報仇，就把殤公一併殺了。殤公死後，宋人就向鄭國迎立了公子馮爲君，是爲莊公；這是要表示與鄭親善的意思。從此以後，宋、鄭的爭鬥便暫告一段落。

至於魯國同鄭國的交涉是這樣：當魯隱公做公子的時候，曾帶兵與鄭國在狐壤的地方開仗，被鄭國捉了去，鄭國把他囚在尹氏家裏。隱公向尹家厚納賄賂，又在尹家所奉祭的鍾巫之神面前禱告了，就與尹家一同逃歸魯國。隱公即位以後的第六年才與鄭國通好，曾答應鄭國用祭泰山的祊田掉換祭周公的許田（許本是魯的附庸，所以魯有祭周公的許田；鄭國不知何故也有祭泰山的祊田。祊田近魯，許田近鄭，所以兩國願意掉換），又曾幫助鄭國打宋國。後來更邀合了齊國幫鄭國打許國（在今河南省許昌縣），攻進了許都；許君奔衛。齊僖公拿許國讓給魯國，魯國不受，轉讓給鄭國，想是報答他奪取宋邑讓給魯國的好意。這可以說是魯、鄭兩國的交換條件。

就在伐許的一年（魯隱公十一年）上，魯國也發生了內變，原因是魯國有個大臣叫做公子翬（羽父）的想巴結隱公，在隱公的面前自請去殺隱公的弟弟軌，使得他好永久做魯國的君。他要求隱公給他做太宰，以爲他設策的酬報。不料隱公說："以前我是因

爲太子軌年幼，所以即了君位；現在時機到了，我正要把君位交
還他呢。不久的將來，我就派人到菟裘地方築所別館，豫備到那
裏去養老了。"公子翬聽見這話，害怕太子軌即位以後要懷恨他，
便反到軌的面前去説隱公的壞話，請他設法結果了隱公。先是當
隱公從鄭國逃回的時候，因爲感謝尹家和雍巫之神，便在魯國也
立了雍巫的神廟，常常去祭祀。在這年的十一月，隱公去祭鍾
巫，在社圃齋戒，住在一家姓寪的家裏。公子翬得到這個機會，
就派了個刺客到寪家去把隱公刺死，擁太子軌即位，是爲桓公。
他們反把弒君的罪名推在寪姓的頭上，殺了寪家的幾個人算了
事。桓公即位以後，就與鄭國修好，他和鄭國在越的地方結了一
次盟，把掉換祊田和許田的事辦妥了。

　　這時候鄭國的氣燄正盛，各國没有一個不怕鄭的，所以陳、
宋、魯、齊等國都親起鄭來。於是鄭國人的胆子愈弄愈大，過了
若干時，他竟敢同周王打起仗來。原因是鄭國的武公、莊公都做
周平王的卿士，在王室很有權柄；後來平王大約爲了鄭國太强盛
的緣故，不願他獨把持王朝的内政，想把鄭伯掌握的周室政權分
一半給虢國。鄭莊公知道了，大不高興。平王安慰他説："哪裏
有這件事呢！"他情願同鄭國交換質子。於是王子狐到鄭國去，鄭
公子忽也到周朝來，交換做押品。這已損壞了王室的威嚴。

　　平王死後，桓王即位，打算真把政權分給虢公。鄭莊公聽得
這消息，便派大將祭足(祭仲)帶了兵馬去把周的温地同成周(東
周的都城，在今洛陽)的麥和穀子一齊割了去，於是周朝同鄭國
的感情大破裂了。但是兩方面都還暫時敷衍着：鄭莊公還去朝
周，雖然得不到桓王的敬禮，但是桓王也並没有把鄭伯的政權完
全剥奪。後來鄭國還用過王師去伐宋國。畢竟是桓王不識相，他
向鄭國取了鄔、劉、蔿、邘四邑的田，而把自己拿不動的蘇忿生
(周朝的臣子)的田換給鄭國；鄭國自然大不高興。接着桓王又把
鄭伯的政權完全奪了，於是鄭伯不朝。桓王大怒，招集了蔡、

衛、陳等國的兵，御駕親征去伐鄭。鄭國也就起兵抵抗王師。兩方在繻葛地方開戰，鄭國用了魚麗之陳（每隊以二十五乘兵車當前，一伍步卒隨後，車卒有闕，便用步卒補數）把王師同諸侯的兵打得大敗。桓王甚至被鄭將祝聃射中了肩頭，於是天子的威嚴掃地了！從此以後，"王命"兩個字便不算什麼，周室的真正地位也就連列國都不如起來了。

鄭國打勝周兵以後，勢力格外強盛。那時齊國被北戎侵擾，也向鄭國去討救兵；鄭太子忽帶了兵馬救齊，把戎兵殺得大敗。齊僖公想把女兒嫁給鄭太子忽，以爲姻援；卻被太子忽拒絕了。這次戰事，諸侯的兵多有替齊國守禦的，齊國答謝諸侯的好意，分送給各國糧餉，請魯國代爲分派；魯國分後了鄭國，鄭太子忽很不高興，後來竟聯結了齊、衛兩國的兵來伐魯。這也可見鄭國在當時的強橫了。

第四章　鄭的中衰與齊的始強

鄭國當莊公時代，憑藉了"挾天子以令諸侯"的地位，採用了"遠交（交齊、魯）近攻（攻宋、衛）"的政策，努力經營，國際的地位就蒸蒸日上。到了莊公末年，幾乎成爲春秋初期的伯主。民國七年在新鄭出土的銅器中有王子嬰次鑪，據近人考證，王子嬰次就是鄭子儀，他的父親便是莊公。這話若確，就證明了鄭莊公是稱過王的，想來是敗周以後的事了。

魯桓公十一年，鄭莊公去世，國內發生變亂，鄭國就中衰了。原來莊公的太子名叫做忽，是鄧國的女兒鄧曼所生。莊公又娶了宋國雍氏的女兒叫做雍姞，生個兒子叫做突。雍氏是宋國的貴族，爲宋國的君主莊公所寵。鄭莊公死後，太子忽即位，是爲昭公。宋國人氣憤不過，設法誘騙了鄭國的大臣祭仲到宋國來，把他拘住，硬逼他擁立公子突爲君。祭仲本是昭公的保護人，到這時因爲自己的性命要緊，只得答應宋人，與他們結盟，帶了公子突回國，擁他即位，是爲厲公。昭公便逃到衛國去了。當厲公將要回國的時候，也被宋人拘住，逼着要賄賂，厲公只得答應。厲公即位以後，宋國逼討賄賂很急，逼得鄭國喘不過氣來，宋鄭間的國際感情就日趨惡劣，將要打起仗來。那時魯國出來做調和人，先同宋國在句瀆之丘結了一次盟，但講和的事情仍不見頭緒；又會于虛和龜兩處地方，宋國到底不肯答應和議。那時激惱了魯國，便與鄭國會盟于武父的地方，聯兵伐宋。到了第二年，鄭國又聯合了紀、魯兩國，與齊、宋、衛、燕（南燕）四國開戰，結果四國聯軍打得大敗。在這裏可以看出鄭、魯與宋、衛到底是兩個國際的集團（齊本也是鄭黨，這次所以加入宋、衛一邊，乃因紀與魯聯合的緣故，參看下文），此時差不多又恢復了春秋開始時的形勢。又可看出鄭究竟比宋强，所以在這個時候鄭還能占到勝利，真所謂“百足之蟲死而不殭”了。但宋國吃了虧那裏肯服，就又聯合了齊、蔡、衛、陳諸國的兵伐鄭，焚了鄭國的渠門，一直打進大街；又侵擾鄭國的東郊，奪取了牛首的地方，把鄭國大宮（祖廟）的椽子搶回去做了宋國盧門的椽子。這一次的戰事，因爲寡不敵衆，卻是鄭國吃了虧了。

　　鄭國在敗弱之際，內部又發生變亂起來。原因是厲公爲祭仲所擁立，所以政事很被祭仲把持；厲公頗忌他，就派他的女壻雍糾設計去殺他。不料雍糾是個没用的腳色，他不知怎樣把消息透漏給他的妻子雍姬。雍姬便去問她的母親道：“父親與丈夫是哪一個親近些?”母親道：“只要是個男人，都可以做女人的丈夫；但父親卻只有一個!”雍姬聽了這話，便把雍糾的陰謀暗示給祭仲，於是祭仲把雍糾殺了。厲公一看事情不穩，逃到蔡國去。昭公就回國復了位。厲公又引動鄭國櫟地的人民殺了守將檀伯，佔居了櫟地，做昭公的敵人。魯國本與厲公交好，便結合宋、衛、陳、蔡等國一再伐鄭，想送厲公回國，結果沒有成功；於是魯、鄭也分裂了。在這裏，我們知道伐鄭的五國中，魯本是鄭黨，這次伐鄭還是爲了鄭；宋、衛、陳、蔡四國卻是鄭的敵人，他們只不過想乘機打劫罷了。

　　鄭國內亂未定，跟着衛國也發生了內亂。原因是衛國的宣公收納了他的庶母夷姜爲妻，生個兒子叫急子，把他交給宗親大臣右公子職保護。急子長大以後，宣公替他娶了齊國的女兒；因爲齊女長得美麗，宣公捨不得配給兒子，自己收用了，是爲宣姜。宣姜生了兩個兒子：一個叫做壽，一個叫做朔。宣公又把壽交給另一宗親大臣左公子洩保護。夷姜因爲失了寵，自己弔死。宣姜與他的小兒子朔日夜在宣公面前說急子的壞話，宣公信了讒言，就派急子到齊國去，暗遣刺客在莘的地方等待着殺他。宣姜的大兒子壽聽得這消息，忙去告與急子，叫他趕快逃走。急子不肯，說：“天下哪裏有沒有父親的國家可以逃奔呢!”壽看勸他不醒，便用了一計：在他動身的時候，替他餞行，把他灌醉，壽自己載了急子的行旌先去，想犧牲了自己來救急子，果然給刺客殺了。急子卻不肯對不住他的弟弟，急忙趕去，對刺客說道：“你們要殺的是我，他是個無罪的人，你們殺錯了!”於是刺客又把急子殺死。爲了這個緣故，急子和壽的保護人左右兩公子都怨恨朔。宣公去世，朔即位，是爲惠公。二公子起來作亂，擁立了公子黔牟，惠公只得逃到齊國去。

　　這時齊魯兩國正因紀國的事發生衝突：原來紀國的君所娶的是魯國的女兒，所以魯國要保護紀。因爲齊、紀是世仇，齊國長想滅紀（報仇的話其實是託辭，齊國想的是開拓疆土。又齊、紀結仇的事只見於漢人的記載，究竟可信與否，也未能定），在齊僖公的時候已與鄭莊公合謀襲紀，沒有成功。魯桓公十三年魯、紀、鄭三國與齊、宋、衛、燕四國的戰事，其中恐也包含着齊、紀的問題；這次齊國雖然失敗，但究竟不能使他息了併紀的陰謀。到了僖公的兒子襄公即位，與魯修好，圖謀滅紀更急；紀國向魯國求救，魯國也沒有切實的辦法，反而弄得與齊國又翻了臉：魯桓公十七年，魯齊兩國的兵戰于奚的地方。到了第二年，魯桓公與齊襄公會于濼的地方，又與夫人文姜一同到齊國去；他們大約是想與齊國修好，不料竟被齊國害死了。

在魯桓公死的那年，齊襄公又曾殺了鄭君子亹。先是，鄭莊公在世的時候，想用高渠彌做卿，太子忽很厭惡這人，竭力勸諫莊公不要用他，莊公不聽。等到昭公（太子忽）即位，高渠彌怕昭公要殺他，便先把昭公殺了，擁立昭公的弟弟公子亹爲君。齊襄公聽見這事，想替鄭國討賊，藉此可以擺出他盟主的架子來；於是帶了兵馬駐屯在首止的地方，叫鄭君來相會，公子亹不敢不從，帶了高渠彌前去。襄公殺了公子亹，把高渠彌車裂了。公子亹同高渠彌既死，祭仲便向陳國迎了昭公的另一個弟弟子儀回國即位，是爲鄭子。

魯桓公既死，紀國失了後援，齊國便乘機遷了紀國的邢、鄑、郚三邑的居民，把這三邑收爲己有；跟着紀侯的弟弟紀季也以紀國的酅地入于齊，紀國越發難以保存了。魯國到這時還想與鄭國一同援救紀國，但是因鄭也有內亂，紀的生命終於不能維持下去。到了魯莊公四年，紀侯便把全國交給紀季，逃出國去；紀季把紀國全部歸了齊，紀國便滅亡了。

這時衛國內亂，衛惠公逃在齊國。齊國號召了魯、宋、陳、蔡諸國一同伐衛，把惠公送回國去。惠公回國以後，把公子黔牟放到周國去（這大約是因公子黔牟與周有些關係的緣故），殺了左右兩公子，重登了君位。

這時中原的國家要推齊國最強。齊襄公滅紀伐衛以後，齊幾乎成了桓公以前的伯主。可惜不久齊國也發生內亂，伯業沒有做成功：先是，齊襄公派大夫連稱、管至父兩人去駐守葵丘的地方；兩人是在瓜熟的時候去的，襄公對他們説道："到明年瓜熟的時候，我派人來代你們。"到了期限，他並不派人去代，兩人向襄公去請求，他也不許；因此他們兩人很怨恨襄公，合謀作亂。那時齊國有個宗室叫做公孫無知，是襄公的叔父夷仲年的兒子。他爲襄公的父親僖公所寵，一切待遇都如太子。到襄公即位，把他的待遇降低了，他很怨恨。連稱、管至父兩人就奉了他圖謀作亂。連稱有個堂房的妹妹做襄公的侍妾，不爲襄公所寵，他們就叫她做間諜；無知許她事成之後立她爲夫人。魯莊公八年十二月，齊襄公游于姑棼的地方，乘便在貝邱的地方打獵，受了傷，連稱等就在這時發動把襄公攻殺了，擁立公孫無知爲君。不料無知又被大夫雍廩所殺。那時襄公的庶弟公子糾逃在魯國，魯國想把他送回齊國爲君；不幸被襄公的另一個庶弟叫做公子小白的從莒國趁先回國即了位，這便是赫赫有名的齊桓公。齊桓公即位以後，發兵抵抗魯國送公子糾來的兵，在乾時地方開戰，把魯兵殺得大敗。他乘勝打到魯國，硬逼魯國殺死公子糾，獻出子糾的臣子管仲召忽。召忽自殺了，管仲卻忍辱做了囚犯，由齊兵把他帶回國去。那時齊軍的主帥是鮑叔牙，本是管仲的好朋友，知道管仲是一個有大本領的人，便在半路上解放了他，在桓公面前竭力保舉他。桓公聽了他的話，後來果然成就了所謂"一匡天下"的大功業。

第五章　所謂"尊王攘夷"事業的背景

春秋初期，列國並峙，互相爭勝；在這時期中，黃河流域比較强盛的國家是鄭、齊、魯、宋、衛五國。五國之中約略説來：鄭、齊、魯爲一黨，宋、衛爲一黨。兩黨的勢力，以前一黨爲强

盛。前一黨中起初最强的是鄭，後來是齊。鄭、齊兩國在春秋最
初期，可以算是準伯主的國家。鄭因發生内亂中衰，齊國代興，
滅紀敗魯，漸漸做成了真盟主。到了西元前六百七十九年（魯莊
公十五年），齊桓公正式登了伯主的寶座，應合時勢的需要，做
出了一番"尊王攘夷"的事業來。這"尊王攘夷"的事業，是有適合
的背景的，略叙如下：

當春秋開始時，黄河流域諸國正在鈎心鬥角的時候，南方已
有一種異族起來，這就是楚。魯桓公二年，鄭國約蔡國會於鄧的
地方，左傳説這次盟會的原因是開始懼怕楚國。以鄭莊公之强，
尚且對楚國發生畏懼，可見楚國在那時候的强盛已經超過了鄭
了。那時楚國的君主是武王熊通，魯桓公六年，楚武王起兵侵隨
（在今湖北省隨縣），先派了薳章到隨國去議和，自己帶兵駐在瑕
的地方等候。隨國也派了一位少師前來議和。楚國的大夫鬥伯比
對楚王説道："我們所以不能在漢東得志的緣故，是我們自己造
成的：我們張大了武備去恐嚇他們，他們自然害怕了要聯合起來
對付我們，弄得我們現在没法使他們離散。但是漢水東面的國家
以隨國爲最大，隨國倘若自大起來，必定丢開了其他小國；小國
分離，正是楚國的利益。現在隨國派來的少師是個很驕傲的人，
我們可以故意把老弱殘兵陳列出來去哄騙他，使他們上我們的
當。"楚國的另一個大夫熊率且比聽了鬥伯比的話，説道："隨國
有個季梁，是個很有智謀的人，這套計策，恐怕騙不倒他罷？"鬥
伯比説："我們用這計策是爲日後打算。要知道少師是隨君的寵
臣，隨君很聽他的話呀！"楚王用了鬥伯比的計策，故意把軍容毁
壞，然後請少師進來。少師一見楚兵疲弱，回去便請隨侯起兵追
趕楚師。隨侯正想聽他的話，季梁果然出來勸諫道："老天爺幫
楚國的忙，楚國勢頭正盛，他們是故意的示弱，在哄騙我們呵！"
隨侯聽納了季梁的話，便止住了。在鬥伯比的話裏，我們可以看
出那時南方的形勢是楚國獨强，勉强能與楚國對抗的只有隨國。

隨國聯合了漢水東面的諸小國做楚國的敵人，所以楚國汲汲的要想打服他。他們所用的政策，是先離間漢東諸小國與隨國的聯結。

過了兩年，楚國邀合南方諸侯在沈鹿地方盟會，只有黃、隨兩國不來。楚武王派了薳章去責問黃國，自己帶了大兵去伐隨國，駐兵在漢水淮水之間。季梁勸隨侯與楚國講和，少師卻對隨侯説道："我們快動手的好！不然，楚兵又要像前次一樣逃走了。"隨侯聽了少師的話，便起兵與楚國開戰，在速杞的地方被楚兵打得大敗，隨侯步行逃走，楚國俘獲了隨侯的兵車，把車右少師殺死；於是隨國只得服從了楚國了。

不久，楚國又開闢了濮地（在今湖北省南部），打敗了鄖國和郧國、絞國的兵，聲勢更是不可一世。不料就在這時吃了一回虧：在魯桓公十三年，因爲羅國（在今湖北省宜城縣）有意對楚國挑釁，楚國起兵伐羅，在屢勝之後輕看了敵人，被羅國聯合了盧戎（在今湖北省南漳縣），打得大敗。

楚國雖然敗了這一次，但是實力並不損傷。在魯莊公四年，楚武王造了一種"荆尸"的陣法，在軍隊中參用戟隊，起兵伐隨，在半路上死了。令尹鬬祈，莫敖屈重（令尹莫敖都是楚國的官名）把喪事按住，開闢了行軍的直道，在溠水上面搭了橋，領兵直逼隨國。隨國人大怕，又同楚國講和。莫敖假託了王命到隨國與隨侯結盟，並要求結盟於漢水的西面。事情辦好，班師回國，渡了漢水，然後發喪。在這裏，我們又可看出楚人是怎樣的一種尚武力征的民族。他們肯這樣努力經營，所以纔能成爲南方的伯主。武王死後，兒子文王熊貲即位，聯合巴國伐申，又滅了息、鄧等國，攻入了蔡國，勢力駸駸北上，從此成了中原諸侯的大患了。

齊桓公時，中原的强敵在南是楚，在北有狄。據考證，狄就是商代的鬼方，周代的獫狁和犬戎。易經上説商王武丁領兵伐鬼方，一打打了三年，才把他們克服。打一處仗要用三年功夫，在古代真是一個極大的戰爭了。古書上又記周王季伐西落鬼戎，俘獲了二十個翟（狄）王；西落鬼戎就是鬼方。打一次仗就俘獲了二十個王，又可見鬼方部族的強大。在文王時，也曾征伐過犬戎。到西周時，成王（或康王）又曾派了一個叫做盂的人去伐鬼方，俘獲了一萬三千零八十一個人回來，這真是西周對北方異族鬥爭的第一次大勝利。穆王時，又曾去征過犬戎，俘獲了五個王，又得到四隻白狼和白鹿，把戎族遷到太原（在河東）的地方。夷王時，命虢公帶兵伐太原的戎族，到了俞泉地方，俘獲了一千匹馬。宣王中興，玁狁内侵甚急，他們佔居了焦穫（在今山西省陽城縣）地方，攻打鎬、方（在今山西省夏縣）、西俞等處，一直到洛水（現在陝西的洛河）和涇水（現在的涇河）的北面。宣王親征，在鹵（即彭衙，在今陝西省白水縣）地方打敗玁狁，又命大臣尹吉甫等帶兵直追到太原，更命一個叫做南仲的到朔方（方）去築城，連攻連守，才把玁狁暫時平定了。到了宣王晚年，又興兵征伐住在太原的戎族，卻得不到勝利。到幽王時，戎狄格外強盛起來，蠶食周地，結果犬戎竟把西周滅了。東周之初，梁國（在今陝西省韓城縣）曾抵抗過鬼方蠻，秦文公又趕走了佔居周地的戎族；其後秦與西戎就屢有交涉。到穆公時，西戎全被秦所征服。秦國霸了西戎，西方的戎禍就告一段落了。

　　西方的戎禍方靖，北方的狄寇又起來了。上文説過，狄就是鬼方，與玁狁犬戎是同族。狄族最強的有兩種：一種叫做赤狄，他們的根據地大約在現今的山西省；一種叫做白狄，他們的根據地大約在現今的陝西省。他們的勢力一直到達了河北、河南和山東。另有一種叫做長狄，大約也盤踞在現今的山東山西兩省。晉曲沃莊伯二年（春秋前九年），翟（狄）人伐晉，一直到了晉都的郊外。春秋初年，黃河下游諸國正互相爭鬥得筋疲力盡，狄人乘機南下，先伐了邢國（在今河北省邢臺縣），又滅了衛國；跟着又伐晉國，滅了溫國（就是蘇國，在今河南省溫縣）。一時中原諸侯大受他們的威脅，大家懼怕狄人，比懼怕楚人還要厲害些。

　　狄之外，春秋初年爲中原的禍患的還有諸戎。春秋時的戎族，除獫狁後裔的犬戎外，還有戎州己氏之戎，住在現今山東省境内；北戎，山戎，無終氏之戎，住在現今河北省境内；允姓之戎（當也是獫狁的後裔），姜姓之戎，住在現今陝西省境内；揚拒、泉皋、伊雒之戎（這是幾種戎的合稱），蠻氏之戎，住在現今河南省境内。己氏之戎與魯盟好，也有時爲寇，他們曾侵犯過曹國（在現今山東省定陶縣）。北戎的勢力較爲强盛，曾侵犯過鄭國，被鄭國打敗；又曾伐過齊國，也被鄭國的救兵殺退。山戎曾侵擾過燕國（這是北燕，都城在今河北省宛平縣）。揚拒、泉皋、伊雒之戎曾聯兵伐周，攻破了王城，被秦晉聯軍所打退。其他諸戎勢力不强，不大爲中原之患。總之，春秋時的戎族雖不及狄族之强，然而中原列國也是受到他們的侵擾的。至於夷族和蠻族，除了楚外（楚就是蠻夷的一種），在春秋時都不占勢力，他們和中原就不生什麼關係了。

　　以上所説的是"攘夷"事業的背景；至于"尊王"事業的背景，那就更容易知道了。東周王室在春秋開始的幾年還有些威權，自從周、鄭繻葛之戰，王師大敗，一蹶不振；後來又繼續發生内亂。魯桓公十八年，周公黑肩想殺了莊王（桓王子），擁立王子克（莊王弟）爲君；有個叫做辛伯的把周公黑肩的陰謀告訴莊王，莊王殺了周公黑肩，王子克逃到燕國去。這是春秋時周王室的第一次内亂。魯莊公十九年，周朝的臣子蒍國、邊伯、石速、詹父、子禽、祝跪們依恃蘇國爲後援，奉了王子頹（莊王子）作亂；衛國和燕國也帮助王子頹，起兵伐周，擁立王子頹爲君。鄭厲公奉了惠王（莊王曾孫）住在鄭國的櫟地；鄭國又聯合虢國回攻王城，殺死了王子頹、蒍國們，奉惠王復位。這是王室的第二次内亂。惠王酬謝鄭、虢二君，就賜給鄭國虎牢以東的地方，賜給虢國酒泉的地方。於是王畿削少，王室也更趨衰弱了。

　　因爲王室衰微，所以造成列國互相爭勝的形勢；因爲列國互相爭勝，中原內部因不統一而更不安寧，所以又造成戎、狄交侵的形勢。要"攘夷"必先"尊王"，"尊王"的旗幟豎起，然後中原內部才能團結；內部團結，然後才能對外。所以"尊王"與"攘夷"是一貫的政策。這是春秋初年的時勢的需要，並不是齊桓公和管仲一二人突然想出來的花樣！

第六章　齊桓霸業

　　五霸的事業是一部春秋的骨幹，而五霸之中以齊桓晉文爲首。孟夫子説："春秋，其事則齊桓、晉文"，又説"五霸，桓公爲盛"，可見齊桓公的霸業是春秋史中最重要的節目。大家要知道它的詳細情形嗎？請讀下文：

　　齊桓公的霸業是管仲帮他做成的。管仲字夷吾，據史記説他是潁上的人氏，大約是周的同姓管國（在今河南省鄭縣）之後。又據史記説，他少年時曾與鮑叔牙交好，鮑叔牙知道他的賢能，很敬重他。管仲那時極貧窮，與鮑叔牙一同出外經商，等到分利息的時候，管仲常常欺侮鮑叔牙，自己多要好處；鮑叔牙始終不同他計較，仍是很善待他。這段故事實在是不甚可信的。我們知道管仲是齊大夫管莊仲的兒子，乃是貴族階級，怎會有經商的事呢（商人在古代是極賤的階級）？這恐怕只是戰國人用了戰國的時代觀念造出的故事（這段故事始見於呂氏春秋）。後來鮑叔牙依附了公子小白，管仲也做了公子糾的臣子。等到齊襄公去世，公子小白與公子糾爭國時，管仲曾發一箭，射中了小白的衣帶鉤。桓公（小白）即位，打敗魯兵，逼魯國殺死公子糾，把管仲俘擄回來；鮑叔牙竭力在桓公面前保薦管仲，桓公聽了，就重用了他。管仲替桓公規畫政事，先立定了創霸業的基礎。

　　管仲替桓公所規畫的治齊國的方法，可分爲內政、軍政、財政三方面。他所用的政策，約略説來，是分畫都鄙而集權中央，獎勵農商以充實國富，修整武備以擴張國威。現在根據國語等書，就分內政、軍政、財政三項，略叙管仲治齊的政策：

　　關於內政方面，管仲所定的計畫是：把國都分爲六個工商的鄉，十五個士（兵士的士）的鄉，共爲二十一鄉。這十五個士的鄉，由桓公自己管領五個，上卿國子和高子各管領五個。把國政也分爲三項，立出三官的制度：官吏之中立出三宰，工人之中立出三族，市井之中立出三鄉；又立三虞的官管理川澤的事，立三衡的官管理山林的事。又規定郊外三十家爲一邑，每邑設一個司官；十邑爲一卒，每卒設一個卒帥；十卒爲一鄉，每鄉設一個鄉帥；三鄉爲一縣，每縣設一個縣帥；十縣爲一屬，每屬設一個大夫，全國共有五屬，設立了五個大夫。又立出五正的官，也派他們各管一屬的政事，而受大夫的統屬。在每年的正月裹，由五屬大夫把他們治理屬内的成績報告給桓公，由桓公督責他們的功罪。於是大夫修屬，屬修縣，縣修鄉，鄉修卒，卒修邑，邑修家，内政就告成了。

　　關於軍政方面，管仲所定的計畫是：作内政而把軍令寄在裹面。他規定國都中五家爲一軌，每軌設一個軌長；十軌爲一里，每里設一個里有司；四里爲一連，每連設一個連長；十連爲一鄉，每鄉設一個鄉良人。就叫他們掌管軍令：每家出一個人，一軌有五個人，五人爲一伍，由軌長帶領着；一里有五十人，五十人爲一小戎，由里有司帶領着；一連有二百人，二百人爲一卒，由連長帶領着；一鄉有二千人，二千人爲一旅，由鄉良人帶領着；五鄉有一萬人，立一個元帥；一萬人爲一軍，由五鄉的元帥帶領着。全國三軍，就由桓公與國子高子帶領了。桓公等三人也就是元帥。這便是現在的保甲制度，也就是軍國制度。他們定出這種制度來，每逢春季和秋季借了狩獵來訓練軍旅，於是就"卒伍整於里，軍旅整於郊"了。訓練完成以後，下令全國的人不許自由遷徙，每伍的人有福同享，有禍同當，人與人，家與家之間都互相團結，就做到了"夜裏開戰，只要聽到聲音，大家就不會亂伍；日裏開戰，只要看見容貌，大家就互相認識"的地步，這樣的軍隊自然是最好的了。

那時齊國缺少軍器，管仲又定出一種用軍器贖罪的刑法來。人民犯了重罪，可以用一副犀牛皮製的甲同一柄車戟贖罪；犯了輕罪，可以用一副皮製的盾同一柄車戟贖罪；犯了小罪，可以用銅鐵贖罪。打官司的人禁止了三次還不服的，可以用一束箭做入朝聽審的訟費。這樣一來，甲兵也便充足了。

關於財政方面，管仲所定的計畫是：相地衰征（衰是等差的意思，征是賦稅；相地衰征，就是看土地的好壞來等差賦稅的輕重），通貨積財，設輕重九府之制；觀察年歲的豐凶，人民的需要來收散貨物；製造錢幣，由官府掌管。更提倡捕魚煮鹽的利益。於是齊國就富庶了。

我們綜看管仲治國的方法，實在是一個大政治家的手腕。他知道治國的要點先在分畫內政和統一政權；富國的要點先在整理賦稅和發展農商，而由國家統制經濟。尤其可以佩服的，是他把軍令寄在內政上，使武備不爲獨立的擴張。兵屬於國，民屬於兵，兵民合爲一體，國家豈有不強盛的道理。他所定的保甲制度等等，到現在還有值得摹做的地方。即此可以知道一國的強盛固然需要其他內在和外在的條件，而大政治家的有益人國，也是絕對不可否認的事實。

在齊桓公稱霸以前，還有齊、魯、宋三國爭衡的一段歷史，這爲自來研究春秋史的人所不大注意的。現在我們把它挑出來談一談：原來當齊桓公尚未成霸時，魯國曾強盛過一時。當魯莊公十年，齊國起兵伐魯，大約是報前次魯國伐齊納子糾的怨恨。那時魯國有個很有智謀的人叫做曹劌，去見魯莊公，談了一會，很合莊公的意思；莊公便帶了他起兵與齊兵在長勺的地方開戰。曹劌勸莊公先不要擂鼓（擂鼓便是準備開戰的信號），等到齊兵擂了三次鼓，見魯兵始終不動，正在發呆的時候，曹劌才請莊公擂鼓發兵，一下子就把齊兵打得大敗而逃。曹劌又勸莊公不要就追，自己先下車去看看齊兵的車跡，再登車望望齊兵的旗幟，才請莊公發兵追趕，這一仗魯兵就得了個大勝利。曹劌先叫莊公不要擂鼓的原因，是爲了鼓是興奮軍氣的物事，多擂了，軍氣便衰竭了；齊兵的軍氣已竭，魯兵的軍氣方盛，所以齊兵便被魯兵打敗了。他叫莊公不要就追的原因，只爲齊是大國，難以猜度，恐怕齊兵假敗，另有埋伏；後來他看了齊兵的車跡紊亂，旗幟也倒下，知道他們是真敗，所以又請莊公追趕。曹劌的舉動是很合兵法的。

魯國勝了這一仗以後，國勢便興盛了，於是起兵侵宋。齊國不服，又聯合了宋兵來打魯國，兩國的兵駐在郎的地方。魯國的大夫公子偃對魯莊公説道："宋國的軍隊很不整齊，我們可以先把他打敗。宋兵敗了，齊兵自然回去了。"莊公不聽他的話。他就自己帶了軍隊從南城門偷偷出去，在戰馬的身上蒙了虎皮，直衝宋營；莊公帶了大兵接應上去，把宋兵在乘丘地方打得大敗。宋兵既敗，齊兵果然自己回去了。次年，宋國爲了報復乘丘之敗，又起兵來侵魯國。莊公發兵抵禦，乘宋兵尚未結陣的時候衝殺過去，又把宋兵在鄑的地方打敗了。

宋國被魯國打敗兩次，內部又發生了變亂。先是乘丘一戰，宋國的勇將南宮長萬被魯莊公親自用了金僕姑（箭名）射倒，給魯兵擒了去。宋國因他是本國的勇士，向魯國請求釋放；魯國答應了，放他回國。那時宋國的君主是宋閔公（莊公子），他當面取笑南宮長萬道："從前我們爲了你勇敢，很敬重你；現在你做了魯國的囚虜，我們要改變態度了。"南宮長萬聽了這話，惱羞成怒，圖謀作亂。在魯莊公十二年的秋上，他在蒙澤地方對閔公下了毒手，又殺死大夫仇牧和太宰華督，擁立公子游爲君。宋國的群公子逃奔蕭地，閔公的弟公子御説逃奔亳地；南宫長萬派他的兒子南宫牛和部將猛獲帶兵圍困亳邑。宋國蕭邑的大夫蕭叔大心同了宋戴公、武公、宣公、穆公、莊公的後裔發動曹國的兵反攻南宫長萬，先到亳地把南宫牛殺死，又打到宋都殺了公子游。他們奉公子御説爲君，是爲桓公。猛獲逃奔衛國，南宫長萬逃奔陳國。宋國向衛國要回猛獲，又用賄賂向陳國要回南宫長萬，把他們都殺了。

　　那時齊國已滅了譚國（在今山東歷城縣）。魯莊公十三年，齊國邀集宋國、陳國、蔡國、邾國在北杏地方會盟，平定宋國的内亂，徵召遂國（在今山東寧陽縣）赴會；他們没有派人來，齊國就把遂國滅了。魯國那時連敗齊、宋的兵，本很强盛，但因諸侯都歸附齊國，寡不敵衆，又因鄰近的遂國被齊國所滅，感到威脅，便也只得和齊國在柯的地方結盟，開始與齊通好。就在那年，宋國大約因齊、魯結合，而魯國是宋的敵人的緣故，背叛了齊國。魯莊公十四年，齊桓公邀集陳、曹兩國的兵伐宋，又向周室請派王師；周王派單伯帶領軍隊跟三國的兵會合伐宋，於是宋國只得屈服了。自從鄭莊公假借王命征伐諸侯以後，這是“挾天子以令諸侯”的事業的第一次重現。

　　便在這時，鄭厲公從櫟地攻打鄭國，到大陵地方捉住鄭子儀的臣子傅瑕；傅瑕情願投降，替厲公做内應；厲公與他結盟，放他回國。傅瑕回去就殺了子儀同他的兩個兒子，迎厲公復位。厲公回國，恩將仇報，殺了傅瑕；又怨大夫原繁不向自己，也把他生生逼死。這可見厲公手段的毒辣，不亞於他的父親莊公。厲公看清了時勢，復位以後就與齊國聯結。齊桓公又邀單伯與宋、衛、鄭三國在鄄的地方會盟；第二年，齊、宋、陳、衛、鄭五國在鄄地又重會了一次，左傳上説齊國就在這次盟會裏開始稱霸了。

　　我們綜看齊桓公創霸的經過，他的政策是先想征服魯國；不成，便聯結宋國，用了兩個大國的聲威，團結陳、蔡、邾諸小國成一個集團，又滅了遂國做榜樣，硬把魯國逼服。魯國歸服以後，宋國背叛齊國，桓公又邀合諸小國，假借了王命，把宋國打服。魯宋兩大國既服，鄭本是齊黨，衛本是宋黨，自然都來歸嚮了。這可見齊桓公創霸時的對象是魯、宋兩國，只要征服了魯和宋，霸業的基礎便穩固了。

　　齊桓公的霸業可以分作三個時期來講。第一時期約從魯莊公十五年起至二十八年止，這個時期可以說是聯結中原諸侯的時期。第二時期約從魯莊公二十八年起至魯僖公四年止，這個時期可以說是安內攘外的時期。第三時期約從魯僖公四年起至十七年止，這個時期可以說是尊王和霸業成熟的時期。下面先說第一時期：

　　當魯莊公十五年春天，齊桓公再合諸侯于鄄，開始稱霸以後，這年夏天，魯夫人文姜也到齊國結好，可說黃河下游的魯、鄭、宋、衛四大國已都服了齊國。但那時諸侯內部還未完全和協，鄭、宋兩國的世仇也還未盡解釋。就在這年秋天，齊、宋、邾三國去伐郳國（就是小邾國，在今山東滕縣），鄭國偷乘了這個機會便起兵侵宋，於是次年，齊、宋、衛三國的兵伐鄭。楚國這時也來伐鄭，一直打到櫟的地方。這是齊楚兩大國勢力以鄭國爲衝突焦點的開始。這年冬天，因鄭國降服，齊、宋、陳、衛、鄭、許、滑、滕諸國在幽的地方同盟了一次。不久，鄭國又不肯去朝齊國；於是齊國拘了鄭國的執政大臣鄭詹。遂國的遺民也在這時起來撲滅了齊國的駐兵。魯國在這時與莒聯結，夫人文姜兩次往莒，大約也想背叛齊國，所以齊、宋、陳三國伐魯西鄙。

　　這時王室也發生內亂，大夫蒍國們聯結了蘇、衛、燕等國擁立王子頹爲君，周惠王奔鄭，由鄭、虢兩國保護惠王回國復位。大約鄭國因得罪齊國，所以與王室聯絡，想借王命來抗齊。衛國這時是齊黨；衛國叛王，擁立王子頹，齊國不去責問，也很有助逆的嫌疑；這塲安定王室的大功竟讓鄭國占了。要不是鄭厲公不久就死，以厲公的手腕，很可能聯合西方諸侯（如晉、秦、虢等國）奉了王室另外結成一個團體，以與齊國對抗；如果這樣一來，春秋中世史就會變換個樣子，齊國的霸業或者就此終結也未可知。幸而鄭虢兩國因爭周王的賞發生嫌隙，周、鄭的國交也因此破裂，厲公不久又去世了，所以齊國得以乘機服了魯國，與魯互通姻好，因勢又服了鄭國，邀合諸侯同盟于幽，於是霸業大定。周王也派了召伯廖來賜齊桓公的命，叫他伐衛，討立王子頹的罪。齊桓公觀察情形，早已丟開衛國，這時奉了王命，大張旗鼓的去伐衛，大敗衛兵，以王命數責他的罪，卻取了賄賂回去。衛國既服，黃河下游諸國就結成一個團體了。（以上第一時期。）

　　當齊桓公開始稱霸的時候，楚國已滅了息、鄧等國，攻入蔡國，跟着又伐鄭國，勢力已發展到中原。隔了兩年，巴國伐楚，楚文王起兵抵禦，因有內亂的緣故，打了個大敗仗；回國時管城門的官吏鬻拳不肯開門，硬逼文王再去伐黃，把黃國的兵打敗，保全了楚國的聲威。文王回到湫的地方，得疾去世；鬻拳把他葬在夕室，也自殺了。文王的兒子堵敖熊囏即位，被弟弟熊惲殺死；熊惲自立，是爲成王。成王四年（魯莊公二十三年），開始派使聘問魯國，這是楚國與東方諸侯交通之始。

　　魯莊公二十八年的秋天，楚令尹子元又帶了六百乘兵車伐鄭，打進鄭國的外城，一直攻入大街市井。鄭國卻連內城的閘門也不下，兵士們學了楚國的方音出門應敵。楚兵被他們的空城計嚇倒，不敢前進。恰巧這時諸侯的兵來救鄭，楚兵就連夜逃走了。鄭國人本想逃到桐丘的地方去避難，間諜報告說，楚兵的營幕上已有烏鴉停着，大家知道楚兵已去，方才停住不走。楚令尹子元從鄭國回去，竟佔住了王宮，被大夫申公鬥班殺死，由一個叫鬥穀於菟的繼爲令尹。鬥穀於菟就是那赫赫有名的令尹子文，他是一個很能幹的人，他見當時楚國內亂未定，就自己毀了家來安定國難。楚國得了這樣的賢臣，從此便格外強盛了。

這時山戎常常侵擾燕國；齊桓公起兵征伐山戎，直打到孤竹國，得勝回來。於是燕國也入了齊國的黨。齊國的勢燄大盛，魯國甚至於替管仲修築私邑小穀的城，藉此向齊國討好。齊、楚兩國的勢力既都發展到相當的程度，終不免有一次衝突。齊國勢力較大，便先謀伐楚，向諸侯請會。

就在這時，魯國又發生內亂。先是魯莊公娶了黨氏的女兒孟任，生個兒子叫做般；般長大後，有一次魯國雩祭（求雨的祭），先在一家姓梁的家裏演習祭禮，莊公的女兒去看演禮，有個圉人（馬夫）叫做犖的從牆外調戲了她，被般看見，把犖責打，犖因此記下了對公子般的仇恨。魯莊公三十二年，莊公得病將死，向他的三弟叔牙問立後的事，叔牙道：“二哥慶父（叔牙的同母兄）很有才幹，可以繼位爲君。”莊公又向他的四弟季友詢問，季友道：“臣願以死力奉般爲君。”莊公告訴他，叔牙曾保舉慶父；季友便假託君命，派一個叫鍼季的用毒酒把叔牙毒死了。不久莊公去世，季友奉般即位，暫駐在黨家；慶父利用圉人犖對般的仇恨，派他到黨家把般刺死，季友逃奔陳國。魯人又奉莊公的庶子啟方即位，是爲閔公。

這時狄國起兵攻打邢國，管仲對齊桓公説道：“戎狄的性情和豺狼一般，没法使他們滿足的；諸夏之國都是親戚，不可丢了他們；安樂是酖毒，不可過分留戀：請你起兵救邢罷！”桓公聽了他的話，就發兵去救了邢國。

魯閔公初立，内亂未定，就與齊桓公在落姑地方結盟，請齊國叫季友回國。齊桓公答應了，便派人到陳國去叫季友回來。齊國又派了大夫仲孫湫來省問魯國，仲孫湫回去報告桓公道：“不把慶父除了，魯國的國難是不會完結的。”桓公便問：“怎樣除去慶父？”仲孫湫答道：“他作亂不息，自會自己走到死路上去的，你可以姑且等候着！”桓公又問：“我們可否乘機取了魯國?”仲孫湫道：“魯國還保存着周禮，未可輕動，你應當竭力安定魯難，才是正理！”不久魯閔公又被慶父派人害死，季友奉莊公另一庶子逃奔邾國，慶父也逃奔莒國。慶父既去，季友就回國奉公子申即位，是爲僖公；送賄賂到莒國，請求他們把慶父押解回國，莒國答應了，送慶父來，慶父自知罪大，在半路上自殺了。這時齊國又派上卿高子來與魯國結盟，竭力拉攏魯國，魯國的國難就從此平息。

不久狄人又起兵伐衛，在熒澤地方打敗衛兵，殺了衛君懿公（惠公子），長驅攻入衛都，衛國被滅。宋國救出衛國的遺民，男女只有七百三十個人，添上了共、滕兩邑的居民，剛湊滿五千人，就在曹地立了衛惠公庶兄昭伯的兒子申爲君，是爲戴公。齊桓公派公子無虧帶領三百乘兵車，三千名甲士替衛國守禦，又送給衛君乘馬和祭服、牲口、木材等等，並送給衛夫人乘車和做衣服用的細錦。隔了些時，狄兵又攻邢很急，齊桓公再邀宋、曹兩國的兵救邢。邢國的人逃出城來，投奔諸侯的軍隊。諸侯的兵趕走狄人，把邢國遷到夷儀地方；齊桓公更命諸侯的兵替邢國築了城。衛國的戴公去世，弟文公燬即位，齊桓公又帶領諸侯的軍隊修築楚丘城，把衛國遷到那裏。左傳上形容這兩國人民的高興，説：“邢國的遷徙好像回家一樣，衛國也忘記了滅亡了。”這安魯，救邢，存衛，是齊桓公的三件大功業。

北方的狄難未息，南方的楚患又起。魯僖公元年，楚國再起兵伐鄭，齊桓公邀諸侯在犖的地方盟會，圖謀救鄭。從魯僖公二年到三年，齊國又結合了宋、江、黄（江在今河南省息縣，黄在今河南省潢川縣）三國在貫和陽穀地方接連盟會了兩次。江、黄兩國本是楚的與國，到此時也歸入了齊國的掀下了。齊國的勢力越發擴張，楚國恰在這時連次伐鄭，齊桓公便聯合魯、宋、陳、衛、鄭、許、曹等國的兵侵蔡（蔡這時是楚的與國），伐楚。楚王派了一個使者來質問齊桓公道："你住在北海，我住在南海，任何事情都是没有關涉的。這次你們會到我們這邊來，不知是爲了什麽事？"管仲代桓公答道："從前召康公奉了周王的命令，曾對我們的先君太公説道：'五種侯，九個伯，你都可以專征！東邊到海，西邊到河，南邊到穆陵，北邊到無棣，你都去得！'你們不向周王進貢祭祀用的灌酒的包茅，已是失禮；況且周昭王南征，死在半路，與你們也不無關係；我們現在前來，正是爲的責問這個。"楚使答道："不進貢確是我們寡君的罪；至于昭王南征不歸的一件事，你只好到水邊上去責問了！"齊桓公見楚國的態度强硬，便進兵駐在陘的地方。楚王又派一個大夫叫做屈完的到諸侯的軍營裏來講和，諸侯的兵便退駐在召陵地方。齊桓公陳列了諸侯的軍隊，招屈完同車前去，指點給他觀看，説道："帶了這許多人馬去打仗，誰還能抵擋得？帶了這許多人馬去攻城，還有什麽城不可攻破？"屈完答道："您若用德義來安撫諸侯，誰敢不服；如果只用兵力來威脅我們，那末楚國可以把方城山當城，把漢水當池，城這麽高，池這麽深，你的兵雖多，也是没用的呵！"齊桓公一聽屈完的話厲害，便許他與諸侯結了盟。（以上第二時期。）

伐楚的事剛剛完結，不料諸侯內部就鬧出了意見。原來那時諸侯的軍隊中有一個陳國的大夫轅濤塗對鄭國的一個大夫申侯説道："各國的兵如果打從我們兩國回去，我們的本國一定要受到很大的破費。如果再到東方去，向東夷示威一次，循着海邊回去，豈不很好！"申侯説："這個辦法不錯！"轅濤塗聽了申侯贊成他的話，就把這個回兵的計劃去告訴齊桓公，齊桓公答應了。申侯這人真靠不住，他反去見齊桓公説道："我們的軍隊疲乏了，如果打從東方回去，遇到敵人，恐怕要失敗的。如打從陳鄭兩國回去，叫他們供給軍隊的糧餉器物，豈不是好！"齊桓公一聽這話不錯，便把鄭國的虎牢地方賜給申侯，而把轅濤塗拘押了。一面又派魯國同江、黃兩國的兵去伐陳國，討他不忠於諸侯的罪。過了些時，齊、魯、宋、衛、鄭、許、曹等國又聯兵侵陳；陳國趕快向諸侯求和，齊國才把轅濤塗放了回去。

　　那時周惠王想廢黜他的太子鄭而立小兒子帶爲太子，周室內部發生不寧的現象。魯僖公五年，齊桓公又邀合諸侯與周王的太子鄭在首止地方結會，圖謀安定周室。陳國的轅濤塗這時和鄭國的申侯也在會，轅濤塗怨恨申侯前次給他上當，便在這時反勸申侯修築齊桓公賜給他的采邑虎牢，更替他向諸侯請助，就把虎牢城修築得很堅固。等到這座城修好以後，轅濤塗便到鄭文公（厲公子）面前去說申侯的壞話：“申侯修築他的賜邑很堅固，目的是想反叛你呀！”鄭文公聽了他的讒言，申侯從此得了罪了。諸侯在首止結盟，周惠王卻派大臣去召鄭文公來，勸他道：“我保護你去服從楚國，再叫晉國輔助你，可以不受齊國的氣。”鄭文公正怕齊桓公與他的臣子申侯聯絡，於他不利，得了王命，很是喜歡，卻又畏懼齊國，就不與諸侯結盟，私自逃回國去；於是諸侯的兵伐鄭，圍住鄭國新密地方。楚國幫鄭國，把許國圍住；諸侯的兵救了許國就放下了鄭國了。隔了一年，齊國又起兵伐鄭。鄭文公殺了申侯，向齊國解說；又派太子華與諸侯在甯母地方結盟。鄭太子華卻對齊桓公說道：“我們國內的洩、孔、子人三家實在是違背你命令的主謀者，你若除去這三家，我就可以拿鄭國做你的內臣了。”這是鄭太子華要想借了齊國的勢力自立爲君的計畫。齊桓公將要答應他，管仲忙諫止道：“幫助兒子反叛父親，這是不合理的事情，諸侯定要不服的。你如不答應鄭太子華的請求，鄭國是一樣會降服的！”齊桓公聽了管仲的話，就辭謝了鄭太子華；鄭太子華從此得罪於鄭君，鄭國果然來向齊國乞盟了。

　　就在這時候，周惠王去世，太子鄭很怕他弟弟叔帶要作亂，便不發喪，先向齊國乞援。魯僖公八年，齊國邀合諸侯與周人在洮的地方結盟，鄭國也來請盟。諸侯奉太子鄭即位，是爲襄王。襄王定了位，然後才敢發喪。

隔了一年，齊桓公又邀魯、宋、衞、鄭、許、曹等國在葵丘
地方相會，周襄王派了大臣宰孔來賜給齊桓公祭肉。齊桓公將要
下堂行拜禮，宰孔又傳周王的後命道：“伯舅（天子叫異姓的諸侯
爲伯舅）的年紀大了，加賜一級，不必下拜！”齊桓公敬謹答道：
“天威不遠，就在面前，小白怎敢貪受天子的恩命，廢掉下拜的
禮節！”他就下堂行了拜禮，再登堂接受王賜。在這裏我們可以看
出一點消息，就是周天子的威嚴在春秋以前表面上反没有這樣煊
赫，到了此時，周天子的真正實力已消滅無遺，而他的威嚴在表
面上反而比前格外煊赫起來，這就是霸主的手段和作用。因了一
班霸主“尊王”的權術，君臣的禮制才謹嚴了。後來的儒家特別注
重君臣的禮節，他們號爲祖述三王，實在乃是祖述的五霸呵！這
年秋天，齊桓公與諸侯又在葵丘結盟，發出宣言道：“同我同盟
的人，既盟之後，大家都要相好！”又申明周天子的禁令道：“不
可壅塞泉水！不可多藏米穀！不可改換嫡子！不可以妾爲妻！不
可使婦人參預國事！”這次盟會就是歷史上有名的“葵丘之會”，是
齊桓公創霸的一塲壓軸好戲。

不久晉國的獻公去世，國内發生變亂（詳見下章），齊桓公帶
了諸侯的兵伐晉，到了高梁地方就回去了。後來又派大夫隰朋帶
兵會合秦國的兵，送晉惠公回國即位。這是東方的國家與西方黄
河上游的國家正式發生關係之始。

隔了兩年，周襄王的弟弟叔帶招了揚拒、泉皋、伊雒之戎來
打周國，攻進了王城，焚燬了東門。秦、晉兩國發兵伐戎救周。
楚國在這時也滅了黄國，狄兵也再來侵擾衞國。齊桓公只能發諸
侯的兵替衞國修築城池，派了管仲、隰朋兩人替周室、晉國跟戎
人講和。他既不能討戎，又不能伐楚，更不能征服狄人。齊國的
霸業到此時實在已經中衰了。

魯僖公十三年，齊桓公爲了淮夷侵擾杞國，和戎族侵擾周
室，又邀諸侯在鹹的地方盟會，發諸侯的兵替周室守禦。次年，

又與諸侯修築緣陵的城，遷了杞國過去。不久楚國又起兵攻打徐國，諸侯盟于牡丘，起兵救徐，結果仍被楚國將徐國的兵在婁林地方打敗了。又隔了一年，周王再向齊國警報戎難，齊桓公再徵集諸侯的兵駐守周地。就在這年，齊國又邀諸侯在淮的地方盟會，替鄫國修築城池，防禦淮夷。不料築城的人多害了病，城没有築成就班師了。次年，魯國滅了項國，魯僖公還在諸侯的會上，齊桓公責問魯國滅小國的罪，就把僖公拘下了。魯夫人聲姜爲了僖公的事，與齊桓公在卞的地方相會，齊國才把僖公放回。這年的冬天，齊桓公就去世了。（以上第三時期。）

　　統看齊桓公的霸業，他的勢力實在只限於東方一帶。黃河上游的秦、晉，和南方的楚，北方的狄，他並不能把他們征服。他的實力實在很單薄，只靠了諸侯的團結，才勉強做出一點塲面來。至於他的功績，約略説來，在安內方面，是有相當的成就的；對于攘外，卻只做出一些空把戲。然而中原的所以不致淪亡，周天子的所以還能保持他的虛位至數百年之久，這確是他的功勞；至少可以説這個局面是他所提倡造成的。倘使没有齊桓公的創霸，那時晉國未強，中原没有大國支撐，周室固然不能免於滅亡，就是中原全區，也一定被異族踐踏了。所以後來的孔夫子便説：“管仲輔相齊桓公，做了諸侯的盟主，一手救正天下。要没有管仲，我們都要披散頭髮，衣襟開向左邊，成爲異族統治下的人民了！”這段話確是極公正的批評。即此可見齊桓公與管仲兩人對于保存中原民族和文化的偉大的功績！

第七章　晉秦的崛起與其爭衡

　　當齊桓公“九合諸侯”稱霸黃河下游的時候，黃河上游已有兩個大國起來，這便是晉與秦。晉鄂侯六年（魯隱公五年），曲沃莊伯聯合了鄭、邢兩國的兵伐翼（晉都，晉本國此時也稱作翼，像商因都殷而稱作殷一樣），周桓王也做人情，派尹氏、武氏去助曲沃；鄂侯受這強力的壓迫，只得逃奔到隨（晉地）。不久曲沃背叛周室，周王又派虢公帶兵討伐，立鄂侯的兒子光爲晉君，是爲哀侯。次年，翼國的大族在隨地迎接前晉君，把他送入鄂邑（在今山西省寧鄉縣），這便是鄂侯名號的由來。那時晉國是鄂侯、哀侯父子兩君並立。魯隱公七年，曲沃莊伯去世，子稱繼位，是爲曲沃武公。魯桓公三年，曲沃武公伐翼，在汾隰地方把哀侯擄獲殺了，晉人立哀侯的兒子小子侯爲君。魯桓公七年，曲沃武公又誘殺了小子侯，順勢滅了翼國。周桓王幫定了翼，派虢仲立哀侯的弟緡爲晉君，又派虢仲帶領芮、梁、荀、賈四國的兵去伐曲沃；但是曲沃的勢力一天強似一天，周王到底壓抑不住。到了魯莊公十六年（就是齊桓公稱霸的次年），曲沃武公又起兵伐晉，滅了侯緡。到這時，周僖王没法對付，只得承認這既成事實，就派虢公去任命曲沃伯主領一軍爲晉侯，是爲晉武公，從此曲沃的支庶之封成了正式的諸侯了。從桓叔初封曲沃到武公併晉，晉國共計分裂了六十七年，到此時才重告統一。

　　魯莊公十七年，晉武公去世，子佹諸立，是爲獻公。獻公是一個雄主，晉國强盛的基礎完全在他的手裏造成。那時曲沃桓叔與莊伯的後裔在晉國很驕橫，逼迫公室，獻公用了大夫士蔿的計策離間桓、莊之族的内部，結果把群公子統統殺死，内患告靖，政權便集中於中央了。獻公平定内患以後，定都絳邑（在今山西省翼城縣，獻公北廣翼都，稱爲絳邑），漸漸向外發展。魯閔公元年，晉獻公始作二軍，起兵打滅耿（在今山西河津縣）、霍（在今山西霍縣）、魏（在今山西芮城縣）三國，把耿、魏賜給臣下趙夙和畢萬，這就伏下了後來三家分晉的根苗。次年，獻公又派太子申生帶兵伐狄族東山皋落氏（在今山西垣曲縣），可見晉國國勢到此時已很强盛了。在此以前，虢國（在今河南省陜縣）曾再度起兵侵晉，獻公想報復這仇恨，就用了大夫荀息的計謀，把自己珍藏的屈地所産的良馬和垂棘地方所出的寶玉送給虞國（在今山西平陸縣），向他借道伐虢（虢在虞南，晉在虞北，所以晉伐虢定要借道於虞）。虞公是個很貪利的人，見了寶物，便一口答應晉國，並且情願起兵助晉伐虢。那時虞國有個很有智謀的大夫叫做宫之奇的看破晉國的陰謀，諫勸虞公不要讓道給晉國出兵；虞公不聽，竟興師會合晉兵伐虢，破滅了虢國的要邑下陽（在今山西平陸縣）。隔了兩年（魯僖公五年，就是齊桓公伐楚的次年），晉國又向虞國借道伐虢，破了虢都上陽，就把虢國全吞滅了。回兵駐在虞地，順勢又滅了虞國。虞、虢既滅，晉國就更强大，開始想參預中原諸侯的盟會了。

秦國自從文公趕走戎族，佔有了岐山以西的地，國勢已漸漸强盛起來。文公再傳到寧公，徙居平陽（在今陜西省岐山縣），派兵伐蕩社（西戎亳國邑名，約在今陜西三原縣）和蕩氏。寧公傳武公，又興兵伐彭戲氏（即彭衙，在今陜西白水縣），到了華山的下面。更伐滅邽、冀戎（邽戎約在今甘肅天水縣，冀戎約在今甘肅甘谷縣），開始建立縣制；又取了杜國（在今陜西長安縣）和故鄭國（在今陜西華縣）的地，滅了小虢國（在今陜西寶雞縣）。武公四傳到穆公任好，是個很有爲的君主，他娶了晉獻公的女兒做夫人，與晉通了姻好，重用虞人百里奚（本是虞公的臣子，被晉所虜，晉國把他當做陪嫁女兒的媵臣）和蹇叔們，勢力更向東方發展，於是與晉國發生接觸。

話説晉獻公雖是個雄才大略的君主，但他對於女色方面卻是非常糊塗。他先娶了賈國的女兒做夫人，没有兒子；就收納了他的庶母齊姜爲妻，生了一男一女：女的嫁給秦穆公爲夫人，男的叫做申生，立爲太子。他又在戎國娶了兩國庶妾，生了兩個兒子，叫做重耳與夷吾。後來獻公伐驪戎，又收納了驪戎之君的女兒驪姬同她的妹妹；驪姬很爲獻公所寵，被立爲夫人。驪姬生個兒子，叫做奚齊，她想立她的兒子爲太子，便勾連獻公的外嬖梁五與東關嬖五兩人，叫他們勸獻公派太子申生去守曲沃（在今山西聞喜縣），重耳去守蒲邑（在今山西隰縣），夷吾去守屈邑（在今山西吉縣），群公子都去駐守各處邊地，只留驪姬同她妹妹的兒子在絳都。他們一切佈置好了以後，又使用一條毒計，先由驪姬叫申生去祭祀他的母親齊姜（那時齊姜已死），等到申生在曲沃祭祀之後，把祭肉進獻給獻公，獻公剛在外面打獵，驪姬把肉放在宮裏，過了六天，獻公才回來，她在肉裏放了毒藥，然後進獻上去：獻公試出肉裏有毒，驪姬便乘機訴說申生想弑父自立，於是激怒獻公，把太子申生活活地逼死。申生死後，驪姬又訴說重耳、夷吾都與申生同謀，獻公就派人去殺二公子，逼得重耳逃奔狄國，夷吾逃奔梁國。驪姬把群公子統統趕掉，她的兒子奚齊便被立爲太子。不久，獻公得病，把奚齊託給荀息。獻公去世，荀息擁奚齊即位：晉大夫里克、丕鄭們想迎立重耳爲君，便糾合了徒黨在喪次殺死奚齊。荀息又立奚齊的弟卓子（驪姬的妹所生）爲君，里克去把卓子殺死，荀息也殉了難。於是晉國走入了混亂無君的時代。

　　這時公子夷吾在梁國，想回國爲君，向秦國請求援助。秦穆公看見晉國內亂，正想乘機撈些便宜，便要約夷吾把晉國河東地方送給秦國做援助他的報酬；夷吾答應了，秦國便聯合齊國和周室送夷吾回國即位，是爲惠公。惠公回國之後，先殺了里克、丕鄭們，除去內部的有力人物，對外更想賴掉送秦國的賄賂，於是內外都對他不滿意。不久晉國荒年，向秦國乞糶，秦國運送了很多的米穀給晉。過了幾時，秦國也遭了饑荒，向晉國乞糶，晉國卻拒絕了；於是激惱秦國，起兵伐晉。惠公發兵抵禦，在韓原（今山西河津縣和萬泉縣間）地方開戰；晉兵大敗，惠公被秦兵生擒了去。幸而秦穆公的夫人是惠公的姊妹，聽得惠公被擄，便帶了兒女走到一所臺上，腳下踏着薪柴，拿尋死要挾穆公，逼他與晉國講和；晉國的大臣陰飴甥會秦穆公在王城地方結盟，也向穆公請求釋放惠公。過些時，穆公果然把惠公放回國去，一面收取了晉國河東地方，達到要挾的目的。惠公回國，更把他的太子圉送到秦國做押當，這時晉國差不多完全被秦國壓服了。

這段秦、晉的興起與爭衡的歷史，在春秋初期的歷史裏差不多另成一片段。春秋初期的歷史在地域上可以分成三方面：第一方面是黃河下游諸國的歷史，這是春秋初期歷史的中心；第二方面是長江上游楚國和漢東諸國的歷史，這一地域在春秋初期的後半期已與黃河下游諸國發生相當的關係；第三方面便是黃河上游秦、晉、虞、虢諸國的歷史，這一地域直到春秋中期才與上兩地域正式的發生關係，在此以前，它的歷史是獨立的，應當分別叙述。本講義所以在述齊桓霸業以後，晉文霸業以前，特闢一章專述春秋初期秦、晉兩國的歷史，就爲了這個緣故。

第八章　楚宋爭衡與周室內亂

從魯莊公十五年，齊桓公再合諸侯於鄄，開始稱霸，到魯僖公十七年，三十餘年間，"九合諸侯，一匡天下"，齊國的盟主地位始終沒有變遷。直到那年冬天，齊桓公去世，齊國才漸漸中衰了。

話說齊桓公雖是個有名的霸主，但一方面卻又是一個好色的庸人。他娶了三位夫人，是周、徐、蔡三國的女兒，都没有生兒子。又收納了許多庶妾，內寵地位如夫人的共有六人，生了六個兒子：衛國的女兒長衛姬生公子無虧（武孟），少衛姬生公子元（後來的惠公），鄭國的女兒鄭姬生公子昭（後來的孝公），葛國的女兒葛嬴生公子潘（後來的昭公），密國的女兒密姬生公子商人（後來的懿公），宋國華氏的女兒宋華子生公子雍。這六位公子都是庶妾所生，地位平等，大家都可以做太子；齊桓公恐怕死後諸子爭位，就預先與管仲把公子昭囑咐給宋襄公（桓公子，名茲父），立爲太子。那時齊國有個叫做雍巫的人，又名易牙，以善於做菜爲長衛姬（衛共姬）所寵，又得桓公的寵閹寺人貂的引薦，做菜給桓公吃，也得了寵，這班嬖幸大家在桓公的面前攛掇立公子無虧爲太子，桓公就答應了。後來管仲去世，齊國失了鎮壓的大臣，五公子都起來圖謀儲位，齊國的內部就栽下了變亂的種子。等到齊桓公去世，易牙進宮，與寺人貂奉了長衛姬作亂，殺死群吏，擁立公子無虧爲君；公子昭逃到了宋國去。宋襄公見齊國有亂，想乘機起來搶奪盟主的位子，就結合曹、衛、邾三國起兵伐齊。齊人殺了公子無虧向諸侯解説。宋襄公想送公子昭回國，齊人也情願迎立公子昭爲君，只因四公子之徒在中作梗，只得與宋兵開戰。宋襄公把齊兵在甗的地方打敗，送公子昭回國即位，是爲孝公。

在宋兵伐齊的時候，魯國曾起兵救齊，狄國也來救齊。魯、狄兩國都曾受過齊桓公的壓迫的，到這時候反來救援齊國，這可見齊桓公遺烈之盛了。但鄭國卻乘齊喪去朝楚國；邢國也乘機聯合狄兵伐衛，圍困了衛國菟圃地方。衛文公甚至想把國家讓給父兄子弟與朝衆，大衆不肯，合力起兵在訾婁地方抵禦狄兵；狄兵見衛國强硬就回國去了。

宋襄公既打敗了齊兵，自以爲國勢强盛，足以代齊爲盟主，就先向諸侯示威，拘了滕君嬰齊以爲不服的諸侯的榜樣。又邀合曹、邾等國在曹地結盟，鄫國的君赴會稍遲，宋襄公就叫邾人把他拘了，當作犧牲品去祭祀次睢地方的社神，想藉此威服東夷。不久襄公又因曹國不服，起兵圍了曹都。衛國也在這時起兵伐邢，報復他勾結狄人圍困衛邑的仇恨。陳國邀合了楚、魯、鄭、

蔡諸國在齊地結盟，重修桓公之好。過了些時，齊國也邀合狄國
在邢地結盟，替邢國打算抵抗衛國的侵略。這時的諸侯中，大概
楚、齊、魯、鄭、陳、蔡、邢、狄諸國合成一大集團，共同威脅
宋國；宋襄公的一黨只有衛、邾等寥寥幾國，勢力很是薄弱。宋
襄公卻不度德，不量力，仍妄想做盟主。魯僖公二十一年，宋襄
公在鹿上地方邀齊、楚兩國結盟，向楚國請求諸侯；楚人假意允
許了他，暗地裏卻佈下了天羅地網。到了這年秋天，楚、鄭、
陳、蔡、許、曹諸國在孟的地方邀宋結會，宋襄公自矜信義，不
帶兵去赴會，楚國乘機把他拘住，起兵伐宋。魯僖公代宋國向楚
國討饒，在薄的地方會合諸侯結盟；就在這次會裏，楚國把宋襄
公釋放回國。

　　宋襄公被楚國玩弄於股掌之上，仍不覺悟，回國以後，因鄭
伯到楚國去朝見，又邀合衛、許、滕諸國的兵伐鄭，想征服鄭
國。楚人那裏容他猖狂，就起兵伐宋以救鄭。宋襄公將要與楚兵
開戰，宋國的大司馬公孫固諫勸襄公道："老天爺丟棄商國已很
久了，你硬要重興祖業，恐怕是不容易的事情吧。"原來春秋時有
一種"一姓不再興"的迷信，以爲一國滅了，就不能重新興起來，
如果勉强去興復已滅的國，就要得罪上天了。宋襄公不聽大司馬
的諫勸，竟起兵與楚兵在泓水（在今河南省柘城縣）開戰。宋國兵
少，先排成陣勢，楚兵還未全數渡過泓水，司馬目夷勸襄公道：
"他們兵多，我們兵少，實力上敵不過，不如乘他們渡河的時候
掩殺過去，或者可以得勝。"襄公仍是不聽。等到楚兵全數渡過泓
水，還未排列成隊，司馬又請乘機攻擊，襄公始終不肯。等楚兵
排好了陣，兩國正式開戰，宋兵大敗，襄公的股上受了重傷，戰
士死得很多。宋國人都抱怨襄公，襄公卻道："君子不殺已經受
傷的人和年老的人；乘險隘去壓迫敵人，是不合古人行軍之道
的。寡人雖是亡國之餘，也決不肯攻擊尚未列陣的軍隊！"宋襄公
這種迂腐的話，正是後來墨、儒兩家"王道""非攻"等等話頭的老

祖宗。

宋兵既敗，楚國的氣燄更是不可一世。楚兵凱旋回國，鄭文公派他的夫人羋氏（楚王的姊妹）和姜氏（齊國的女兒）到柯澤的地方去慰勞楚王。楚王叫樂師陳列從宋國得來的俘虜和砍下的敵人的耳朵給鄭夫人看，借此表示楚國的兵威。鄭君又邀請楚王到國內來，招待他的禮數很是隆重。夜裏楚王回勞，鄭夫人又帶了眷屬去相送，楚王好色，順手揀了鄭君的兩個女兒帶回國去，這可見諂媚敵國總是沒有好結果的！

宋國在大敗之後，一蹶不振。齊國乘機也借口於前次宋國不與諸侯在齊地結盟的過錯，起兵伐宋，圍困了宋的緡邑。不久，宋襄公因傷重去世，宋國的霸業就此草草不終場的結束了。

宋襄公去世之後，楚國又派大將成得臣（子玉）帶兵伐陳，責備他有貳心於宋國的罪，奪取了陳國的焦夷地方；又替陳國的敵人頓國築了城，借以逼迫陳國。成得臣得勝回國，令尹子文因他有功，就把自己的令尹位子讓給了他，這就種下了後來喪師城濮的禍根。

這時中原沒有霸主，諸侯互相攻伐，夷、狄入侵，時勢危亂到了極點，弄得周天子也蒙了塵。先前，鄭國的屬國滑國叛鄭附衛，鄭國起兵討罪，攻入了滑都，滑人乞降；鄭兵回國，滑人又去歸附衛國，於是鄭公子士洩、堵俞彌帶兵再伐滑國。周室那時與衛、滑兩國相好，周襄王派大夫伯服和游孫伯兩人到鄭國去替滑人講和；鄭伯怨恨前次惠王回國不賞給屬公重器，又怨襄王偏愛衛、滑，就不聽王命，把伯服等拘了。襄王大怒，將要引動狄兵攻鄭，周王的大臣富辰諫勸襄王道：“從前周公悲傷管、蔡二叔的不合作，所以廣封親戚，以爲周室的屏衛。後來召穆公憂慮周德衰微，又在成周糾合宗族，作詩諷勸後人要兄弟和睦。鄭國是厲、宣二王的近親，又在平、惠二王時立過大功，在諸侯中與周室最爲親暱。現在周德更衰了，您不該違背周、召二公的遺訓，去引夷、狄攻擊兄弟才是！”襄王不聽他的諫勸，竟派大夫頹叔、桃子兩人去發動狄兵。狄國果然興兵伐鄭，奪取了鄭國的櫟邑。襄王很感激狄人，就立狄女爲后。富辰又進諫詞，襄王仍是不聽，於是大禍就起來了。引起這塲大禍來的，是周王的親弟弟王子帶（甘昭公）。王子帶在先爲他的母親惠后所寵，惠后想立他爲太子；事未做成，惠后便去世了。襄王定位，子帶奔齊。後來襄王召他回國，又與狄后通姦；被周王知道，廢了狄后。前次奉使狄國的頹叔、桃子兩人恐怕自己因此得罪狄人，就奉了子帶作亂，引動狄兵攻周，周王出奔到坎欿的地方；國人把他迎接回國。狄兵進攻，周兵禦戰大敗，周室大臣周公忌父、原伯、毛伯、富辰們都殉了難。襄王逃到鄭國，住在氾的地方。子帶帶了狄后住在温的地方，儼然自立爲王了。

　　在狄兵入犯王室的時候，楚國的勢力正駸駸日上，宋國也投降了楚，宋成公（襄公子）到楚國去朝見。異族的勢力內侵到這種地步，中原的形勢比齊桓公初年還要險惡。這時齊國既不能再興，於是第二次尊王攘夷的事業就落到黃河上游的惟一姬姓大國——晉國——的手裏去了。

第九章　城濮之戰與晉文霸業

　　晉國自從惠公被秦國所擄，國勢一衰；狄國又乘晉國之敗，起兵侵晉，奪取了狐厨、受鐸兩個地方，渡過汾水，一直打到昆都。晉國受外患的逼迫以此時爲最甚。那時晉太子圉到秦國爲質，秦穆公送還晉國河東的土地，又把女兒嫁給太子圉爲妻。那知太子圉不願做抵押品，乘機逃回晉國，於是晉國又得罪了秦國。不久晉惠公去世，太子圉即位，是爲懷公。懷公很猜忌在外逃亡的公子重耳，下令群臣的親戚不准跟從重耳，如果過了一年的期限仍不回國的，便治罪無赦。這時晉國老臣狐突的兒子狐毛和狐偃二人跟從重耳在秦，狐突不召他們回來；懷公拘了狐突逼他去召，狐突仍是不肯，懷公就把他殺了，這一事就大失了晉國的人心。

　　話説晉公子重耳自被他的父親獻公所迫，逃奔狄國，跟從他的人有狐偃、趙衰、顛頡、魏犨、胥臣們，都是晉國的俊傑。狄君待遇重耳很好，那時狄人伐同族的廧咎如，擄獲了廧咎如的兩個女兒叔隗和季隗，就送給重耳爲妻；重耳自己取了季隗，把叔隗配給了從人趙衰。重耳在狄國住了十二年，離狄往齊；齊桓公又把宗女姜氏嫁給他。重耳在齊國有八十匹馬的財富，感覺滿意，便想久住齊國不圖發展了。他的從臣狐偃們很不以爲然，大家在一處桑樹底下商量動身的計劃。不料恰有一個婢女在樹上採桑，聽到他們的私話，便去告訴姜氏。姜氏不願漏出消息，把她殺了，私下對重耳説道："我知道你有經營四方的大志，聽得這個消息的人已被我除掉了。"重耳道："我並没有這個意思。"姜氏力勸重耳，以事業爲重，不要貪圖安樂，無奈重耳不肯。姜氏只得與狐偃同謀，用酒灌醉重耳，把他送出國去。重耳在路上醒了，很是憤怒，但也没有法子了。於是他周歷曹、宋、鄭等國，來到楚國。楚王招待很好，在宴會時，他再三詢問重耳道："公子如回到晉國，可以用什麼來報答我呢?"重耳答道："如果蒙了您的威靈得回晉國，將來晉、楚治兵，在中原相遇的時候，一定避您三舍（三十里爲一舍）之地，這就是惟一的報答你的辦法了。"楚國的令尹子玉一聽重耳的話厲害，請楚王把他除去；楚王不肯，反用厚幣把他送到秦國去。那時晉太子圉已從秦國逃回，秦穆公與晉惠公父子絶了交好，想提拔重耳爲晉君，送了五個女兒給他爲妻，晉懷公的夫人懷嬴也在其内。惠公既死，懷公又不得晉國的人心，秦穆公就乘機興兵送重耳回國；晉國的臣子做了内應，迎立重耳爲君，是爲文公。懷公逃奔到高梁地方，文公派人去把他殺死了。那時惠公的舊臣呂甥和郤芮尚在，恐怕也被文公所害，想先下手爲强，計畫已定。幸虧有從前奉了獻公的命令追逼文公的寺人披來向文公討好告密，文公便偷偷地出國，在王城地方與秦穆公相會。呂、郤二人起事，焚燒公宫，找不到文公，趕到河上；秦穆公把他們引誘來殺了。文公迎接夫人嬴氏回國，秦穆公送給文公衛士三千人，以爲鎮定内亂之用。文公回國以後，勤理軍政，舉賢任能，省用足財，晉國大治，就立下了開創霸業的基礎。

便在這時，周襄王避狄難出居鄭國，派使者向魯、晉、秦諸國告難。秦穆公帶兵駐在河上，想送周王回國。狐偃對晉文公説道："求諸侯没有比勤王更好的，您趕快去繼續您祖宗文侯的功業罷！"於是文公辭去秦師，親自帶兵駐在陽樊地方，派右軍圍住温邑，左軍迎接襄王。襄王復位，殺了子帶。文公前去朝見天子，襄王待他的禮節非常隆重。文公進一步向襄王請求自己死後改用隧葬的典制（在地下掘了地道，送柩入内安葬，這是天子的葬禮），襄王不讓他上僭，只把陽樊、温、原、櫕茅的田送給他，作爲他勤王的報酬。

晉文公勤王之後，積極向外發展勢力，先聯合秦國去打近楚的都國。秦兵乘勢攻入楚境，破了楚邑商密，俘獲了楚將申公子儀和息公子邊回去。那時齊兵侵魯很急，魯國派大夫公子遂和臧文仲到楚國去請兵伐齊。宋國也在這時背楚投晉，於是楚兵先伐宋國，圍困緡邑。魯國引楚兵伐齊，奪取了齊國的穀邑，把桓公的兒子雍放在那裏，叫易牙輔佐他，作魯國的援助，由楚大夫申公叔侯帶兵駐守。魯僖公二十七年冬天，楚王親征，帶了鄭、陳、蔡、許諸國的兵圍宋，魯國也來與諸侯在宋地結盟，宋國派公孫固到晉國去告急。晉大夫先軫對文公説道："報施（文公出亡過宋的時候，曾受過宋君的厚贈）救患，取威定霸，都在這一舉了!”狐偃也向文公説:“楚國這時剛得曹國的歸附,又新與衛國結婚。我們如果起兵去打曹、衛兩國,楚兵一定前來救援,這樣便可免除齊、宋的禍患了。”於是文公先在被廬地方校閲軍隊,開始建立三軍:命郤縠爲元帥,帶領中軍,郤溱爲佐;狐毛帶領上軍,狐偃爲佐;欒枝帶領下軍,先軫爲佐;又命荀林父爲公車的御戎,魏犨爲車右:起兵侵曹伐衛,奪取了衛國五鹿地方。晉、齊兩國在斂盂地方結盟;衛國也請與盟,晉人不許,衛侯只得出居在襄牛,由國人向晉國解説。這時魯國派公子買帶兵替衛國守禦,楚兵救衛不勝,魯國畏懼晉國,便殺了公子買向晉國解説,對楚國卻説因爲他不盡力守禦的緣故。

晉兵攻入曹都,楚兵也圍宋很急,宋國再向晉國告急。晉文公因齊、秦兩國未肯合作,不敢輕易與楚國決裂,很是躊躇。先軫(這時郤縠已死,先軫代爲中軍元帥,胥臣爲下軍佐將)獻策道:“叫宋國送賄賂給齊、秦兩國,就請齊、秦替宋國向楚國講和;我們拘了曹君,把曹、衛的田分給宋人,楚國愛護曹、衛,必不肯許宋國的和,這樣我們就能得到齊國的合作了。”文公照計辦去,楚王回駐申地,派人叫申叔離開齊國的穀邑,叫令尹子玉也離開宋國,不要與晉國作對。子玉不肯,派手下伯棼向楚王請求宣戰,道:“我並不敢説這次戰事定能獲勝,不過想借此塞住進讒言的人的嘴罷了。”楚王聽了子玉的話,很不高興,只分了少許的兵給他,由他去幹。子玉得到楚王的援兵,便派使對晉文公説道:“只要你讓衛侯復國,重封曹國,我也可以解除宋國的圍。”先軫又獻策,勸文公暗地允許曹、衛兩君復國,以離間曹、衛與楚的聯絡;一面拘了楚使,藉以激怒楚國。文公又照辦了,曹、衛兩國便向楚國告絶。子玉大怒,起兵追趕晉軍。晉文公實踐從前答應楚王的話,退兵三舍,避開楚軍。楚軍大衆想止住不追;子玉不肯,又帶兵前進。晉、宋、齊、秦四國的軍隊駐在城濮(在今山東省濮縣)地方,楚兵背了險阻立營。晉文公很憂慮楚兵佔得優勝的地勢，狐偃勸文公道："我們這仗如能打勝，一定可以得到諸侯；就是不勝的話，我們的國家據山臨河，險隘很多，也是一定没有什麽禍患的。"文公聽了子犯的話，才決定與楚開戰。當時兩國遞了戰書，在魯僖公二十八年四月己巳那天，晉、楚兩國正式在城濮開戰。晉下軍佐將胥臣帶了本部抵當從楚的陳、蔡兩國的軍隊。楚軍方面，令尹子玉帶領中軍，大將子西帶領左軍，子上帶領右軍，與晉國的三軍相敵。胥臣在戰馬上蒙了虎皮，先向陳蔡的軍隊衝殺過去；陳、蔡的兵抵擋不住，四散逃奔，楚國的大軍也跟着潰散了。晉國上軍將領狐毛建了兩面大旗，假意向後退去（大旗所在就是大將所在，這是要表示大將已退），下軍將領欒枝也叫兵車拖了薪柴假意逃走（用薪柴拖起灰塵，這是要表示全軍已走）。楚兵追逐過去，晉中軍將領先軫、郤溱發動中軍公族的兵向横裏攻擊，狐毛、狐偃帶了上軍夾攻楚將子西的兵，於是楚國的左軍也潰散了。戰事結束，楚軍大敗。只有令尹子玉收住中軍，獨得不敗。晉兵在楚營裏吃了三天的糧，到癸酉那天才班師回去。

城濮之戰，是春秋前期的第一次大戰，這次戰事實在關係中原的全局。這時楚國的勢力差不多已經蹂躪了整個的中原，黄河下游的大國，如齊如宋都被楚所侵略，魯、衛、鄭、陳、蔡等國都已投降了楚人。一面狄兵也已攻入王畿，逼得周天子蒙塵。齊桓公的霸業至此已成陳跡。這個時代，真是所謂"南夷與北狄交侵，中國不絶如縷"的時代。要不是晉文公崛起北方，勉力支持大局，那麽不到戰國，周室和中原諸侯早已一掃而空了。城濮一戰，楚軍敗績，南夷的勢力既退出了中原，北狄的勢力也漸漸衰微下去，於是華夏國家和文化的生命才得維持：這不能不説是晉文公的大功！

晉兵從城濮凱旋，回到衡雍地方，就在踐土建了王宫，請周天子前來蒞會。鄭國見楚兵大敗，急向晉國求和，晉、鄭兩國便在衡雍結了盟。周王到會，晉文公把從楚國得來的俘虜獻給周王，就由鄭伯傅相周王，用從前平王待晉文侯的禮接待了文公。跟着周王又宴饗文公，命卿士尹氏、王子虎和內史叔興父策命晉侯爲侯伯（諸侯之長），賜給他大輅（祭祀所乘的車）之服、戎輅（兵車）之服，和彤弓彤矢、盧弓盧矢、秬鬯等物，另外又賜給他虎賁（勇士）三百人。天使降詔道：“天王對叔父說：‘你應該恭恭敬敬服從王的命令，安定四方的國家，並糾正天子的過失！’”文公三次辭謝，才從命答道：“重耳敢再拜稽首奉揚天子的光大休美的命令！”他受了賜策，出入接連三次覲見天子。

這時衛侯聽到楚兵大敗的消息，非常害怕，便逃奔楚國，又到陳國去命大夫元咺奉弟弟叔武去受諸侯的盟。五月癸亥（春秋經作癸丑）那天，周室大臣王子虎邀會諸侯在王庭結盟，盟辭道：“大家協力輔佐王室，不得互相侵害！有誰背了這盟，天神降下罰來，使他兵敗國亡，子孫老幼統統受到災禍！”這次盟會是葵丘之會以後的第一次大會，晉、齊、魯、宋、衛、鄭、蔡、莒諸國一齊與盟，陳國也來赴會。晉文公在這次盟會裏便正式成了盟主了。

楚令尹子玉兵敗回國，在半路上，楚王派人對他說道：“你若回國，怎樣對得住申息二地的父老？”（申、息二地的子弟多從子玉戰死。）子玉便在連穀的地方自己弔死。晉文公聽到這一個消息，大喜道：“我從此沒有後患了！”過了些時，晉文公允許衛侯復國。先是在衛侯出亡的時候，曾有人對他說：“元咺已立叔武爲君了！”那時元咺的兒子角跟着衛侯，衛侯誤信人言，把他殺了。等到衛侯回國，又殺了叔武，元咺逃奔晉國。晉文公又召集齊、秦、魯、宋、鄭、陳、蔡、莒、邾等國在溫地結會，召了周天子來，叫諸侯去朝見；並請周王狩獵，掩過召王的事。一面宣佈衛侯的罪狀，把他拘了，叫他與元咺去對訟；結果，衛侯失敗，晉人殺了衛臣士榮，又砍了衛臣鍼莊子的腳，着他們替代衛侯受了刑罰。又把衛侯送到王都囚禁起來；由元咺回國，另立公子瑕爲衛君。隔了一年，魯僖公向晉國替衛侯説了好話，又送賄賂給周、晉兩國，晉文公才放衛侯回去。衛侯先結了内應，殺死元咺與公子瑕等，然後回國復位。

當諸侯在溫地結會時，許國不服晉國，晉文公指揮諸侯的兵圍困許國。文公在路上得了病，聽了筮史的話，才把曹伯釋放回國。次年（魯僖公二十九年），文公又因鄭國不服，派狐偃會合王臣和諸侯的大夫，再在翟泉地方結盟（這次只有魯國是國君親到的），計畫伐鄭。次年的春天，晉兵侵鄭，試他有無抵抗的力量。這年九月，晉文公正式邀合秦國的兵圍困鄭國，晉軍駐在函陵地方，秦軍駐在氾邑的南面，鄭國很是危急。鄭伯聽了大夫佚之狐的話，派老臣燭之武乘夜縋城到秦軍去對秦伯説道："鄭國與秦國的當中隔着晉國，秦國是不能越過晉國取得鄭地的。鄭國滅亡，無非白便宜了晉國。晉國越發强大，秦國就要吃虧了！您若赦了鄭國，將來秦國行李往來，鄭國可以做東道主人，於您只有好處。而且您從前曾幫過晉君的忙，晉君答應送給您焦瑕等地方，但他早上渡過河來，晚上就在那裏築了城池來抵拒您了！他若在東面併吞了鄭國，必定又要向西方擴張領土，這除了侵奪秦國的地，還去侵奪那國呢?"秦伯一聽燭之武的話不錯，便私與鄭國結盟，派大將杞子、逢孫、楊孫三人帶兵替鄭國守禦，自己帶了大兵回國。晉文公見秦兵已去，便也只得班師回國。這是文公復國以後晉、秦兩國決裂的開始。

晉文公既在南面打敗楚人，做了盟主，一面又想剪滅鄰近的狄族，就先在三軍之外建立三行的軍隊，後來又改作五軍（三軍之外再作上下二新軍），用來對付狄人。楚國見晉國日漸强盛，忍氣請和，派大夫鬬章聘問晉國，晉國也派陽處父去報聘，晉、楚兩國開始通好。這時狄國也衰微了，衛國見狄國有亂，起兵侵狄（上年狄曾圍衛，衛國乘此報復）；狄人請和，衛和狄也結了盟。自從城濮一戰之後，異族的勢力一落千丈，中原反危爲安，轉弱爲強。晉文公"攘夷"的功績確是遠在齊桓公之上！

第十章　秦晉的衝突與晉襄繼霸

晉、秦兩國的國交，從魯僖公三十年合兵圍鄭一役發生了裂痕之後，晉文公始終不願與秦起釁。到了魯僖公三十二年的冬天，文公去世，太子驩即位，是爲襄公。秦國卻在這時乘機起兵侵襲鄭國。原來秦國所派守鄭國的領兵將官杞子很得鄭君的信任，鄭君派他掌管北門的鎖鑰；他就起了野心，暗地派人去請秦穆公起兵前來，自己願做内應。穆公得到這個機會，先向大臣蹇叔詢問意見，蹇叔勸穆公不要動這無名之師。穆公不聽，派大將孟明視（百里奚子）、西乞術、白乙丙三人帶兵前往。秦軍向東門外出師，蹇叔卻去哭送道："孟明，我現在看見你們軍隊出去，但看不見回來了呵！"穆公派人申斥他道："你知道什麼？你倘然只活七十歲，你的墳墓上的樹木已可成把了！"秦軍經過周國，到了滑國的境界，恰巧有兩個鄭國商人名叫弦高和奚施的，到周國去做買賣，在路上遇見秦兵，他們知道來意不善，爲保護祖國起見，弦高便派奚施赶快回國，把消息報告鄭君；一面把自己的貨物當做犒軍的禮物，假託鄭君的命，前去犒勞秦軍道："敝國君主知道你們前來，特派我來犒勞貴國的軍隊。"鄭君得到奚施的報告，派人去偵探秦國駐軍的客館，看見他們確有陰謀的準備，便向他們説道："你們久住在敝國，我們供應不起了。現在我知道你們將要回國，没有別的禮物相送，只有園圃裏所養的麋鹿，請你們取些去罷。"杞子們知道陰謀已洩漏，只得起身逃走。孟明探得鄭國已有準備，感覺前進必没有好處，順便滅了滑國，班師回去了。

　　晉國聽得秦兵暗襲鄭國的消息，大臣先軫竭力主張邀擊秦軍，便一面召起姜戎的兵，一面襄公穿了墨染的麻衣（因爲這時晉文公未葬，所以襄公穿了凶服從戎），興師禦敵。秦兵回國，在殽的地方（在今河南洛寧縣）碰到晉兵與姜戎的兵夾攻，殺得全軍覆没。晉軍捉了秦軍的主帥孟明、西乞、白乙等三人回國。襄公的嫡母——文公的夫人——文嬴是秦國的女兒，向襄公替秦國的三帥求情道：“他們（指三帥）敗壞了我們兩國的國交，我們的國君恨不得生嚼他們的肉哩。你不如做個人情，放他們回去領罪罷！”襄公答應了，便釋放三帥回國。先軫上朝，聽得這事，氣得直抖，也不顧襄公在面前，便唾罵道：“武人們費盡氣力在戰場上把敵人擒住，卻因婦人家一句話，便把他們放了！毀壞軍氣，興長寇讎，我怕我們的國家離滅亡不遠了！”襄公一聽他的話不錯，便派大將陽處父去追趕三帥；趕到河邊，孟明等已經下船了。陽處父解了自己駕車的左馬，假託襄公的命，贈給孟明，想引誘他登岸拜謝，乘機把他拿獲。孟明看透陽處父的計策，就在船中稽首拜謝道：“承蒙貴國君主的恩惠，不把我們殺了用血去塗戰鼓，而叫我們回本國去領罪。敝國的君主如把我們治罪，我們死後也不會忘掉貴國的恩德；如果敝國君主看重貴國君主的面子，也把我們赦免了，三年之後當來貴國拜賜！”孟明等回國，秦穆公穿了素服到郊外，對着軍營痛哭道：“我違背了蹇叔的話，害你們受了辱，這都是我的罪過，你們是没有罪的！”就把孟明等統統赦免，仍命孟明當國爲政。

　　晉襄公也是個有雄才的君主，所以文公雖死，晉國的霸業依舊不衰。他即位以後，西邊既打敗了秦人，北邊又重創了狄寇。先是，狄人乘晉國有國喪，起兵侵齊。那時中原少了一個霸主，諸侯便要受到夷、狄的侵略，這可見霸主在春秋時的重要。狄人侵齊之後，見晉國無甚舉動，就又順便去打晉國，一直攻到箕的地方(在今山西省太谷縣，一說在蒲縣)。晉襄公親征，把狄兵在箕地打敗，下軍大夫郤缺(郤芮子)擒獲了白狄的酋長。在這次戰事之中，晉元帥先軫因爲他前次在襄公面前失了臣禮，自己感覺有罪，就除去頭盔，衝入狄陣戰死。襄公聞訊，很是震悼，就命他的兒子先且居繼任爲中軍元帥。(這次戰事，晉君親征，狄人方面喪了君主，晉國方面也喪了元帥，是晉、狄間僅有的一次大戰。)

　　晉襄公既連敗秦、狄的兵，國勢大振；因那時許國歸附楚國，於是晉、鄭、陳三國便合兵伐許。楚國起兵救許，先侵陳、蔡兩國以牽制晉兵。陳、蔡兩國被侵，向楚國求和；楚兵又順便打到鄭國，攻打鄭國的桔柣之門。晉兵救鄭，也先攻蔡國以牽制楚兵。楚兵回救蔡國，與晉兵夾着泜水(在今河南省葉縣)結營，兩不相下。晉軍統帥陽處父是個小胆鬼，不敢輕易與楚兵交戰，便設下一計，派人對楚軍統帥令尹子上説道：“你們若要開戰，我們可以退兵三十里，讓你們渡過河來，排陣交鋒；否則你們退兵，讓我軍渡河接戰也好。”楚人恐怕晉兵在半渡的時候邀擊，就自動退兵三十里讓晉兵渡河。陽處父一見楚人中計，就宣言道：“楚兵逃走了！”一面逕自領兵回去。楚兵見晉兵走了，便也只得回國。楚王卻聽信了太子商臣的讒言，認爲令尹子上受賂辱國，把他殺死(子上曾勸楚王勿立商臣爲太子，所以商臣與他結下仇恨)。所以這次晉、楚相爭，結果又被晉國占得了便宜。

　　晉國對西(秦)，對北(狄)，對南(楚)都得到了相當的勝利之後，就開始經營東方諸侯了。先是，衛國在晉文公的末年，不去朝晉，反派大將孔達領兵侵鄭，攻打緜訾和匡的地方，表示不聽霸主的命令。晉襄公候父喪過了週年，派使遍告諸侯，起兵伐衛。晉兵到了南陽(本是周地陽樊、温、原、欑茅的總名，周襄王把它賜給晉文公)的地方。元帥先且居勸襄公道：“衛國不朝我國，和我國不朝周天子是一樣的罪狀。我們不可學他人的壞樣。

請您去朝王，由我領兵去伐衞。"於是襄公便在溫地朝見周王（這可見春秋時霸主"尊王"的作用），先且居和胥臣領兵直攻衞國，拔取了戚邑，禽獲守將孫昭子。衞國派使去向陳國告急，陳君對衞使説道："你們可再去伐晉，我自來替你們解説。"衞國聽了陳國的話，就派孔達領兵伐晉。

這時秦穆公想洗雪前次被晉打敗的恥辱，命孟明領兵伐晉。晉襄公親征，在彭衙（在今陝西省白水縣）地方與秦兵開戰。晉將狼瞫帶領所部直衝秦陣，力戰而死；晉國大兵隨殺過去，又把秦兵打得大敗。晉人嘲笑秦國這次所興的兵是"拜賜之師"。孟明再度喪師回國，秦穆公依舊重用他。孟明增修國政，預備再舉伐晉報仇。

晉國再敗秦兵之後，又邀合魯、宋、鄭、陳等國在垂隴的地方結盟，預備討衞。陳侯替衞國求和，拘了孔達向晉國解説。

隔了幾時，晉、宋、鄭、陳諸國又合兵伐秦，奪取了汪和彭衙二邑，用來報復前次彭衙之役秦伐晉的仇恨。此後晉國又聯合諸侯的兵向楚國示威，把服楚的沈國（在今安徽省阜陽縣）打破了。

魯文公三年的夏天，秦穆公親自領兵伐晉，渡過黃河，便把渡船燒了，以表示不勝不回的意思。晉國知道這次秦兵來勢屬害，便採取守而不戰的政策。秦兵奪取了晉國王官和郊兩處地方，從茅津渡河，封埋了死在殽地的秦國戰士的屍首，才回國去。秦國這次伐晉得了勝利，西戎諸國都來歸服，秦穆公"益國十二，開地千里"，就做了西戎的霸主了。但是晉國並不肯甘服，隔了一年，又起兵伐秦，圍困邧和新城兩邑，報復了王官之役的仇恨。可見在春秋時，晉、秦的國際交涉，總是晉佔上風的。

那時楚國起兵圍困江國（在今河南省息縣），晉將先僕領兵伐楚以救江。晉國又把江國被楚侵擾的事報告周王，周王派了王叔桓公會合晉將陽處父再伐楚國。晉兵在方城地方攻城，遇到楚將息公子朱的兵，陽處父仍不敢輕易與楚開戰，就班師回國；江國終究被楚滅掉。不久，楚兵又滅了六（在今安徽省六安縣）與蓼（在今河南省固始縣）兩國。這可見楚國的聲勢在晉的全盛時代也並不衰息。

魯文公六年，晉國因舊臣趙衰、欒枝、先且居、胥臣等統統去世，感覺人才缺乏，在夷的地方校閱軍隊，舍去新立的二軍，命狐射姑（狐偃子）爲中軍元帥，趙盾（趙衰子）爲佐。命令已經發表，不料陽處父從溫地回來，一力主張改換中軍元帥。他是晉國的太傅，説話很有效力，晉襄公便又在董的地方重閱軍隊，改命趙盾爲中軍元帥，狐射姑爲佐。這是因爲陽處父本是趙衰的屬吏，所以黨於趙氏，並且趙盾也確比狐射姑賢能，所以襄公會聽從陽處父的話。趙盾既掌國政，便創制常典，規定刑法，治理罪獄，追捕逃亡，信用券契，削除舊污，整理禮制，修復廢官，選拔才能，把國政整理完成，交給太傅陽處父和太師賈佗去行，作爲常法。這樣一來，晉國的國基更穩定了。

第十一章　晉的中衰

晉國自文公創霸，襄公繼業，終春秋之世，盟主的地位差不多始終在他們的手裏。但在襄公和悼公以後兩個時期，聲勢略爲銷減。尤其是在靈公到景公的時期，楚國強盛，晉國的實力比不上楚，在中原的地位常常受到楚的傾軋，這可以説是晉霸中衰時期。但到悼公以後，因晉、楚兩衰，結盟共霸中原，互不侵犯；吳、越雖強，離開中原稍遠，究竟不能完全打倒舊盟主的勢力：所以這個時期，只能稱爲晉、楚、吳、越共霸的時期。

魯文公六年的秋天，晉襄公去世，晉國首先發生了置立嗣君的爭亂。原因是：那時襄公的太子夷皋年紀太小，晉國內部發生不安寧的現狀，大家想立長君來維持：趙盾主張向秦國迎立公子雍（襄公的庶弟），狐射姑主張向陳國迎立公子樂（也是襄公的庶弟）。趙盾不贊成狐射姑的主張，逕派大臣先蔑和士會到秦國去迎接公子雍；狐射姑也逕派人到陳國去召公子樂。趙盾一時心狠，派人在郫的地方把公子樂刺殺了。

　　狐射姑和趙盾爭立嗣君，結果狐射姑失敗，因此他遷怒到陽處父不該換他元帥的位子，就派一個叫續鞫居的去把陽處父刺殺。晉人問起罪來，殺死續鞫居；狐射姑逃奔狄國。

　　那是秦穆公已死，子康公罃即位，接受了晉國的請求，多派護衛送公子雍回國。但是襄公的夫人穆嬴每天抱着太子夷皋在朝堂上痛哭，訴說道：“先君作了什麼孽？他的兒子又作了什麼孽？你們丟掉先君的嫡子不立，反向國外去尋找國君，將置太子於何地？”出朝以後，又抱着太子到趙家去，向趙盾頓首說道：“先君曾把這個孩子交給你，對你說：‘這個孩子將來要是成材，我在地下感激你的恩惠；若是不成材，我也只有怨你。’現在先君雖然去世，但他的言詞還在耳邊，你把這孩子丟開了，究竟是什麼意思？”趙盾和諸大夫都怕穆嬴的麻煩，就不管對秦國失信，逕自立了太子夷皋爲君，是爲靈公；一面起兵抵抗秦國送公子雍的人馬。晉兵來到堇陰地方，趙盾怕秦兵深入，就連夜催動人馬趕去，把秦兵在令狐（在今山西猗氏縣）打敗，一直把他們趕回國去。先蔑一見趙盾背約，自己覺得對不住秦國，又怕晉國不能容他，就帶領所部逃奔秦國；士會也跟着去了。

　　晉靈公即位以後，因年紀幼小，由趙盾攝政。趙盾在扈地邀會齊、魯、宋、衛、鄭、陳、許、曹等國結盟，藉以維持盟主的地位。又把前次侵奪衛國的匡和戚兩邑還給衛國，外加他從申到虎牢的境地（這本是襄公的女壻公壻池的封地），以向衛國討好。外面剛剛敷衍好，不料內部又發生了變亂：原來當晉襄公在夷地閱兵的時候，本想重用大夫箕鄭父和先都，並派大夫士縠、梁益耳帶領中軍；大夫先克不贊成，說："狐、趙兩家的功績是不可埋沒的"，襄公聽了他的話，才改用狐射姑和趙盾將中軍。先克又曾强奪大夫蒯得在菫陰的封地。所以箕鄭父、先都、士縠、梁益耳、蒯得等都怨恨先克，合謀作亂，殺死了先克。晉人討亂，又把先都、梁益耳、箕鄭父、士縠、蒯得等先後都殺了。

晉國國君既年幼，內部又生變亂，楚人看了這種情形，便躍躍欲試了。楚大夫范山對楚穆王（這時楚成王已被他的太子商臣所弒，商臣即位，是爲穆王）說道："晉君年輕，其意不在諸侯，北方很有可圖的機會。"穆王聽了他的話，就起兵伐鄭，俘獲了鄭將公子堅、公子龙和樂耳；鄭國只得與楚講和。晉趙盾帶領魯、宋、衛、許諸國的兵救鄭，沒有趕上楚兵，就作罷了。不久，楚國又起兵侵陳，佔領了壺丘地方。楚將公子朱又從東夷伐陳，被陳兵殺敗，楚將公子茷被俘；陳國有此戰功，反而害怕起來，與楚講和。那時蔡國也歸附了楚國。於是楚王邀合鄭伯、陳侯、蔡侯在厥貉（約在今河南項城縣）結會，想去伐宋。宋國趕快去迎接楚王，表示服從楚國的命令，更引導楚王到本國孟諸地方（在今河南商丘縣）去打獵。在獵時，宋公親爲楚王右陣的領隊，鄭伯爲左陣的領隊。楚司馬下令清早起就駕車載着引火的器物；宋公沒有照辦，楚左司馬文之無畏便把宋公的僕人責打了去號令軍中：這就結下了宋國對無畏的仇恨。厥貉之會，麇國（在今湖北郇縣）的君也在會中，私自逃回；楚王帶兵伐麇，一直打到麇都錫穴。不久楚兵又拘了舒國（約在今安徽廬江縣）和宗國（亦在今廬江縣）的君，圍困了巢國（在今安徽巢縣）：這可見那時楚國的威焰之盛。

當楚兵耀武中原的時候，晉、秦兩國正在起着衝突。魯文公八年的夏天，秦人伐晉，奪取武城（約在今陝西華縣），以報復令狐之役的仇恨。文公十年的春天，晉人回伐秦國，奪取少梁（即梁國地，在今陝西韓城縣）。這年夏天，秦又伐晉，佔領北徵（在今陝西澄城縣）。文公十二年冬天，秦伯再起兵伐晉，佔領羈馬（在今山西永濟縣）。晉人起兵抵抗，在河曲（亦在今永濟縣）遇着秦兵。晉上軍佐將臾駢道："秦兵是不能久住的；我們最好高築營壘，固守起來，候他自退，再追殺上去，必可獲勝。"趙盾聽了他的話，秦兵想戰不能，秦伯便問晉國的逃臣士會："如何方得一戰？"士會答説："趙家新拔用了一個屬吏叫做臾駢，很有才能，這個計策定是他出的。他們是想使我兵久住疲乏。我知道趙家又有一個庶族叫做趙穿，乃是晉君（襄公？）的女壻，很爲晉君所寵。他的年紀很輕，不知道軍事，又好勇而狂，他又很妒忌臾駢的佐領上軍。倘若我們派輕騎去挑戰，他一定會出來應戰的。"秦伯聽了他的話，就派遣軍隊去犯晉國的上軍。趙穿果然出來，他追趕不上秦兵，回去發怒道："我們吃着千辛萬苦，爲的是和敵人打仗。現在敵人來了，卻不去厮殺，究竟是等待什麽呀？"軍吏對他説道："這是我們用的計策。"趙穿説："我不知道有什麽計策！我等不及，只得自由行動了！"説罷，他就帶領所部出營應戰。趙盾聽得這個消息，吃了一驚，説道："趙穿是我國的卿，如果被秦兵擄去，我國就算吃了虧了！"於是發動大兵，出營與秦兵交戰。兩軍稍一接觸，不分勝負，各自回營。夜裏，秦國派行人來到晉營遞戰書，説道："兩國的戰士都未傷損，明天再請相見吧！"臾駢等使者去了，向大衆説道："秦使的眼睛時刻轉動，説話的聲氣很是嘶放，這是畏懼我們的表示，他們將要逃走了。我們如在河上掩殺過去，必定能使秦軍覆没。"大家正在計議的時候，趙穿卻和一個叫胥甲的當着軍門呼叫道："死傷的人還未收埋，就把他們丟了，這是没有恩惠；不候開戰的日期，就去薄人於險，這是没有勇氣！"晉軍見計謀已洩，只得作罷。秦軍聞訊，連夜逃走；出境以後，重新入侵晉國，攻進了瑕邑（在今河南陝縣）。

這時除秦、楚兩國都對晉國加壓迫外，還有狄人也乘機蠢動起來。魯文公七年的秋天，狄兵侵魯西鄙。九年夏天，侵齊。十年冬天，又侵宋。十一年秋天，再侵齊，順道伐魯。魯文公派大將叔孫得臣領兵追趕狄人，把狄兵在鹹的地方（在今山東鉅野縣）打敗，斬獲了長狄（鄋瞞）的酋長僑如。先是，在宋武公的時候，長狄伐宋，宋司徒皇父領兵把狄兵在長丘地方打敗，斬獲了長狄的酋長緣斯。後來晉國滅潞（赤狄的一族，見後），又殺死僑如的弟弟焚如。此前，齊襄公二年，長狄曾伐齊國，齊將王子成父斬獲焚如的弟弟榮如。衛人又殺了他們的小弟弟簡如。長狄的種族就此滅亡了。（以上是根據左傳的記載，據它說，僑如兄弟的壽都在一百幾十歲以上，這定是神話；其實際因材料缺乏，已不可知了。案：狄兵伐魯以前，曾侵齊，侵宋，伐魯以後又曾侵衛，或許僑如兄弟都死在這幾次戰役內。）

　　晉、秦河曲之戰結束後，晉國怕秦人再來侵犯，派大夫詹嘉駐在瑕地，防守桃林之塞（在今河南閿鄉縣，西接陝西潼關縣界，就是後來秦國的函谷關），塞住了秦人的出路。那時晉人感覺國難日重，賢才缺乏，又怕士會和狐射姑爲秦、狄兩方所利用。魯文公十三年夏天，晉六卿在諸浮地方會見，商議怎樣召回投奔異族的賢才。荀林父主張召回狐射姑；郤缺反對這個意見，主張召士會回國。趙盾大約恐怕狐射姑回來與己不利，便從了郤缺的話，暗派魏地的守將魏壽餘假意據了魏地叛晉降秦，去引士會回國。趙盾先把壽餘的家屬下獄，叫壽餘連夜逃走。壽餘到了秦國，向秦伯請求以魏地歸降，秦伯答應了。壽餘便在朝廷上暗踏士會的腳，向他表示意思；士會是個聰明人，早已領會。秦伯領兵駐在河西，想去接收魏邑。魏邑在河的東面，壽餘對秦伯說："請派個本國人爲有司們所信服的，與我一同先去。"秦伯就派了士會。士會假意推辭道："晉人是虎狼成性的，如果反悔起來，我固然被害，我家屬在秦國的也要受戮，於你無益，於我太犯不上。你若執意要我去，晉人如果反悔，你須把我的家屬送回。"秦

伯指河爲誓，答應了他；他才動身前往。在臨行的當兒，秦大夫
繞朝送一條馬鞭給士會，對他説道："你不要以爲秦國没有人才，
不懂得你的意思，只是我的計策没有被採用呵！"士會們渡過河，
魏人歡呼擁着回去。秦伯知道果然上了當，没奈何，只得把士會
的家屬送回晉國。

　　那時東方諸侯雖多歸附於楚，但仍畏懼晉國，不敢完全和他
脱離。當魯文公十三年冬天，文公到晉國去朝見，衛侯乘機與文
公在沓地結會，請文公代向晉國納款；文公朝晉回來，鄭伯也學
了衛侯的樣，與文公在棐地結會，也請他代向晉國通好：文公都
替他們轉達了。衛、鄭兩國既都回向晉國，於是晉趙盾就邀集
魯、宋、衛、鄭、陳、許、曹諸國同盟於新城。在這次盟會裏，
蔡國不曾與盟，晉國命大將郤缺帶領上下兩軍伐蔡，攻入了蔡
都，與蔡人結了城下之盟方才回去。

　　就在這時，齊國發生内亂。先是，齊昭公（孝公弟。魯僖公
二十七年齊孝公去世，昭公潘即位）娶了魯國的女兒子叔姬爲妻，
生個兒子叫舍；子叔姬不爲昭公所寵，因之太子舍在齊國也無權
勢。昭公的弟弟公子商人向國人厚施恩惠，買動人心，一面傾家
借貸蓄養死士，想待機而動。魯文公十四年夏天，齊昭公去世，
舍即位，公子商人把舍殺死，將君位讓給公子元（商人兄）；元不
肯接受，商人就自立爲君，是爲懿公。那時太子舍的母親子叔姬
在齊國的地位很危險，魯國請周王轉令齊國送回子叔姬；周王派
單伯到齊國去勸説，齊侯不聽，反把單伯和子叔姬統統拘下。魯
國又派執政大臣季孫行父到晉國去，請晉國命令齊國釋放單伯和
子叔姬；齊人畏懼晉國，只得把單伯釋放，並答應他的請求，叫
他先回魯國去報命。但是齊國怨恨魯國請求周室和晉國出來挾制
他，便起兵侵魯西鄙。季孫行父又到晉國去報告，於是晉、宋、
衛、鄭、陳、蔡、許、曹諸國同盟於扈，計畫伐齊。齊國一看情
勢不對，只得向晉侯進納賄賂，弄得這事没有下塲。後來齊國究

竟看了周王的面子，把子叔姬送還魯國。但不久齊國又起兵侵魯，順道伐曹，攻入曹都的外城，責問他朝貢魯國的罪。從齊國的強橫上，我們可以看出晉霸確已中衰。魯國連次受到齊國的侵略，無處去訴冤，只得向齊國去請和。那時魯文公有病，先派季孫行父與齊侯在陽穀地方相會，齊侯不肯結盟，一定要魯君親來；魯國不得已，又派大夫公子遂向齊侯納賄，齊魯才得結盟。不久齊再起兵伐魯，畢竟逼得魯侯親自出來結盟，才算完結。這又可見霸令不行的時候，小國就要吃大國的虧了。直到齊懿公爲了暴虐被臣下所弒，惠公元即位，魯文公也同時去世，公子遂殺死太子惡和他的弟弟視，擁立宣公，齊、魯兩國因互相利用，方才恢復了交好。

當齊國內亂的時候，宋國也有弒君的事情發生。原來宋昭公本是個不賢的君主，當他父親成公去世（在魯文公七年），他尚未正式即位的時候，就想除去群公子，引得穆、襄二公的後裔帶領國人進攻公室；六卿替公室解和，方把大亂暫時弭平。後來昭公又不禮待他的祖母襄夫人，襄夫人帶領了戴氏之族殺死昭公的黨徒孔叔、公孫鍾離和大司馬公子卬（事在魯文公八年），大變的禍根已經種下。那時昭公的庶弟公子鮑懷抱異志，向國人厚施恩禮，宋國荒年，他傾家接濟災民；國中的賢士和宗室貴族，他無不卑躬屈節去聯絡。他又長着一副漂亮的面孔，引得他的祖母襄夫人想和他通姦；他不肯亂倫，襄夫人只得幫助他向國人施惠，預備奪據君位。恰巧宋昭公無道，爲國人所不滿，國人就想奉了襄夫人擁立公子鮑爲君。先由襄夫人定下一計，叫昭公到孟諸地方去打獵，想乘機把他殺死。昭公知道她們的計策，無法逃免，就把宮中的寶物盡數載了出去，賜給左右，叫他們離開。昭公的黨羽既散，還未到孟諸，便被襄夫人派去的人殺了，他的死黨司城蕩意諸也同時殉難。昭公既死，公子鮑即位，是爲文公。晉國聽得宋國內亂的消息，派大將荀林父大張旗鼓的邀合衛、鄭、陳等國的兵伐宋討亂，但仍讓公子鮑做了宋君。這件討逆的事也就做得虎頭蛇尾而罷。

　　諸侯在扈地結會平定宋國內亂的時候，晉侯因鄭國心向楚國，就不肯接見鄭伯。鄭大夫子家寫了一封國書派人送給趙盾，叙說鄭國服事晉國的誠心。這封信寫得又委婉，又強硬，弄得晉國沒有辦法，只得派大夫鞏朔到鄭國去修好，又與鄭國交換了要人做押當。這次晉國擺出盟主架子的結果，反弄得向鄭國賠小心，大國與小國交換押當的人，也算站在平等的地位了。

　　晉、鄭雖然暫時聯合，但鄭國的心確已變了。原因是晉國兩次用了大題目勞動諸侯伐宋，討齊，結果都受了賄賂而罷手，鄭國覺得晉國不足有爲，便與楚國結盟，合兵侵擾服晉的陳、宋兩國。晉趙盾領兵救陳、宋，在棐林地方聯合宋、衛、陳、曹四國的兵伐鄭。楚將蒍賈領兵救鄭，與晉兵在北林（在今河南鄭縣）相遇；楚兵俘獲了晉將解揚，晉人就退兵回去了。不久，晉、宋兩國又聯兵伐鄭，也得不到什麼勝利。這可見這時晉國的國力已敵不過楚國了。

　　魯宣公二年，鄭國因宋國兩次聯合晉兵來犯，便受命於楚，派大將公子歸生領兵伐宋。在大棘地方（在今河南柘城縣）開戰，宋兵大敗；鄭國捉了宋軍的主將華元，殺了副將樂呂，又俘獲甲車四百六十乘，生擒二百五十人，斬馘百人。這可見宋國終究不是鄭國的對手。宋國用了一百乘兵車和四百匹文馬向鄭國請求贖回華元，禮物的一半已經送到鄭國，華元卻乘機逃回了。

　　在此以前，晉國因敵人太多，想與秦國講和，趙穿主張出兵去侵擾秦的與國崇國，等秦國來救援，因而與他講和。晉人依了他的話，就由他領兵去侵崇。那知秦國雖來救援，卻並不肯因此罷手。隔了些時，秦反起兵伐晉，圍困了焦邑（在今河南陝縣）。這可見那時晉國倒行逆施的政策是失敗了。晉趙盾領兵救焦，就從陰地（從今陝西商縣至河南陝縣、嵩縣一帶地）聯合諸侯的兵侵鄭。楚將鬭椒領兵救鄭，駐在鄭地等候晉兵。趙盾説："他家(鬭家)在楚國的權力太大了，不久就會自斃的，我們不必和他計較"，他就班師回去了。趙盾的説話分明是畏楚的表示，他説讓鬭家自斃，豈不是遁辭！

晉國對外既對付不下秦、楚，内部卻又發生大變。原來晉靈公爲君很是淫暴，他向人民征了很重的賦税，拿來作彫畫宮牆的費用。他又常常站在高臺上用彈丸去彈射路上的行人，看他們躲來躲去，作爲娛樂。他有一次因厨子煮熊掌不熟，把他殺死，將屍首放在畚箕裏，叫女人載了過朝。趙盾和士會在朝上看見露在畚箕外的死人的手，問知緣故，大家非常憂慮。兩人商議了一會，由士會先去進諫。靈公一見士會進來，知道他要麻煩，便先説道："我自己知道過失了，就會改正的。"士會見話説不下去，只得安慰他幾句，退了出來。那知靈公依舊不肯改過。趙盾屢次進諫，靈公感覺他麻煩不過，竟派了一個刺客名叫鉏麑的去暗殺趙盾。鉏麑一早來到趙盾的住所，看見寢門已經開放，趙盾穿着朝服將去上朝，因時間尚早，坐着休息。鉏麑覺得趙盾確是個忠勤的大臣，不忍下手，就自己碰樹死了。靈公一計不成，又生二計：他請趙盾喝酒，暗地埋伏下甲士想殺死他，又被趙盾逃脱。趙盾奔向外國，他的同族趙穿看不下去，就起兵在桃園裏把靈公攻殺了。趙盾還未出境，聽得消息，馬上回國。晉國的太史在史策上寫道，"趙盾弑其君"，拿來宣示朝廷。趙盾連忙分辯道："君並不是我弑的！"太史答説："你是一國的正卿，國内出了弑君的大變，你出亡不過境，回來又不討賊，君不是你弑的又是誰弑的呢！"趙盾聽了没話再辨，只得嘆道："是我自己弄錯了！"靈公既死，趙盾派趙穿到王朝去迎文公的庶子公子黑臀回國即位，是爲成公。先是，晉國當驪姬亂時，立盟不許群公子住在國裏，從此晉國没有公族。到成公即位，才下令以國卿的兒子作爲公族(嫡子)和餘子(嫡子的母弟)、公行(庶子)。趙盾的後裔本有做公族的份，他卻把公族大夫的位子讓給弟弟趙括。這是因爲從前趙括的母親趙姬（晉文公的女兒）勸趙盾的父親趙衰從狄國接回趙盾母子，又把嫡位讓給趙盾的母親，所以趙盾報答她的恩惠。趙括做了公族大夫，趙盾自己一支做了旄車（公行）之族。自此以後，晉國國卿的勢力越發增强，公室愈顯無力，這已經埋下了"三家分晉"的基礎了。

第十二章　楚的强盛與狄的衰亡

當晉霸中衰的當兒，南方的楚國正漸漸崛强起來。同時晉國在中原被楚逼退，就掉轉頭去向北吞滅群狄，造成了後來復興的基礎。而楚國因國勢强盛主盟中夏的緣故，也漸漸自認爲華夏，於是自稱"我蠻夷也"的楚便變成了"撫有蠻夷以屬諸夏"的楚。自此以後，華夏的範圍便更擴大了。

楚國在穆王時已很强橫。到魯文公十三年，穆王去世，子侶立，是爲莊王，這便是後世所稱五霸（照最普通的説法）中的末了一個。莊王即位以後，派令尹子孔和太師潘崇領兵去伐群舒中的舒、蓼兩國，派大夫公子燮和子儀駐守國都。公子燮等作亂，派刺客刺殺子孔，楚兵無功而回。公子燮等更劫持了莊王出都，將到商密地方去，大夫廬戢梨等設計把他們引誘來殺死，一塲亂事方歸平定。

魯文公十六年，楚國又起了大災荒。戎族起來攻擊他的西南方，打到阜山（在今湖北省房縣），進駐大林（在今湖北荊門縣）；又攻擊他的東南方，到了陽丘（在今湖北鍾祥縣），進攻訾枝（亦在今鍾祥縣）。庸（在今湖北竹山縣）人也帶領了群蠻叛楚。麇人也帶了百濮之族（約在今湖北石首縣之南）在選地（在今湖北枝江縣)聚會，預備去伐楚。楚國申、息兩地的北門都戒了嚴，時局非常嚴重。楚人商議遷都到阪高。大夫蒍賈反對道："我們能去，敵人豈不能去？我們愈退讓，敵人就愈進攻。不如盡力抵抗，敵人見我們雖遭荒年，仍能出兵，野心或許會消滅的。"莊王聽了他的話。出兵剛十五天，百濮果然退去。楚兵從廬地(在今湖北南漳縣)前進，取出倉庫裏屯積的粮食，上下同心熬苦。他們駐兵在句澨(在今湖北均縣)地方，派廬戢梨帶兵侵庸，打到庸國的方城(在今湖北竹山縣)。庸人出來追趕，楚將子揚窻被俘。過了三天，他逃回，對楚兵說道："庸兵很多，群蠻都聚在一起，不如回去興起大兵，合併王室的軍隊一同前進。"大夫師叔道："我們不如再用誘敵計去引誘他們，這就是我們先君蚡冒克服陘隰的方略。"楚人用了他的計策，與庸兵連戰七次，都假意敗退。庸人只派了裨、儵、魚三邑的人追趕楚兵，他們大言道："楚國已不足一戰了！"於是他們就疏了防備。楚莊王乘驛車與大兵在臨品(在今湖北均縣)相會，分軍爲兩隊：大將子越領一隊從石溪出發，子貝領一隊從仞地出發，夾攻庸國。秦、巴兩國也發兵幫助楚人。群蠻一看情勢不對，就與楚國結盟。庸國勢孤，立被楚兵滅掉了。

"多難可以興邦"，這句話確是不錯的。楚國連平內亂和外患，國勢正如旭日初升，他們既把晉兵在北林打敗，收服了鄭國，在魯宣公三年，莊王又起兵伐陸渾之戎(在今河南陸渾縣)，直逼雒水，在周國的疆界上耀武揚威。周定王(襄王孫)派大夫王孫滿去慰勞莊王，莊王竟向王孫滿詢問周室鎮國之寶九鼎的大小輕重。王孫滿見莊王的來意不善，便用話折服他道："一國的興亡在於德不在於鼎：道德修好了，鼎雖小還是重的；道德如不好，鼎雖大也就變得輕了。從前成王定鼎於郟鄏(即東都雒邑)的時候，曾卜過周室有三十代七百年的天下，這是老天爺的命令，無人能改變的。現在周國雖衰，天命還沒有完，鼎的輕重尚未可問哩。"莊王一聽王孫滿的話強硬，知道周室未可輕視，就班師回去了。

　　那時鄭國因連被晉兵侵伐，已與晉講和；楚莊王又起兵侵鄭，未得勝利。不料國內又起大亂：令尹鬥椒作亂，殺死司馬蒍賈，駐兵蒸野，想進攻王室。莊王用了文、成、穆三王的後裔做押當去與鬥椒講和，鬥椒不受，進兵漳澨。莊王下令討伐，與鬥椒的兵在皋滸（在今湖北枝江縣）開戰。鬥椒善於射箭，他一箭穿過莊王的車轅，射到鼓架，着在鑼上。又射一箭，又穿過車轅，着在車蓋上。王軍大懼，向後倒退。莊王派人宣諭各營道："我們先君文王打勝息國的時候，得到了三枝利箭，兩枝被鬥椒偷去，現在已放完了。"宣示畢，軍心安定，莊王搥鼓進兵，一戰就把鬥氏滅了。

　　莊王既平大亂，又兩次起兵伐鄭。陳國見鄭國被侵，與楚聯和。晉大將荀林父和趙盾連次領兵救鄭伐陳。楚人也第三次出兵伐鄭，逼服了鄭國。不久鄭國又背楚向晉；晉、魯、宋、衛、鄭、曹諸國同盟於黑壤，周王也派了王叔桓公來監盟，晉霸頗有中興的氣象。

　　楚人北征不利，知道要圖中原，必須先平定南方。恰巧那時群舒背叛楚國，莊王起兵伐滅舒和蓼兩國，畫正了疆界，一直來到滑水（在今安徽合肥縣）旁邊，與吳、越兩國結了盟，方才回去。從此楚國在江、淮流域的勢力漸漸鞏固，他們便再回頭來經營北方。

　　那時陳國已降了晉，莊王起兵伐陳，陳又附楚。晉國邀合宋、衛、鄭、曹諸國在扈地結會，陳侯不來與會，晉荀林父帶了諸侯的兵伐陳。不幸晉成公在扈地去世，諸侯的兵無功而回。

　　楚國因鄭國始終服晉，又起兵伐鄭。晉將郤缺救鄭，鄭伯把楚兵在柳棼地方打敗。鄭兵雖然有功，大臣子良害怕楚國報仇，不久反與楚講和。諸侯的兵伐鄭，又取了和回去。隔了些時，楚莊王再伐鄭；晉將士會救鄭，在潁水的北面趕走楚兵，派諸侯的軍隊駐守鄭地。楚國那裏肯息，魯宣公十一年，莊王又伐鄭，攻到櫟地。鄭大臣子良説道：“晉、楚兩國不務修德，專用武力相爭，我們只得做個隨風船了！”於是楚、鄭、陳三國盟於辰陵。

鄭、陳既服，楚兵順便侵宋。莊王親自駐在郔地等待消息，命令尹蔿艾獵（即孫叔敖）修築沂城（在今河南正陽縣），進逼北方。不久又因陳大夫夏徵舒弒了國君，莊王伐陳討亂，下令陳人不必驚慌，只討伐夏氏一家。他就攻進陳都，把夏徵舒殺死。那時陳新君成公正在晉國，莊王下令把陳國改爲楚國的縣。大夫申叔時從齊國回來，勸諫莊王道：“夏徵舒弒君固然有罪，你討伐他是很對的，但是有句俗話道：‘牽着牛去踏人家的田，田主把牛奪了，牽牛踏田的人固然有罪，然而就因此奪了他的牛，罰也太重了。’你現在取了陳國，正和奪人的牛一樣，恐怕諸侯要不服的。”莊王聽了他的話，就重封了陳國，只在陳國每鄉帶走一個人，安置在一處，就把那塊地稱爲“夏州”，以表示討亂的功績。

辰陵盟後，鄭又附晉，莊王大怒，起兵把鄭都圍困了十七天。城將攻破，鄭人聚在祖廟裏痛哭，預備出來死鬥。莊王下令退兵，想招降鄭人。那知鄭人修好城池，仍舊抵抗楚兵。楚兵重圍鄭都，攻了三個月，才把鄭都攻破。楚兵從皇門進到大街。鄭伯袒着衣服，牽了羊去迎接楚軍，向莊王哀求講和。莊王答應了他，退兵三十里，派大夫潘尫進城與鄭伯結盟；鄭臣子良也到楚國去做押當。從此鄭國就服了楚了。

晉國發動大兵救鄭，到了河上，聽見鄭已服楚，元帥荀林父就想回去。上軍將領士會也説楚國方强，不可與爭，主張退兵。中軍佐將先縠反對退兵的主張，説道：“在我們的手裏失了霸業，不如死！”他竟帶領所部渡過河去。司馬韓厥勸荀林父道：“先縠帶了偏師去陷敵，你是元帥，部下不聽命令，你的罪大了。不如一同進兵，就是打敗，三軍將佐同分其罪，總比你一人得罪好些。"於是晉軍全部渡河。楚莊王統兵北進，駐在邲地，想使戰馬在黃河裏喝了水就回去。聽見晉兵已渡河，莊王便想班師。嬖人伍參主張開戰；令尹孫叔敖反對，撥轉了車馬。莊王聽了伍參的話，下令改轅北向，駐兵在管地（在今河南鄭縣）等候晉兵。晉軍駐在敖、鄗二山（均在今河南河陰縣）之間。鄭國派人去到晉營説道："我們的從楚，只是想保全社稷，並非真心與楚要好。楚兵驟勝已經驕傲，他們的軍隊也已疲乏了，又不設防備，你們若加以攻擊，我們做個幫手，楚兵一定大敗。"晉軍諸將聽了鄭使的話，紛紛爭論，仍不得結果。楚王連派使者兩次到晉軍去議和，晉人已經答應和議，定下了結盟的日期。那知楚人議和並非真心，他們又派了人來向晉軍挑戰；晉人出營追趕，他們又逃跑了。晉將魏錡、趙旃因求高官不得，心裏懷恨，想使晉軍失敗，力請也去挑戰；荀林父等不許。他們又請奉使去講和，荀林父等答應了。不料他們去到楚營，反向楚軍要求開戰。當二人到楚營去後，晉上軍將領士會、郤克都請準備戰事，先縠大意的很，又不贊成。士會獨自行動，派部下鞏朔、韓穿帶領七枝伏兵埋伏在敖山的前面。中軍大夫趙嬰齊也派手下人先在河裏預備了船隻。趙旃夜裏到楚營前，在軍門外席地坐了，派部下衝進楚營去激戰。楚王親自出來追趕趙旃，趙旃把車丟了，逃入林中，衣甲都被楚兵搶去。晉人派屯守的兵車來迎接魏錡和趙旃；楚將潘黨望見車塵，派人趕去報告大營説："晉兵來了！"楚人也怕莊王輕入晉營，就全軍出營結陣，孫叔敖下令急速進兵。楚兵雷擊電馳般直衝向晉營，荀林父出於意外，不知所爲，在軍中擂鼓下令道："先渡過河去的有賞！"中軍和下軍爭起船來，各自用手攀住船隻，兩軍的軍士自相殘殺，砍下的手指在船裏可以成把了。晉兵向右移動，獨上軍因士會的準備未敗；中軍因趙嬰齊的準備，雖敗而得先渡過河。楚軍方面：工尹齊帶領右軍追趕晉國的下軍；潘黨帶領游車四十乘跟從唐侯（唐國那時從楚）的兵爲左軍，去進追晉國的上軍。士會自爲後殿，帶領軍隊緩緩退去，没有什麼損失。楚軍俘獲了晉將知罃，知罃的父親下軍大夫知莊子帶領所部回攻楚軍，射殺楚將連尹襄老，搶了他的屍首；又俘獲楚王的兒子公子穀臣，方才退去。到了夜裏，楚軍駐在邲地（在今河南鄭縣），晉的餘兵不能成軍，乘夜渡河逃去，一夜裏聲音不斷。楚王進駐衡雍，祭了黃河的神，又建築一所祖廟，告了成功，才班師回國。

這次晉軍的失敗，並不是他們的實力敵不過楚人，乃是因軍將不睦，從内裏分崩開來，以致大敗。晉兵回國，荀林父自請治罪；晉侯將要答應他，大夫士貞子把楚殺令尹子玉的事去進諫，晉侯聽了他的話，命林父復位，這就成就了他後來滅狄的功績。

楚國既大敗晉兵，鄭、許諸國都歸附了，莊王又起兵攻破宋的屬國蕭（在今江蘇蕭縣）。晉、宋、衞、曹諸國同盟於清丘，立約共救災患，討伐不服的諸侯（鄭與宋、衞終春秋之世是兩黨，鄭服了楚，所以宋、衞便與晉聯結）。清丘盟後，宋國因陳服楚，起兵伐陳，衞國卻反去救了陳（因陳、衞又本是一黨）。楚王親征伐宋，討他前次救蕭和伐陳的罪。晉國也責問衞國救陳的罪，衞執政孔達自殺，由着國人拿他向晉國解説。

晉勢稍振，又起兵伐鄭，頒告諸侯，在鄭地校閲車馬而回。鄭伯畏懼晉人，親自到楚國去，商議對付晉國的政策。那時宋國又殺了楚國聘齊的使臣申舟（即文之無畏。宋國報復前次無畏責打宋公僕人的仇恨，所以把他殺死），莊王大怒，立即起兵圍困宋都。魯國也來與楚國在宋地結會。宋公派使向晉國告急，晉國因邲戰之敗，不敢去惹楚人，只派了一個使臣叫解揚的去安慰宋人道：“我們的軍隊已傾國前來，快要到了，請你們不要就降楚！”解揚經過鄭境，被鄭人捉住，獻給楚兵。楚王向他厚納了賄賂，叫他去反説宋人歸降。他被逼不得已，假意答應。楚人把他放在樓車上面，命他招降宋人，他卻仍依晉君的話吩咐了宋國。

楚兵圍宋過了九個月，在宋城外築了房屋，又分兵回去耕田，以表示不勝不回的意思。宋人大怕，派大將華元乘夜偷進楚營，直登楚元帥子反的床，劫他講和道："敝國的人民互相掉換了兒子殺來當飯吃，拿人的骨頭當柴燒，已經危險極了。但是要我們結城下之盟，我們雖到國亡也不肯做的。你們若能退兵三十里，我國當唯命是聽。"子反被華元所劫，沒有辦法，只得與他結盟，把他的話轉達楚王，退兵三十里。宋國就與楚結盟，命華元到楚國去做押當。這時，魯、宋、鄭、陳諸中原的國家都歸附了楚國，楚莊王的霸業就成功了。

當楚國經營中原的時候，晉國正在經營北方的狄族。狄人自從鹹地敗後，聲勢本已稍減；長狄滅亡，白狄也獨自成了部落（白狄、長狄本都是赤狄的屬國）。但赤狄仍自稱強，乘晉霸中衰，兩次侵齊伐晉，圍困了晉邑懷和邢丘，又割取了晉地向陰的禾子。晉國用驕兵之計，暫不與他計較；並用離間政策，聯絡衆狄，使赤狄勢成孤立。赤狄不知進退，聽了晉臣先縠的話，乘晉兵在邲地打了敗仗，起兵伐晉，打到清地。晉人殺了先縠，把内患除去，然後專心對付狄人。

魯宣公十五年，赤狄部長潞氏（在今山西潞城縣）的執政大臣酆舒專權，殺死他的國君的夫人姬氏（晉景公姊），又射傷潞君的眼睛，潞氏内亂。晉景公（成公子）想發兵去討伐，諸大夫畏懼酆舒的多才，都不贊成動兵。大夫伯宗獨竭力主張討狄，以爲恃才與衆，是商紂滅亡的根由，酆舒不足畏懼。晉侯聽了他的話，命荀林父領兵伐潞，把赤狄的兵在曲梁（在今河北永年縣）打敗，順勢滅了潞氏，俘獲潞君嬰兒。酆舒逃奔衞國，衞國把他拘住送給晉國，晉國立將酆舒殺了。

潞氏滅亡以後，晉侯在稷地（在今山西稷山縣）校閲軍隊，經略狄土，重封了被狄人所滅的黎國。次年（魯宣公十六年），晉國又命士會領兵伐滅赤狄的餘種甲氏（在今河北雞澤縣）和留吁（在今山西屯留縣）、鐸辰（約在今山西潞城縣附近）等部落。魯成公三年，晉、衛又聯兵攻破了廧咎如國（約在今山西陽曲縣附近？），赤狄的餘種盡數降服。晉國既兼併了赤狄的上地，勢力頓强，就又南向與楚爭中原的霸權了。

第十三章　晉楚第一次和平盟約的訂立與撕破

　　誰都知道一部春秋只是齊、晉、楚、吳諸國的爭霸史，但誰都不大明白真正的爭霸史只有春秋中年一小段的時間。在春秋初年，楚國勢力未盛，齊桓創霸，九合諸侯，楚國差不多沒有靠着中原盟主資格的邊。自從宋襄公無用，引得南夷勢力北侵，楚成王才開始取得中原盟主的地位；但不久又被晉文公奪了去。晉國處在春秋時中國最形勝的地方，屬兵南下，城濮一戰，使得楚國再世不競。當晉文、晉襄的時代，楚國始終只做中原擾邊的强盜罷了，哪裏談得到真正與晉爭霸！直到晉靈公以來，晉霸中衰，楚國方又奪得中原盟主的地位。然而這時晉又太不行了，仍是談不到真正爭霸的事實。到了晉景公吞滅狄族，國力復興，楚亦方强，兩國勢不相下，真正的爭霸事實方才出現。從魯宣公十七年晉爲斷道之盟起，到魯成公十六年鄢陵之戰止，約有二十年左右，是晉楚勢力互相消長的時代。雖說其間晉、楚兩國曾經訂立和平盟約，但不久盟約就被撕破，爭戰之幕又開。到鄢陵戰後，中原霸權漸漸落到晉國手裏，依然是晉霸的時代了。

　　晉景公滅潞以後，西邊曾打敗秦兵，東邊又向齊國發展勢力。魯宣公十七年，晉國派大臣郤克到齊國去徵會，齊頃公（惠公子）待慢了他。郤克回國，向晉侯請求伐齊；晉侯再三不肯。

齊國聽得這個消息，趕快派大臣高固、晏弱等去赴會；到了半路，高固先行逃回。晉、魯、衛、曹、邾諸國在斷道同盟，因齊君沒有親來與盟，又因高固擅自逃回，晉國便辭去齊人，把齊使晏弱等拘了。那時荀林父已死（?），晉國由士會執政，士會特地告老，把政權讓給郤克，由他去達到伐齊的目的。郤克既執了政權，第二年就聳動晉侯邀合衛兵伐齊，打到陽穀地方。齊頃公無奈，親自出來與晉侯結盟，又向晉國納了質子，晉兵才肯回去。

那時魯、衛等國都受齊國的侵略，魯國見晉、齊已講和，報不成仇，便派使臣到楚國去請兵伐齊。恰巧楚莊王去世，楚兵不能出國，魯國就又轉回頭來與晉聯結。齊國懷恨魯國，反與楚國相聯，想用楚兵伐魯抗晉；這事的反響便是晉、魯兩國在赤棘結盟。齊兵伐魯北鄙，奪取龍邑，南侵到了巢丘。衛國派大將孫良夫等領兵侵齊救魯，半路上與齊軍相遇，在新築（在今河北大名縣）地方開戰，衛兵大敗。齊兵侵入衛境，駐在鞠居。

孫良夫從新築敗回，不進國都，就到晉國去；同時魯國也派使臣到晉：大家都向晉國請兵。晉執政郤克竭力主張開戰，晉侯答應給他七百乘人馬，郤克堅請加至八百乘，立刻興兵伐齊。那時魯、衛、曹三國也各派軍隊參戰。由魯國做嚮導，追趕侵衛的齊兵，來到靡笄山（在今山東歷城縣）的下面。晉、齊兩國正式宣戰，在鞌地（亦在今歷城縣）交鋒。齊侯奮勇説："我們先蕝滅了敵人然後吃早飯罷！"説完這話，連戰馬也沒有披甲，就帶兵直衝晉陣。齊兵來勢汹湧，郤克被箭射傷，血一直流到鞋上，但他仍盡力擂鼓，只對兩旁的人道了一聲苦。御者張侯道："在兩軍開始接觸的時候，我的手臂早被箭射穿了，我把箭折斷，仍舊御我的車，可是兵車的左輪都被血染成了朱黑色，我還不敢道苦呢，請您忍耐些罷！"郤克受了張侯的鼓勵，便左手執了馬轡，右手舉起鼓槌，把戰鼓擂得震天響，戰馬直向前衝。大兵跟隨他的車衝過去，齊兵抵擋不住，大敗而走。晉兵追趕齊兵，把華不注山

（亦在今歷城縣）繞轉了三次。晉將韓厥緊追着齊侯，齊侯把韓厥的車左射下車去，又把車右射死；但韓厥仍不放鬆，齊侯危急萬分，便與他的臣逢丑父掉換了位子。韓厥追上，一把擒了逢丑父下去，齊侯才得逃脫。他逃脫以後，又想去救丑父，三次衝進晉軍，不曾得手。

晉兵侵入齊境，從丘輿（在今山東益都縣）進攻馬陘（亦在今益都縣）。齊侯認輸，派人向晉軍納賂割地求和。晉人想不答應；魯、衛兩國出來調停，晉人方才允許和議，與齊臣國佐結盟，叫齊國把侵奪來的魯、衛等國的地方還給原主，就班師回去了。

晉國大敗齊兵以後，國勢更見振興，又收容了楚國逃來的申公巫臣，用爲謀主，來對付楚人。那時楚、齊結成一黨，楚國見齊兵大敗，便聯合了鄭、蔡、許等國的兵侵伐衛、魯，替齊報仇。魯、衛敵不過他們，只得與楚講和。楚國就邀合了齊、秦、魯、宋、衛、鄭、陳、蔡、許、曹、邾、薛、鄫諸國同盟於蜀（在今山東泰安縣）。這是春秋時參加國數最多的一次大盟會。楚國聲勢大到如此，連晉國也畏避他，不敢惹他的事。

但是晉國究竟也不甘心示弱；在楚國盟蜀的次年（魯成公三年），也邀合了魯、宋、衛、曹等國伐鄭。晉偏師深入鄭境，鄭將公子偃設下埋伏，把晉兵在丘輿打敗，派人到楚國去獻捷。

晉、楚兩國在這時差不多勢均力敵，於是互相歸還邲戰的俘虜：晉國放了楚公子穀臣，並還了連尹襄老的屍首，楚人也釋放晉將智罃回國；兩國的和平有了轉機。

不久，晉國討滅赤狄餘種廧咎如，又增作六軍，國力越發充實。齊侯也到晉國去朝見。那時鄭、許兩國因事衝突，鄭伯一再伐許，奪取許地。晉兵救許伐鄭，楚兵便去救鄭；鄭伯與許男都向楚國請求判斷曲直。許國先向楚國報告了鄭國的侵略，鄭伯爭訟不勝，楚人拘了鄭臣；鄭伯回過頭來，就派使向晉國請和，兩國在垂棘地方結了盟。晉國因鄭國已服，就又邀合了齊、魯、宋、衛、鄭、曹、邾、杞等國同盟於蟲牢。這時中原諸侯既怕晉，又怕楚，差不多都是兩面納欵的。

魯成公六年，晉國遷都新田（在今山西曲沃縣），繼續經營諸侯。蟲牢之盟，宋國因事辭了晉國的會，晉國就連次發動諸侯的兵去侵宋。楚國也在這時伐鄭。晉兵救鄭，楚兵回國。晉兵順便侵蔡，楚國忙派駐守申、息兩邑的兵救蔡，晉兵也回去了。等到晉兵回去，楚國又起兵伐鄭。晉國聽得這消息，再發諸侯的兵救鄭。鄭兵攻擊楚軍，俘獲楚將鄖公鍾儀，獻給晉國。晉國因那時莒國已經歸服，就邀集諸侯同盟於馬陵。

楚國令尹子重、司馬子反等和亡臣申公巫臣有仇，巫臣奔晉，他們就殺了巫臣的族人，分了他的家。巫臣大怒，替晉國出主意，去與吳國聯合抗楚。巫臣親身到吳國去，教他們乘車和戰陣，聳動他們叛楚；又叫他的兒子狐庸駐在吳國，做吳國的行人。於是吳國開始出兵伐楚，伐巢（楚屬國，在今安徽巢縣），伐徐（亦楚屬國，在今安徽泗縣）；又攻入了楚邑州來（在今安徽鳳臺縣），鬧得楚人在一年之中起了七次的兵。蠻夷本來屬楚的到這時都被吳國奪去，吳國大強，楚國就受牽制了。

楚國國勢稍弱，晉國又起兵侵蔡，順道侵楚，俘獲楚將申驪；又去侵沈（約在今河南汝南縣附近），俘獲沈君；又合諸侯的兵伐郯（在今山東郯城縣）。但那時晉國因想討好齊國，命魯國把前次齊國所還的侵地重新獻給齊國；於是諸侯不服。晉國怕起來，又邀合諸侯同盟於蒲，並想順便邀會吳國；吳人因路遠未來。

楚國在國力上鬥不過晉，卻用了賄賂去收買鄭人，鄭、楚在鄧地結會。但鄭成公並不就想斷了晉國的路，他又到晉國去朝見，卻被晉人拘住。晉將欒書領兵伐鄭，鄭人派使議和，晉人又把這使者殺死。楚國知道，派將子重領兵侵陳以救鄭。

晉國因連年用兵不息，頗想與楚講和，休養國力，就先用厚禮釋放前次鄭國獻來的楚將鍾儀回國，叫他去說合晉、楚的和議。楚人這時正在伐莒，大約是想截斷晉、吳交通的路（前次晉侯派申公巫臣到吳國去，假道於莒）。秦人和白狄也聯兵伐晉（大約也是楚人的指使）。鄭國又起兵圍許，向晉國表示不因國君被拘而害怕的態度。在這時，晉國頗有些躊躇了。楚王聽了鍾儀的話，也想與晉講和，派使聘問晉國，晉國又派使去回聘，晉、楚的國際關係稍微好轉。但晉國仍接連發動諸侯的兵討伐鄭國，鄭國只得屈服，晉、鄭同盟於脩澤，晉人就把鄭成公釋放回國了。

晉景公去世，子州蒲即位，是爲厲公。宋國開始發動了和平運動，原因是那時宋國的執政大臣華元與晉、楚兩國的當局都很交好，聽說晉、楚已自動議和，他想從此免去國際戰爭，就起來竭力拉攏；隨後兩國都答應了他的提議。

這時秦、晉也在講和，打算在令狐結會。晉侯先到，秦伯懷疑晉人，不肯渡河，派臣下到河東來與晉侯結盟；晉國也派使到河西去與秦伯結盟。兩國這樣互相猜忌，盟好那能長久，所以秦伯回國就背了晉盟，與楚、狄聯結。

魯成公十二年，宋華元的和平運動成熟。這年夏天，晉、楚兩國在宋國西門外結盟，盟辭道：「從此以後，晉、楚兩國不要互相侵害；必須同心一德，互恤災患。若有害楚的國家，晉國應起兵討伐；楚國對晉也是如此。兩國應聘使往來，使道路間永不壅塞。誰背了這次盟的，明神就降下罰來，着他喪師亡國！」兩國結盟既成，鄭伯到晉國去聽命。晉、魯、衛諸國會於瑣澤，申明了和議。

晉、楚和局既定，兩國又互派使臣往還結盟。晉國解除了南顧的憂慮，便把精力移轉到西方。這因那時秦國聳動楚、狄兩國，引導他們去伐晉，所以晉侯先派使臣呂相去絕了秦好，把罪狀都推在秦國身上，又邀合了齊、魯、宋、衛、鄭、曹、邾、滕等諸侯朝見周王，請周王派大臣監兵，大張旗鼓去伐秦。兩方在麻隧（在今陝西涇陽縣）開戰，秦兵大敗。諸侯的兵渡過涇水，一直打到侯麗，方才回去。

　　隔了三年（魯成公十五年），楚國想違背盟約，出兵北略。大夫子囊道：“我們剛和晉國結盟，就違背了盟約，似乎説不過去。”司馬子反道：“只要對本國有利就可以幹，管什麽盟約！”楚共王（莊王子）聽了子反的話，就興兵侵擾鄭、衛兩國。這次因楚國先輸了理，所以鄭國也發兵侵楚，奪取新石地方。

　　晉國見楚背約，就邀合諸侯的大夫與吳人會於鍾離（在今安徽鳳陽縣），預備對付楚人。這是吳與中原上國會盟的開始。楚國見勢不利，又割了汝陰的田買服鄭國。鄭伯叛晉，與楚結盟，又起兵替楚伐宋。衛國也起兵替晉伐鄭。到這時，中原的和平便破裂了。

　　晉侯發動大兵討鄭，鄭國向楚告急，楚共王親征救鄭。晉兵渡河，與楚兵在鄢陵（在今河南鄢陵縣）相遇。楚兵又鈔了邲戰的老樣，乘天氣陰暗，一早起來全軍壓迫晉營結陣。晉軍知道，很是畏懼。小將范匄獻策道：“我們把井塞了，竈平了，在軍中結陣，打開營壘作爲戰道就是了，何必怕楚！”元帥欒書也道：“楚兵很是輕佻，我們固守着候他，三天之內他們必退。等他們退了順勢攻擊過去，定能獲勝的。”楚亡臣苗賁皇報告晉侯道：“楚兵的精華都在中軍王族，如果分了精兵去攻擊他的左右軍，左右軍敗了，再合三軍之力去攻王軍，楚兵必然大敗。”兩方開戰，楚軍果然失利。晉將魏錡一箭射中楚王的眼睛；楚王叫神箭手養由基回射，把魏錡射死。楚兵敗退，臨了險地，養由基連射晉軍，箭無虛發；大力的叔山冉也挾了人去投擊晉車，把晉軍的車軾折斷：晉兵才止住不追。楚兵與晉兵打了一天，還未息手。楚司馬子反命令軍吏體恤傷兵，修補卒乘，整理軍隊，豫備明天再戰。晉的方面，苗賁皇也替晉侯下令，命部下修補車卒，秣馬厲兵，固陣等待；一面把捉來的楚國俘虜縱放回營，讓他們去報信。楚王派人召子反商議，那知子反喝醉了酒，不能出見。楚王嘆道："這是天敗楚了！"不能久待，連忙乘夜帶兵逃走。晉軍鈔了城濮之戰的老文章，佔領楚營，把營中糧餉吃了三天。楚兵回國，司馬子反自己覺得有罪，就自殺了。這次戰事，又是晉國方面獲得大勝利。

第十四章　晉的内亂與悼公復霸

晉、楚兩國的歷史是一部春秋的中堅。晉、楚爭霸的歷史可以分爲五個階段：第一階段是晉文、襄主霸的時代，在這時期内，晉國差不多是中原實際的共主，楚國的勢力不能出方城以外。第二階段從晉靈公即位到景公滅狄止，在這時期内，晉勢衰而楚勢强，造成"蠻夷猾夏"的情勢。第三階段從晉景公伐齊到厲公敗楚止，在這時内期，晉、楚兩方勢均力敵，實行爭霸。第四階段從晉厲公伐鄭到欒氏奔楚止，在這時期内，晉勢强而楚勢衰，造成晉霸復興的局面。第五階段從晉欒氏奔楚到晉、楚第二次盟於宋止，在這時期内，晉國因内部分化，楚國也因受吳國的牽制，兩方都不能努力於爭霸事業，於是醞釀成國際和平的局面。盟宋之後，晉、楚共霸，中原消息趨於沈寂，而晉國所扶持起來的吳國和楚國所扶持起來的越國又突然强勝起來，南方鬧成相斫的形勢，北方政局的内部也在急劇變化；等到勾踐稱霸，三家滅智，春秋的時代已告了結束。統看春秋史的全部，晉厲、悼復霸實是一個重要關鍵，因爲晉國内部分崩是春秋時代的結束，而晉國内部分崩實由於向外發展過度；厲、悼二公時，晉的國力發揮得最爲盡致，强弩之末勢不能穿魯縞，晉的衰亂也就肇基於此時了。

晉厲公大敗楚國於鄢陵以後，就邀合齊、魯、宋、衛、邾諸
國會於沙隨，預備伐鄭。在提起這回伐鄭的事之前，有一件魯國
的故事應當補叙一下。當鄢陵之戰時，齊、魯、衛三國都出兵做
晉國的援應。就在這時，魯國內部發生了變亂，只為大夫叔孫僑
如與魯成公的母親穆姜通姦，想去掉與他並立的季孫氏和孟孫氏
兩家，所以在成公將要出兵助晉的時候，穆姜就要求他趕走季孫
和孟孫。成公説這事回來再談吧，穆姜聽了很不高興。成公一看
情勢不對，先命宮中設了守備，然後出國。為了這一耽擱，他到
鄢陵時已過了晉、楚戰期了。到這一次沙隨之會，叔孫僑如公報
私仇，便派人向晉臣郤犨説了成公許多壞話。郤犨是晉國的公族
大夫，新軍的將領，主管東方諸侯的事，權力很大的，他向僑如
要了賄賂，就在晉侯面前進了讒言，訴説成公已有貳心於晉。於
是晉侯不給魯侯面子，不去見他。

不久，晉國集合諸侯的兵伐鄭，成公又去赴會，穆姜重向成
公提起舊話，成公始終不肯答應，依舊安置好了戒備然後動身。
諸侯的兵駐在鄭西，魯兵又來晚了，駐在鄭東，不敢越過鄭境，
只得向晉國請了接應，方才得與諸侯的兵一同會集。晉下軍佐知
罃帶領諸侯的兵先侵陳、蔡兩國，諸侯留守的軍隊遷駐潁上，鄭
國乘夜出來攻擊，齊、宋、衛三軍都大受損失。於此可見鄭國到
底不弱。

魯叔孫僑如又派人去報告郤犨，説執政季孫行父等確有貳心
於齊、楚，對晉國不忠實，於是晉人拘了季孫。魯侯派大臣子叔
聲伯向晉國再三討饒，晉國才把季孫行父放回。叔孫僑如大失所
望，奔齊去了。

鄭國因前次幫助楚國與晉兵在鄢陵開戰，得罪了晉國，又因
楚共王為了援救他們竟被箭射壞了眼睛，感恩圖報，就一心向
楚，對晉國的態度非常倔強，甚至派兵侵擾晉的邊境。衛兵救晉
侵鄭。鄭伯叫太子到楚國去做押當，由楚國派兵替鄭國守禦。晉

侯又邀合了諸侯的兵連次伐鄭，深入鄭境，圍困鄭都。楚國也連次發動大兵救鄭，晉國竟不能十分得志。這時中原諸侯，大約齊、魯、宋、衛等國是從晉的，鄭、陳、蔡等國是從楚的。晉、楚爭點在鄭；楚國拿鄭國做前綫，用來抵擋北力的南下。

就在這時，晉國內亂開始發生了。內亂的原因，是爲了晉厲公是個很能幹的君王，他對外戰敗楚兵，對內又想剷除群大夫的勢力，而造成中央集權的政治。那時晉國貴族中以郤氏爲最強橫，一家三卿，貴盛過了限度，在國內結下了很多的怨，執政欒書也怨恨他們，大家在厲公面前説了不少郤家的壞話。厲公聽了，便乘機先殺郤犨、郤錡、郤至，滅了郤氏的族。但他們對于執大權的欒氏和中行氏（荀）兩家，大約恐事急生變，想暫時不加處置。他的死黨胥童等已刼了欒書和中行偃，勸厲公即時把他們除去。厲公不允，反派人去安慰這兩人，命他們復位。不料欒書、中行偃已看出厲公的陰謀，恐怕將來自己地位不穩，就先動手爲强，拘了厲公，殺死厲公的死黨胥童，不久又派刺客把厲公刺死了。厲公一死，晉國中央集權的運動就此失敗。

欒書、中行偃等殺死厲公以後，就派使向王朝迎立襄公的曾孫周爲君，是爲悼公。悼公知道經此大變，此後做晉國的君主很不容易，所以在他回國的時候，就對迎接他的群大夫説道：“人們需要君主，是要發號施令的；如果立了君主而不肯聽他的話，那又何必要有君主呢？你們要立我，請在今天決定了態度；否則，就在今天作罷好了。”群大夫一聽悼公的話厲害，便敬謹對答道：“我們没有一個人不願意聽你的命令的。”悼公先與群臣結了盟誓，然後入都即位，趕走不守臣禮的七個人，立下了威勢。但他對於欒氏和中行氏諸大族，仍是没有辦法。

晉悼公即位以後，先整頓內政：安定民生，節省財用，任用賢才，修復舊典，教導貴族，訓練軍隊，把國基弄穩定了，然後向外發展。

在晉國除舊布新的當兒，楚國早起兵滅了舒庸（在今安徽舒城、廬江二縣境）。楚、鄭兩國又合兵伐宋，深入宋境，奪取了要邑彭城（在今江蘇銅山縣），把宋國亡臣魚石等安置在那裏，派了三百乘的軍士替他們守禦，藉以壓迫宋國，並圖截斷晉、吳的聯絡。宋國派兵圍攻彭城，楚、鄭兩國又起兵救彭城伐宋。宋人向晉告急，晉侯親征救宋，楚兵纏回國去。晉悼公邀合諸侯在虛杅結會，商議宋事。宋人向諸侯請兵圍困彭城，彭城降晉，晉人捉了魚石等回國。

不久，晉國又邀合諸侯伐鄭，攻入鄭都的外城，把他的徒兵打敗。諸侯的兵順道侵楚焦夷（在今安徽亳縣），打到陳國。楚兵救鄭侵宋；鄭兵也出來幫楚攻宋，奪取犬丘。此後晉悼公又接連興兵討鄭，用了魯國的計策，在虎牢（在今河南氾水縣）地方築城以壓迫鄭國。這與楚國奪宋的彭城是一樣的政策；不過楚離宋遠，晉離鄭近，所以結果晉的政策成功。鄭國與晉講了和，算屈服了。

楚人北略不利，又東向伐吳，打到衡山（在今安徽當塗縣）地方，派勇將鄧廖帶領精兵深入吳境；吳兵截擊，楚兵大敗，鄧廖被獲，殘眾逃回的很少。楚兵回國，吳人跟着起兵伐楚，奪取了駕邑（在今安徽無爲縣）。

晉國在南面既服了鄭國，又想向東結合吳國，邀合諸侯在雞澤同盟，派使到淮上去迎接吳君；不知爲了何事，吳君未來赴會。這時陳國因爲受不了楚人的誅求，也來與諸侯結盟。楚兵連次伐陳，陳國不服。

在那時，北方戎族無終（約在今河北、山西兩省間）等國見晉國強盛，也派使向晉求和。晉侯想不答應，大臣魏絳勸諫晉侯不要因對付戎族而失掉諸侯，並陳述和戎有三利。他説："戎、狄們貴重貨物而輕視土地，土地可以用了貨物去收買，這是一利。戎、狄不來侵擾，邊鄙安寧，這是二利。戎、狄服晉，足以震動四鄰，使諸侯傾心歸服，這是三利。"晉侯聽了他的話不錯，就派他去安撫諸戎，與戎人結盟。自此以後，晉國免除了後顧之憂，霸業更穩固了。

吳國也頗想與晉聯合，共同抵抗楚國，派使聘晉，請與諸侯結好。晉國先派魯、衛兩國和他結會；不久，晉國又邀合了齊、魯、宋、衛、鄭、陳、曹、莒、邾、滕、薛、鄫等國與吳人會於戚地。

楚兵連次伐陳；諸侯也連次合兵救陳。陳國到底畏懼楚國，背晉降楚。這是因爲陳國離楚太近了的緣故。

鄭兵侵蔡，俘獲蔡司馬公子燮，獻給晉國。晉侯見霸業大定，便在邢丘邀會諸侯的大夫，規定每年朝聘的次數。那時諸小國困於大國的誅求，在經濟上也是很受壓迫的。

楚兵伐鄭，討他侵蔡的罪。鄭國諸臣有的想從楚，有時仍想等待晉國；爭論的結果，到底降了楚。晉人大怒，預備起兵討鄭。

這時秦國又向晉挑釁，派人向楚國請兵伐晉；楚王答應了他。令尹子囊勸諫道："現在晉君很能用人，君明臣忠，我們是爭不過他們的，還是不要動兵罷！"楚王不聽，出兵武城（約在今河南南陽縣），援應秦國。秦人侵晉，晉國因荒年不能報復。

不久，晉國先發動諸侯的兵伐鄭，攻打鄭都很急。鄭人大怕，趕快求和。晉將知罃道："我們姑且答應了鄭國的和，班師回國，借此勞動楚國的兵。我們把四軍（這時晉國有中、上、下、新四軍）分爲三起，再合諸侯的銳兵，更番與楚相爭。如此，我們不至疲乏，可是楚人已受不得了。"於是晉人許了鄭和，諸侯同盟於戲。但鄭國的心仍未真服，諸侯再聯兵伐鄭。楚國因鄭已與晉結盟，也起兵伐鄭。結果鄭國又服了楚。

晉悼公與楚爭鄭未能得手，回國先從休養民力下手。他聽了魏絳的話，打開倉庫，救濟民困。次年（魯襄公十年），他就邀合了諸侯與吳人會於柤地；乘勢攻滅偪陽（在今山東嶧縣），把地送給宋國。楚、鄭合兵圍宋；衛兵救宋；鄭兵侵衛。衛兵追敗鄭軍，斬獲鄭將皇耳。楚、鄭又合兵侵魯，取蕭（宋邑）侵宋，竭力向東方諸侯示威。在晉國極強的當兒，楚、鄭竟敢這樣強橫，鄭國且變成了楚的死黨，這可見攘夷事業之難爲了。

鄭國勞民過度，内部發生大變，亂民蠭起，殺死了執政公子騑、公子發、公孫輒，刼持了鄭伯。大夫公孫僑（即子産）等平定亂事，由子孔當國爲政。他們有意挑動晉國；晉侯三次發動諸侯的大兵討鄭，把楚國勢力逼退，方才真正得到鄭國的歸服。諸侯在蕭魚結會，鄭人送了厚賂給晉侯。晉侯厚賞魏絳，獎勵他勸諫和戎之功。

在這時，晉人爲了服鄭，稍一露了驕態，秦兵伐晉，晉兵便被打敗了。楚、秦又合兵侵宋；兩國並聯了姻好，合力來對付晉國。吳國卻在東邊助晉侵楚，被楚兵打敗。諸侯會吳於向，協力謀楚，他們先伐秦國，以斷楚的左臂。晉侯駐在境上，派六卿帶領了諸侯的兵進攻，直到棫林地方（在今陝西華縣？），秦人仍不肯請和。晉帥荀偃下令道：“大家看我的馬頭所向前進！”下軍將領欒黶不服道：“晉國從來沒有這樣的命令，我的馬頭偏想朝東了。”説罷，他就逕自帶了下軍回去，大兵也只好全隊而回。這次伐秦之役不得結果，仍是壞在内部的不和睦上。

晉國伐秦不利，楚國卻起兵伐吳；吳兵不出。楚兵回國時疏了防範，吳兵從險地出來邀擊，楚兵大敗，公子宜穀被俘。那時齊、邾、莒等國也背叛晉國，侵擾魯邊；魯國向晉國報告，晉人想結會先討邾、莒，不幸悼公得病，不久去世，會就沒有結成功。

統看悼公的霸業，可以説他最大的目的是在征服鄭國。他所用的政策是和戎，聯吳，保宋；結果雖把鄭國征服，但他也吃了楚人聯秦的虧。然而晉國最大的癥結還在貴族的驕橫，以致内政多門，不能統一，郤氏雖除，欒氏方張，它到底使晉國在霸業上受了大挫折。

第十五章 晉楚第二次和平盟約的訂成

從春秋初期齊桓公創霸業起，直到春秋中期之末晉楚再盟於宋止，諸大國爲了爭霸大研殺了百餘年，弄得"夫婦男女不遑啟處"，民力彫敝已極，因之有國際和平運動起來。國際和平運動總共起了兩次：第一次因事機未成熟失敗；到第二次和平盟約將訂立之前，晉楚兩國都因内爭外患而筋疲力盡，諸侯間也實在受不了"犧牲玉帛候於兩境"的苦痛，於是再由宋國發起和平運動，晉楚兩國重新結盟：這次盟約居然發生了相當的效力。

晉悼公去世，子彪立，是爲平公。即位之後就邀合諸侯會於溴梁，命各國互還侵地，拘了邾莒兩國的君，討他們侵魯又與齊楚通氣的罪。晉侯在温地宴享諸侯，命各國的大夫歌詩，想從詩辭裏看出諸侯對晉的心理。齊國已知道晉國要對付他，所以齊大夫高厚在歌詩中便表示出叛晉的意思。晉臣荀偃怒道："諸侯有異心了！"就命諸大夫與高厚結盟；高厚不肯，乘機逃回。於是諸侯的大夫同盟，盟辭道："大家協力共討不服的國家！"

那時許國因逼近鄭和楚，不得安寧，請求晉國替他遷都。諸侯遷許，許大夫不肯。晉人大怒，預備動兵討許。鄭國聽見討許的消息，特別高興，鄭伯親自領兵從諸侯的大夫攻打許國。晉兵順道伐楚，與楚兵在湛阪(約在今河南葉縣)地方開戰；楚兵大敗，晉兵進侵方城之外，再伐了許國回去。

溴梁會後，齊侯兩次起兵伐魯北鄙，圍困成邑。魯國派人報告晉國，晉人答應幫忙。齊侯又分兵兩路伐魯，圍困桃邑和防邑。邾人也起兵做齊國的援應，伐魯南鄙。次年（魯襄公十八年），齊兵再來伐魯，晉國就邀合了魯、宋、衛、鄭、曹、莒、邾、滕、薛、杞、小邾等國的兵伐齊，在濟水會師。齊侯也起兵在平陰（在今山東平陰縣）地方抵抗，在平陰南面的防門外築了深溝，預備固守。諸侯的兵進攻防門，齊人死得很多。晉人又命司馬在各處險隘散布了旌旗，令各乘兵車只坐一位車左，車右用衣服假作人形，把軍隊分配開，表示人多。車前載旆以表示戰意，車後拖柴起塵以表示車多，用虛勢去恫嚇齊人。齊侯果然大怕，乘夜逃走。諸侯的兵攻入平陰，追擊齊軍，俘獲齊將殖綽郭最。魯和衛引導晉兵打破京茲（亦在今平陰縣）和邿邑（亦在平陰縣），圍困盧邑（在今山東長清縣），進攻齊都，燒了齊都的雍門和四郭，圍城甚急。齊侯將遷都避難，太子再三勸諫，方才止住。諸侯的兵東侵到濰水，南侵到沂水；班師回去，在督揚結盟。盟辭道："大國不要侵略小國！"晉人又拘了邾君，奪了邾國漷水以北的田送給魯國，以懲戒邾人幫齊侵魯的罪。不久，衛、晉兩國又連次伐齊。齊靈公去世，齊國內亂，只得與晉人講了和。

在諸侯伐齊時，楚國曾起兵伐鄭，原因是鄭執政子孔專權，想借楚國的兵力來除去異己的群大夫。他向楚國請求這事，楚令尹子庚不肯答應，楚王硬逼子庚帶兵前往。鄭臣子展、子西等知道子孔的陰謀，設下了守備。子孔不敢出來與楚兵相會。楚兵深入鄭境，圍攻鄭都，打到蟲牢（在今河南封丘縣），方才回去。這次戰事正在冬天，大雨下來，天氣非常寒冷，南人不服北方的水土，楚兵死得很多。隔了些時，鄭人討子孔的罪，把他殺了。

晉、齊結和以後，魯襄公二十年，晉國又邀合齊、魯、宋、衛、鄭、曹、莒、邾、滕、薛、杞、小邾等諸侯同盟於澶淵，這是悼公復霸以後晉國勢力發達的頂點。不久，內亂就發生了：原來這時晉臣欒黶已死，子欒盈嗣位，與范鞅同爲公族大夫，兩人情意不合。欒盈的家臣州賓也向外通氣，報告執政范匄，說欒盈將要作亂，作亂的目標就是打倒范氏。范鞅也爲州賓作證。欒盈這人喜歡布施，很得人心，范匄正怕他的勢力太大，壓滅了自己，不由得信了州賓們的說話，設法把欒盈趕走，欒盈就奔到楚國去了。范匄拘殺了他的黨徒多人，又邀合諸侯會於商任，宣布各國不准容納欒氏。但那時欒氏的黨知起、中行喜、州綽、邢蒯等都奔在齊國，所以不久欒盈也就從楚到齊（這大約是楚國派他聯結齊國抗晉的，他的作用與晉派巫臣聯吳正同）。晉國又召諸侯會於沙隨，重申禁令，然而欒盈仍安住在齊國，齊國絲毫不理這類具文。

這時楚國也發生了一次內變：令尹子南專權，寵待親信，楚王把他殺死，改派蒍子馮爲令尹。蒍子馮也很寵待親信，仍是招得楚王不安。後來子馮聽了大夫申叔預的話，辭去門客，方才得安於位。晉、楚同是內變，所不同的，只是晉的內變發生自下，楚的內變發生自上：內變發生自下，證明了政權已經下移；內變發生自上，證明了政權仍在君主；這政權在下和在上，就是晉、楚強弱的關鍵。

晉侯與吳通姻，嫁女給吳國，齊侯向晉國贈送媵妾，乘機暗用篷車載了欒盈和他的部下，把他們送入欒氏的私邑曲沃，想借了他們去擾亂晉國。曲沃人很擁戴欒盈，欒盈就帶了曲沃的軍隊結合晉大夫魏舒爲內應，在白天攻入絳都（即晉新都新田）。那時趙、韓、中行、知諸大族都與范氏相好，從欒氏的只有魏氏等少數人家。晉侯嬖臣樂王鮒教范匄設計奉了晉君到固宮（襄公的廟）去，范鞅刼了魏舒也到固宮，由范匄安慰魏舒，答應他平了欒氏之後，就把曲沃給他做私邑。欒氏進攻公宮，范匄派力士斐豹擊殺欒氏的勇臣督戎。欒軍敗退，范軍乘勢追擊，斬了欒樂，殺傷欒魴；欒盈逃奔曲沃，晉兵把他困住。

晉國內部發生大變，齊侯高興極了，他乘機起來伐衛，順道伐晉報仇。大臣晏平仲、崔杼等諫勸不聽。齊軍奪取朝歌（在今河南淇縣），分兵爲兩隊，攻入孟門隘（約在今河南輝縣），直登太行山，進駐熒庭（在今山西翼城縣），又派兵據守郫邵（在今河南濟源縣），在少水上封埋了晉兵的屍首，作爲"京觀"，然後回去。晉將趙勝帶領東陽（地在太行山東）的駐軍追趕，斬獲齊將晏氂。齊侯回去，不進國門，就帶兵攻襲莒都；被莒人射傷腿股，勇將杞梁、華周戰死。莒國怕齊報仇，與齊講和，齊侯方才回國。

晉兵攻破曲沃，殺死欒盈，盡除欒氏的族黨，欒魴奔宋。范氏滅了欒氏以後，自以爲功高望重，就驕傲起來。那時魯國派大臣叔孫豹去聘問晉國，范匄向他問道："古人有句話道，'死而不朽'，這該怎樣講呢？"叔孫豹還未對答，范匄又道："我的祖宗世世都很貴盛，直到現在我們范家仍執掌了晉國的大權，'死而不朽'這句話，就是這樣講罷！"叔孫豹答道："這只是世禄，談不到不朽；像敝國的先大夫臧文仲死了之後，他的說話仍被人所尊重，這才是真不朽呢！"於是范匄的自誇門第，結果只討了一場没趣。

晉國在范匄執政時，規定諸侯的貢獻品很重，鄭人受不下去，魯襄公二十四年二月，鄭伯朝晉，鄭國有名的大夫子產寫了一封信，託人轉給范匄道："你做了晉國的執政，四鄰諸侯聽不見你有什麼德政，只聽見叫我們加重貢獻，鄙人很是疑惑。你這樣幹下去，恐怕諸侯都要離叛了！"范匄被他說怕了，方才減輕了諸侯的貢獻。

這時楚國正在經營吳國，楚王作了水軍伐吳，因軍政不整，無功而回。齊侯因爲曹伐晉國，害怕晉國的報復，又想與楚聯結，兩國互派使臣來往；齊國向楚乞兵抗晉。晉侯邀合諸侯會於夷儀，預備討齊；只因起了水災，暫時作罷。

楚王也邀合了陳、蔡、許諸國伐鄭以救齊。諸侯回兵救鄭，楚兵遁回。吳人因楚前次來伐，就聯結群舒中的舒鳩國（在今安徽舒城縣），教他叛楚。楚國起兵責問舒鳩，舒鳩人滿不在意地回答說：“並沒有這件事。”

　　齊國非常怕晉，又向王朝獻媚，替周室修築都城，想借周天子的威靈來抵抗晉國。同時因魯國前次救晉侵齊，就興師伐魯。晉國再合諸侯於夷儀，即時起兵討齊；恰巧齊國又發生內變，大臣崔杼弒了齊侯，拿他向晉國解說，又向晉國上上下下都納了厚賂，晉侯答應齊國講和，頒告諸侯，同盟於重丘。

　　舒鳩人終究叛楚，楚王就起兵討伐。吳人來救，兩軍開戰，吳兵大敗，楚兵就把舒鳩滅掉。後來吳王又起兵伐楚，圍攻巢邑（在今安徽巢縣，即巢國地），楚人用了誘敵計，竟把吳王射死。在楚、吳交爭史上，這次戰事是楚國的大勝利。這時楚勢似稍強盛，但同時鄭兵兩次伐陳，攻入陳都，向晉獻捷，陳是楚的與國，楚兵竟不能救，可見楚人對北方已不如從前的積極經營了。

　　在這時，晉、衛間又起了交涉。先是，衛臣孫林父、甯殖趕走了國君獻公，擁立殤公剽爲君。甯殖去世，遺命兒子甯喜設法迎接舊君復國。獻公也派人許了甯喜的好處。甯喜起兵攻掉孫氏，殺死殤公，迎獻公復位。孫林父據了私邑戚（在今河北濮陽縣）降晉。衛兵攻戚，孫林父向晉報告，晉人派兵替他駐守。衛兵殺死晉戍兵三百人，孫氏出兵追擊，竟把衛軍打敗，仍派人向晉報告。晉國邀合魯、宋、鄭、曹四國會於澶淵，討罰衛國的罪，割取衛國西鄙的地送給孫氏。那時衛侯也來赴會，晉人拘了甯喜。衛侯又親自到晉國去訴冤，晉人也把他拘下了。齊、鄭兩國的君朝晉，代衛侯討饒，衛國又送了女兒給晉侯，晉侯才放衛侯回國。這次事情晉國助臣抑君，又受了女色的賄賂而罷手，可謂倒行逆施，但是推溯它原因只爲了孫林父與晉大夫交好。

　　楚、秦合兵侵吳，打到雩婁（在今安徽霍丘縣），聽見吳國已設守備，回兵順便侵鄭，攻打城麇，俘獲守將皇頡和印堇父，把印堇父歸給秦國。這時楚、秦和協，竭力對付晉、吳的聯結。不久，許國因受不了鄭國的侵略，許靈公朝楚請兵伐鄭，死在楚國。楚王又邀合陳、蔡的兵伐鄭。鄭人將起兵抵禦，子產説："晉、楚就要講和，楚王不過想乘未和之前儘量地幹一下罷了，不如使他逞意而回，和平反容易成就些。"楚兵打破南里，進攻鄭都，渡過氾水就回去了。

先是，齊臣烏餘據了廩丘（在今山東范縣）奔晉，順道又奪取了衛、魯、宋的邊邑送給晉國。那時范匄去世，無人處理這件事。等到趙武繼位執政，纔拘了烏餘，把侵地還給各國，以向諸侯表示好意。

那時，晉、楚間早又起了和平運動，兩國派使往來。宋國執政向戌看準了時機，想鈔華元的老文章，一手造成和平局面，借此以求得大名譽。他也與當時晉、楚兩國的當局交好，便向兩國請求弭兵結好，兩國都答應了，齊、秦與諸小國也都贊成和議。諸侯在宋地開弭兵大會，從晉、楚、齊諸大國以下都來預會。楚令尹子木叫向戌轉向晉國請求晉、楚兩國的從國互相朝見。趙武説："晉、楚、齊、秦是匹敵的國家，晉國不能隨意使喚齊國正和楚國不能使喚秦國一樣；楚君若能叫秦君到敝國來，我們也當竭力請齊君到楚國去。"令尹子木得到回報，轉報楚王。楚王道："只舍去齊、秦兩國，其他各國請合在一起，共屬晉、楚。"兩國先照這個提議結了盟誓。諸國的代表都到了會，將要在宋國西門外結大盟，可是楚人在禮服裏穿了戰甲，預備威脅晉人，晉人果然害怕起來。結盟時，晉、楚兩國的代表互爭先歃血。晉人道："晉國本是諸侯的盟主，没有一國能占晉國的先的！"楚人道："你們自己説晉、楚是匹敵的國家，若常給你們占先，那就表示出楚國的懦弱了。況且晉、楚互主諸侯的盟已久，豈能説盟主的地位專在晉國！"晉臣叔向怕事，力勸趙武退讓，竟給楚人占了先去。宋公宴享晉、楚的大夫，又與諸侯大夫盟於蒙門之外。大會結成以後，晉、楚又互派使臣到對方去涖盟。國際和平運動總算暫時告成了。

這次和平盟約訂立於魯襄公二十七年，是春秋中期史的一個大結束。自此以後，晉、楚的爭霸纔暫告一段落。在這次盟約中，吃虧的卻是晉國，結盟時讓楚占了先去固不必談，就是“晉、楚之從交相見”一個條件，也是晉國的大失着：我們知道晉、楚以外，盟宋的八國（魯、宋、衛、鄭、陳、蔡、許、曹）中，只有陳、蔡、許三小國是從楚的；餘外，魯、宋、衛、鄭諸中等國家都是晉屬；宋屬了楚，滕、薛等國也都跟了去，再添上曹國，晉國要吃一大半的虧。晉國甘心這樣大犧牲來換得和平，自然是因爲內部的隱患將要爆發；但楚國既得從此專心對付吳人，又得中原諸侯都來朝貢的利益，真是太占便宜，所以此後他們也就不想再對晉國生事了。

第十六章　中原和平
時期中各國內政的變遷

從魯襄公二十七年，晉、楚再盟於宋之後，一直到定公四年，晉爲召陵之會侵楚爲止，約有四十年的時間，中原總算走入了和平階段。在這中原和平的時期中，中原方面的國際大事無甚可記，只是各國的內政頗有改革變遷，而社會組織和思想學術也較前大有動展，應該特別敘述一下。關於社會組織和學術思想我們放在下章去講，現在先敘述各國內政的變遷。

（一）晉國　晉國本是個貴族專政的國家。自從獻公盡滅桓、莊之族，其後驪姬之亂，又立誓不叫群公子住在國裏，從此晉國沒有了公族，一切政權漸漸都歸異支和異姓的貴族去支配。後來又把卿族代爲公族，諸卿憑藉了假宗室的勢力，把私邑作爲爭政的根據，互相兼併；兼併愈甚，政權和土地也愈集中。到了春秋晚期，大族只剩了韓、魏、趙、范、知、中行六家，就是所謂六卿。他們擁有了盛大的政權和豐廣的領土，漸漸把國君不瞧在眼裏。那時晉國國内，公室因墮落的緣故，拚命向奢侈方面走：國君們是"宮室滋侈"，"女富溢尤"；諸大族因要各自造成特殊的勢力，也是"多貪"。國君和大族兩方面的交迫，弄得人民們"道殣相望"，"怨讟並作"，於是造成了"寇盜公行"的結果。他們只得模倣了鄭國的辦法，把規定的刑法刻在鐵鼎上，用來鎮壓姦民；成文法從此公布。這與鄭國的鑄刑書都是春秋史上最重要的事蹟，應該大書特書的。

（二）齊國　齊國同晉國的國情相似，也是個貴族專政的國家。晉國强族多，所以互相兼併的結果，分裂成幾個集國；齊國的强族較少，所以兼併的結果，政權歸到新興的最强的世族陳氏（陳亡臣公子完之後）手裏。先是，齊國世卿高、國二氏衰微後，執政的大族有崔、慶二氏，弒君專權，很是强橫。後來慶氏乘崔氏内亂，吞併了崔氏；慶氏獨自當國，又被自己部下盧蒲癸聯合諸貴族把他們攻掉。新興的强族陳氏就乘機起來厚施於民，取得了人民的信仰；又聯合鮑氏除滅欒、高二大族（都是惠公之後）。他又向其他的諸公族討好，得到高唐的賞邑，於是勢力大强，政權漸被他所統一，就立定了代齊的根基了。

（三）魯國　魯國因"秉周禮"的緣故，由公族執大掌政。魯公族中以季、孟、叔三家爲最强，他們都是桓公之後，所以稱做"三桓"。季氏尤世秉國政，强於二家。他們也模倣齊、晉貴族的榜樣，把公田漸漸收爲私有。當魯文公去世，大夫東門遂殺嫡立庶，魯君從此失了國政。魯宣公十五年，初立稅畝的制度，大致是想加重人民的貢賦（古代田有公私之別：人民耕種私田，用以自養；大家再合力來耕公田，用以奉公。公家但取公田的出產，無所謂稅。這次初定稅制，便是叫人民在耕種公田之外再納私田

的賦稅，這是加倍侵略人民的經濟）。這無疑地由於三家的擴充
自己勢力。到襄公十一年，魯作三軍，三家三分公室，各佔其
一：季氏盡取了一軍的實力和賦稅；孟氏也使一軍的子弟一半屬
於自己（就是取了一軍的四分之一的所有權）；叔氏則使一軍的子
弟盡屬於自己（就是取了一軍的一半的所有權）。但孟、叔兩家都
還把所屬軍隊的父兄所有權歸給公家，總算比季氏客氣些。從此
以後，三家的勢力格外強盛。到襄公二十九年，襄公朝楚，季氏
乘機又取了卞地作爲私邑，襄公嚇得幾乎不敢回國。襄公去世，
子昭公即位，三家更乘機起來廢了舊作的三軍，仍復爲二軍，把
它分成四股：季氏獨揀取了兩股，叔、孟二氏各取了一股，大家
把公家的軍賦搶個乾淨。魯國人民只向三家納稅，再由三家轉向
公家進貢。這樣一來，魯國在實際上已分成三國，魯君不過保存
了一個宗主的虛名和一部分的民賦而已（關於各國的賦稅制度，
其詳當在本講義乙編裏叙述）。到昭公二十五年，昭公因受不下
季氏的凌逼，起兵攻襲季氏。季氏得到叔、孟兩家的援助，竟把
昭公趕逐出國都去，終身不能回來。大夫專橫到這步田地，也就
無以復加了。

（四）鄭國　鄭國因近於周室，保守周制，也是個公族執政的
國家。當春秋晚期，鄭國因連受晉、楚兩國軍事和經濟上的壓
迫，弄得民窮財盡，盜賊蠭起，甚至戕殺執政，威劫國君，所以
鄭國的內政比較他國格外難治。幸而"時勢造英雄"，出來了一位
很能幹的政治家叫做子產，由他來勉強維持危局。子產也是公族
出身，是司馬子國的兒子；子國殉了國難，他嗣位爲大夫。因爲
他特別能幹，被執政子皮看中了，把大權交給了他，委託他治理
艱難的國政。他細心觀察當時的國勢，主張以猛治民，嚴禁寇
盜。他先後定出了三種重要的制度：第一是分畫都鄙，制定田地
的疆界，開濬溝洫，設立五家爲伍的保甲制度；第二是創立丘賦
的制度（一百四十四家爲一丘，每丘出稅若干，大約是在公田以

外另徵賦稅，與魯國的改制相同），以增加國稅；第三是鑄造刑書。這第一點可以説是整理鄉制，開發農村；第二點可以説是統制經濟，充實國富；第三點是成文法的公布。這三點都是針對當時鄭國情勢而建立的，是一種近於後世法家的政治計劃。這種政策在封建社會崩潰的時候，自然比較容易成功。所以當他掌政的第一年，人民都痛罵他道："拿我們的衣冠没收了（這是禁奢侈）！拿我們的田地分割了（這是禁兼併）！誰去殺子產，我們一定願意幫他忙。"過了三年，大家又歌頌他道："我們有子弟，子產替我們教訓了（這是振興教育）。我們有田地，子產替我們開發了（這是開發農村）。如果一天他死了，有誰來繼續他的工作呢？"後來子產死時，全國人民又都痛哭他道："子產死了，還有誰來撫恤我們呢？"推原一般人民所以先前罵子產的緣故，是因爲子產破壞了封建制度所造成的惡因而使人民感到了一種暫時的痛苦；後來人民所以又歌頌和痛哭子產的緣故，是因爲他建立了開明的新制度而使人民得到了相當的利益。這一罵，一歌，一哭，就把當時鄭國社會改革的經過表示出來了。

　　以上叙述晉、齊、魯、鄭四國在中原和平時期中内政的變遷。其他中原的國家如宋、衛，西方的國家如秦，他們的内政變遷，因史料的缺乏，已不可確知了。至於楚國在這時期中的大事，外事比内事多而重要，我們將放在第十八和十九兩章裏去叙述。就上四國的内政變遷看來，最重要的是貴族政治的集中和成文法的公布，——這兩點都是與後來的歷史有重大的關係的。

　　當鄭人公布刑書的時候（魯昭公六年），晉大夫叔向曾寄一封信給鄭執政子產道："從前我很佩服你，現在失望了！刑書這東西是不能公布的，因爲如果叫百姓知道了有一定的法律，他們就不怕官吏了。大家都用法律來做抵擋官吏的工具，人民還可管嗎？"子產回他信道："你的話固然不錯，但是我爲的救世呵！"過了二十四年，到魯昭公的二十九年，叔向的祖國——晉國——也鑄造起刑鼎來，把前執政范宣子所作的刑書刻在上面，宣布國中。當時的聖人魯國孔丘也給他批評道："晉國失了法度，快要亡了！百姓們應該尊重貴族，貴族們應該守住產業，貴賤不差，這纔是法度。現在鑄了刑鼎，使百姓的眼光都集中在鼎上所鑄的法律，還用什麼來尊重貴族呢？貴族們還有什麼世業可守呢？貴賤失了次序，又用什麼來治國呢？"當時人看成文法的公布竟是這樣不合理的事情。這只爲古代的法律是藏在貴族們的匣子裏的，貴族可以自由定人民的罪，借此壓服人民。如果把法律公布了，人民只要根據了一定的條文就可以抵抗貴族，這樣貴族就失去了固有的權威。叔向和孔子都是代表貴族階級説話的人，所以他們都反對公布法律。只有鄭國的子產是個比較開明的政治家，他知道當時的情勢已不容過度的高壓政策的存在，人民已不比古代那樣容易愚弄了，所以迫不得已把法律公布，用法治來代替一部分的人治。這是他眼光遠大的地方，也是他見識高過叔向孔子一輩人的證據！

第十七章　社會組織
的變動與學者階級的出現

　　在春秋末年中原和平時期中，最值得紀念的是學術思想的發皇。中國學術史上第一位大聖人——孔子——就在那時產生。我們要明白孔子思想的由來與其在歷史上的地位，須先明白孔子以前及其同時的社會組織。

　　周代以前的社會，我們只有一些零碎的材料，根據了這些材料是不容易立起一個完整的系統來的。現在我們姑且從周代的社會説起——這是貨真價實的封建社會。

　　周代封建社會的組織大致是這樣的：天子居全國的最高級，諸侯爲第二級，卿大夫爲第三級，士爲第四級，庶民爲第五級，一層層地統治着。天子把土地分封給諸侯，諸侯又把土地分封給卿大夫士，卿大夫士又把土地分封給子弟們。庶民則大部分是附屬於土地的農奴，他們替貴族耕種土地，繳納一定數目的貢賦，而他們自己的生活是很貧苦的。

　　庶民以外的人還有工商，是附屬於官府的。庶民工商以下，又有奴隸，奴隸是貴族和公家的私產，替貴族和公家服勞苦的職務的。貴族可以自由處置奴隸的死生，和處置牛馬器物一般。奴隸的來源大半是征伐所得的俘虜，一部分是罪犯，他們的頭銜是世襲罔替的；據説奴隸中還分有好幾層等級，詳細的情形我們已不能知道了。士以上是貴族階級，在封建時代貴族階級就是有產階級，也就是有權階級和智識階級；政治、經濟、智識，是三位一體地屬於貴族階級的。

　　與封建制度連繫而不可分析的是宗法制度。宗法制度之產生是由於嫡庶之制。周代以前是没有嫡庶制的，一個國君生下的兒子都是未來的儲貳；因爲這樣，所以没有嚴密的封建制度。周代開始建立嫡庶制，從嫡庶制上定出宗法制來。宗法制度大致是這樣：天子以嫡子嗣位，奉始祖爲“大宗”；其庶子封爲諸侯，爲“小宗”。諸侯在國內以嫡子嗣位，奉始祖爲“大宗”；其庶子封爲卿大夫，爲“小宗”。卿大夫在邑內以嫡子嗣位，奉始祖爲“大宗”；其庶子各有食地，爲“小宗”。這也是一層層地統治的。凡大宗必是始祖的嫡裔，而小宗則或宗其高祖，或宗其曾祖，或宗其祖和父，而對大宗則皆爲庶。這種制度，推其極可以合天子諸侯卿大夫士爲一家，其組織之細密可以想見。

　　封建制度就是照宗法制度支配的。宗法所給予的是身份，封建所給予的是土地。身份土地都是屬於貴族階級，所以宗法制和封建制也都推到士爲止，庶民以下似乎不在這種制度範圍以內。

　　從封建制和宗法制推衍出來的，是世官制度。世官制度，就是卿大夫世世由嫡子繼位，凡是貴族階級都有世世做官的權利。

　　封建制和宗法制、世官制，三本一源，綜合起來，可用"封建社會的制度"一名去包括它們。這秩然有序的封建社會，從周初起到西周末年止，維持了幾百年。到周厲王時，才開始發生動搖。

　　耶穌紀元前八百四十二年，西周的首都起了革命，人民們起來把暴虐的天子——厲王——趕出了都城，這是市民革命的開始，表示平民勢力已有相當的發展了。從此以後，便有家奴的兒子做着百官，船夫的兒子穿着熊羆的裘子的情形。因爲這樣，就把代表封建勢力的西周帝國送上了末路。

　　周室東遷以後，王室勢力已倒，封建社會的第一層已經破毀，於是"禮樂征伐自諸侯出"了。到了春秋中年，工商業日漸發展，小農社會的規模一天天崩壞，平民的勢力急劇抬頭，國君大夫們往往因爲不如民衆的意願而被殺死或趕掉。據記載，在那時背着戈與殳的候人（做衛士的下層階級）已有同時三百個穿着赤韍（赤韍是貴族官吏的衣服）的了，商人也有能救國的了，車夫的話也有時被國君和大夫們採用的了，工人也有升爲官吏的了。在這種情勢之下，許多聰明的卿大夫已認識民衆的重要，竭力施恩於他們，收爲己助，以擴張本族的勢力，去削弱公室。從此國君的大權又漸漸落到卿大夫的手裏，於是又造成"禮樂征伐自大夫出"的局面了。

　　在宗法制度和封建制度之下，倫理的觀念：在内心方面，最重要的是忠孝和慈愛；在外表方面，最重要的是禮儀。政治方法，最重要的是親親尊尊，正名分禮制以維持社會。但是當封建組織極嚴密的時候，貴族間已難免有衝突，到了封建制發生動搖的時候，弑父弑君，親族互相殘害，便成了家常的事了。

　　整個的春秋時期所表現的政治與社會：在政治方面，是禮制的崩潰和政權的下移；在社會方面，是土地的集中和經濟的演進。因爲這樣，思想學術也頗有變動的現象。到了春秋末年，封建社會表示出總崩潰的形勢，影響到整個的思想界。但是一方面舊制度雖破壞，而新制度還未成立，這個時期，正是由封建社會進化到統一國家的過渡時代，孔子便是這過渡時代的代表人物。

孔子是魯國昌平鄉陬邑人，生於魯襄公二十一年，名丘，字仲尼。他是宋國宗室孔父嘉的後裔；孔父嘉殉華督之難（事見本講義第三章），子孫避禍奔魯。數傳之後，到了陬叔紇，是魯國一位著名的勇士，他也曾做到相當的官職。孔子早年喪父，因爲家中很是貧窮，曾做過管賬和管畜牧的小官。他生性很好學，在早年已有“知禮”的名聲。壯年曾游過齊國，頗受齊人的敬重。回魯以後，聲望愈高，從他求學的人也很多。隔了幾時，他做了魯國的中都宰，治理人民頗著成績；不久升任爲司空，又被任爲司寇。在司寇的任裏，他曾輔相魯定公與齊侯在夾谷地方相會，很替魯國爭回些面子。他因爲有才幹，被執政季氏所信任，他便想乘此機會帮着魯君收回政權；不幸三桓的家臣反抗這個運動，他失敗了，只得離開了魯國。從此他周游衛、宋、鄭、陳、蔡、楚諸國，始終不曾得志。到他又回到魯國時，年已衰老，他也不想做官了，就專心從事於學術事業，弟子愈來愈多，聲望也越發的增高，常爲國君、執政、大夫等所諮詢。他用詩書禮樂教導學生，弟子中有成就的頗不少。他死在魯哀公十六年，享壽七十四歲。在他去世的時候，魯國國君哀公曾親自製首誄辭追悼他道：“上天太不帮助我們，不肯留一個老成人給我做輔佐，叫人心裏何等難受！”可見那時他已成了魯國最有榮譽的國老了。

孔子的時代，是個封建制度總崩潰的時代：那時中原各國不但政權落到大夫手裏，而且大夫的家臣也有很多看了大夫的榜樣，起來代行大夫的職權的。孔子的祖國——魯國——表現這種趨勢最是明顯。季、孟、叔三家的家臣都曾專政和據邑作亂。當魯昭公伐季氏的時候，事情已經快要成功，只因叔孫氏的家臣竭力主張援助季氏，結果竟把昭公趕出國去。後來季氏的家臣陽虎格外來得專橫，甚至拘囚家主，放殺異己，威劫國君，私據要邑，把持國政；結果終至作亂，偷盜了國寶，據邑叛變。又當孔子得勢的時候，曾想毀壞三家的大邑，借此鞏固公室，但終因家臣起來據邑反抗，竟使這強公室的運動完全失敗。當時家臣跋扈的情形於此可見。同時王室大亂，天子蒙塵，而三家分晉，田氏代齊的局面也已成立。這個時代，真是所謂"冠履倒置"的時代了！

　　孔子的學說，便是針對這時代而產生的。他在倫理方面，主張忠信，孝友，禮義，以維持封建社會的道德；在政治方面，主張正名，禮治，主張從上化下，以維持封建社會的秩序。嚴格說起來，他的學說是倫理與政治合一的。這實在是代表了封建社會的結晶，所以他自己也以祖述文王、周公爲志願，而"述而不作，信而好古"兩句話，便是他自己所下的最好評語。

　　他對于宗教的觀念也是很守舊的：他同商、周人一樣迷信着上天，迷信着命運。他以爲生死窮達都有預定的命運的，所以自稱"上天已經把德付託在我的身上，別人能把我怎樣！"在這裏，他很像是一位教主。但他究竟是個比較開明時代的人物，又是一個人本主義者，所以他對於神怪和命運等是很少談到的。他又曾主張"敬鬼神而遠之"，他又自己承認不知道死生和鬼神的事。這是比較開明的態度！然而這種態度，春秋時的開明人物已有比他更進步的了。

　　那末孔子的學說就一無貢獻嗎？這也不然。他曾經把古代的思想綜合成一個系統，開始對於古代的制度，給予一種理論的根據。他用"仁"的一個名詞把倫理觀念綜合起來。仁就是同情的意思，同情心是一切道德的根本，這確是他的大發現。有一次，他突然呼喚他的學生曾參道："參呀！我的道是整個的，貫通的啊！”曾參漫不經意地答道：“對呀！”曾參的學生轉問曾參道：“剛在老先生的話究竟是什麼意思？”曾參道：“我們先生的道只是忠恕兩個字啊！”“忠”就是把心放在當中，誠實待人的意思；“恕”就是待人如待自己的意思。“忠”“恕”合起來就是所謂“仁”，孔子是以“仁”的道理貫通一切的。同時他又提出“仁、智、勇”三德合一的人格觀念，他主張以健全的智識，不怕的勇氣去推行那同情心的道德，這才算是完人。他更提出了一個“中庸”的名詞來，“中”就是無過無不及的意思，“庸”就是平常的意思。他是反對立異鳴高的行爲的。這種“中庸”的觀念影響了二千年的人心。

孔子對於政治事業是失敗的，但他在教育上的建樹則又收到意外的大成功。他實在只是個教育家。他對於治學和教育的態度，是“爲之不厭（學），誨人不倦（教）”，“毋意（不臆測），毋必（不武斷），毋固（不固執），毋我（不持己見）”。他在當時有“多能”和“聖者”之稱，一般人都期望着上天把他當作木鐸去警醒世人。他首先對於揷人性加以研究，他以爲人性本來是相近的，只因環境的不同而分歧了（只有上智和下愚的人是不爲環境所改變的）。他有了這種觀念，所以主張“有教無類”（這句話的意思，就是説人人都可用教育薰陶成好人的）。他的教育的方法，則是因人施教和啟發主義。他教人治學要思想學習並重，由卑淺而入高深；先要博學多識，然後加以貫通。他的教育法能使人“欲罷不能”，他教育天才之高於此可見了。

自從孔子開門授徒，他的學生從貴族到平民那一類的人都有。這般人學習成功，分播到四方，有的人仍守他的本業，但大部分的人另聚成一種階級——這個階級就是所謂“士”。這個“士”和以前“大夫士”的“士”是不同了，以前的是貴族中某一階級的名詞，現在變成學者的代稱了。這“士”的階級可以説是孔子一手造成的。自從有了這個階級，於是古代的農、工、商三行以外，又新添了一種“不耕而食，不織而衣”的士的行業。這士的行業的出路只有兩條：一條是做官，一條是講學。他們"上說王公大人"，以取高官厚祿；"次說匹夫徒步之士"，以博高名厚譽。他們全盛的時代，最大的學者，竟是"後車數十乘，從者數百人，以傳食於諸侯"，氣概凌壓王公，不要說小民了。戰國以後，封建制度完全倒塌（士階級的成立和發達也是促進封建制完全倒塌的一個大原因），官的行業差不多整個的落在這個階級的手裏。他們支配着整個的政治界，同時又支配着整個的思想界，在社會上他們的潛勢力之大真是無與倫比。這樣重要的一個階級，就是在春秋末年中原和平而封建制度趨於總崩潰的時勢中產生出來的！

第十八章　北方政局的終結

　　春秋晚期的北方政局：國際形勢方面，是晉失諸侯，吳力北展；列國內政方面，是世卿專橫，互相兼併；結果完成了三家分晉和田氏代齊的局面。

　　且說盟宋以後，中原各國共屬晉、楚，朝聘往來，一變往日的惡氣為景氣。吳國也派有名的大夫公子季札歷聘上國，中原的文化從此漸漸開化了東南方的蠻區。

　　魯昭公元年，晉、楚再邀諸侯會於虢地，重修宋盟之好。在結盟的時候，楚令尹子圍向晉人請求誦讀舊盟書，不必重排新次序，晉人答應了，於是仍讓楚國做了老大哥。就在這時，魯執政季武子帶兵伐莒，奪取鄆邑，莒人向國聯大會報告。楚人徵求晉人同意，想把魯使叔孫豹殺了以示懲戒，晉人竭力替魯國求情，楚人方才答應赦免魯使。在這裏可以看出楚人的強橫和晉人的卑屈。

　　楚令尹子圍回國，乘楚王有病，弒王自立，是為靈王。楚靈王的驕侈是有名的，諸侯都害怕他。他即位的第四年（魯昭公四年）上，便派使向晉國要求諸侯來朝，晉人也畏懼他，不敢不答應。楚人又請與晉結親，晉侯也答應了。這時若不是吳國在南方牽制楚人，楚莊王的把戲又將重現於中原了。

那時晉君因爲失了政權，憤恨諸大夫到了極點：强卿荀盈去世，晉平公只顧喝酒作樂，裝着不知道。他又想廢去知（荀）氏，立親信爲大夫，但終究敵不過世卿的勢力，只得命荀盈的兒子荀躒繼位爲卿，蓋過了嫌隙。

魯昭公十一年，楚人誘殺蔡君，起兵圍蔡。晉合諸侯於厥慭，圖謀救蔡，可是到底不敢與楚人開釁，只派了使臣向楚國請求罷兵。楚人哪肯答應，立即把蔡國滅掉，晉人也不敢對楚怎樣。

這時不但楚國對晉無禮，就是齊國也輕視起晉來。當晉平公去世，子昭公嗣位，諸侯往晉朝見新君。晉侯宴享齊侯，行投壺的禮節。晉侯先投，晉臣荀吳贊禮，說道：“有酒像淮水一般多，有肉像小山一般高，我們寡君投中了這壺，做諸侯的領袖！”晉侯一箭投去，中了。挨到齊侯，他舉起箭來，也自己贊着說道：“有酒像澠水一般多，有肉像土山一般高，寡人投中了這壺，代替晉君做盟主！”一箭投去，也中了。晉人當下大不高興。齊臣公孫傁一看情形不好，急忙前進，解說道：“天氣晚了，兩君也都勞苦了，我們可以出去了！”說罷，就奉齊侯辭出，晉人也不敢把齊侯怎樣。

晉國的實際力量已衰，但表面上卻還要裝些威勢出來以維持他的盟主地位。魯昭公十三年，晉人盡起國内的軍隊四千乘，邀合諸侯會於平丘，想重修舊盟。齊人不肯修盟，晉人用了威勢和辭令勉强把他偪服。一面再大閱軍隊，表示要開戰的意思，諸侯不由的都怕起來，願聽晉國的命。諸侯在平丘修盟，晉人重頒諸侯貢賦的數目。鄭執政子產力爭減低鄭國的貢賦，他從中午和晉人爭持起直到天晚不肯歇手，晉人不得已，勉强答應了他。盟後，鄭大夫子大叔責備子產過於激烈，恐怕諸侯來討。子產道："晉國的政權不統一，内部正在鬧着，哪有功夫來討我們！"可見晉國的紙老虎已被子產戳穿了。

但晉國在這時也有兩件差强人意的事：第一件是翦除戎、狄的餘種。自從赤狄和長狄衰亡，狄的餘族僅剩了一個白狄。白狄分爲鮮虞、肥、鼓三大部落，和山戎聯合，對晉和親。晉勢既衰，戎、狄又起，晉人創作步軍，先把群狄打敗，不久就起兵滅肥，又屢伐鮮虞，更滅了鼓，白狄之族從此只剩了一個鮮虞孤獨存在着。同時晉又發兵滅了陸渾之戎，擴地直到汝濱。所以春秋時"攘夷"之功確要推晉國爲最大。戎、狄的衰亡，就是中國民族和文化的擴大，晉實在是中國民族和文化的恩人啊！

晉國在這時的第二件大功是安定王室。原來周景王的太子壽早年夭折，景王先立了壽的母弟王子猛爲太子，後來又寵愛庶長子王子朝，想改立朝爲太子，大臣單氏和劉氏不贊成。景王想除去大臣，以達到改立太子的志願，未成而死。單、劉二氏擁子猛即位，是爲悼王。王子朝作亂，趕出了悼王，單、劉二氏向晉求救，晉人起兵把悼王送回王都，子朝又把他殺死。悼王的母弟王子匄即位，是爲敬王。王子朝更把敬王趕掉，自立爲王。晉人邀合諸侯會於黃父，令諸侯輸送粟米和衛隊給敬王。那時王子朝已把敬王趕得無路可走，晉人急忙再起兵勤王，趕走子朝，奉敬王復位，派兵替王室守禦。敬王怕子朝的餘黨擾亂，派使向晉國請求替他修築都城，晉人答應了，就徵集諸侯的人馬替周王修築好都城成周。後來子朝的餘黨又聯合鄭國擾亂王室，周王再度出奔，晉人又起兵送王回都，王室從此就安定了。

那時楚人連受吳人的侵擾，勢力也大衰微，而執政子常又非常橫暴，欺凌諸小國。諸小國受不了楚人的侵略，都背楚向晉；蔡侯並且親自朝晉，請兵伐楚。晉國邀合齊、魯、宋、衛、鄭、陳、蔡、許、曹、莒、邾、滕、薛、杞、頓、胡、小邾等十七國會於召陵，打算討楚。一面周室因王子朝逃在楚國，也命大臣劉文公來督領伐楚的軍隊。不料晉臣荀寅向蔡侯需索賄賂未得，怨恨蔡侯，便在執政范獻子的面前説道：“晉國方在風雨飄摇的局面中，諸侯正想離叛，在這樣情形之下，那裏能夠打勝楚人，不如辭去蔡侯了罷!”范獻子聽了他的話，就把伐楚的事作罷。此次晉國這樣大張旗鼓地討伐楚人的罪，結果仍弄得虎頭蛇尾完事，諸侯因此都看不起晉，晉於是乎開始失掉諸侯了。

　　齊國久鬱思動，乘着晉國失諸侯的當兒，想實踐代晉爲盟主的志願：魯定公七年，齊國先邀鄭國在鹽地結盟（這時鄭已叛晉），向衛徵會。衛大夫不願叛晉，齊人起兵侵衛，衛侯也與齊侯在沙地結了盟。這時衛、鄭已都叛晉從齊，只有魯人尚未肯即時加入齊黨，所以齊兵兩次伐魯，魯兵也兩次侵齊。晉人救魯，順道邀衛結盟，衛人仍不肯從晉，晉兵就侵鄭和衛，魯人也帮着晉攻衛。衛、鄭同盟於曲濮，合力抗晉。於是中原又重新走入戰爭的局勢之中。

　　齊、衛聯軍伐晉，晉人戰敗齊軍。魯人又與齊講和，齊人退還魯國汶陽的侵地，向魯討好，齊、魯也聯成了一氣。晉兵圍衛時，齊、衛、鄭三國會於安甫，圖謀對付。魯國也來與鄭通好，開始真正的叛晉。齊、衛兩國又會於鄟氏，派兵伐晉河内地方（在今河南汲縣）。這時東方四大國——齊、魯、衛、鄭——成爲一黨，奉齊爲主以抵抗晉國，晉國已在四面楚歌的形勢中了。

　　晉人在外既受了侵侮，内部又起大亂：先是，六卿想削弱公室，滅了公族祁氏和羊舌氏，把他們的田分爲十縣，各派自己的人去做縣大夫，於是六卿益强，公室愈卑。到了後來，六卿内部又起傾軋：當齊、衛聯軍伐晉河内的那年（魯定公十三年），趙鞅命守邯鄲的大夫趙午把衛國進貢來的五百家人民從邯鄲遷到他的私邑晉陽，邯鄲人不答應，趙鞅大怒，把趙午召來殺了。趙午的兒子趙稷等就據邯鄲叛變。趙午是荀寅的外甥，荀寅又是范吉射的親戚，於是范、中行（荀。中行與知是一族的兩支）兩家作亂，響應邯鄲，起兵伐趙氏，趙鞅逃奔晉陽。范氏和中行氏當了政權，嗾國人把晉陽圍住。

不料范氏的內部在這時候也起了分化：范氏族人范皋夷勾結知、韓、魏三家刼了晉侯，起兵攻伐范吉射和荀寅。范氏和中行氏也起兵反攻晉侯和三家。國人幫助公室，范氏和中行氏戰敗，逃奔朝歌。韓、魏兩家借了君命召回趙鞅，趙鞅自己也殺了知氏所忌惡的家臣董安于，以向知氏討好，於是知、趙、韓、魏四家聯成一氣，趙氏始安。

晉兵圍困朝歌、齊、魯、衛等國想利用晉國的內亂，乘機搗亂，他們結會，預備援救范、中行氏。范、中行氏也引動狄兵襲晉，不得勝利。宋國此時也加入了齊黨，共同反晉，晉人非常危急，趕快起兵先打敗了范、中行氏的兵，又把鄭國和范氏的聯軍打敗。同時齊黨之中也起分裂，原因是宋國入了齊黨，鄭宋是世仇，鄭兵伐宋，齊、衛便結會圖謀救宋。因齊黨內部的分裂，他們只得暫時鬆懈了對晉的壓迫。

那時邯鄲的趙氏尚未降晉，與朝歌的范、中行氏聯合。晉兵攻邯鄲，齊、衛聯軍去援救，圍困晉邑五鹿。不久，齊、魯、衛、鮮虞四國聯軍再伐晉，奪取棘蒲地方。

趙鞅帶兵伐朝歌。那時衛太子蒯聵因得罪於他的父親靈公，逃在晉國，衛靈公去世，衛人立蒯聵的兒子出公輒為君。趙鞅順便把蒯聵送入衛的戚邑，借以威脅衛國。這與齊、衛搗亂晉國的方略是如出一轍的。

齊人送糧餉給范氏，由鄭兵間接輸送。趙鞅帶兵攔路截刼，在鐵地（在今河北濮陽縣）開戰，鄭兵大敗，趙鞅把齊國送給范氏的一千車糧餉盡數搶下。

齊、衛聯軍圍困衛太子蒯聵所在的戚邑。趙鞅也加緊圍攻朝歌，荀寅等逃奔邯鄲。齊、衛聯軍救范氏，重圍五鹿。趙鞅又急攻邯鄲，邯鄲降晉，荀寅等逃奔鮮虞。齊兵伐晉，奪取八邑，會合鮮虞人把荀寅等送入晉邑柏人。晉兵轉攻柏人，荀寅和范吉射逃奔齊國。於是范、中行氏之亂才告了結束。

晉亂定後，趙鞅帶兵先伐衛，次伐鮮虞，討他們助范、中行氏亂晉的罪。宋人這時也叛齊向晉，齊人伐宋，宋人爲晉侵鄭，晉人自己也屢伐衛。等到鄭人服了晉，宋人又叛晉攻鄭了。這可見鄭、宋的世仇直到春秋的末年還沒有解除。

晉亂方定，齊亂又起：先是，齊世卿陳氏聯合鮑氏除滅公族欒氏和高氏，陳、鮑兩家分掉欒、高氏的室，陳桓子聽了有名的大夫晏嬰的話，把自己分得的欒、高氏的田盡數還給公家；一面又召回許多逃奔在外的公族，把祿田撥還他們；又分自己的私田去周濟那無祿的公子公孫。因此大得齊君的獎賞，賜給他莒的旁邑。他辭謝不受。齊君的母親穆孟姬替他轉請得高唐（在今山東禹城縣）的賞邑，陳氏開始大強。那時齊君厚斂於民，陳氏卻厚施於民，所以百姓更歸向陳氏。到了春秋末年，陳氏的潛勢力愈大。這時齊政尚在世卿高、國二氏的手裏，陳乞假意服事二氏，天天在他們面前報告諸大夫將要謀害他們，教他們先把諸大夫除去。等到遇見諸大夫的時候，又在諸大夫的面前報告高、國二氏將要不利於大眾，教諸大夫先動手除去高、國。諸大夫漸漸被他煽惑，就共奉陳、鮑兩家爲主以攻擊高、國氏。高、國二氏戰敗出奔，於是大權盡入陳氏之手。不久陳乞就廢了國君荼，迎立公子陽生爲君，是爲悼公。悼公即位以後，又把荼砍死了。

這時吳國的勢力日漸北上，魯、宋兩國先與吳聯結。不久魯國因侵邾的事觸犯了吳，吳人伐魯，攻破武城東陽，魯人與吳講和。同時齊人也來伐魯，奪取讙、闡二邑；又派使向吳請兵共伐魯國。魯人趕快與齊講和結盟。齊人歸還二邑，辭卻吳兵。吳人大不高興，就在邗江上築了城子，開溝接通江、淮的水，以爲糧

道（這就是運河建築的開始），預備北上討齊，先向魯國徵兵，於
是吳、魯、邾、郯四國聯軍伐齊南鄙。齊人弒了悼公向吳人解説
（想來這也是陳氏的主意），吳人仍不肯罷兵，派偏將帶領水軍從
海上攻齊；被齊人打敗，吳兵方回。晉國這時也來湊熱鬧，由趙
軮帶兵伐齊，奪取犂邑和轅邑，毀了高唐城的外郭，内侵到賴
地，以報齊人助范、中行氏之仇。

　　次年（魯哀公十一年），齊人伐魯報恨。吳、魯再聯軍伐齊，
齊人起兵抵禦，在艾陵（在今山東泰安縣）開戰，齊兵大敗，主帥
國夏被殺，將士死得很多。於是魯、衛諸國都歸服了吳人。

　　這時中原無霸，宋鄭因世仇的關係，也互相攻伐得很厲害，
幾乎恢復了春秋初年的形勢。齊、魯、吳相鬪於東，宋、鄭又相
鬪於西，晉、楚皆自顧不暇，宋盟以後中原和平的局面至此完全
破壞了。

　　吳國既打敗了齊兵，外表的勢力更強。魯哀公十三年，吳國
又續開新溝，通到宋、魯的邊界，北連沂水，西連濟水，北上邀
合晉、魯兩國會於黃池（在今河南封丘縣），想借這次盟會來爭得
盟主的地位。周室也派大臣單平公來監盟。當結盟的時候，吳、
晉兩國爭起先來。吳王聽得國都被越人攻破，太子被殺，後路也
被越人截斷的消息，頗覺躊躇，幸由大夫王孫雒獻計，陳列軍
隊，向晉挑戰，晉人懼怕起來，只得讓吳人占了先。這是晉國勢
力的再挫。吳人回國時，又順便燒了宋國都城的外郭，以向諸侯
示威。可見吳人這時雖弄不過越，但他對於中原諸侯，卻仍是橫
行無忌的。

　　吳人在南方受了越人的重創，楚國被吳侵擾，元氣也尚未完
全恢復，晉國便想乘機起來恢復霸權。他先伐衛國，次伐鄭國。
衛人迎蒯聵回國即位，是爲莊公，出公奔魯。莊公即位以後仍不
服晉，晉人又起兵圍衛；齊人救衛，把晉兵逼回。隔了些時，晉
再伐衛，攻入衛都外郭，衛人趕掉莊公，與晉講和；晉人改立公

孫般師爲衛君。晉兵既去，莊公又重新回國爲君，仍被國人趕出走死。齊人伐衛，把衛新君般師捉去，改立公子起爲君，又被臣下趕掉，迎出公回國。不料出公仍不如國人的意願，出奔越國。衛人立莊公的弟公子黚爲君，是爲悼公。

　　魯哀公二十年，齊、魯會於廩丘，想替鄭國報仇去伐晉。鄭人懼怕晉國，辭去諸侯的兵。隔了三年，晉人起兵伐齊，在犂丘（在今山東臨邑縣）開戰，大敗齊兵。次年，晉再邀魯伐齊，奪取廩丘地方。哀公二十七年，晉人曾伐鄭。悼公四年，晉兵再伐鄭，圍困鄭都，終因内部將帥不和，無功而回。

　　這時中原各國的政權都在大夫的手裏，列國間弑放君主和叛亂的事屢見不絕，連周天子在國内的政權也已下移到王臣手中，這就開了戰國時周分東西的先路。魯國季氏又創立新賦制，竭力增加人民的担負，以擴充勢力。魯哀公想借越兵（這時越已滅吳）來去掉三桓，反被三桓趕逐出國。到哀公子悼公即位，三桓的勢力越發强盛，魯君就形同傀儡了。

　　齊國的陳氏也在這時殺死執政闞止，弑了國君簡公，立簡公弟平公爲君，陳恒自爲國相，把大權一手抓住，從此齊國在實際上就變成了陳氏的國家。

　　晉國自從范、中行氏滅後，知、韓、魏、趙四家共分二氏的地，領土既廣，勢力愈大，竟把國君出公趕掉。知氏在四家中尤爲强盛，他蠻不講理，向三家要索土地；趙氏不肯，知氏就邀合韓、魏二氏圍攻趙氏；韓、魏恐怕"鳥盡弓藏"，反做了趙氏的間諜，三家合力來把知氏攻滅。此後三家共分晉政，晉國在實際上也就變成三家了。

第十九章　南方的混戰與吳的衰亡

當中原各國正在鬧着政局改變的當兒，南方也走入了混戰的局面，這一下就把從前晉、楚對峙的形勢改成楚、吳對峙的形勢。

話說楚康王（共王子）去世，子麇即位，是爲郟敖。那時楚國的令尹是王子圍（康王弟），他是個極有野心的人，他見郟敖懦弱無用，便漸漸樹立黨羽，把政權攬歸自己。他先殺死大司馬蔿掩，兼併了他的家，勢力越發雄厚，就僭用王禮起來。魯昭公元年，王子圍聘鄭，隨手迎娶鄭國公孫氏的女兒，與諸侯在虢地相會修盟；各國大夫看見他所設的儀衛，都已知道他有篡位的野心。果然他回國以後，便調遣開郟敖的親信，自己假裝再聘鄭國，在國內先設下了陰謀。他還未出境，就聽得楚王有病，趕快回去進宮問病，順便把郟敖勒死，他自己即位，是爲靈王。

楚靈王即位的第四年上（魯昭公四年），諸侯朝楚，靈王合諸侯於申，起兵伐吳，攻破吳邑朱方（在今江蘇丹徒縣），把齊國逃去的亡臣慶封捉來殺死，算是執行霸主的權柄，代齊國討了亂賊。順便用諸侯的兵攻滅賴國（約在今河南東部，與安徽接界處），把賴民遷到鄢地。他又想把許國遷到賴地，先派人修築賴城。

這年冬天，吳人就伐楚報仇，攻入棘、櫟、麻三邑。楚將帶兵駐守的駐守，築城的築城，忙得不亦樂乎。

次年，楚靈王又合諸侯和東夷的兵去伐吳，越人也來會兵，這是楚越勾結的開始（楚越曾爲婚姻之國）。晉人用吳制楚的方略得到相當的便宜之後，楚人也來模倣晉人的榜樣，引動越國去牽制吴人。吴人出兵抵禦，把楚的偏軍在鵲岸（約在今安徽無爲縣）地方打敗。靈王親統大兵渡過羅水，直到汝清地方，吴人處處設下防備，楚兵無法進攻，靈王就在坻箕山校閲了一次軍隊，班師回國。楚人爲怕吴人再來報復，急派大將沈尹射駐在巢邑，蔿啟疆駐在雩婁，以防吴寇。

不久，楚人伐徐，吴人來救，楚令尹子蕩帶領大兵直搗吴國，卻被吴人打得大敗而回。

這時陳國起了内亂，楚靈王乘機滅陳，把許國遷到陳邑城父（約在今安徽亳縣），把城父的人遷到陳都，又把方城外的人遷到原來的許國（魯成公十五年，許遷於葉，這個許國就是葉邑）。不久他更誘殺了蔡君，滅掉蔡國，在陳、蔡、不羹（約在今河南西南境）幾處地方築了大城，以逼北方。

魯昭公十二年，楚靈王在州來（在今安徽鳳臺縣）閲軍，派兵圍徐，借以威脅吴國，靈王親自駐在乾谿（在今安徽亳縣）以爲援應。只因靈王得國不正，他又暴虐臣下，窮兵黷武，所以弄得内外交怨，大亂立即起來。

明年，楚國蔿氏之族聯合徒黨引導越兵作亂（當申地會合時，靈王曾戮辱了越大夫，因此越人也恨靈王），召了逃亡在外的王子干和王子晳（靈王篡位時所趕走的），又聳動陳、蔡、不羹、許、葉諸邑的軍隊，攻入楚都，奉子干爲王，子晳爲令尹。靈王這時方在乾谿，手下軍隊聞訊潰散，逼得靈王孤零零地自己弔死。但是靈王雖死，楚國内部仍未安定：蔡公弃疾（共王子）散布謡言，説靈王未死，已來討罪，竟把無用的子干和子晳生生逼死；弃疾即位，是爲平王。這時攻徐的楚軍聞耗班師，也被吴人截擊，殺得大敗，吴人俘獲了楚軍的五個將帥。平王即位以後，重封陳、蔡，遷復各地的人民，楚國方才稍稍平定。

楚國大亂之後，勢力更衰，吴人乘機滅掉州來（州來是吴、楚爭鋒的要塞）。隔了四年（魯昭公十七年），吴人又起兵伐楚，楚兵先勝，搶得吳國有名的大船餘皇；吳人用計擾亂楚營，又把楚兵打敗，搶回了餘皇。明年，楚人把許國又從葉邑遷到白羽（在今河南内鄉縣），次年又遷陰地之戎於下陰（在今湖北光化縣），令尹子瑕修築郟城（在今河南郟縣），這是防備晉、鄭的侵略。楚國這樣兢兢自守，當時人已知他無能爲了。

楚平王對外既不能振興國威，對内又不善治家：他替兒子太子建聘娶秦國的女兒，聽說秦女長得美麗，他就學了衛宣公的樣，搶來立爲自己的夫人。不久，他又派太子建駐守城父（在今河南寶豐縣，與陳邑城父爲二地），以通北方；派兵修復州來的城池，以禦東方。後來他終究聽信了讒言，把太子建趕走，殺死他的師傅伍奢，奢的兒子伍員奔吳，——這就惹下了潑天大禍。

魯昭公二十三年，吳人起兵攻州來；楚人興動了陳、蔡、許、頓、胡諸國的兵去援救，令尹子瑕恰巧在這時去世，使得楚兵先受了一個挫折。兩方在雞父（在今河南固始縣）地方開戰，吳人先派刑徒去搗亂胡、沈、陳等國的軍隊，大兵跟隨過去，一陣廝殺，楚軍大潰，吳人斬獲胡、沈兩國的君主和陳大夫。同時楚太子建的母親住在郹邑，怨恨平王廢逐她的兒子，也引導吳兵入郹，把她帶去，又把藏在郹邑的楚國寶器一齊擄了。楚司馬薳越追趕吳兵不及，自縊而死。楚人這時懼怕吳人到了極點，竟至修築國都郢城。

次年，楚人又創制水軍去侵略吳疆，越人又來會兵。楚兵進到圉陽（約在今安徽巢縣）回去，吳兵從後追來，攻破楚邑巢和鍾離。楚人又連連築城遷民，把全國鬧得雞犬不安。

楚平王去世，子壬即位，是爲昭王。吳人想乘楚國國喪去搗亂，派兵圍困潛邑（在今安徽霍山縣）。楚兵救潛，前後夾攻，吳兵不能退回。吳公子光乘此機會，起來弑了國君王僚，自立爲君，是爲闔廬。

楚國國内在這時也發生事故，姦臣費無極在令尹子常面前竭力説大臣郤宛的壞話，子常攻殺郤宛，盡滅郤氏之族；國人大大不服。子常又把費無極殺死，以向國人解説。

吳前王僚的黨羽公子掩餘與公子燭庸從徐國和鍾吾國奔楚，楚人把他們安置在養邑，替他們修築城池，用來對付吳人。吳王大怒，起兵先拘了鍾吾子，順道伐滅徐國。

徐國既入吳人之手，楚國大震。逃亡在吳國的楚將伍員就教吳王分派三支軍隊，更番侵擾楚邊，以疲乏楚人的兵力。吳王聽了他的話，於是楚國大受其害（這與晉人疲楚的方略一樣）。

魯昭公三十一年，吳人兩次侵楚。定公二年，吳人又教舒鳩人引誘楚兵出來，設下埋伏，大敗楚兵，再破巢邑。——這就是運用了伍員的計策。

楚國在“日蹙國百里”的情勢之下，執政子常仍是非常貪暴，向各小國要索無厭。甚至把蔡、唐兩國的君主拘了好幾年，硬逼取了賄賂，才把他們釋放。蔡侯回國就朝晉請兵伐楚，不料晉國的執政也同楚國一樣，只知財帛，不顧信義，竟不肯實踐伐楚的約言，於是蔡侯轉向吳國請兵。這時楚國正因蔡國替晉滅了他的屬國沈，起兵圍蔡。吳、蔡、唐三國就聯軍伐楚，在淮汭棄舟登陸，進到豫章（地在淮南江北），與楚兵夾漢水列陣。楚左司馬戌向令尹子常獻分兵夾攻之計，子常已經答應；不料左司馬去後，他又聽了別人的話，獨自與吳開戰。從小別山到大別山（小別山大別山均在漢水附近）接仗三次，楚兵已是不利。等到兩軍正式在柏舉（約在今湖北麻城縣）交鋒：吳王的兄弟夫槩王統領屬軍五千先攻子常的兵，子常的兵敗退，吳軍乘勢掩擊，楚軍大敗。令尹子常奔鄭。吳兵接連追敗楚軍數次，一直打到郢都，楚昭王帶了妹妹季羋逃出城去。吳人破了郢都，把楚國君臣上下的家室按着本國的班次統統佔居了。楚亡臣伍員又把楚平王的墳掘開，取出屍首，鞭打了三百下，報復殺他的父親的深仇。

楚王逃向雲中，又被盜賊所攻而奔鄖，轉從鄖邑奔到隨國。

吳兵追來，直迫隨都，向隨人要索楚王，願把漢陽的田送給隨人
做報酬。隨人想把楚王獻出，只因問卜不吉，就辭謝吳人道：
"敝國褊小，與楚鄰近，靠着楚人的保護而立國，世世訂有盟誓；
現在如乘難棄好，似乎説不過去。"吳人見隨人説話有理，便退
了兵。

先是，楚臣申包胥與伍員交好，當伍員出亡的時候，曾對申
包胥説道："我必要報復楚王殺我父的仇恨！"申包胥也對伍員説
道："好！你如能破楚報仇，我便能興復楚國。"到了這時候，吳
兵入郢，申包胥奉了楚王的命令到秦國去討救兵（因爲秦、楚是
婚姻之國，楚王是秦國的外甥）。秦伯起先不肯答應，申包胥靠
在庭牆上痛哭，哭聲晝夜不絕。如此七天功夫，勺水不肯入口。
秦伯被他的真誠感動，立即發兵援楚。

這時越人乘吳王遠出，起兵攻入吳都，在楚的吳兵已大受震
動（這可以説是楚人聯越政策的勝利）。申包胥引了秦兵前來，與
楚殘軍夾攻吳兵，大敗吳夫槩王於沂（在今河南正陽縣）。楚將子
西也把吳兵在軍祥打敗。楚將子期子蒲更帶兵滅了唐國，以絕吳
人的援應。吳兵在雍澨（在今湖北京山縣）地方又打敗楚軍，卻經
不起秦國生力軍的攻擊，退駐麋邑。楚兵焚燬麋邑，吳兵再敗。
又戰於公壻之谿，吳軍大敗；吳王方才回去。那時夫槩王已回
國，自立爲君；與吳王開戰，失敗奔楚。據説，吳人這次的失
敗，一半也因夫槩王作亂之故。

楚王回到郢都，大賞功臣，申包胥卻辭賞賜不受。不久吳兵
又把楚的水軍打敗，俘獲楚將甚多；楚子期所帶的陸軍又敗於繁
揚（在今河南新蔡縣）。楚人深怕亡國，慄慄危懼。令尹子西喜
道："能穀這樣就會好了！"於是遷都於鄀（在今湖北宜城縣），修
整政治，楚國漸漸安定。

隔了若干年，楚人元氣恢復，就起兵滅頓，滅胡，圍蔡。吳
人把蔡遷到州來，以避楚燄。不久楚人又攻克夷虎（蠻夷的一

種），開始經營北方，襲破周畿的梁邑和霍邑，進圍蠻氏（約在今河南許昌縣）。蠻君逃奔晉的陰地（在今河南盧氏縣一帶）。楚人興兵臨迫上雒，左軍駐在菟和，右軍駐在倉野，派人向陰地的大夫士蔑要索蠻君。那時晉國正在鬧着內亂，只得趕快拘了蠻君獻給楚軍；楚人把蠻民統統俘擄回去。

這時陳國服楚，吳兵屢伐陳國。楚人起兵救陳，昭王死在行間，子章即位，是爲惠王。先是，楚太子建被鄭人所殺（太子建從宋奔鄭，又與晉人勾結，圖謀襲鄭，遂被鄭人殺死），他的兒子勝逃在吳國，楚人把他召回，命他駐守邊境白邑（約在今安徽巢縣附近），是爲白公。白公向執政子西請求伐鄭以報父仇，子西未允；晉人伐鄭，子西反去援救，與鄭結盟。白公大怒，就立即作亂，殺死子西和子期，劫了惠王。幸而葉公、沈諸梁起兵會合國人討亂，白公失敗奔山，自己弔死。

當白公亂時，陳兵侵楚；楚亂定後，就派兵略取陳國的麥子，打敗陳兵，順勢又把陳國攻滅。不久，巴人也來伐楚，楚人又把他們打敗。隔了些時，楚人更征服了從越的東夷，從此國勢就復振了。

當魯襄公時，吳人開始伐越，俘獲越人，砍了他的腳，派他看守船隻。有一天吳王餘祭（闔廬的叔）去看船，越俘一刀把他殺死——這是吳人最早吃到越人的虧。魯昭公三十二年，吳人又曾伐越。當吳人破楚郢都的時候，越人也乘機來搗亂。魯定公十四年，吳人伐越報仇，越王勾踐起兵抵禦，兩國在檇李（在今浙江嘉興縣）開戰，越人派死士衝鋒，吳陣一些不受動搖；他們想出一條妙計：陳列罪人三行，教他們各自把劍勒在頸上，向着吳軍自刎。吳兵奇怪起來，一齊注目，越兵乘勢攻擊，吳軍大敗，吳王闔廬受了重傷去世。子夫差即位，派人每天站在庭中，叫他候自己進出的時候，向着自己提醒道：“夫差！你忘了越王殺你父親的仇恨嗎?”他自己敬謹地答道：“唉！我決不敢忘。”這樣過了三年，預備充足，動手報仇。

魯哀公元年，吳王夫差帶兵伐越，把越兵在夫椒（在今江蘇吳縣太湖中）地方打敗，順勢攻破越都。越王勾踐帶了五千甲士退守會稽山，派有名的大夫文種向吳王委屈請和。吳王忘了父仇，將要答應，伍員趕快諫止道：“勾踐這人很有才幹，萬萬不可輕易放縱！況且越國和我們鄰近，世爲仇敵，不乘這次打勝的機會把它滅掉，將來你懊悔也來不及了！”吳王哪裏肯聽，竟答應了越人的和議，班師回國。

吳王夫差打勝越人之後，北上經營中原，服屬魯、宋，破敗齊軍，又邀晉爲黃池之會。越人乘機休養生聚，又起來伐吳，大敗吳兵，斬獲吳太子友，攻入了吳都。這時吳王尚在黃池會上，吳人向王告警，吳王生怕消息洩漏，自己殺死七個親信，勉強向晉爭得盟主的虛號；急忙回國，與越講和。

魯哀公十五年，楚人也乘吳衰，伐吳報仇，打到桐汭（即今安徽廣德縣桐水）。次年，吳兵伐楚，卻被楚將白公殺敗。次年，越人又伐吳，吳王起兵抵禦，在笠澤（即今江蘇吳江縣平望湖）夾水列陣。越王創制“左右句卒”，在夜間或左或右，鼓噪着擾亂吳營。吳人分兵抵敵，越王暗領大軍渡湖，突犯吳的中軍，吳兵大亂，越兵乘勢又把他們打得大敗。

這時吳國已很危險。魯哀公十九年，越人有意去侵楚，借以安穩吳人的心，使他們不防備。次年，越王突然大舉攻吳，把吳都圍困了三年，終把吳國滅掉，吳王夫差自縊而死，——這才結束了吳、越尋仇的公案。

越王勾踐滅吳以後，也學吳人的樣，起兵北上，渡過淮水，和齊、晉等諸侯會於徐州（在今山東滕縣）。他又向周室進貢，周元王派人賜給勾踐祭肉，命他爲諸侯之伯。勾踐把淮上的地送給楚國，把吳國所侵略的宋地還給宋國，又把泗東方百里的地送給魯國，威德並行。據史書的記載，那時越兵橫行於江、淮之間，

東方的諸侯都向越王慶賀，上勾踐的尊號爲霸王。——當勾踐稱
霸的時候，春秋時代便告終了。

　　我們應該明白，春秋末年南方混戰的局面，對於整個的中國
史是很有關係的。因爲當時北方諸國的政局不定，倘若南方形勢
稍爲安穩，楚、吳必乘晉霸衰微，起來併吞中原；這樣一來，或
許爲中國文化基礎的戰國文化便會大變換個樣子。幸虧當中原各
國政局變動的當兒，南方同時也在大研大殺，這種局面就保存了
中原文化的種子，使得它到數十年之後開花結果！

第二十章　結論

　　上面已把春秋時代的大事約略叙完，綜合起來説，春秋時代
所表現的特點共有四項：

　　第一點是種族的混合和中華民族的成立。我們所謂“中華民
族”，本不是固有的。照傳統的觀念，夏、商、周三代是我們民
族的核心，然而這三代卻是三個不同的種族。夏族，據近人的考
證大約是從西北方來的，有人説他與商、周時代的鬼方、玁狁，
和秦、漢時代的匈奴等等有血統的關係。商族，起自東方沿海一
帶，本是夷族中的一種。周也起自西北方的戎、狄部落，與夏族
或有相當的關係。商滅了夏，夏族分散四處，與戎、狄等部落雜
居，因爲當時不曾建立嚴密的封建制度，更不曾做建設統一帝國
的夢，所以商只是商，夏仍是夏，夷、狄也仍是夷、狄：他們至
多有些政治上羈屬的關係；至於種族的同化，一時還談不到。等
到周人滅了商，確立封建制度，把原來各族趕走的趕走了，征服
的征服了，經過了幾百年的同化，我們的“中華民族”才開始
萌芽。

　　周人起於陝西，那地方大約本是夏族的根據地，他們又或者與夏族有些淵源，所以他們自稱爲"夏"。因周人勢力的擴張，"夏"的一個名詞就漸漸成爲中原民族的通稱。春秋時中原人常常自稱"諸夏"，而稱與他們異類的民族爲"蠻、夷、戎、狄"。——於是"夷""夏"兩族對立的觀念才確立了。

　　春秋時諸夏民族住在中原，四邊和較僻野的地方都是給所謂夷、蠻、戎、狄等部族住着。諸夏想同化異族，異族也想征服諸夏；兩方勢力一經接觸，諸夏在武力上就不免吃了大虧。於是中原各國互相聯結，共同禦外；在這樣情勢之下，出現了伯主制度。一班伯主的中心事業便是"尊王"和"攘夷"："尊王"是團結本族的手段，"攘夷"是抵禦外寇的口號。

　　那時異族中最強盛的，南方有楚，北方有狄，所以攘楚和禦狄就成了當時中原伯主最注意的事情。結果狄族由被抗而分散，楚人由被攘而同化。到了春秋末年，北方的狄族盡被晉國併吞，東方的夷族也被齊、魯等國所征服，西方和中原的戎族早已衰微，被晉、秦、楚等國所瓜分，而南蠻的楚在這時也已變化成諸夏的一分子了。

　　東南方的蠻族吳和越從春秋中年起也漸漸加入諸夏的團體，經過了約百年間的相拒相迎，到了春秋之末，滅吳的越國竟變成了東夏的盟主了。楚、吳、越等國本來文化較高，他們很早就有文字，並不是真正的化外蠻民，所以受諸夏的同化也比較容易些。

　　——上古的許多不同的種族，就是在春秋時代混合而成立了一個整個的"中華民族"。

　　第二點是中國疆域的擴大。三代時候，民族眾多，各佔一區，當時所謂的"中國"，大致不出今山東、河南、河北、山西、陝西，這黃河流域的幾省間；就是在這個區域之中，也還有很多的文化低落的部族雜居着。西周晚年，夏族的勢力開始發展到湖北的北部。直到春秋初年，所謂諸夏的疆域仍不出西周時的範圍。自從楚、吳、越諸國盡力併吞南方的蠻夷而同化於中國，齊、晉、秦等伯國又盡滅北方的夷、狄部落，於是華夏的疆域才日漸擴大。到了春秋之末，北到燕、代，東到海隅，西到甘隴，南到洞庭，都成了中原文化所範罩的區域了。所以我們可以説，中國疆域的凝固，是在春秋時代開始的。

第三點是統一局面的醖釀。周代以前所謂國家還不脱氏族社會的組織，爲那時政治中心的夏、商王國實在只是些氏族同盟的集團。周代開始確立封建制，國家規模漸漸形成。但是周天子仍只以王畿爲其真正的勢力範圍，周室所封的各侯國的内政，尚且由各國自己去支配，何況其他羈縻的國家，王室的命令更哪裏談得到去支配他們。自從春秋時代的盟主用了"尊王""攘夷"的口號聯合諸夏成爲一個集團，中國的雛形在那時方才出現。加以各大國努力開疆闢土，以前零零碎碎的小國和部落，到這時漸漸合併成幾個大國家。楚、晉、秦、齊等大國開始創立郡縣制；大政治家如管仲、子産等又努力改造都鄙制度；原來的封建組織一天天破壞，秦、漢的統一規模就醖釀於這時了。

第四點是社會經濟和學術思想的轉變。商代晚年大致尚是畜牧社會的末期，農業和手工業，商業剛剛萌芽。宗教思想也方由拜物教和多神教向一神獨尊的宗教進趨。周代確立農業社會，爲上帝崇拜全盛的時期：那時人開口皇天，閉口上帝，人同神可以直接談話和會面。農業收成好，國家太平，是上帝的賞賜；起了災荒，受了兵禍，就是上帝的責罰。那時人看事事物物都是上帝的表現，沒有人的成分在内。

自從西周滅亡，王綱解紐，封建制度開始搖動。諸侯互相聯合，互相兼併，列國間盟會朝聘和征伐的事天天不絶，交通大闢，因之商業日漸發達。到了春秋晚年，竟有穿着文繡織成的衣服，坐着金玉裝飾的車子，"結駟連騎""富比諸侯"的大商人出現。人民的經濟地位既經抬高，於是學術文化就也漸漸普及於全社會。一方面貴族階級的智識也比前提高，有很多人懷疑天道的不可知，人本主義一經起來，立刻使原有的宗教觀念失掉根據。

春秋時代很多有學問的人，如魯國的叔孫豹、齊國的晏嬰、晉國的叔向、楚國的左史倚相、吳國的公子季札等，都可以算是當時的大學者。這些人之中，尤推魯國的臧文仲和鄭國的子產是不世出的聖賢：臧文仲能夠立言垂世，子產能夠有很開明的新思想，施之於實際的政治。等到孔子出世，集古代思想學術的大成，開始建立哲學的系統，真正的學者階級就由他一手造成。孔子死後，他的門徒播遷各處，努力發揮本師的學説，就成立了"儒家"的學派。——"儒家"就是後來百家九流中第一位老大哥。

以上種族混合，疆域擴大，統一開始，經濟學術轉變這四點便是春秋時代歷史的特色。繼續春秋時代的是戰國時代，我們且看看戰國時代的歷史怎樣。

戰國時代的歷史只是繼續完成春秋時代的工作的。戰國史的開幕，便是三家滅晉，田氏篡齊。西元前四百零三年，韓、魏、趙三家開始列於諸侯。前三百八十六年，田和（田恒的四世孫）也登了齊君的寶座。自此以後，所謂中國的天下便被韓、魏、趙、齊、秦、楚、燕七大國所分佔，這就是所謂"戰國七雄"。餘外如宋、中山（即鮮虞）、魯、衛等國在戰國時都是無足輕重的。（鄭國在戰國初年就被韓國滅掉。）

戰國初年的形勢，開始是越國稱伯（越國後來衰微，被楚滅掉），後來伯業漸漸移轉到魏國手裏。魏文侯首立求賢的旗幟，爲戰國第一賢君；他近和韓、趙，遠攻齊、楚，東併中山，西奪秦地，國威四播，做了三晉的盟主。到了西元前三百七十年以後，因爲三晉的自相攻伐，齊國又逐漸强盛起來，與魏爭雄，齊威王（田和曾孫）、宣王父子也都是極能任賢的君主，他們設立了稷下館，招致學士，任用騶忌爲相，田忌、孫臏等爲將，打敗魏人，就代替魏國做了東方的霸主。

秦國在戰國之初，不與諸侯盟會，東方人都把他看成夷狄。自從孝公任用衛人公孫鞅，定變法之令，獎勵兵農，用重賞嚴刑來整齊人民，把人民都逼上了耕戰一路，於是國勢大強；他們遷都咸陽，奪取魏國的河西等地，河山之險，盡被占據，就開始做了七雄的領袖。

秦國強盛之後，諸侯合力打算對付他。那時有個周人叫蘇秦的，提倡“合縱”之策，主張聯合六國共同抗秦；他的政策實行了，秦國頗吃其虧。但是合了衆弱以敵一強，其勢不能持久，因此不久就另有一個魏人叫張儀的起來，提倡“連橫”之策，主張六國連合共同服事秦人；他的政策也漸漸實行了，於是縱約破解，秦國統一六國之勢就成立了。

那時齊、燕相攻。燕國的王，名叫子噲，他想模倣堯、舜，演了一劇禪讓戲，鬧得國內大亂，齊人乘機攻入燕都；但他們不能就把燕國吞併。不久燕國復興起來，乘着齊衰，聯合趙、秦、韓、魏等國起兵攻破了齊都。齊國雖也得復興，但是經過一次大喪亂，國勢就遠不如前了。可憐齊、燕兩國互相殘殺，只是給予秦人以獨霸的機會！

先是，秦人滅了蜀國和巴國（本屬楚），占有現在的四川一帶地方，地愈廣，兵愈強，進一步離間開齊、楚的國交，起兵把楚軍打敗，又奪得漢中地方。隔了幾時，他們又把楚王騙來拘住，於是楚勢大衰。不料北方的趙國又在這時突然強盛起來，成爲秦人的勁敵。

趙國的武靈王開始變法，下令模倣胡人，改穿騎射的服裝，把人民訓練得很強悍，起兵屢伐中山（中山被魏滅後，又復興立國），闢地北到燕、代，西到雲中、九原。他又想從雲中、九原南搗秦國，不幸志願未成而死：趙國的霸業就此告了結束。

那時秦國的勢力已發展到極盛的地步，連攻三晉與楚，闢地更廣。後來秦王更用了魏人范雎的政策：對遠的國家表示好意，對近的國家竭力攻擊。他們先把周室（這時周已分爲東西兩國，天子只做個寄食的寓公）滅掉。到有名的魔王秦始皇帝即位，就次第攻滅韓、趙、魏、楚、燕、齊六國，廢去封建制度，確立郡縣制度，這就造成了中國的第一個統一的國家。

戰國時代，諸夏的民族和疆域越發擴大，北方今察、綏地方和東方今遼寧省地方，西方今四川省地方以及南方今湖南省地方，統統加入中國的疆域。原有的蠻、夷、戎、狄種族幾乎完全融化入諸夏民族之中。這是怎樣偉大的一個時代！在那時封建制度的組織幾已完全崩潰，人民很多從白衣躍起爲公卿的。同時工商業也大發展，大都市的富實程度，至於幾萬户，數十萬口，竟有“車轂相碰，人肩相摩，連衣成帷，揮汗成雨”的情形。逐什一之利的商人致貲累巨萬的更是指不勝屈。而各大國因互相競爭，獎勵人才的事尤其積極進行。在這種環境之下，言論思想自由，學術的空氣自然格外發達。那時有許多學派起來，最主要的，有儒、墨、道、法等家：各派有各派的主張，各派有各派的學問，非常熱鬧。哲學以外，科學文學也很進步。——這打破了商、周以來的紀録，造成中國學術的黄金時代。

要緊話説完。在這裏，我們應把這部春秋史講義的取材和編撰體例説一説：

春秋時代的史料，最重要的自然是春秋經和左氏傳。這兩部書的原來體例就是史，而且是便於人們取材的編年史。春秋經是魯國史官所記的政府公報，每件事情都記載得很簡單。有人説這部書曾經孔子修定，裏面包含着許多的深奥意義，這種説法是不大可靠的。據我們的研究，這部書的體例很雜亂，很幼稚，似乎没有經過多大的修改。至於孔子有没有見過這部書，卻還是疑問呢。大概這部書因爲王官學術的解放，在戰國時代已很流行，有些儒者看見了它，覺得它的記載很保存些封建時代的禮制，與他們夢想重現的烏託邦相合，因此他們便來"筆則筆，削則削"，造成現在的春秋經。他們進一步又替他們的老祖師孔子和這部書做媒：他們説："這部書是孔子作的。孔子所以要作這部書，只因當時的亂臣賊子太多了，他想整頓綱常名教，所以奮身而起，代行天子的職權，把二百多年的諸侯大夫加以進退黜陟。這固然在文字上沒有寫明，但字裏行間都藏着他老人家的褒貶的意思。"這樣一來，魯國史書的春秋便變成了孔門經典的春秋了。

　　到了漢初，有些人自稱得到孔子的真傳，替春秋寫出了一部傳，——這便是現存的春秋公羊傳。再過了些時，又有些人另外寫出一部春秋傳，説的話和公羊傳大同小異，——這便是現存的春秋穀梁傳。直到西漢末年，又有人在皇室的圖書館裏發現了一部最早的春秋傳，——這便是春秋左氏傳。據他們説："左氏傳是孔子同時人左丘明作的。左氏這人，他所愛的和所恨的完全和孔子一樣，所以講到春秋，這才是最靠得住的一部傳。"但是，孔子作春秋的話尚且不足信，更哪裏會有孔子同時人作的春秋傳呢？現在左傳裏的話，在司馬遷作的史記裏固然引得很多，但他曾兩次説："左丘失明，厥有國語"，可見這部書原名叫做國語，原來是與春秋經毫無關係的一部書。西漢末年人在這部國語中加進了許多不相干的解經的話，才把它改頭換面，成爲一部春秋左氏傳。

　　這部號爲"春秋左氏傳"的改本國語，該是戰國中晚年人所著的一部春秋列國史。它的原料大部分應是根據的各國史策。他們採取了當時的簡單記載，加以渲染敷演，便成了現在的左氏傳原本——國語。我們以爲這部書所記的史事大半是可信的，但是裏面的許多近於小説體裁的故事和書裏的人們所説的話，則大半只是作者根據傳説和想象而添入的，必不可信。

　　西漢末年人改編原來的國語爲春秋左氏傳，他們不知又在什麼地方發現了一些春秋、戰國以及秦、漢時人所記的春秋、戰國史料的殘本，便把它糾合補綴成一部新的國語，以補原來國語的空位。他們説："左丘明作了春秋傳，又把删下的剩餘材料，著成了一部國語，以備後人考核異同。"所以他們就叫這部新國語爲"春秋外傳"，而名原來的國語——左傳——爲"内傳"。但是在班固所著的漢書五行志裏引今本國語的話還稱它爲史記（這或許是根據西漢人的記載），這不能不叫我們懷疑到今本國語本來是没有這部書的。

今本國語在史料上的信實價值比今本左傳還低，這只因左傳作者所根據的原料比較多是當時的記載，而今本國語所根據的原料則大部分只是戰國時的傳説，它的敷演渲染的成分也比左傳重得多。

在西漢中年，太史令司馬遷著了一部偉大的史書，這部書後來稱爲史記——在當時稱爲"太史公書"，——它是我們中國所謂"正史"的第一部。這部書上從五帝記起，下到漢武帝時止，中間包括了春秋時代的歷史。他所根據的原料，關於春秋時代的，大部分便是原本國語；此外他也採取了些其他的記載，有些是我們現在所看不到的。至於史記這部書的信實價值，關於春秋時代的部分，比原本國語也較低下。因爲這麼一部大書，在古代參考文籍不方便的環境中著成，自然錯誤很多；加以那時歷史觀念的不發達，歷史方法的不精密，誤收下不可靠的史料，自然也是有的。

古代人最重視彝器，一般君主和貴族們有了大事便要製器，器上很多是刻有文字的：有的是叙製器的緣由，有些是叙自己和祖先的功德。這種彝器上的銘文頗保存了些可寶貴的史料，比任何文籍的記載都可靠，因爲是未經後人修改過的原始記載。從前人不知道利用它的史料價值，只把它當作骨董玩；偶然拿它來證證古文字的形象，就算了不得的用處了。從宋代到清代，因帝王和學者的提倡，出了許多收集和考釋彝器文字的書籍。到了最近，便有人拿它來證明古代的歷史。這確是利用史料方法的大進步！

我編這部春秋史講義，所根據的大部分材料便是春秋和左傳，有時斟酌參用些國語和史記的記載，而以彝器銘文補正文籍的缺誤。至於公、穀兩傳以及諸子百家的記載，我們覺得凡可信的都與左傳相同，其與左傳相異的事情，不是傳說錯誤，便是年代差舛。我們不敢因求博而來騙人，只得統統割愛了。

本講義原定分爲政治史、社會史兩部（政治史中也須講到社會，社會史中也須講到政治，兩部分實在應該溝通了來講，不過爲編撰方便起見，暫分爲兩部）。但因政治史的材料比較多，預算起來，分量倒要超過社會史一倍多，所以改稱政治史爲“正編”，社會史爲“附編”。

關於政治史部分，我是以鄭、齊、晉、楚、吳、越六國的歷史爲核心，而統括其他各國的歷史的。我們覺得主宰春秋初、中、晚三期的大勢的，大致說來，只有這六國：鄭、齊代表第一時期，晉、楚代表第二時期，吳、越代表第三時期。其他各國的內部的歷史與春秋大勢實在無甚關係，所以就都從簡略了。總之，我這部講義並不想編成一部新的左傳記事本末，而只是想編著一部較有系統和剪裁的春秋大事記。

關於社會史部分，我想分爲經濟情形、社會風俗、政治制度、宗教學術四點來叙述。根據的材料是以詩經、左傳、國語、史記四部書爲大本營。至於整理的方法，我想用異地域和異時代的歷史來做比較，這可以使我們容易尋出一個系統來吸收材料。例如中國古代的封建制度在古籍裏已不易看出真實的情形，倘若我們能參看些歐洲和日本的封建制度，便可以明白多多。又如古代的世族制度在古籍裏也不易尋出一個究竟，倘若我們能參看六朝時的門閥制度，便也可以明白多多了。這種方法應用到極端，固然不免有“以意補史”的危險，然而這究竟也不失爲歷史研究法的一種。尤其是在古代社會史料缺乏的條件之下，除了利用比較的材料以外，還有什麼辦法？

春秋史講義正編終

春秋史講義附編

第一章　春秋時的農民生活與商工業

農業的發明便是文化的曙光：當人類在過漁獵的生活時，他們的行動是和禽獸没有多大的區別的。自從有了農業，人類開始定居，才有餘暇來做別的工作，所以高等文化是隨定居的生活而產生的。

種植的發明並不是很晚的事，據近代考古學家和社會學家的考究，歐洲等處在新石器時代已有很幼稚的農業了。在中國的新石器時代的遺址仰韶村裏，最近也發掘出石製的耕器來，這證明了東西人類古代文化進展的速度並没有多大的差異。

殷虛出土的商代甲骨文字裏已有“農、嗇、畊、圃、耤、禾、黍、麥、米、稷、糠”等字，又有卜禱年歲豐凶的記載，這證明了那時農業與畜牧是並盛的；何況我們更知道商民族是因沈酗於農產品所製成的酒而亡國的！

周人更是以發展農業而强盛的民族，他們認了農神后稷爲始祖，利用金屬物製成的耕器，努力開闢田地，從國王以下都是“卑服即康功田功”，在詩、書裏叙述和歌頌農業的話不知道有多少，這可見那時確已是農業的全盛時代了。

據近人的研究，商代的農具似乎只是木製或石製的，到周代才用銅製的耕器。直到春秋時，鐵器應用漸廣；至遲在春秋中期以後，當已有鐵製的農具了。又古代耕種的情形，是用腳壓踏耕器入土又用手推發而工作，多半是兩人合作的，這就是所謂"耦耕"。大致也到春秋中年以後，才有牛耕的發明（古代的牛是專作拉車用的）。孔子的弟子有名"耕"而字"牛"的，可以爲證。

古代的田地分配制度，我們已不能詳細地知道。我們只能大略地知道古代一切田地的所有權都屬於貴族階級，他們把田地分成兩種：一種算是貴族自己的祿地，叫人民替他們耕種，耕種出來的收成完全歸貴族自己，這種田便是所謂"公田"；另外一種田由貴族分配給人民，只許他們子孫相傳耕種之後享用田裏的出產，至于土地的所有權是仍屬於貴族的，這種田便是所謂"私田"。公田的耕種，是人民對於公家所担任的義務，而私田出產的享受，便算是公家對於人民的報酬了。所以公田的出產便是賦稅，此外私田或許也另有徵收。若問公私田的分配分量如何，我們沒有材料，不敢確實回答。

又有一篇號稱周公所作而實際卻是春秋時代魯國的詩七月裏記載當時農民的生活情形很是詳盡。據它説：農民們一到正月，便修好農器；到了二月，就下去耕種；一直忙到八月，開始收穫；九月裏修築場圃，預備把農作物送進去；十月裏穫了稻子，並釀製明春給貴人們上壽的酒。等到把農作物統統收好，便忙着去替公家修築宮室，白天去揉茅，晚上絞繩；剛把公家的宮室蓋完，便又快到開始播穀的時候了。在冬天，還要去打獵：打到狐狸，就替公子們製皮袍；打到野猪，便把大的獻給貴人們，自己只敢偷藏了小的。他們除了耕田、蓋屋、打獵以外，還要替貴人們去鑿冰，鑿下了冰就收進冰室，預備給貴人們夏天去涼快。

以上説的是男人們的工作，至於女人們呢？在春天陽光溫和黃鸝歌叫的時候，她們手裏提着籃子，循着小路去採桑葉來養鹽；八月裏織麻布，和收得的鹽絲，染成黑的，黄的和紅色的，替公子們做衣裳。偶然遇到公子們高興，她們還要含着一泡眼淚，跟着公子們回去，給他們去玩弄。

至於農民自己的生活是怎樣呢？他們一年四季勞苦得像牛馬一樣，結果仍是“無衣無食”，凍得只是發抖。吃的是苦菜，燒的是爛柴；屋子被耗子咬得東穿西洞，只好拿些爛泥去塗塗，又燒些草料去薰薰，嘆口氣道：“老婆孩子們，你們就在這裏住着過年罷！”到快過年的時候，他們殺了羔羊，也要獻給貴人們；他們走到貴人的堂上去，用大杯捧上美酒，高聲説：“萬壽無疆！”

在左傳和國語等書裏記着當時國君貴族們對於人民的暴斂橫徵的情形很多。最詳盡的，如當時齊國的百姓竟三分其力，“二入於公，而衣食其一”，這與後儒夢想的什一之制相差到怎樣的程度？論語裏記着魯哀公問孔子的弟子有若道：“年成不好，國用不足，怎麼辦呢？”有若答道：“你何不行徹制（徹制究竟是怎樣一回事，我們已不能很明白）？”哀公歎道：“我的二成的稅尚且不夠，如何談得到徹制？”哀公所謂的二成的稅，或許就是“二入於公”的“二”。那時公室向人民的搾取，確實不少了。

七月詩裏所講，還是農民的平居生活；到了有起事來，他們更是遭殃，築城、打仗，那一件不是農民的事。詩經豳風裏還有一首東山詩，大約也是春秋時代的作品。這首詩裏叙述一個戰士打過仗後回家時的情形：他回到家門外，看見屋子被蔓草羅絡着了，小蜘蛛在門上結網，菜園已變成鹿兒的游戲場，螢火蟲兒在閃閃地飛舞，鶴鳥在土堆上鳴叫；走進屋子，土老鼠儘在屋裏跑。當他夢魂顛倒的她正在長吁短嘆着洒掃房屋的時候，他恰巧回來了！他能回來，還是極可慶幸的事哩，不然，戰塲上已埋着他的骨頭了！

人民私有土地制究竟是什麼時候起來的，我們也不敢確實回答。據我們的猜想，或許春秋中年以後，人民便有私有田地的了。因爲春秋初年以來，各國努力開疆闢土，新開發的農地必定很多，下層的農民乘此機會漸漸隨意占有田土也是可能的；又貴族階級傳世過多，必有降爲庶民的，他們或者尚有私有的田地，這也足使農奴們看樣，得到了解放的機會。我們再看春秋時各國增加田賦，這或許也因人民私有土田過多，公田的稅漸漸不夠起來，所以不得不有這樣的舉動，也未可知。又鄭子產制定田界的辦法，恐也含些禁兼併的意思，這更足使我們猜疑到當時人民私有田地的事已盛行了。

農業維持了春秋時代的基本經濟（這並不僅春秋時代如此，就是一直到了現在，這種情形也還未完全改變），同時商工業在這時也稍發達，當商代和西周時用貝做一種交易的媒介物，不久就有用銅做造的貝，銅在很早的時候似乎已用作代價品了。（易經裏有“資斧”的名稱，或許古代又用斧斤爲貨幣。）到春秋時如管仲和周景王等都有製造錢幣的事，證明此時已有通行的錢幣。但就大體看來，在春秋時貝和銅錢等等似乎都不曾普遍地當作財富行用，那時的商業似乎還沒有完全脫離“以貨易貨”的階段。

工商與庶民在那時是分立的（庶民就是農民）；工商和皂隸一樣同屬於官府，生活卻半由自己維持。他們也同農民一樣，以不改業爲貴。商人受命於官府，往來各城邑，走販貨物。那時的商業似乎還沒有深入於廣大的下層社會，商人們差不多只是替貴族當差。他們所販賣的貨物，雖然也有絲、布、穀、米、畜牲、木料等類，可供下層社會的應用，但他們多注意於珠、玉、皮幣等較珍貴的物品，以供貴族們的需求。商人在貴族階級的眼光裏，已被看成不可少的社會成員，因之有“商不出則三寶絕”的話。

商人的聚集地在市，當時所謂的市大約只是人民在大道旁按定時聚集的空地。那時似乎只有市，或許有些小規模的商場；至於固定的大規模的商店，那時是沒有的。據國語的記載，管仲治齊，曾替工商們設立了定居的鄉；可惜詳細的情形怎樣，我們已不能知道。那時的商業，也有稅征：有廛征，大約是征商場的稅；有市征，大約是征市場的稅；有關征，大約是征商貨出入關口的稅。商稅也是國家的一筆大收入，所以那時的君主們也很注意"通商"的事。

到了春秋下半期，商業更興盛了，那時的大都邑裏已有能"金玉其車，文錯其服"的富商出現，他們能得到貴族所不能得到的珍寶，他們能輸納小諸侯所能輸的賄賂。又如孔子的門徒子貢也以"貨殖"著名，而陶朱公的"三致千金"更是後世艷傳的故事。論語裏所記孔子等的說話也常常把"富"和"貴"並稱，可見那時在貴的階級以外，已有新興的富的階級起來了。

那時商業頂興盛的國家有鄭國，鄭國因爲處在當時"天下"的中心，一班商人們，西到周，北到晉，東到齊，南到楚，都有他們的足跡。他們在開國的時候，已與鄭君訂有條約：商人不背叛國君，國君也不強賣強奪商人的貨物；商人有利市寶貨，國君不得預聞。他們有了這種特定的保障，所以事業更容易發展了。現在且說兩個鄭國商人的故事：當魯僖公三十三年，秦人起兵暗襲鄭國，在半路上和鄭國人到周地去經商的弦高們碰着，弦高探得他們的來意，便一方面假託鄭君的名義，拿四張熟牛皮和十二隻牛去犒師，一方面派人向鄭君告警；秦兵覺得鄭人已有防備，只好把襲鄭的計畫取消了。又當魯宣公的時候，晉國大將知罃被楚人在戰塲俘虜去，有一位鄭國的商人，在楚國做買賣，要想把他藏在衣囊裏偷偷地運走；計策已定好，還没實行，楚人已把知罃放回。後來那位商人到晉國去，知罃待他很好，同已經救了自己一樣；那商人謙謝不遑，就到齊國去了。從這上一件故事，可見商人的地位已稍抬高，他們竟能獨自救國了；從這下一件故事，可見當時的商人頗能有道德的觀念，他們已感染貴族的禮教了。

春秋時代的工業情形，記載太嫌缺乏，我們只能知道工人的聚集地在肆（工塲），他們造成好的工藝品獻給貴族，造成次的工藝品賣給人民；如當時精細的彝器和兵器之類，恐怕非有專門的工人是不能製造的。據考工記的記載，製木器的工人有七種，製金屬器的工人有六種，製皮器和設色、刮摩的工人都有五種，製土器、陶器等的工人有兩種；更詳細的情形雖不能確知，但工業進步的狀況不難推想而得。如南方吳、越一帶都有著名的鑄劍。至於工業的稅制怎樣，那也沒有詳確的記載可資參考，想來國家對於工業的稅收也不少，所以當時國君們會有"惠工"的舉動。

第二章　封建社會的組織與其動搖

無論那種社會組織，都逃不了被經濟狀況所決定。"經濟爲歷史的重心"這個原則，是近代東西史家已經證明了的。在幼稚的農業生產狀況之下，所產生的社會組織是什麼呢？這便是歷史上有名的"封建社會"。

"封建社會"這個名詞的正確定義，就是名義上在一個王室的統治下，而實際上土地權和政治權卻被無限制的分割，每方土地都有它的大大小小的世襲主人，支配着一切經濟和政治上的權利，形成一種地主與附屬土地的農奴對立的現象。由這定義來看，中國從西周一直到春秋中期，是封建社會的全盛時期；從春秋中期一直到戰國末，是封建社會的破壞和蛻變時期。

中國封建社會的研究比較幼稚，我們要明白封建社會的真實狀況，便不得不參看些西方的歷史。

歐洲中古時代的"封建社會"，據近代史家的叙述，大致是這樣：

社會階級以有無封地爲標準。除了農奴和賤役以外，差不多人人都能在這個微分縷析的階級制度中找到一個地位。貴族階級中最高的是皇帝和國王等，其次的是諸侯，諸侯下有屬臣，屬臣下有倍臣等等。這和中國的封建制度完全相同。（所不同的，只是歐洲的封建社會有宗教制度參雜其間而中國沒有。)

　　諸侯在名義上雖屬於國王和皇帝等，但在實際上大都是獨立的。他們和他們的臣屬大抵是住在一個城堡之內，堡外有河溝和吊橋，可以禦敵；堡內儲藏着許多粮食和軍火，可以支持外寇長時期的圍困。堡的四週多是森林和田地，爲農奴耕種的所在。他們完全有着一切生活上的設備。所以這些貴族不但在政治上是獨立的，並且在經濟上也可無求於人。這和中國封建時代的諸侯也很相像。

　　國王和皇帝們把領土分封給諸侯（或承認原有的大地主爲其諸侯），諸侯又把領土分封給屬臣，屬臣又可把領土分封給他的倍臣。同時國王間可以互相臣屬，小諸侯也可做大諸侯的臣屬，以求保護。一個諸侯可以有兩個以上的君主，一個屬臣和倍臣也可以做兩個以上君主的部下。凡是臣屬對其君主都應盡從軍，服役，納稅等義務。他們的制度非常紛繁細密，一時也說不完這許多。

　　他們的領土權是世襲的，繼承這世襲權的，或是他們的長子，或是他們的諸子分受封土。凡是臣屬只要能夠對他的君主盡忠和服務，君主就不能無故奪回他們的封地。這樣土地越割越碎，結果國王們對於領土的實權就幾乎完全喪失了。

　　凡是農村土地，大致都爲受封的貴族階級所佔有。農村裏的居民大部分爲附屬於土地的農奴，只有很少部分的居民算是自由農。農奴中又有大農奴和小農奴之分。這種農奴不但其所耕種的土地爲所屬的地主所有，就是他們的身體行動也被地主支配着。每個地主的封土的一部分由地主保留做自己的食地，其餘的則畫成長方形分給農奴們去耕種。農奴應爲地主作工並看耕地的多少繳納一定數目的貢賦。他們都有代地主耕種食地的義務。但他們所受的耕地卻又能傳給子孫。

　　中國古代的封建制度正是與歐洲的十分相像。不過，中國的封建制度的後面卻有一種奇異的宗族制度爲其背景，那便是有名的"宗法制"。

　　"宗法制"據說是這樣的：譬如天子世世相傳，每世的天子都是以嫡長子的資格繼承父位，奉始祖爲大宗；他們的衆子（包括嫡長子的諸弟與庶子）封爲諸侯，爲小宗。每世的諸侯也是以嫡長子的資格繼承父位，奉始祖爲大宗；他們的衆子封爲卿大夫，爲小宗。每世的卿大夫也以嫡長子的資格繼承父位，奉始祖爲大宗；他們的衆子各有食地，爲小宗。凡大宗必是始祖的嫡裔，而小宗則或宗其高祖，或宗其曾祖，或宗其祖，或宗其父，而對大宗則都稱爲庶。諸侯對天子爲小宗，但在本國則爲大宗；卿大夫對諸侯爲小宗，但在本族則也爲大宗。據後世禮家的記載，宗法系統僅限於大夫以下，諸侯以上宗統與君統合，並不以宗法名。在宗法系統中，"大宗百世不遷，小宗五世則遷"。至於他們的詳細情形究竟怎樣，我們卻不敢隨意亂説。

　　又據近人的研究，宗法制是從嫡庶制來的。商代以前没有嫡庶制。周人創立嫡庶之制，本爲天子諸侯等繼統法而設；從繼統法推到分封法，就産生出宗法制來。在宗法制之下，從天子起到士爲止，可以合成一個大家族。這個大家族中的成員各以其對宗主的親疏關係而定其地位的高低。封建制度以分封同姓爲原則，天子的封諸侯，諸侯的封大夫，都依宗法系統而定；所以封建制度是由家族系統擴充而成政治系統。封建制度的繼續是靠宗法制度的維繫！（案：春秋時不行嫡長承繼制的，據現在所知只有三國：楚國初行少子承繼制；秦國初行兄終弟及制，他們到春秋中期以後才改用嫡長承繼制；吴國在闔廬以前還是行兄終弟及制的。）

　　庶民以下似乎不在宗法系統的範圍以内。雖然庶民在當時也有聚族而居的現象，但他們的宗族制大概是與貴族階級兩樣的。據記載，庶人工商也有所謂"分親"，至於他們的"分親"制度怎樣，沒有一點材料，我們也不敢亂説。

中國真正的封建社會在時間上是限於周代。那時候所謂全天下的土地，在名義上都是"王土"；住在土地上的人民，在名義上都是"王臣"。但是實際上，當時的天下卻是被分割成無數塊的經濟和政治上的單位。周天子高高在上，把他勢力所及的土地分封給他的親族和姻戚，這就是所謂"諸侯"（小諸侯附屬於大諸侯）。至於先朝的殘餘和本來獨立的國家與部落，在名義上也都被承認爲周室統治下的諸侯。只有偏遠和少數的野蠻部落，被鄙視爲夷狄，而擯除於這個系統以外。

諸侯以下有卿大夫士，也各有領土，受諸侯的封予。卿大夫的家裏又有所謂"家臣"，受卿大夫的封予；他們或有食地，或無食地，大概都屬於"士"階級。士以下有庶民工商：庶民是附屬於土地的農奴，也有在官府服役的低級人員。據説農民和庶人的在官者之所得也分爲好幾層等級呢。至於工商也是附屬於官府的執事人員，他們的地位似乎稍高，較近於自由民。士以上爲貴族階級，大致爲有土有權的階級；庶民工商爲平民階級，是無土無權的階級。貴族與平民大致是世世代代繼襲地位而不變的。

平民以下還有奴隸階級。關於奴隸階級的情形，傳下的史料不多，我們不能詳細知道。大致説來，他們是貴族階級的私產，沒有獨立的人格的。他們以家爲單位。在春秋時候，一個大貴族所有的奴隸可以多至幾百家，甚至於千家以上。奴隸的來源，大半是征伐所得的俘虜，一部分是罪犯，他們的頭銜也是世襲罔替的。

奴隸的職務是替貴族服勞苦的工作。他們的種類很多，有僕豎、閽人、寺人（男的）、婢、妾（女的）等等。據記載，庶民和奴隸中還分六層等級（庶民和奴隸的地位實在相差不多：在銅器銘文上，他們是並列的），那便是（一）皂，（二）輿（以上庶民階級？），（三）隸，（四）僚，（五）僕，（六）臺（以上奴隸階級？），他們也互相統屬着。至於詳細的情形怎樣，我們仍是不敢亂道。

貴族對於奴隸，可以盡力使用，可以隨便送人，可以抵押，可以買賣，可以殉葬，可以隨意處置他們的生死，像處置牛馬器物一般。

奴隸遇到特殊的機會，可以解放爲平民。國君和大貴族的奴隸有時因得寵而至於做官執政，可見奴隸的解放實在比庶民還要容易。這是因爲庶民是經常階級，不可輕易變動；而奴隸卻是一種特別的階級，可有可無，而且他們比較接近於政權者，所以更容易翻身。

歐洲封建時代有一種“武士制度”，武士是諸侯們的屬臣或倍臣，做諸侯或其他貴族的衛士的。凡能自備戰馬戰具，有微田可以自活的人都可以做武士。武士在歐洲差不多是封建制度的維繫者。在中國封建時代的“士”便很像這種“武士”階級。（“士”的名詞有廣狹義的兩種：狹義的“士”是指大夫士的“士”，便是武士階級；廣義的“士”是泛指一切的男子，便是士女的“士”。案：獄官也稱爲“士”，古代兵刑不分，可證“士”即武士階級。）

本來封建時代的教育制度是文武並重的，凡是貴族階級的人都要受過射御的訓練，所以武士制度在封建時代便很容易起來。武士階級是貴族階級的底層，他們雖没有大封邑，但也有食田或俸禄可以維持生活，是一種地位較高的團體。他們分爲幾層等級：有的當官吏，有的當大貴族的衛士，有的當軍隊裏的高級兵士。他們很講究技藝和禮節，會行俠尚義，同時又會講自由戀愛。最典型的武士，把榮譽看得重過安全，把責任看得重過生命；但同時他們又是不拘小節的。如孔聖人的高足弟子子路和漆雕開，便是這階級裏的代表人物。

從割據各地的大小封君到“公侯腹心”的武士構成了這秩然有序的封建社會。到耶穌紀元前七世紀以後，這種封建社會漸漸發生動摇了。動摇的原因，有外在的和内在的兩點，現在分叙如下：

封建社會崩潰的內在原因，是封建制度本身發展過久，貴族階級的人數一天天的增加，發生互相衝突，互相排擠的情形；它的結果使得貴族階級的人許多急劇地降入下層社會。這使下層社會的民眾慢慢有了智識，增加力量，能夠對貴族階級起反抗運動（這種情形在西周晚年已經有了，不過到春秋中期以後才漸漸顯著起來）。同時，貴族階級的政權也下移到少數的擁有實力的中下層人物；所謂"政在大夫"和"倍臣執國命"，便是這種病況的斷案。那時各階級的人物互相攻擊得格外厲害，於是土地漸漸集中，竟有沒有封土的大夫和無祿的公子公孫出現了。同時士階級失業的人也非常之多。這下層階級的反抗和土地分配制度的改變使封建社會受了致命傷！

封建社會崩潰的外在原因——也可以說是摧毀封建社會的原動力，——是產業的發達。鐵製耕器和牛耕的發明與農業技術的進步，使農村日加開發。同時鐵器又使手工業進步。農業與工業的發展又促進了商業的發達。進步的農工商業便提高了人民的地位，使上層階級格外容易倒塌。到了大夫取得諸侯的地位，武士成了文士，吸收下層階級的優秀分子，另組成一個社會中最有勢力的階級時，封建社會的命運已大半告終了！

歐洲的封建社會受了工商業發達的打擊而崩潰，中國封建社會崩潰的真原因和歐洲也差不多。但中國因受了地理環境的限制，發達到佃農制的社會就終止了；歐洲卻因地理環境的適宜而發達成資本制的社會。這東西文明進化史的不同，又證明了公式化的唯物史觀者的錯誤！

第三章　男女關係與婚姻習慣

一般人都以爲"男女有別"是三代聖王傳下的教訓，在很古的時候，整個社會的男子與女子已經"不相授受"和"不通音問"了。這個觀念至少可以説有一半是錯的！我們謹慎些説，"男女有別"，在戰國以前，只是上層貴族間所守的禮教；至於中等以下的階級，滿没有這回事！

我們先從最可靠的詩經裏看看當時（春秋時）中等以下階級的男女間的關係：號稱周初的詩而實際上大半是西周以後的作品召南裏有一首野有死麕，它叙述一個武士向一位閨女求愛的情形："他用白茅包了一隻死鹿，當作禮品，送給懷春而如玉的她。她接受了他的愛，輕輕對他説道：'慢慢地來呀！不要拉我的手帕呀！狗在那裏叫了！'"這首詩證明了那時的男子可以直接向女子求愛。男女們又有約期私會的，如邶風的靜女的作者説："美好的女兒在城角裏等候我，我愛她，但找不見她，使我搔着頭好没主意。她送給我一根紅色的管子，又送給我一束荑草，這些東西是何等的好——唉，我哪裏是愛的這些，只爲它們是美人的贈品！"又如鄘風的桑中記着一位孟姜在桑中的地方等候她的情人，又在上宫迎接他；相會過之後，就到淇水上送他回去。我們看那時女子們的行動是何等的自由。她們可以到東門外像雲一般的團聚游玩，她們可以同男朋友坐在一輛車上或並肩行走去游玩。

據説，鄭、衛兩國的風俗是最淫亂的。在衛國的詩邶風裏有一首新臺，這首詩從前的經學家説是衛國人做了諷刺衛宣公當扒灰老的，這實在是笑話！我們看看這首詩裏説些什麽話："新臺下面河水瀰瀰漫漫地流着，我們所需要的是美丈夫，可恨只見了許多醜漢！魚網本爲打魚設的，不料投進了一頭鴻鳥。我們所需要的是美丈夫，可惱得到了一個駝背老！"這原是一首女子們自由求配偶的戲謔詩歌。

在鄭風裏有一首溱洧，裏面記述得更是熱鬧："溱水與洧水正在慢慢地流呀，男的和女的手裏拿着蘭花正在玩呀。她説：'我們一同到那邊去玩玩罷？'他答道：'那邊已經去過了。'她又说：‘再去玩玩也何妨！’他就和她來到洧水之外，這真是快樂的地方呀！男人們和女人們儘説着笑話，採了芍藥花，他送了她，她又送他。”這是怎樣美麗的一幅仕女春游圖的寫真！

但是她們也有時被家長們監視着，鄭風裏就有一首詩記着一位閨女被拘禁的呼聲。她嚷着：“仲子啊！你不要跳過我的牆，你不要折了我家種的桑。並不是我愛惜這些東西，只因怕我的父母哥哥們説閑話呀。你固然是可愛的，但是父母哥哥們的閑話也是可怕的呀！”

他們和她們固然“邂逅相遇”，就可以“適我願”，但是這樣容易的結合，自然有許多流弊出來。鄭風裏還有兩首詩記着：“她循着大路，牽着他的衣袖，對他央告道：‘你不要討厭我呀！舊好是不該輕易忘記的呀！’”這是一位柔弱的女子被男子遺棄時的悲聲。“你如還愛我，我就牽了衣裳涉過溱水來會你；你如不愛我，難道我就找不到別人？無賴漢呀你好無賴也！”這是一位潑辣婦對付她的無情男子的痛罵。

大家讀了上面的叙述，不免感到當時下層社會男女間只有自由的結合而没有較嚴格的婚姻制度。你們如果有了這種觀念，我又要告訴你們，這是錯的！他們的確也有較嚴格的婚姻制度存在着：“怎樣種麻？先須把田畝橫直耕耘好。怎樣娶妻？先須稟告自己的父母！”“怎樣砍柴？非用斧子不可。怎樣娶妻？非請媒人不得！”在這兩段話裏，證明了那時的正式婚姻已需要“父母之命”和“媒妁之言”了。

請不到好的媒人，婚姻是要“愆期”的。得不到“父母之命”便怎樣呢？鄘風裏記着一位叛逆的女性的呼聲道：“柏樹做成的舟，正在河中飄流，那位頭髮披向兩面的他，纔是我的好配偶。我至死也不變心。呵，那像天帝一般威嚴的母親！你真太不原諒人了！”她甘心殉情了。

當時有勢力的男子爲了得不到女子的愛，甚至拿打官司去壓迫對方，召南裏又有一首詩記着一個女子反抗强暴的男子的説話：“誰説雀鳥没有角？它已經把我的屋子觸穿了。誰説你没有財産？竟至於拿打官司來壓迫我了。但是無論怎樣，我是決不和你同居的！”但是有時女子們也很需待男子來求婚，她們嚷着：“梅樹的葉子落完了，梅果兒已裝滿一籃子了。求我的男子們呀，你們可以來提親了！”看她這樣的迫不及待！

　　正式的婚姻雖由“父母之命，媒妁之言”而結合，但也有先期由男女雙方自己私訂終身的。例如邶風的擊鼓記着一位戰士和他的愛人在“死生契闊”的當兒訂成了婚約，“手攬着手，甘心偕老”。又如衛風的氓詩記着一個女子自述半生的經過道：“呆蠢的他抱着布來買絲；他並不是真來買絲，實在是來和我商量訂婚的事。我送他涉過淇水，一直來到頓丘，對他説：‘並不是我故意愆期，只因你没有請得好媒人來。請你不要憤怒，我們就在這個秋天訂婚期罷！’”在這段話裏，使我們知道男女的婚姻可以由雙方自己談判，但是其間也缺少不了媒人。

　　這種半自由戀愛的婚姻也會收到壞結果的。氓詩的作者叙述他們訂婚之後的情形：“我常常站在缺牆上遠遠盼望那從復關裏出來的他；看不見他的時候，哭得眼淚汪汪。好容易見到了他，又喜笑，又談話；據他説：‘在卜筮裏得到的卦象也不差。’他就用一部車來，把我和我的積蓄一同帶到了他家。我在他家裏整整做了三年的主婦，吃了不知多少的苦，早起晚睡，一刻不得閑功夫，這也算對得住他了；卻不料，他如願之後，漸漸變起心來了，把我遺棄掉。我的兄弟們不知細情，背地裏只管冷笑。想起從前，我們小的時候，海誓山盟，何等要好。萬想不到，會有變卦的今朝，我自己懊悔也來不及了。奉勸天下做女兒的，你們不要再與男子們相好了！男子們的心真是永遠的不可靠！”

　　以上所記述的都是下層階級（包括下等武士和庶民等）男女關係和婚姻習慣；至于中上層階級，男女間似乎是有較謹嚴的禮制的。戰國人所傳的禮經中有一篇士昏（婚）禮，記載着"士"階級的婚禮很是詳細，参以別種記載説起來，大致是先由媒人提親，繼以納采、問名、納吉、納徵和請期等禮。納采、納吉、請期都是用雁做禮物，納徵用幣（十匹黑帛，兩方鹿皮）做禮物。到了婚期由新郎親迎新婦回家成婚。詳細情形，不必贅叙。我們再從較可靠的書籍裏尋取春秋時中等以上階級的婚姻習慣。

　　春秋時卿大夫們的婚姻是很講究門第的，他們所娶所嫁，往往是他們的敵體的人家，這國的貴族和那國的貴族常常借了通婚姻以結外援。他們也有時上娶嫁於國君，或下娶嫁於庶民，但這似乎只是例外。他們除了正妻之外（極少的例外，諸侯與大夫的正妻也可以有兩個以上），還有許多妾，多妻主義在貴族社會裏差不多人人實行着。他們的正妻需要正式媒聘，至於妾，則有些是正妻的媵女，有些是奴婢升上的，有些是買來的，有些是他人贈送的，有些是淫奔來的，有些甚至於是搶奪來的。不好的妻可以趕掉，不好的妾自然也可以趕掉，送掉，甚至於殺掉。被趕掉的妻和妾同寡婦一樣可以隨意改嫁，卿大夫們娶再嫁的女子為妻絲毫不以為恥辱，貴族的女子再嫁在當時人看來真是平淡無奇的事。例如鄭執政祭仲的妻曾教導她的女兒道："凡是男子都可以做女人的丈夫，丈夫哪裏及得父親只有一個的可親。"這證明了當時女子對於貞節是不大注重的，雖然例外也很多。

　　現在且説幾件春秋時貴族階級的婚姻故事：當魯昭公的時候，鄭國大夫徐吾犯有個妹子長得很美，鄭君的宗室公孫楚已聘為妻，不料另一宗室公孫黑又叫人去強納聘禮。徐吾犯為了這件事很着急，就去報告執政子産。子産道："聽你妹子的意思，隨便嫁給那個都可以。"徐吾犯就去請了公孫楚和公孫黑兩人前來聽他妹子的選擇。公孫黑打扮得很漂亮進門，陳列了禮物然後出去。公孫楚穿着武裝進門，向左右拉把射箭，射完了箭，跳上車子就走了。徐吾犯的妹子在房裏看了，説道："子晳（公孫黑）固然長得好，但子南（公孫楚）卻是個丈夫的樣子。"於是她就嫁給公孫楚。在這件故事裏可以看出當時女兒眼光中的標準丈夫，是要糾糾武夫的樣子的。我們知道鄭國最著名的美男子是子都，他就是一個能與勇夫爭車的力士。再看當時人做的詩，對於一位名叫叔的稱頌，也是歌詠他的"善射""良御"和"袒裼暴虎"，他膺得了"洵美且武"的稱號；而"將叔無狃，戒其傷女"，似乎還是當時女兒們對於這位"叔"的一種輕憐密愛呢？

又當魯宣公的時候，陳國有一個大夫叫夏徵舒，他的母親夏姬是鄭國的宗女，著名的美人，她的美名引得陳國的君臣爭着與她發生關係，結果弄得君死國亡，夏姬被擄到楚國。楚莊王想納她做妾，只爲聽了大夫申公巫臣的諫勸而作罷。執政子反也想要她，仍被巫臣勸止。莊王把她賜給臣下連尹襄老，連尹襄老戰死，她又與襄老的兒子通姦了。不料巫臣早想佔有這朵鮮花，就暗地派人勸她回到娘家鄭國去，説自己願意正式聘娶她爲妻。他用盡了心計，才把夏姬送回鄭國。夏姬剛回到娘家，巫臣就派人去提親，鄭伯答應了。後來巫臣就乘楚共王派他到齊國去的機會，帶了全家動身；一到鄭國，就叫副使帶了聘物回報楚王，自己卻接了夏姬一同逃奔晉國去了。像夏姬這樣淫濫的女子，堂堂大國的大夫竟至丟棄了身家去謀娶她，當時也沒有什麼人批評巫臣的下賤，可見那時人對於女子的貞節觀念是怎樣的與後世不同了。

但是事情也不可執一而論，我們試再説一個故事：當魯定公的時候，吳人攻入楚的國都，楚昭王帶了妹子季芈等逃走，半路遇盜，險些送掉性命。幸運落在他的一個從臣鍾建身上，他把季芈救出，背起來跟着楚王一起跑。後來楚王復國，要替季芈找丈夫，她謝絶道："處女是親近不得男子的，鍾建已背過我了！"楚王會意，便把她嫁給鍾建。在這段故事裏，又可見貴族間男女的禮教究竟是比較謹嚴的。又如有一次宋國失火，共公的夫人伯姬

（魯女）因等待女師未來，守禮不肯出堂，竟被火燒死，這也可以證明當時貴族女子是怎樣的有守禮的觀念了。

從國君以下的貴族的婚禮，一樣也用媒人，一樣也由父母之命決定。國君們的妻子大致是從外國娶來的。他們尋常的嫁娶，是派臣下送迎。他們娶一個妻子，或嫁一個女兒，照例是有許多媵女跟隨着。這種媵女的制度似乎通行於各級貴族之間。她們大致是正妻的姊妹或姪女等以及底下人，也有些是友好的國家送來的陪嫁。

周人的婚姻制度，有一條極嚴格的定律，一直流傳到後世，那便是"同姓不婚"制（到了清末，改同姓不婚爲同宗不婚）。他們以爲同姓結婚生育便不蕃殖。雖然那時的國家或氏族也有因相好而互通婚姻，破壞了這條定律的，但例子究竟不多。

我們現在先把姓氏制度說一說：原來"姓"和"氏"兩個名詞在古代是有分別的。姓大約是母系社會的遺傳物，凡屬一系血統下的男女共戴着一姓。姓之下又有氏，氏就是小姓，是一姓中的分支，但"氏"似乎只是貴族階級特有的標幟。據古書的記載，諸侯以國名爲氏，是天子所賜給的；大夫以受封的始祖的別字爲氏，或以官名爲氏，又或以邑名爲氏，是諸侯所賜給的。氏或稱爲"族"。大約以字爲氏族的大夫多是公族，他們的定例是這樣的：諸侯的兒子稱公子，公子的兒子稱公孫，公孫的兒子就把他的祖的字爲氏族。但也偶有例外：有以祖的名爲氏的，有以父的名字爲氏的，又有以伯仲叔季等爲氏的。至於以"官"或"邑"爲氏族的則大致是異姓的大夫，但也有同姓的公族摹做這種例子的。又大夫的小宗也別有氏，大概也是用始祖的名字或官職地名等爲氏的。他們的例子非常紛繁。當時的大夫又有以國名爲氏的，如陳氏；有以爵名爲氏的，如王氏、侯氏。

在周代，男子稱氏不稱姓，女子稱姓不稱氏。因爲同姓不婚，所以婦人繫姓非常重要。但在那時男女結婚，只要不是同姓

（買妾不知其姓則用卜來解決），世代層是可以輕忽的：如姪女可以從姑母同嫁一夫，或繼姑母爲前後妻；舅舅也可以納甥女爲妻妾。

從較可靠的史籍裏看，貴族的女子有師傅等跟着，似乎不能輕易自由行動。又據後世的傳説，周公已定下了"禮儀三百，威儀三千"的禮制。但是在事實上，春秋時貴族男女非禮姦淫的事卻多到不可勝計，有嫂子私通小叔的，有哥哥姦淫弟婦的，有嬸母私通姪兒的，有伯叔父姦淫姪媳的，有君妻私通臣下的，有君主姦淫臣妻的，甚至有子通庶母，父奪兒媳，祖母通孫兒，朋友互換妻子等令人咋舌的事發現。至於貴族男女間自由戀愛的例子也很多，如魯莊公與孟任私訂終身，郿陽封人的女兒私奔楚平王，鬥伯比私通邧子的女兒等都是。這可見在春秋時代，非禮的男女關係和婚姻，無論在貴族或平民間都是盛行着的。

第四章　世族與世官制度

中國人只有家族觀念而没有國家觀念，這是誰都知道的。但是這種民族性的養成，便是肇始於商、周，立基於春秋，而牢固於六朝的。我們知道商代是氏族社會的末期，那時整個的國家便是氏族的集團，没有純正的政治組織，所以也没有國家觀念。周代創立真正的封建制，國家規模雖漸次形成，但是爲封建制度的基礎的宗法制度則仍是從氏族社會裏滾出來的物事。關於宗法組織和封建制度，在第二章裏我們已經約略叙述過，現在且挑那爲春秋時代政治中心的世族階級來詳細的談一談。

世族就是大夫的氏族。他們有細密的宗族組織，世世代代擁有土地和勢力，所以喚做世族。——世族實在就是列國内部的小國家。這種世族制自然是起源於封建制和宗法制的。——宗法是統馭家族的原則，封建是擴充家族系統爲政治系統的原動力，世族便是混合家族和政治的系統而用宗法來支配的一種特殊團體。

春秋時的貴族階級既有固定的封土，又有固定的政權，所以能夠收聚族衆，成爲一種半政治式的宗族組織。我們既知道那時的大夫就是小國君，國君的地位和土地是世襲的，所以大夫的地位和土地也是世襲着的。（據後世的記載，只有楚國的制度，世族再傳，君主就把祿地收回，但未知確否？）

世族的大夫在他們的封土內，可以自由築城，可以自由設置軍隊。春秋時大國的大世族，封土可以多至幾十邑以至於百邑以上，兵力也可以從幾千人以至於萬人以上。他們實力最大的足以與一個大國交戰。他們地位之高，有時要勝過一個次等國家的君主。

大夫也有宗親和家臣們襄助着治理封土和族內的政事，族內的人稱大夫爲主或宗。他們憑藉着偉大的勢力世執國政，上挾王侯，下治庶民，在當時各國的實力差不多都是寄存在世族之上的。

春秋時各世族的封土和勢力也同列國一樣，有大小強弱的分別。他們起初似乎是以官爵爲等差的；但也沒有嚴格的限制，春秋時有實權的大夫的封土和勢力儘可以比卿還大還強。

在世族團體中，全族的人休戚相關：一人好了，一族便跟着好；一人失了勢或犯了罪，甚至於全族覆滅。那時的宗族差不多有生死個人的力量，所以春秋時的貴族階級受着兩層統制：在君統以外，他們還戴着一個宗統。

宗族的觀念籠罩了個人的人格，同時也掩蔽了國家的觀念。世族階級的人肯犧牲自己或近支的親屬去維持整個的宗族；也有因維持宗族的地位而立時反叛國家的。

春秋列國的大世族，如周有周、召、單、劉、尹等氏；魯有仲（孟）、叔、季三家和臧、東門等氏；晉有欒、郤、狐、趙、韓、魏、知、中行、范、羊舌、祁、先、胥、伯等氏；齊有高

（文公後）、國、崔、慶、樂、高（惠公後）、陳、鮑等氏；宋有華、樂、皇、魚、蕩、向等氏；衛有孫、寧、孔等氏；鄭有良、游、國、罕、駟、印、豐等七穆之族；楚有鬥、成、蒍、屈等氏。此外秦和吳、越等國的世族，則不甚可考了。

　　世族中以同姓公族的地位較爲穩固，如周的周氏因作亂而被殺及出奔，但其後裔仍得世世在位；魯的仲、叔、東門、臧諸氏，齊的國氏，宋的向氏，楚的鬥氏等也是如此。而魯、衛的公族勢力尤爲强健，甚至於隨意的驅逐國君，使他們終身不得復國。此外宋、鄭的公族勢力也極大，異姓都不强盛。魯、衛、宋、鄭四國真稱得起是當時盛行親親主義的模範國家了。只有晉國因懲曲沃之亂，削損公族勢力不遺餘力，到後來異姓代爲公族，卻變成了異姓貴族的天下。

　　跟着世族制度而産生的，是世官制度。世官制度，就是世襲的貴族用了特殊階級的地位世世做官，執掌國政。但在這裏有一點應當特別聲明的——便是世官並不就是世職。戰國以前，世襲一種官職的貴族固然很多，但也有世官而不世職的。各國的非專門性質的大官職，大致是由世族們以聲望和資格禪代着担任。如大夫士的地位雖可由各世族世襲着，而卿的地位就比較的要以聲望和資格薦升了。

　　那時也有一種選舉制度，選舉的方法是從貴族中揀取有勞資和才幹的人來担任重要的官職。用那時的話來說，便是"賞功勞"，"明賢良"和"内姓選於親，外姓選於舊，舉不失德，賞不失勞"。所以他們既主張"擇善而舉"，卻又同時主張"舉不踰等"。

　　在宗法社會和封建社會裏最重要的觀念，是"親親"和"貴貴"，決沒有一個庶人可以突躍而爲卿大夫的。那時的貴族都以宗法的身份和門第互相標榜着。他們的口號是"親不在外，羈不在内"。國君們倘若"棄親用羈"，便要被世族排擠掉。所謂"昭舊族，愛親戚，尊貴寵"，是與"明賢良"，"賞功勞"並舉的主義。

他們以"貴有常尊，賤有等威"爲禮；如果有"賤妨貴，遠間親，新間舊，小加大"的情形，那便是逆禮了。

春秋時的世族眼光裏只有"守其官職，保族宜家"二事，他們以爲這樣才能使"上下相固"。如果棄了官則族便"無所庇"，上下的制度就要紊亂。因之世族制度便與世官制度聯結而不可分了。

這種根深蒂固的世族制到春秋中年以後才隨着封建制而漸漸搖動。關於世族制衰微的原因也和封建制大致相像，約略説來，共有四點：

第一是土地制度的轉變。春秋中年以後，土地漸次集中於各大族，失土的世族較前大增；一面人民私有土地制似也萌芽：上下內外兩面的夾攻，使得世族的階級開始崩潰。

第二是世族內部的傾軋。春秋中年以後，大世族的勢力發展到了極度，因之互相兼併，被傾軋的大小世族中人許多降爲平民。世族的人數一少，階級便更維持不住。何況爲世族制度基礎的封建制度也正在同時崩潰着！

第三是尚賢主義的興起。春秋中年以後，各國競爭愈烈，任用賢才的觀念也格外發達，士以下的階級漸次抬起頭來；又因教育的普及，平民的勢力格外容易發展，這使世族的地位急劇地倒塌。

第四是宗族觀念的中衰。春秋中年以後，封建組織漸漸向統一國家轉移，因之宗族觀念的一部便被國家觀念所取代。到了戰國，"治國平天下"的學説大張，於是世族制度便不由得不完全崩潰了。

世官制度是世族制度的寄生物，世族制度一倒，自然世官制度也就跟着毀壞。

春秋時的世族制與六朝時的門閥制是極相像的，我們在這裏且順便一看六朝時的門閥制——它能使我們格外明白些春秋時世族的情形！

　　六朝時的門閥制度起源於三國時魏國所建立的一種特別的選舉制度，那便是歷史上有名的九品中正制。九品中正制是在各州郡置立中正的官，把人民品評爲九等，朝廷按着中正所評定的品第選用人才。這種制度本是很有平等的精神的，但不幸因爲它産生在古代的階級社會（秦、漢以後的中國社會在土地制度上是佃農制，在政治制度上是準封建制）裏，中正的官本就由著姓士族去充任，所以造成了一種“上品無寒門，下品無世族；高門華閥有世及之榮，庶姓寒人無寸進之路”的極不平等的結果。到了後來，“尚姓”之風大盛，甚至於“位宦高卑”都依家牒而定了。

　　古代的“官有世胄，譜有世官”的制度既經重建，於是門閥觀念就此確立，“士庶緬絕，不相參知”的情形也就復現起來。當時又因民族遷徙的標榜，有所謂僑姓、吳姓、郡姓、國姓之分；這四姓都是當時的貴族。僑姓是中原士族跟隨晉帝南渡的，吳姓是原處江南的大族，郡姓是留居中原的世族，國姓是外來異族中的貴族。四姓之中，以吳姓的地位爲較低，是一種被壓迫的民族。那時郡姓之中又有甲、乙、丙、丁等姓之分。五花八門，真叫我們摸不清頭腦。

　　那時的貴族也各以等差佔有田地，又各以其品的高卑蔭其親屬，又得蔭人以爲衣食客和佃客，幾乎完全恢復了封建時代的情形。在那時，“以貴役賤”又成了“定制”，“士庶區別”復成了“國章”。世族與寒門不通婚姻，不相禮接，在政治和社會上種種區別，不可勝記。庶民的被壓迫情形真不亞於春秋以上！

　　在門閥制度之下，也是“殉國之感無因，保家之念宜切”，世族專權也同春秋時代一模一樣。他們也以内部的腐敗而權下移於寒人了。不過他們的地位既從選舉制度的改革而成立，也終從選舉制度的改革（隋、唐改九品中正制爲科舉制）而消失——這一點是和春秋時代的世族略有不同的地方！

第五章　地方制度與城邑建築及人口

在古代部落林立，遷徙無常的時候，是談不到有什麼嚴密的地方制度的。從流動的部落組織向定居的國家組織轉移，才漸漸有城邦和鄉鄙等出現。自商代到春秋，其間地方制的變革自然很多，我們但就本章的題目一叙春秋時的地方制度。

春秋時普遍的地方組織，大致是這樣：人民聚居的地方喚做"邑"，邑的大小範圍沒有一定，有的有城垣，有的沒有。大而有城垣宗廟的喚做"都"，都大致是列國大夫的封邑，或重要的城鎮。諸侯所居的首都喚做"國"。國、都、邑，是那時列國大小城鎮的三層等級。天子所居的首都喚做"京師"，師是軍隊所駐的地方的專稱，京是大的意思。

城外有郭，大致城外郭內的地方喚做"鄉"，郭外喚做"郊"，郊外喚做"遂"；又有"牧""野"等名目，也是指城鄉外的地點。

地方上的細密組織，有"鄰"、"里"、"鄉"、"黨"、"州"等名目，其詳細的區劃已不可確知。大致是以家爲本位，合若干家爲一鄰，合若干鄰爲一里，合若干里爲一黨，合若干黨爲一鄉。州大致是與里差不多的地方組織。

春秋時秦、楚、晉、齊、吳諸大國內又有一種新起的地方制度，那便是後世所稱爲秦始皇帝創制的郡縣制。在後世所稱爲周初的書周官和逸周書裏已有郡縣的名稱，是一種國都郊外地域的區劃。有的説二千多家爲一縣；有的説方百里爲一縣，一縣爲四郡。據逸周書説，縣也有城垣，大的當國都三分之一，小的當國都九分之一。齊語上也記管仲治齊定郊外九千家爲一縣；周官又有縣師的官職，後人注説，王都四百里以內的地面喚做縣。這些記載雖不可盡信，但可從中看出縣郡名義的原始——縣和郡本是國都郊外的地方區劃。

從銅器銘文和左傳、國語、史記等書觀察春秋時的縣郡制，有如下的一些記載：

秦武公十年（魯莊公六年），秦人滅邽冀戎，創立縣制。十一年，又把杜、鄭兩國并爲縣屬。魯僖公九年，秦人納晉惠公，惠公對秦使説道：“秦國已有着郡縣了。”以上是秦國有郡縣制的證據。他大約創始于春秋初年。

楚文王立申俘彭仲爽爲令尹，併申、息二國爲縣。申、息之滅都在魯莊公時，可見楚國的縣制也大約創立於春秋初年，與秦國不甚先後。

魯宣公十一年，楚莊王攻破陳都，想把陳國改爲楚國的縣，後來聽了大夫申叔時的話纔作罷；當他責備申叔時不賀他破陳的時候，曾説道：“諸侯縣公，皆慶寡人”，可見楚國的縣長是稱公的。

宣公十二年，楚莊王破鄭，鄭伯哀求莊王道：“您如肯不滅鄭國的社稷，叫鄭國改了禮節服事你，等於您國內的九縣，那就是您的恩惠了！”可見那時楚國的縣在那時已很多。

魯成公六年，楚兵伐鄭，晉兵救鄭侵蔡，楚將公子申、公子成帶了申、息兩縣的兵救蔡，與晉兵相遇。晉將説道：“我們起了大兵出國，如只打敗楚的兩縣，很不值得；如還打不敗他們，那更是恥辱了。”楚的兩縣的兵力已足與一個大霸國開戰，楚縣之大於此可見了。

魯襄公二十六年，楚、秦聯軍侵鄭，楚將穿封戌俘獲鄭將皇頡，楚王的弟王子圍（後來的靈王）和他爭起功來，由大臣伯州犁做公證人，他對着俘虜把手上抬指着王子圍道：“這是寡君的貴弟。”又把手放下指着穿封戌道：“這是方城外的一個縣尹。”那麼，縣長又稱尹了。

魯昭公八年，楚人滅陳爲縣，命穿封戌爲陳公。十年，晉叔向道：“楚王討陳，號稱安定陳國；陳人聽命，他就把陳併爲屬

縣。"是年，楚王滅蔡，在陳、蔡、不羹等地方築了大城，命公子
弃疾爲蔡公。十二年，楚靈王在州來閱兵，很驕傲地對臣下説
道："今我大城陳、蔡、不羹，賦皆千乘，諸侯都畏我吧？"楚的
大縣的賦有千乘之多，幾乎可以與當時的一個次等國家相比並
了。——以上是楚縣的記載。

魯僖公三十三年，晉兵破白狄，大將郤缺斬獲白狄子，晉襄
公賞給薦郤缺的胥臣以先茅（人名）之縣。這是晉縣見於記載之
始，在此以前晉國當已有縣制了。

魯宣公十五年，晉將荀林父滅赤狄潞氏，晉景公賞給保奏荀
林父的士貞子以瓜衍之縣。

魯襄公二十六年，蔡臣聲子對楚令尹子木説："伍舉奔晉，
晉人將要給他縣，以與叔向相比。"

三十年，晉平公的母親悼夫人頒賞食物給替她母家杞國築城
的役人，其中有個絳縣人因爲年老無子，也去受食。大家問起他
的年紀，已有七十三歲。執政趙孟就問絳縣的縣大夫，知道這老
人本是他的屬吏，當下就召這老人來當面謝過，分給他田，命他
爲絳縣的縣師，而把他的上司輿尉廢了。在這段記載裏，可以知
道晉國的國都也是立爲縣的。（絳是晉的國都。）

魯昭公三年，晉侯把州縣的地方賜給鄭臣伯石。這州縣本是
欒氏的邑，欒氏出亡，范、趙、韓三家都想把它據爲己有。趙家
説："州縣本屬於溫，溫是我家的縣。"范、韓兩家説："州縣從別
屬郤氏以來已傳了三家了。晉國的別縣（大縣的分縣）並不止州一
個，大家都不能把從自己食邑裏分出去的縣收回。"趙家聽了這
話，只得罷了。到了趙家當政，又有人勸他乘機收取州縣，趙文
子説："我快要不能治我自己的縣了，要州何用？"韓家就乘趙家
放棄的機會替伯石請得了州縣的賞。七年，鄭執政子產替豐氏
（伯石後人的氏）把州縣歸還晉國，晉侯又把他賜給韓家；韓家因
自己先前説了過度的話，不好意思自取，就把它向宋臣樂大心換

得原縣的地方（也是晉國賜給他的）。在這段記載裏，又可以看出晉縣往往是大夫的封邑，小縣有從大縣分出的，分出的原因有些是因爲給別個大夫做封邑了；又大夫可以治自己的縣，國內的縣並可以賜給別國的臣子做封邑。

昭公五年，楚靈王想刑辱送女來的晉大夫韓起和叔向，大夫薳啟彊對他報告晉國的實力，道：“韓家所屬的七邑都是成縣（大縣），晉國如失了韓起和叔向，他們必定盡起十家九縣的兵力九百乘來報復，其餘四十縣四千乘的兵力作爲後備，那就了不起了！”在這段話裏又可看出晉國的大家可以有數縣的食邑，大縣每縣有一百乘的兵力，那時晉國全國的大縣共有四十九個。

二十八年，晉國滅掉祁氏和羊舌氏，把祁氏的田分做七縣，把羊舌氏的田分做三縣，各立縣大夫。這又可見晉縣愈分愈小，大約是大夫分贓的結果。

魯哀公二年，鄭兵替齊人轉送糧餉給晉的亡臣范氏，晉將趙鞅帶兵與鄭兵在鐵地開戰，趙鞅下令道：“打勝敵人的：上大夫受一縣的賞，下大夫受一郡的賞。”在這兩句話裏證明了晉也有郡制，但比縣爲小。

戰國策記知過勸知伯破趙之後，封韓、魏的臣子趙葭、段規各以一個萬家的縣。這條記載如可信，則春秋、戰國之間，晉縣的富庶已很可驚了。——以上是晉國郡縣的記載。

齊縣除見於國語之外，又見於銅器銘文。齊侯鐘銘記齊靈公把釐（萊）邑的三百個縣賜給一個喚做叔夷的人，又命他治理釐邑。這證明了齊縣是極小的，一邑之內已有三百個縣，三百個縣可以同時賜給一個人。查論語記管仲奪伯氏駢邑三百，這所謂“三百”當也是三百個縣。又銅器子仲姜鎛銘記齊侯賜給一個喚做釐叔的人二百九十九個邑，這邑也極小，與“其縣三百”的縣差不多的大。（齊語説三十家爲邑，論語也有“十室之邑”的話，當即指這種小邑。）

晏子春秋記齊桓公賜給管仲狐邑與穀邑十七縣的地方。左傳和晏子春秋又記齊慶氏亡，諸大夫分贓，把邶殿的邑六十鄙送給晏嬰，晏嬰不受。縣和鄙是差不多的區域名稱，都是邑內的小區域。但說苑又記景公賜給晏子一個千家的縣，這記載如可靠，則齊縣確也有較大的了。總之，從銅器銘文和古書記載看來，齊國的縣制是特別的，實在還沒有脫離鄉鄙制度的規模。

吳國的縣郡制見於史記。王餘祭三年（魯襄公二十八年），齊相慶封奔吳，吳國給他朱方之縣。魯哀公十一年，吳王夫差發九郡的兵伐齊。吳的縣郡制當是摹做的晉、楚，那時吳國的郡已很多了。

綜合上面的敘述，所得的結論是：縣郡本是國都郊外的區劃，秦、楚、晉、齊四國在春秋初年開始有較正式的縣制，秦國並有郡制。楚縣最大，大致都是小國所改；晉縣次之，大致都是都邑所改；齊縣最小，大致是從鄉鄙改的。秦縣的大小，當在楚、晉之間。楚、晉、秦的縣是獨立的區域；齊縣則大致是附屬於邑內的小組織。晉縣多是大夫的封邑；楚縣則大致直屬於君主。晉縣似較楚縣爲多（秦到孝公時併諸小鄉聚爲縣，僅得四十一縣，可見春秋時秦縣也必不多）。至少春秋的晚期，晉國也已有郡制的存在，但郡較縣爲小。吳國則在春秋晚期也摹做晉、楚創立了縣郡制度。

我們以爲縣郡制就是創立於春秋時的。後世的記載或說三代時已有郡縣制，那決不可靠！

說起齊國的縣制，我們再順便把齊語所記管仲定的地方制度說一說。他在國都內分出二十一個鄉：工商的鄉六個，士（兵士）的鄉十五個。又下令定出五家爲軌，十軌爲里，四里爲連，十連爲鄉的保甲制。至國都的外鄙：三十家爲一邑，十邑爲一卒，十卒爲一鄉，三鄉爲一縣，十縣爲一屬。這種記載如可信，則也確是當時的一種較進步的地方組織了。

春秋時城邑建築的形式和範圍記載不多。據説周室建築東都洛邑，範圍很廣，内城大有九里見方，面積共八十一方里；外郭大有二十七里見方，所包的整個面積共七百二十九方里。列國的邑城，據説不得過五百丈（兩里多）或三百丈（近一里半），至多得國都的三分之一，那末列國的國都大致是四五里以至六七里見方了。其實是有更小的存在。又據説邑城分爲三等：大邑約得國都的三分之一，中邑約得國都的五分之一，小邑約得國都的九分之一；這一説如可信，那麼，最小的邑城還不到一里或半里呢！

城的作用是保衛封土，大致國君、卿大夫、他們的衛士、軍隊都住在城的中央，沿城和郭内以及大道旁是工商們的居處。農民則住在城外。城的當中有朝廷、府庫、倉廩，以及宗廟、社（祭土神的）、稷（祭穀神的）壇以及國君和卿大夫們的宮室等的建築。此外又有給外來的國君和使臣們住的客館。城郭外有護城池，上面有橋，大約是可以隨時抽動的。城郭的入口有可以開閉的城門，又有可以升降的懸門（閘）。城上有陴，或作堞，是城上的短牆，城的四面和四角又有高樓，都是用以登臨守禦的。

至於春秋時都邑的人口，則更難考覈。大約最大的都邑不過一二萬户（一户大致五口），最小的都邑或許有不滿百户以至於只有十户的。至於中等的都邑，大致在幾百户以至一二千户之譜。若問當時全中國的人口究竟有多少，我們卻是無法回答（大略估計起來，或許有一二千萬之譜）。左傳裏記着一件故事：當魯閔公二年，狄人攻破衛都，衛都的男女遺民逃出的只有七百三十人；添上了共、滕兩邑的居民，剛湊滿五千人。這可見春秋初年中原人口的稀少了。（論語記孔子到衛國去，看見衛國的人口，曾説過一句"庶矣哉"的話，可見衛國在當時還算是一個富庶之區哩！雖然這已是春秋晚期的事了。）

第六章　軍制

春秋時的軍制是最凌亂的。它的詳細情形，忽促之間，不能確考。本章所說，多半只是一些假定，請大家千萬不要把它當作無疑問的事實！

據説古代是行賦兵制的。周制：五百七十六家合貢兵車一乘，甲士三人，步卒七十二人，以次更調人民爲兵。這種記載與其他許多記載矛盾，自然是不能整個相信的。大致周時寓兵於農，人民平時三季務農，一季演武，又在四季農閑的時候舉行狩獵以講習武事，三年大演習一次。遇到戰事，便徵民爲兵。但在平時國家必定也有常備軍的，一個正式的國家決不能沒有固定的軍隊。

春秋以前的戰爭，兵數不甚多，所以人民不十分感到痛苦。春秋時盛行兼併，爭戰頻繁，兵的數目也便漸漸增加。據記載，魯僖公十五年，晉作州兵；成公元年，魯作丘甲；昭公四年，鄭作丘賦：其事不可詳考，大抵都是一種增加軍賦的制度。

春秋時的軍隊組織，記載既凌亂，又缺乏。據較可靠的齊語的記載，管仲所定的保甲制是：五人爲一伍，十伍（五十人）爲一小戎，四小戎（二百人）爲一卒，十卒（二千人）爲一旅，五旅（一萬人）爲一軍。這種記載至少可信爲當時列國軍隊組織的一種影子。又據記戰，車戰：十五乘爲一廣，二十五乘爲一偏，二十九乘爲一參，五十乘爲一兩，八十一乘爲一專，一百二十乘爲一伍。這種制度也是“其詳不可得聞也”！

那時列國的軍隊似乎有公室的，世族的，地方的之分；詳細的分配，記載無徵，我們沒有膽量去隨意亂道。

至於列國軍隊的多少，據記載：天子六軍，大國三軍，次國二軍，小國一軍。其實春秋時最大的侯國早已有超過三軍定制的了。關於一軍的人數，我們以爲並没有一定的。舊説萬人左右爲一軍，這大致是通常的數目。但如春秋晚期晉、楚等大國的兵力，據我們考證，至少在十萬以上，那就決非舊説三軍以至於六軍所能包括的了。

春秋時用兵少稱人數，多稱車乘；每一乘的人數究竟有多少，説法也不一致。據司馬法所記載的一説：一乘共甲士十人，步卒二十人。我們考證的結果，這種説法是大致可信的。一乘的人數，連乘車者和步卒（每乘的甲士和步兵的分配似乎没有一定），確是三十人左右。我們的依據是詩經魯頌稱頌僖公的兵威是“公車千乘，公徒三萬”，齊語記桓公時齊國的兵力是三萬人。八百乘，三萬是舉大數而言，則每乘的兵士約有三十人。又春秋時人常説千乘之國，千乘是大國，大國三軍，據舊説一萬人左右爲一軍，那末一乘自當有三十人之數。不然的話，據或説十人爲一乘（這種説法是誤解了各種記載），那末千乘只有一萬人，當時一個大國的軍隊似乎不止此數。

每乘兵車上的主力人員大致是三人：坐在左邊的叫做車左，掌管射箭；坐在右邊的叫做車右，掌管持矛應戰；坐在中間的是車御，掌管駕馬馳驅。但主將的戎車，卻是將帥居中擊鼓，御者居左，持矛居右。至於君主的車乘，因爲當時習慣，把左首當作上首，所以君主居左，御者居中，持矛居右。又一乘兵車上的主力人員，有時也不限於三人；有所謂“駟乘”，是四個人爲一車上的主力，用以增加戰鬥的力量的。又一乘兵車所駕的馬，大致是以四匹爲常度。

戎車之外的步卒，有的雜在車隊裏；有的單以步卒組織成軍，這便是所謂“徒兵”。當時中原列國的徒兵，有名的有晉、鄭兩國：左傳載魯隱公四年，宋、衛諸國聯軍把鄭國的徒兵打敗。又載襄公元年，晉國合諸侯的兵伐鄭，又把鄭的徒兵在洧水上打敗。這是鄭國的徒兵。鄭國的徒兵大致是很有戰鬥力的。至於晉國，則有所謂"行"的組織。魯僖公二十八年，晉文公作三行以禦狄；因爲戎、狄多是步兵，所以抵制他們的也用步兵。魯昭公元年，晉國與無終和群狄在太原地方開戰，大將魏舒主張毀車爲行，這"行"也便是步兵的名稱。至於戎、狄等部落與他國交戰，自是多用徒兵或騎卒，這因爲他們的居處多在山林，而文化又落後，備不起車乘的緣故。但在周初，周人與戎、狄的國家鬼方開戰，俘獲車乘至百兩之多，這證明了進步的戎、狄已知用車乘作戰了。

南方的吳、越等國也多用步兵或水軍應戰。魯成公的時候，晉國派楚的亡臣申公巫臣通使於吳，開始教吳人乘車和戰陣，這使楚國的地位大受影響。但此後吳、越的戰爭用戎車仍舊不多；便是楚國禦吳，也多用步卒或水軍。魯哀公十一年，吳、魯聯軍伐齊，俘獲齊車八百乘，統歸魯國所有，這是吳人不甚需要車乘的證據。

各國的戰陣也有許多名目，如鄭有魚麗之陣，以二十五乘兵車當先，五名步卒隨後，爲一隊，卒承車的缺隙以爲彌縫。這是一種很堅固的陣勢。衛有支離之卒，是一種分散的陣勢。楚有荊尸之陣，在軍隊裏參用戟隊。吳有方陣，以百人爲一徹行，百徹行爲一方陣，用以威脅敵人的。越有勾卒，是三軍外的游軍，用以引誘敵人的。魯昭公元年，晉、狄太原之戰，改車爲卒，設立相麗的五陣，有前、後、右角、左角、前拒的名目。襄公二十三年，齊侯伐衛，順道伐晉，把軍隊分爲六支，有先驅（前鋒軍）、申驅（次前軍）、貳廣（公的衛隊）、啟（左翼）、胠（右翼）、大殿（後防軍）等名目，這是深入敵國的軍隊組織。正軍以外，又有所謂游闕，是游擊補闕的車隊。

現在我們再來檢查檢查當時各國的軍力：

（一）晉國：晉在春秋時國勢最強，軍力當然不弱。據記載，曲沃篡晉，周王命曲沃武公以一軍爲晉侯；獻公作二軍；文公作三軍，稍後又在三軍之外別作步軍三行。魯僖公三十一年，晉人改作五軍以禦狄。成公三年，晉作六軍。其後又迭有損益。但軍制雖有變更，軍力實只有增加。在春秋晚年，晉全國的兵力至少已達四千九百乘。如以一乘三十人計算，則晉國共有十五萬左右的兵；再加上別組的徒兵等，當更不止此數。

（二）齊國：齊國在春秋初年，國軍已有三軍約千乘三萬人的兵力。到後來軍制雖未甚改變，而軍力當有大大的增加，才能維持他東方強國的地位。吳、魯、齊艾陵之戰，齊國喪失八百乘的兵車。晉、鄭鐵之戰，晉兵收獲鄭人替齊人轉送范氏的粟米千車。一戰的損失如此之多，則全國的兵力當不下數千乘。

（三）楚國：楚國的軍制，王室的禁旅有左右廣，每廣十五乘，合爲三十乘。全國似無一定的軍數，出戰時大致爲三軍。但楚國在春秋列國中軍隊實在是最多的：當楚靈王時，單是陳、蔡、二不羹四縣的兵力已有四千乘，再加上申、息諸大縣和其他地方的軍隊，當在萬乘數十萬人以上。

（四）秦國：秦國全國的軍數缺乏確實的記載。魯昭公時，秦君的母弟鍼因爲權勢太大，實力幾與秦君相並，被逼奔晉，隨從的車有千乘之多。一個公子的實力已大到如此，則秦國全國的兵力必也不下數千乘。

（五）魯國：魯國的軍制本爲二軍；襄公十一年，作三軍；昭公五年，又把中軍廢了，仍復爲二軍。魯國的國軍大致始終在千乘三萬人左右，是個次等的國家。

（六）鄭國：鄭國的軍力當在魯國之上。春秋初年，鄭國已有三軍，三軍外並有徒兵和臨時添置的軍隊。其國軍實力至少在千乘以上。魯襄公二十五年，鄭子展、子產帶車七百乘伐陳，車數與城濮之戰晉車之數相等。哀公二年，晉、鄭鐵之戰，晉將衛太子蒯聵登鐵丘上觀望鄭軍，看見鄭軍很多，害怕起來，自投於車下。此戰晉人以鄭爲大敵，可見鄭國的兵力自春秋初年到末年始終不弱。

（七）宋國：宋爲次等國家中的大國，兵力也不很弱，當在千乘以上。魯宣公二年，宋、鄭大棘之戰，衛兵俘獲宋車四百六十乘；宋人又以兵車百乘，文馬百駟，向鄭贖取華元。宋國損失數百乘的兵力還不算什麽，可見其實力之强了。

（八）衛國：衛爲春秋時的弱國，兵力較差。自被狄人破滅之後，文公元年（魯僖公元年）革車只有三十乘，末年到了三百乘，其後當更有增加。到春秋晚年，衛人高嚷着“晉國雖五次來伐我，我們尚能應戰”，可見他們的兵力至少也在千乘左右。

（九）吳國：吳是春秋晚期的霸國，軍力自然很强。吳、齊艾陵之戰，吳有中上下右四軍，其左軍當留守於國內，是吳國有五軍的軍制。魯哀公十三年，吳、晉會於黃池，吳國陳列中左右三軍帶甲之士三萬人爲方陣，以與晉軍爭長，則其國軍至少在五萬人以上。

（十）越國：越也是春秋末年的强國。據記載，越也有五軍的組織。越王勾踐攻吳，發習流（流放的罪人）二千人，教士（普通軍）四萬人，君子（王的私卒）六千人，諸御（高等軍士）一千人，約五萬人的兵力，這當是傾國之師了。越地較吳爲小，其全國的兵力在滅吳以前似乎在吳之下。

至於春秋時王室的軍隊，實際上恐不夠六軍之數。魯桓公五年，周桓王起傾國之師伐鄭，王領中軍，虢公林父領右軍，周公黑肩領左軍，只有三軍之衆。春秋初年周室尚有相當的勢力，其軍力已單薄得不值鄭人一擊；何況王畿日削，王綱日墜，不但“其車三千”的盛況不能恢復，就是春秋初年固有的實力恐也不能保持了。

關於各國內部大世族的實力，普通約在百乘左右；少的只有幾十乘以至於十餘乘；但也有較大的實力存在。如春秋中年，晉國的郤至已是“富半公室，家半三軍”。剛到春秋晚年晉國的韓家所屬已有七縣的地方，共有七百乘的兵力。又如魯國的季氏自從四分公室而取其二以後，私屬的甲士也已到了七千人以上。

第七章　爵位與官制

秦以前的爵位和官制，也是很難考證的。這因古書記載缺乏，又多不可靠；加以列國並立，制度不同，後人把不同的齊整爲同，更弄得我們莫名其妙。本章所叙，也多是一些假定。詳細的考證，不是現在所能做到的。

據較早的記載，周制：天子爲一位，公爲一位，侯爲一位，伯爲一位，子男同爲一位，凡五等；君爲一位，卿爲一位，大夫爲一位，上士爲一位，中士爲一位，下士爲一位，凡六等。這種說法的下半截還大致可信，至於上半截的五等爵制（公，侯，伯，子，男），用較可靠的記載和銅器銘文比勘起來，便知道完全是附會！據近人的考證，古諸侯稱爵並無一定，有些諸侯甚至於自稱王：除夷狄的國家外，中原如晉、齊、鄭、宋、呂等國的國君也多有稱王的痕跡存在。又如宋、衛、陳、蔡、紀、滕諸國的君主，或稱公，或稱侯，或稱子；杞或稱伯，或稱子；楚或稱王，或稱公，或稱伯，或稱子；許或稱子，或稱男。這都足以證明五等爵號的大半實在是些國君的通稱。（公即是君，伯爲人民之長與諸侯之長，子本是蠻夷君主之稱。）

周代真正的五等爵，有人說就是被後人說爲畿服的侯、甸、男、采、衛。這種說法雖尚有可疑之點，大致似乎是不錯的！我們覺得侯、甸、男是三等諸侯，采、衛是二等附庸。這種猜想，不知道對不對？

較大國家的卿似乎也都受册命於天子，大夫以下則由諸侯自加册命。據記載，天子九卿，大國和次國都是三卿；但春秋時如晉、鄭、宋等國都有六卿制的存在。卿之中又有上卿、中卿、下卿之分；大夫中也有上大夫、中大夫、下大夫之分；至士有上、中、下之分，那更不必説了。

以上是爵制，再説官制。春秋時的官制各國不同，但也有大致的共同點：有冢宰，或作太宰，等於後世的丞相，官位甚高，但也有地位較低的；太宰的下面有少宰等。最重要的官是四司：司徒，掌賦稅和徒役的事；司馬，掌軍旅的事；司空，或作司城（宋國因避武公的諱改司空爲司城），掌建築的事；司寇，或作司敗（南方陳楚等國稱司寇爲司敗），掌刑罰和警察的事；司寇之下，有尉氏、理、士等，分掌刑獄等事。四司在有些國家中又有大小之分（如大司馬、小司馬、大司寇、小司寇等）。四司之外，重要的官有宗伯，掌宗廟祭祀之禮；宗伯的下面有宗人等，分掌祭祀等事。此外重要的官職，又有太師、太傅、少師、少傅等，是君主和太子們受指導的師傅。有太史、内史、外史、左史、右史、祝史、卜史、筮史、祭史、巫史等，是掌管記載、書籍、歷數、地理、典故、禱告、卜筮、祭祀、接神等事的官；我們知道在古代是史和巫不分的，所以史職最爲繁多。有行人，是掌管外交事務的官。——以上是重要的内官。

外官中重要的有邑大夫，或作邑宰，掌一邑的政事。封人，掌城築封疆等事。候正、候人等，掌送迎賓客和斥候等事。此外内外官吏還有許多不甚重要的職名，在這裏無庸列舉了。（當時各國似又有田畯、工正、賈正等官，掌農工商等事，這是值得一提的。）

上面説的是各國大致共通的官制，至於各國特有的官職，較重要的，據今日所知，晉國有固定的三軍將佐，或稱將軍；中軍的將又稱元帥。三軍又各有軍大夫，每軍約各二人。又有軍尉，大致是臨時設置的官職；中軍的尉有佐。中上軍又各有軍司馬，是掌管軍中刑罰等事的官。有公族大夫等，是掌管公族和卿大夫子弟教育的官。有縣大夫，或作縣守，其屬下有縣師等，是從縣制下產生的地方官吏。

　　齊國有左右二相，這是後世左右丞相制度的由來。周、魯、鄭、宋、衛、楚等國似也有相制的存在，但不可詳考了。

　　楚國有令尹，是執政的大官。有莫敖，職位次於令尹。有左尹、右尹，似是令尹的佐官。有環列之尹，是掌管王宮衛兵的官。有左右司馬，似是司馬的屬官。有縣公（楚君稱王，所以他的官吏稱公），亦稱縣尹，是一縣的長官。（案：伍奢的兒子伍尚爲棠邑大夫，稱棠君尚，是楚的縣長又稱君。按“公”與“君”同音，“君”與“尹”同形，實即一事。）

　　秦國有庶長、不更等官，似是軍職；其詳不可考。

　　魯國有縣人的官（這個官職恐是周、齊等國所共有的），是都鄙制度下的地方官吏。

　　宋國有左師、右師，是可以執政的大官。有大尹，是君主所親近的官。

　　至於王室的官吏，特立的有卿士、三吏（三公），是執政的大官。王朝官吏多稱公，稱伯，稱子，爵位等於畿外的諸侯，雖然實力遠不如他們。近畿的諸侯也常有做王官的事，如鄭、虢等國的君主都以得爲王官爲榮。但這類情形只盛行於春秋初年；到了春秋中年以後，王綱大墜，這類事情便少見了。

　　大夫的家裏也有許多職官，見於記載的，如家宰、家大夫、家宗人、家司馬等，完全和列國的官制一樣。

　　春秋時的爵位和官制，可叙述的僅止於此。大家如要知道較詳細的官制，可以參看顧棟高所著的春秋大事表中的官制表（但這表裏也有許多遺漏的地方）。本講義所要告訴你們的只是一個綱領，那些過多的，枯燥無味的官名，是不需要贅叙的！

第八章　教育與刑法

　　教育和刑法這兩件東西，在後世看來似乎無甚關涉，而在古代則是有相輔的作用的。在古代，正式的教育只限於貴族階級；平民階級雖有所謂"教"，其實只是統治階級對於人民的一種愚弄和威脅。看所謂"禮不下庶人，刑不上大夫"兩句話，便可見古代治貴以禮，這便是教育；治民以刑，這便是刑法。唉，古代的平民階級哪裏談得到什麼教育呢！

　　周代的教育制度，古書上雖説得天花亂墜，其實多不可靠。現在只抽取他們所説的大致可靠的部分來叙述一下：那時的學制大概分爲大學、小學二等；大學立在國都之内，小學立在鄉邑。學校所造就的人才，只是王子、公子和卿大夫士們的子孫。他們先進小學，然後循序進入大學。（當時的學校又是議論朝政的所在，左傳載鄭人游於鄉校議論執政，所謂"人"當是朝廷上一班執事的人員。）

　　那時教育的課程大致分爲文武兩項：文的教育的科目是詩、書、禮、樂以及其他的古典等。詩是祭祀用的頌神歌和當時文人們抒情的作品，其中最多的還推各國流行的民歌。書是王朝和侯國史官所記的誥誓等檔案。禮是各國通行的儀節。樂是古代和當代的音樂（詩便是奏樂時所歌唱的詞句）。詩、書在當時不知道已否寫成書本？至於禮和樂兩項最重要的科目，則本來並没有寫成的書本，它們只憑口頭的傳授和實際的演習。

　　武的教育的科目有射、御、技擊等項。他們也像現在的體育家一般，整天裸着臂膀練習射箭，御車和干戈的使用。武的教育是他們所最注重的。學校的"校"字似乎就從比較武藝的意義出來。

　　除了上述文武兩項普通的教育以外，還有許多專門的科目，如卜筮、曆數等等，那是專門家所學的東西，似是父子相傳，不授外人的。

當時的貴族女子似乎也受過相當的教育，所謂"姆教"；至於制度如何，沒有可靠的材料，不敢隨便説。

那時的貴族階級的教育雖説文武合一，但就實際情形推測，似乎比較偏重於武事。用西方的名詞説來，那時的教育是一種"武士教育"。這是封建時代的普遍情形。那時武士的生活：一方面以技藝爲尚，一方面又沈浸於禮儀和音樂的空氣中。他們的教育目標，是要造成德、智、體、藝四位合一的"君子"的人格。

一般人都以爲春秋是個禮學盛行的時代，這個觀念實在是錯誤的！我們知道春秋時士大夫的學問實在非常淺陋。現在姑且舉出兩個例子來一説：

魯宣公十六年，晉將士會帶兵滅掉赤狄甲氏和留吁、鐸辰等部落，立下大功，晉侯向周王請求封册，命他爲中軍主帥，兼做太傅的官，執掌國典。不久王室起了內亂，晉侯派士會去和協王室。周王接待他，等到獻上菜來，乃是些零碎的肉塊。士會不知道王室的禮節，私向旁人打聽。周王聽見了，便召他來，對他説道："你難道不知道嗎？天子的享禮用體薦（把整隻的豬分成七塊做菜），宴禮用折俎（零碎的肉塊）；諸侯當受天子的享禮，卿當受天子的宴禮。這是王室的典制呵！"士會碰了一個釘子，回國以後，才去講求典禮，以修晉國之法。我們知道士會是晉國的賢大夫，又做着"博聞宣教"的太傅的官，他竟不知王室的普通典制，教周王給教訓一頓回來，這可以證明當時的貴族階級是怎樣的不學無術！

魯昭公七年，昭公到楚國去朝見，由大夫孟僖子做介（相禮的副使）。經過鄭國，鄭伯在本地慰勞昭公，孟僖子竟不能贊相儀節；到了楚國，他又不能答謝楚人郊勞的禮。回國以後，自覺羞恥，才去講習儀文；只要聽得有知道禮節的人，就向他去請教。到臨終的時候，又吩咐他的兩個兒子去做知禮的孔子的門徒，以蓋他的前愆。我們知道魯國是封建禮教的博物院，孟僖子又是魯國的賢大夫，他竟至於不能當相禮的差使，這又可見當時禮學是怎樣的荒蕪了。因爲當時禮學荒蕪，一般賢士大夫有傳授禮節的師傅的需要，所以我們的大聖人孔子便應運而起。

孔子是春秋晚年的禮學大師。原來古代有一種儒者階級，所謂儒者就是靠勷助典禮和傳授儀文爲生活的人；孔子便是這階級中的代表人物，——所以由他開創的學派，後來便稱爲儒家。據傳説，孔子做小孩子的時候，平常游戲已知道陳設俎豆，練習禮容。長大後又非常好學，各處向人去打聽儀制，所以他在很輕的年紀，便已有了“知禮”的名聲。四方來跟他求學的人很多，二千年來的私家教育就確立在他的手裏。據傳説，孔子後來共有弟子三千多人，這雖然近於誇張，但他的門徒衆多確是事實。

孔子開始把學術正式播傳到平民階級。他解放了教育的門閥，主張“有教無類”。他自己説過：“從具‘束脩’（十斤臘肉）來做贄見禮的起，我没有不加以訓誨的。”他真是一個大教育家，他的門下各色各樣的人都有：既有恂恂文士，又有糾糾武夫；既有貴族，又有平民，又有商人；甚至於有盜賊、乞丐之流的人物。他集合了各色各樣的人才而以舊日的低等貴族爲中心，造成了一個新的士的階級。從此以後便有專靠私家教書講學爲生的人了。

在春秋時，至少在孔子以前，平民階級可以説除了從小受父兄們各行職業的專門訓練以外，所受的國家教育只有打仗一事。他們受了統治階級的奴隸訓練去供給他們爭權奪利的犧牲；他們没有較高的知識，剛好給貴族們愚弄和利用。貴族階級用以統治他們的，便是所謂“刑”。

“刑”的作用本在鎮壓被征服的人民，所以征伐所用的兵和誅罰所用的刑，在古代是不分的。到了人民已被壓服以後，刑便轉化成維持封建社會秩序的工具了。古代重要的刑罰，約有黥（刺面）、劓（割鼻）、刵（截耳）、刖（斬足）、椓（宮刑）、大辟（斬）等若干種，以罪的輕重爲施刑的等差。最輕的罪只用鞭扑的刑。至於貴族階級，犯了大罪才加以刑殺，犯了較輕的罪，則或奪爵位，或把他們流放到遠處去，就算了事。大辟以下殘傷肢體的刑，似乎是不大用在貴族們的身上的。凡是受了黥、劓、刵、刖、椓等刑的人大半都成爲奴隸。有時一個家長或族長犯了罪，整家或整族便都降爲奴隸了。據說，秦國在文公時已定下一人犯罪，誅滅三族（三族的說法很多，沒有一定）的刑律；在左傳中我們也時常看見有滅族的事：大約古代已有這種慘酷的刑法了。

　　據說，古時的刑律共有三千條之多，但在春秋晚期以前，似乎沒有公布的成文法。魯昭公六年，鄭子產鑄造刑書，公布國中，這是成文法典的初次公布。當鄭國鑄造公布刑書的時候，晉國有名的大夫叔向曾給子產一封信，責備他道："古代先王臨事制刑，不豫造刑典，爲的是怕人民有爭競的心思；那樣謹慎，尚且禁壓不住人民。如果把刑書公布了，百姓知道有一定的刑法，他們便不怕在上位的人了。人民們存了爭心，用了文書做依據，以冀徼倖成事，國家還可治理嗎？"子產回他信道："你的話固然不錯，但是我爲的救世啊！"這證明了古代的刑法是藏在貴族們的匣子裏的，他們不願把刑法公布，怕的是喪失了貴族們固有的生殺予奪的權柄。叔向的話正是代表頑固的貴族階級。但是時勢已逼迫得開明的政治家子產爲了救世而甘冒不韙竟把刑典公布了。

　　魯昭公二十九年，叔向的祖國晉國也用鐵鑄成刑鼎，把前執政范宣子所作的刑書刻在上面，拿來公布。那時的聖人孔丘也給他批評道："晉國應該遵守唐叔從周室受來的法度，用以治民，卿大夫依次遵守，這樣纔可使人民尊重貴族，貴族也有世業可守。貴賤不亂，纔是法度。現在造了刑鼎，使百姓的眼光都集中在鼎上，還用什麼來尊重貴族呢？貴族還有什麼世業可守呢？貴賤失了次序，還用什麼來治國呢？"孔子的話和叔向的一模一樣，那時的貴族階級是何等的反對成文法典的公布呀！

　　成文法的公布確是春秋晚期的事。但把法律著於典籍，那卻是早有的事。例如左傳載周文王之法，有"有亡荒閱"（有逃亡的奴隸，必定大閱尋查）的話；楚文王僕區之法，有"盜所隱器，與盜同罪"（隱藏盜贓的人與盜犯同等的罪）的話。此外晉文公有被廬之法，范宣子有刑書，呂刑更有"明啟刑書"的話：大概都是把簡要的條律記載在典籍上，以備治獄時的參考而已，並不是公布於人民的。（古代的公布法典只有臨時的誥誓等，但性質是不永久，不固定的。）

　　春秋末年似乎又有私家製造刑律的事，如魯定公九年，鄭執政駟歂殺了法律家鄧析，卻施用了他所作的竹刑。"竹刑"大約也是一種刑書，把條文寫在竹簡上的。據傳説，鄧析是一個擅長顛倒黑白，混亂是非的惡訟師，同時他又是一位大哲學家。

　　在春秋時雖已有較文明，較固定的刑法，但是刑制仍很混亂。非刑如車裂（用車將人的屍體分裂）、鑊烹（把人放在鑊裏烹煮）等等，仍是不斷的施行着。又貴族犯罪，多有賜自盡的，自盡是用繩絞或毒藥酖死。又據説，女人犯罪，除死刑外，不加殘傷肢體的刑罰；就是犯了死刑，也不得暴露屍體的。此外，還有一件事須特別一提，那便是所謂贖刑的問題。據説，古代一般人犯罪有疑問的，准許他們用黃金（銅）或兵器等贖罪，但不知道確實與否？

第九章　宗教與學術

　　對於古代的觀念，我們現在的人是與從前人大不同了。從前的人總以爲古代是黃金時代，什麼事情都比後來的高明。我們現在知道歷史是進化的，在古代的社會裏，沒有一切開明的文化，所有的很多是未脱野蠻性的宗教。

　　殷以前是傳說時代，社會文化的情形，我們已無法得着正確的明瞭。然而我們卻知道，在殷代，那時迷信的思想充滿於全社會，占卜和祭祀佔去那時的人們很多的時間。占卜是向神鬼請求啟示，祭祀是向神鬼禱求降福。他們以爲神鬼是天天同人類打着交道的。

　　殷代的神鬼世界的詳情，我們知道得不如周代的清楚。周人的宗教似乎比較殷人的單純些，他們所想像的神鬼世界大致是這樣：

　　封建社會之上有一個天王，所以神鬼世界之上也有一位上帝。封建社會裏有大小封君，都統屬於天王；所以神鬼世界裏也有大小神祇，都統屬於上帝。上帝是一位有意志，有人格的主宰，他很關心人間的事情，會得賞善罰惡，又會命令人王統治全世界，據説他還是人王們的始祖呢。

　　人王被稱爲天的兒子，所以天子服事上帝也應當像兒子服事父親一般，應當時時刻刻把上帝放在心頭，把最好的東西請上帝吃，把最好的娛樂請上帝享受。只有天子能縠同天直接打交道，普通的人是無緣和上帝接近的。

　　上帝之外，最有權威的神祇便是掌管人們所住的土地的社神和掌管人們所吃的穀類的稷神。社神又稱“后土”，他的名字喚做禹，又叫勾龍，他是受上帝之命下凡來平治水土的偉人。稷神又稱“后稷”，他的名字就喚做稷，他也是受上帝之命下凡來播植穀種的天使。禹平定了水土，稷便在土上播了穀種，於是人們住的也有了，吃的也有了，感恩報德，把他們特別崇敬起來，所以“社稷”一個名詞就成了國家的代名詞。我們須知道：這原是農業社會所構成的觀念。

　　日、月、星辰、山、川等在那時也已被當作神祇崇奉了。日、月、星辰的神能主使雪霜風雨的合時或不合時；山川等神又是水旱癘疫等災禍的主管者。他們多半也有名字可查，如日神叫做羲和，月神叫做常羲，她們倆是上帝的左右夫人，日、月都是她們所產生的。商星的神叫做閼伯，參星的神叫做實沈，他們倆是上帝的兒子，原住在荒林裏，整天的打架，上帝看不過，把閼伯遷到商丘，派他主管辰星（就是商星），把實沈遷到大夏，派他主管參星，使得他們倆永遠不能會面。又如封嵎山的神叫做防風，據說，古時大禹在會稽山聚會群神，防風到得太晚，禹就把他殺死示威，因爲他長得太大了，他的骨節撐滿了一輛車。汾水的神叫做臺駘，他因疏通汾水和洮水有功，受了上帝的嘉獎，被封在汾水爲神。

此外還有許多各色各樣的神祇，一時也説不完。如竈神叫做炎帝，能起火災。宗布神（驅除災害的神）叫做羿，能除去地下的百害。降福的神叫做勾芒，刑神叫做蓐收，他們都是些"人面鳥身""人面虎爪"的怪物。

據記載，秦、齊兩國所奉的神祇最是複雜詭異。秦文公夢見一條黃蛇從天上游下地來，以爲這是上帝的徵驗，就作了一個鄜畤（鄜是地名，畤是祭神的所在），郊祭白帝。後來他又得到一塊像石頭的物事，也立了一個神祠，把它當做神祇去祭祀，——這位神被稱爲"陳寶"。秦宣公時又作密畤，祭祀青帝。後來的秦靈公（在春秋後）更在吳陽地方作上畤，祭祀黃帝；作下畤，祭祀炎帝。這四種顏色的天帝配上後來漢高祖所增立的黑帝，便是所謂"五方帝"。

齊國的特別祀典有八神，八神是（一）天主，（二）地主，（三）兵主，（四）陰主，（五）陽主，（六）月主，（七）日主，（八）四時主。這種祀典把陰陽與天地並尊，似是陰陽思想盛行後的産品，它的起源恐怕不會很早的。

人死了之後靈魂會變成鬼，鬼也很愛管人間的閑事，和神一樣會得賞善罰惡；他們比神更接近人們，時常會得出現，會爲人的禍患，人們看見他是很害怕的。

凡是鬼神都有受人祭祀的資格，那時的祀典是這樣：

祭上帝的禮喚做郊，一年一次；也把天子的最有功德的祖先去配享，例如周人的始祖后稷，一面是稷神，一面又是配天而享的太祖。社稷神都有專祠，無論大都小邑，都有社稷廟；上至天子，下至庶民，都有他們的社；社稷好比現在的城隍廟或土地堂一般，時時有受祭祀的資格。祭山川的禮喚做旅或望，也是極重要的祀典；祭祀它們大約也有一定的時間和次數。山川是神靈所聚的地方，山海經裏記着祭山的禮數很多。據記載，只有天子諸侯才配祭祀山川。至於日、月、星辰以及其他的神祇的祀典，在當時自也有規定，但詳細的制度已不甚可考了。

從天子到士都有宗廟去祭祀他們的祖先。宗廟大致分爲兩種：一種是合祭衆祖的太廟（以太祖爲主），一種是分祭一祖的專廟。據說，除太祖和最有功德的祖宗外，尋常的祖宗的專廟，經過若干代之後，便因親盡被毀了。

祭祖宗的禮最是繁瑣，最重要的，有禘、烝、嘗等祭。禘禮在孔子時已不很明白了，據我們的研究，禘只是一種平常的祭祖禮。烝、嘗大概是四時獻新的祭禮。每年祭祖大致有一定的次數。三年有一次大祭，喚做"殷祭"。

遇到有事時，便是鬼神的幸運臨頭了。建一處都邑，打一次仗，以及結婚，死人，生病等等，差不多都要祭祀。尤其是水旱等災荒，鬼神更被看成救主。最有名的禱旱的雩祭，在乾燥的北方大陸上，除平時舉行以外，遇到災荒，更要大事賽祭去挽救。

那時人把打仗和祭祀看成同等重大的國事，所以舉行祭祀時非常慎重：在祭祀之前，主祭的人先要離開家庭到清淨的所在去齋戒幾天。祭祖宗的時候，要找一個人扮成他的模樣來做供奉的具體對象，這叫做尸。祭神鬼的犧牲，多用整隻的牛、馬、羊、豬、狗等。或者像後世的辦法，給神祇嗅嗅味道；或請尸來嘗嘗；或者把它焚燬了，或埋在地下，沈在水裏，給神祇去着實的享用。焚給鬼神的布帛，也統是真的而不是紙做的。獻給鬼神的玉不能擺一下就算了，要埋在土裏或沈入水中。但鬼神也像小孩子一般，可以哄騙。"你們若答應我的請求，我便把玉獻給你們，你們若不答應，我就把玉收藏起來了!"這是歷史上有名的大聖人周公對待他已死的祖父的妙策。

諸神中最與民衆接近的是"社"。大致每年春秋佳日有一次社祭的賽會。這時候，鼓樂、歌舞、優妓、酒肉，和城裏鄉下的俏姑娘引誘得舉國若狂。在齊國，也許因爲民庶物豐，禮教的束縛比較輕，社祭的賽會特別使人迷戀：連輕易不出都城的魯君有時也忍不住要去看看（社祭之外，只有年終合祀萬物的蠟祭也具賽會的性質；據說舉行蠟祭的時候也是"一國之人皆若狂"的）。國家每逢出兵打仗的時候，先須祭社，祭畢把祭肉分給將士們，這叫做"受脤"。得勝回來的軍隊要到社前獻俘；有些國家有時且把最高貴的俘虜當塲宰了，用作祭品。此外遇到大水、大火、日蝕和山崩等災難，也須到社裏去擊鼓殺牲獻幣而祭。遇着人們有爭執的時候，社更成爲盟誓的所在。社神真是一個最好管閑事的神啊!

至少在殷代，已有占卜之法；到了周代，仍舊繼續行用。卜的工具是用龜的腹甲或獸骨，先把它磨刮平了，在上面鑽鑿出孔；然後在孔中用火焚灼成坼裂的痕；這種裂文便是所謂"兆"，兆有吉有凶；所卜的事和卜得的兆的吉凶都寫出辭句來，這便是所謂"卜辭"（卜辭刻在兆旁）。近年來在安陽殷虛發掘出來的龜甲獸骨很多，使得我們明瞭那時的占卜的情形。

周代除用卜法以外，又造出一種筮法。筮法的詳細情形已不甚可考了。我們只知占筮的工具是用一種蓍艸，它的兆象是用一種叫做"卦"的符號來表示。卦是爻積成的，爻便是━或--的符號；三爻疊起來便成一個卦。卦有八個，是☰（乾），☱（兌），☲（離），☳（震），☴（巽），☵（坎），☶（艮），☷（坤）。這些卦的起源怎樣，到現在還是問題，不過我們知道，卦和蓍艸一定有些關係。用兩個卦叠合起來，便成功一個整卦，如䷓，便是“觀”卦。整卦八八相乘，共有六十四個。每卦的卦和爻，都有吉凶的應驗。卦有卦辭，爻有爻辭；這類辭句古代一定很多，到後來纂集成一部書，便是現在所傳五經中的易經。

　　筮比卜的方法來得簡便，所以在周代筮的應用範圍較卜爲廣。但那時人看筮法不如卜法的可靠，因之有“筮短龜長”的批評。

　　在神鬼世界壓倒人間世界的時代，宗教就是學問，巫祝們就是學者。巫是神人的媒介，神靈會降附在他們的身上，所以他們特別知道神鬼世界的情形。一定要精爽聰明足以與神靈交通的人纔有充當巫的資格。祝是替人們禱告神祇的專門職業者，他們同巫一樣能知道人們所不能知道的事情。巫祝與史又是一類人物。史本是掌管記載的官，但也兼管着祭祀卜筮等事；他們多是世官，又掌着典籍，知識愈富，所以上知天文，下知地理，中知人事，博觀古今，乃是當時貴族們最重要的顧問。他們會從天象和人事裏看出吉凶的預兆，所以他們既是智囊，同時又是預言家。

　　但是，人本主義一起來，宗教便立刻失掉了權威。至少到春秋時，貴族階級中已經漸漸産生出學者。如魯國的大夫臧文仲能彀立言垂世，他的孫子武仲又因多智而被稱爲聖人。此外，如晉國的大夫叔向，齊國的大夫晏嬰，吳國的大夫公子季札，都是當時有名的大學者；他們往往能彀發揮人本的思想。最有名的，是鄭國的大夫子產。他既博學多能，又能破除迷信，他首先打破了一部分封建制度下的舊習慣，他的思想比出世稍後的大聖人孔子還要開明。

　　正式的哲學系統卻是到孔子時才開始建立的。孔子是第一個以私家教學爲職業的人，他建立了一種近於人情的哲學。那種哲學是以倫理爲根本，推衍到各方面。我們可以說：孔子的哲學只是一種倫理的哲學。

　　孔子的觀念的中心是"仁"。"仁"這一個字，在較古的文籍裏，大概只是禮儀周備或多才多藝的意思。孔子把它的意義變更了。孔子的所謂"仁"，有廣狹兩種定義：狹義的"仁"就是同情心，廣義的"仁"則包括一切的道德，就是指完善的人格。所以孔子的倫理觀念是以同情心爲基礎而推到一切的道德上的。但是單說一個"仁"，不大容易使人領會；孔子所提出的較具體的道德名詞是"忠恕"。忠就是把心放在當中，誠懇待人的意思。恕就是推己之心以及人，寬容待人的意思。據他自己的解釋：自己想要立身聞世，同時也要使他人能夠立身聞世，這便是所謂"仁"；其實這也就是"忠恕"。忠恕合起來，便是仁的根本。他又曾對他的學生說："我的道理是以一件原則貫通一切的。"據他學生曾參的解說，這一件原則便是忠恕，可見孔子是以忠恕貫穿一切的。

　　孔子又在許多道德條目中發現出一個抽象的原理，那便是所謂"中庸"。中就是無過無不及的意思，庸就是平常的意思。只要事事合乎中庸，便是事事合乎道德；所以中庸也就是仁的異名。

　　孔子所懸想的最完全的人格，是仁、智、勇三德合一的人格。以健全的智識和不怕的勇氣去推行那同情心的道德，這就是完人了。

　　孔子的倫理思想雖然影響於後世很深，但統是平常的道理，沒有什麼很深刻的見解。他本是一位教育家，所以他貢獻最大的倒是教育學說。他首先研究人性，以爲人性本來是相近的，只因習慣的不同而分歧了；惟有上智和下愚的人是不爲環境所改變的。因此，他以爲大多數的人都可用教育薰陶成好人。他把人類分成上、中、下三等，以爲中人以上可以同他說高深的道理，中人以下便不能這樣了。他有了這種觀念，所以主張因人施教，補偏救弊。他又以爲研究學問應該從粗淺的起，然後循序進入高深；先要博學多識，然後加以貫通。他教人學習與思想並重，學而不思便無所得，思而不學便危險了。他因爲教人思，所以他所主張的教育方式是領導的、啟發的，而不是强制的和灌入的，這與現在的教育的主張大致相同。

他的政治思想，便比較是守舊的了。他主張維持封建時代的制度，提出一個正名的口號，要叫君臣父子們都依着原來的身份去做應做的事。上下有序，貴賤有等，纔是治世的正常狀態；如果上下貴賤失了次序，那便是末世的紊亂模樣了。政治的目的，便是要把失序的紊亂模樣改變成爲有序的正常狀態。

但是，他的政治觀念也有較新的地方：他反對當時的"道之（民）以政，齊之以刑"的政治，而主張"道之以德，齊之以禮"的辦法。"德"和"禮"的下及庶民，便是他提倡成的。他又主張一種感化政治，要在上位的人持躬以正，用正道去感化人民。他曾把風和草比擬統治階級的君子和被治階級的小人，他説："君子好比是風，小人好比是艸，艸是跟着風傾倒的！"這種主義似乎是把封建時代的家族政治"烏託邦"化了。

孔子的宗教觀念更守舊了。他同商、周人一樣迷信着上帝，以爲老天爺會賞善罰惡。他曾説過："上天已經把德付託在我的身上了，別人能把我怎樣？"這簡直是以教主自居了。他又迷信着命運，以爲一切事情冥冥中都有預定的；事的成敗利鈍，人的死生窮達，都由於命而不由得人們自己安排。這"命"的觀念雖然以前已有，但似乎到他更理論化了。

然而孔子對於宗教並没有什麼興趣，他高唱着"敬鬼神而遠之"的主義。他又説過："未能事人，焉能事鬼？未知生，焉知死？"他又不大説天命，更絶不談神怪。在這裏，他卻是代表了春秋晚期的人本主義的思潮！

嚴格説起來，孔子只是個周禮的保存者和發揮者。但他把古代的制度理論化了，使得這種將要殭死的制度得到新生命而繼續維持下去。他的大貢獻在此，他所以爲今人詬病也在乎此。但這究竟是中國的特殊社會背景所造成的事實，並不由於孔子一人的自由意志所決定！

在孔子同時，據後世的傳說，還有幾位大學者，如所謂道家始祖的老聃，名家始祖的鄧析，和那"言偽而辨，記醜而博"的少正卯；但這些人物或傳說多半是不可信的。

春秋時代除了哲學思想以外，文學和科學等也有相當的進展。現存的詩經中便有一大部分是春秋時代的作品；這裏面有深切的思想，濃厚的感情，美妙生動的文辭，已非西周時代枯燥生硬的宗教化和散文化的詩歌所能及的了。至於科學，較可叙述的有天文學和醫學：天文學已能産生較精細的曆法，醫學也已有了能斷人病症和生死的良醫；雖然此時的天文學大致還被星占等迷信所掩蔽，醫學也還染有巫術的色彩。

那時的藝術，看傳世的工藝品，都很精細講究，不亞於後世的作品。建築物，據記載也已有了數里的宮殿。但是代表那時代的藝術，自然是爲封建時代惟一的陶養性情的工具——音樂。那時的樂譜雖不傳於後世，然而據記載，著名的韶樂已經能使我們的孔子聽了之後三個月嘗不出肉的滋味來了。在那時，樂與禮是並重的，都是貴族階級人人必須學習的藝術。當舉行祭祀宴會等典禮的時候，必須奏樂。奏樂時，有歌有舞。歌辭的一部分，便是現傳的詩經。舞，最熱鬧的是萬舞，萬舞是許多武士左手拿着樂器，右手拿着雉羽，或兩手拿着武器，擺舞出種種的姿勢。這種樂舞一方面是娛樂，一方面還含有習武的作用。

據説，鄭、衛兩國的樂曲是最淫靡的；但是迷人的魔力卻頗不小。這是一種新起的音樂，所以稱爲"新聲"。大聖人孔子曾有"放鄭聲"的主張。又宋國有一種特殊的樂，喚做"桑林"，是在舉行大典禮時奏的。有一次，宋人用了桑林接待當時的伯主晉悼公；舞隊出來，前面用了大旗和雉羽做標幟，舞容很是可怕，嚇得晉侯躲入房中，後來甚至於因受驚而生病；可見這種樂舞定是當時不經見的了！

　　春秋，是個野蠻到文明的過渡時代。這時代的思想，便是由神本的宗教進化到人本的哲學；同時各項學術也都漸漸脫離宗教的勢力而獨立。我們研究春秋時代的文化史的結果，終於不能不這樣說！

第十章　禮俗及其他

　　在從前私塾教育的時代，我們做小孩子的初讀左傳，那威嚴如天帝的老師，一手拿着戒尺，一手指指畫畫，嘴裏天花亂墜講說那春秋時代的情況。那時我們真忘了頭上栗鑿的痛苦，而深深羨慕這揖讓莊嚴的禮教社會，彷彿親自在玉帛俎豆間周旋着似的。這種有趣的印象，一直到現在還刻在我們的頭腦裏，無怪乎二千年前的孔夫子要說一句“周監於二代，郁郁乎文哉，吾從周”的話了！

　　我們現在知道那“郁郁乎文哉”的禮教社會，只是當時的貴族階級的領域；他們有農奴替他們勞動，吃飽了飯，一天到晚没事做，所以儘閙着種種的空場面，留下痕跡來，給後人玩想追弔。可憐當時的平民哪裏領略得到禮儀的趣味呢！

　　據記載，周公制禮：“禮儀三百，威儀三千。”它的細密的情形，在現存的儀禮這部書中還可以想象出來。重要的儀制，除了婚祭二禮我們已在前面叙過外，現在再揀那略可考據的叙述如下：

　　（一）冠禮，古代男子到二十歲開始算做成人，由父母替他請賓加冠（在未加冠的時候，或把頭髮剪短，披向兩面，叫做“兩髦”；或把頭髮打成結，叫做“總角”），在宗廟裏行禮。加冠共分三次：初次加緇布冠（黑色的布製成的帽），次加皮弁（白鹿皮製成的帽），又次加爵弁（紅黑色的布製成的帽）。加冠以後，又由賓替他取字（如孔丘字仲尼，卜商字子夏，字和名在意義上總是有聯帶關係的，不管是正是反），此後便算成人，可以出來與社會交際了。女子到十五歲也要加笄（安髮的簪），加笄以後便算成人。

（二）相見禮。古人初次相見，必須請第三者介紹。去見人的人必須向所見的人行贄禮，贄就是見面時贈送的禮品：大贄用玉帛，小贄用禽獸果脯等物。見面時，賓主揖讓，禮節頗繁。相見後又有主人拜賓還贄之禮。

（三）鄉飲酒禮。這是居鄉聚會之禮。行禮時，有主，有賓，有介（副賓）。由年紀最老的人做大賓，飲酒奏樂，揖讓周旋。據說這是表明“尊長養老”的意思。由國君召集大夫士開宴會叫做“燕禮”，據說燕禮是明君臣之義的。

（四）鄉射禮。鄉飲酒之後多行此禮。射鵠設在堂下，比射的人一對對的揖讓升堂，揖讓下堂；在堂上比射，比輸的人在堂下飲罰酒。周旋禮儀也很可觀。孔聖人對射禮曾批評過一句“其爭也君子”的話。由國君召集大夫士比射的禮，叫做大射，典禮格外隆重。射禮之外，還有一種投壺禮，是賓主用箭投射壺中，中者爲勝。

（五）聘禮。諸侯派使臣到友邦去問好，叫做聘禮（天子有時也派使臣聘問諸侯，諸侯也派使臣聘問天子）。聘禮與朝禮一般，必有貢獻，大致用玉帛之類。聘使在本國君主前受了隆重的任使的禮命；到了所聘的國，先受那國君主的慰勞，然後在那國的宗廟裏獻幣行禮。聘後又有賓主宴會與主君贈賄之禮。

（六）朝覲禮。諸侯朝見天子，叫做朝覲禮。據說行朝禮時，天子朝服依屏南面受禮，諸侯北面拜見。朝後也行賓主享禮。春秋時，小國諸侯對大國諸侯也行朝禮，其制度不可詳考，大致禮數較爲平等。晉文、襄二公做盟主的時候，曾定下“諸侯三歲而聘，五歲而朝”的制度。

（七）喪禮。喪禮是古人所最重視的禮，記載最多，雖然不可

靠的居大部份，但是大致的情形還可以想象出來。據説凡有病將
死的人必須睡在正屋的北牆下，死後移到牖下。剛死時，由一個
人拿着死者的衣服上屋向北面招魂三次，下屋時由另一個人把這
衣服蓋在死人的身上（這衣服是不用以襲殮的）。於是設奠，赴
告，受弔，男女聚守按時哭泣，和後世的喪禮差不多。小殮在户
外，大殮在阼階。小殮後移屍堂前，大殮後入棺。過若干天，筮
擇壙地；營築之後，卜期葬埋。

　　殉葬用的器物有“明器”，明器是一種只具式樣而不能實用的
東西。明器以外也用其他日用的器物殉葬。高等的貴族有時甚至
於拿活人活物去殉葬；也用芻木之類製成的假人做從葬的儀衞，
這叫做芻靈（芻人）和俑（木偶）。古時棺之外又有椁，椁是棺的外
套（據説貴族的棺椁有好幾重的）。又據説，古時只有平葬的“墓”
而没有高葬的“墳”；墳是後起的制度。孔子曾因自己是四方奔波
的人，恐怕過了多年回來要忘記，所以替他父母築了高墳作爲
標記。

　　喪服的制度，據後世的記載也是非常的細密，但十之八九是
不足信的！真實的情形，需待詳細的考證，現在不能亂説。大抵
古時也和後世一樣居喪穿着素服。喪服用粗麻布或葛布等製成，
有輕有重。當時各地的制度不同：有的地方喪服較重，喪期較
長；有的地方較輕，較短，並無一定。後來的儒墨等家派各據一
時一地的制度，自以爲是古先聖王的通制，後人上了大當，二千
年來，喪服的制度越説越亂，到現在還理不清楚。

　　奇怪得很：記禮的書雖多，古時的禮俗竟不可詳考。除了上
述的幾件大禮以外（上面所叙的也未必完全可靠），古時人平日居
家還有許多的儀節。但這類儀節，既瑣碎，又真偽雜糅，恕我們
不加贅述了。

　　春秋時庶民階級的禮俗的詳情，我們也已無法知道，只好暫
時闕疑。我們現在且先説説那時人的衣、食、住、行和娛樂：

古時人穿衣，上面是衣，下面是裙，裙叫做"裳"。據説只有一種"深衣"是上下衣裳相連的。衣裳之間有帶。禮服的前面又有皮製的蔽膝，叫做"韍"，大貴族的韍是紅色的。又有包足的邪幅，叫做"偪"。男子頭上有冠，女子頭上有笄。男子身上佩有玉器和刀劍等，頭上有篦髮的"揥"（象骨所製），耳上有塞耳的"瑱"（玉石所製）。女子除佩玉和"揥""瑱"之外，又有"副"（祭服的首飾，用髮編成的），"珈"（玉製的首飾，加在笄上的）等首飾。那時人的衣裳和現在人一樣，是用布帛做成的。貴族和有錢的人們的衣裳上，繪有彩畫，織有文繡（貴族們衣裳上所畫所繡的是日、月、星辰、山、龍、藻、火之類，最有名的是黼黻：白黑相間叫做黼，青黑相間叫做黻）。他們的禮服最是講究（最大的禮服叫做"袞"），其制度一時也説不完。平民們所穿的衣只是粗布所製，叫做"褐"。最貧窮的人甚至於"無衣無褐"。人們冬天所穿的有綿（絲綿）衣和皮衣，皮衣是用狐、羊、鹿等皮製成的。冠也用布帛或鹿皮等製造。冠上有的有緌，有的有蓋。有蓋板的帽叫做冕，是大貴族所帶的禮冠。蓋上懸有珠玉小顆，叫做旒。據記載：帽大致有冕、弁、冠三等，其制度之詳也已不甚可考。平民種田時帶的有笠，大抵是竹做的。鞋料普通用葛布，冬天有穿皮毛的鞋的。大貴族的鞋也用紅色，有的以金爲飾，叫做"金舄"。平民們大致穿着艸鞋或木屐。那時人也穿襪子，但見君時要把它脱去。男子們打仗時所穿戴的有盔甲等。女子們講打扮的是"綠衣黃裏，綠衣黃裳"和"縞（白色）衣綦（綠黑色）巾"；用膏沐髮以求光澤；或把鬢旁的短髮向上卷起，以求美觀。至於粉、黛和臙脂等等，那時候還沒有盛行。

古人的食料，和現在人所吃的也差不多。他們通常所吃的飯，是米、麥和菽豆等。吃的菜：葷的有牛、羊、猪、雞、魚等肉，最著名的美食是熊掌；素的也有各種菜蔬。鹽、醬、醋等在那時也已發明。另外還有一種糖漿，叫做"飴"。鹽醋等之外，又用梅子作調羹的作料。薑、葱、韭等也是那時人日常所用的下飯物。喝茶的風氣還不曾有，他們所喝的：冬天是熱湯，夏天是涼水。娛樂交際的食品則有酒和果子等。

最古的人穴居在山洞裏，到後來漸漸知道建造房屋。較早的屋子是用茅草或木板蓋成的。至遲到周代，已經有了瓦屋。周代貴族階級的屋子，大致分爲兩種：一種叫做"路寢"，一種叫做"小寢"（庶人只有一寢），其制度之詳我們不知道。據近人所考，似是前堂後室，左右有房，堂後和堂前有庭，和現在的屋子也差不多。房裏有牖（穿壁以木爲交窗叫做"牖"），房外有門，屋外有牆，有大門。堂下有兩道階：在東邊的叫做"阼階"，在西邊的叫做"賓階"；賓客進門時，主人迎入，自己從阼階走上去，賓客從賓階走上去，互相揖讓行禮。屋外又有園囿之類。娛樂的地方更有各種臺榭。又當時行大家族制度，所以築起室來，常常是"百堵"。打仗時人們所住的則有營幕。西周以來，貴族們已有"如翬（雉鳥）斯飛"的飛簷式的房屋。春秋時的諸侯更有了長"數里"的宮殿。又當時席地而坐，睡時則用牀。

古時的交通不方便，道路的修築自然很簡陋。大概城中必有大道，城外也有通路。水上有橋。周室爲當時天下的共主，在西周的時候，已建築有像砥一般平，像箭一般直的"周道"，那是給貴族們走的，平民們只有望望的份兒而已。交通的工具，大致陸地用車，水道用船或筏。據記載，大禹"陸行乘車，水行乘船，泥行乘橇（形如木箕），山行乘樏（大致是一種木製的轎）"；那末古代的交通工具種類也很多。但庶人出外多是步行，而且要自己帶了糧食。又北方水淺，少有橋梁，人們過小河的時候，往往用牽衣涉渡的方法。

古人娛樂的事情不多，大致飲酒奏樂，就是惟一的大娛樂了。但男女們駕車出游，也是一種消遣的方法。貴族階級特殊的娛樂有所謂"女樂"，是女子的歌舞隊。他們在幽美的花園裏，喝着老酒，聽着音樂，左擁右抱，其樂無極。有時在家裏玩厭了，又可以出外游散、打獵，以解煩悶。平民們一年到頭忙碌着，只有在農閑的時候才偶有喝酒吃肉歡呼聚樂的機會。演戲和娼妓，春秋時似乎也已有了，但行用還不普遍。又當時已有博奕的事，孔子曾貶斥"飽食終日，無所用心"的人還不如"博奕者"好。

春秋時各地方的風俗，也略有可説的。據後世的記載，秦地的人好稼穡，務本業；又以氣力爲上，以射獵爲先。河內殷虛一帶的人性質剛强，多豪傑；喜相侵奪，薄於恩禮。晉地的人深思儉陋。周地的人巧僞趨利，喜爲商賈。鄭地的人男女聚會，風俗淫亂。陳地的人尊貴婦女，喜歡祭祀。晉北戎、狄等地的人悲歌忼慨，好作姦巧。齊地的人舒緩迂闊，奢侈夸詐；國中民家的長女照例不得出嫁，名爲"巫兒"，替家中主持祭祀（案：詩經云"有齊季女"，"齊"就是"齋"字，是敬的意思。是古人普通以季女主祭，只有齊國是用長女主祭的）。魯地的人長幼相讓，上禮義，重廉恥。宋地的人性質重厚，多君子；好稼穡，喜儲蓄。衛地的人性質剛武，風俗淫亂。楚地的人懦弱偷生而無積蓄；信巫鬼，重淫祀。汝南一帶的人性格急劇，有氣勢。吳、越的人好勇輕死。這些話雖是漢朝人所記，其中或包有戰國以至秦、漢時的情形，但春秋時的民俗也於此可見其大略了。

春秋史課試題[*]

（民國二十六年一月）

（一）你選這門春秋史功課，想得到的是什麼知識？現在你讀

---

[*] 燕京大學鉛印。下一篇同。

了半年了，對於所得的知識滿意嗎？如說不滿意，你將怎樣去尋取你所需要的知識？如果這些知識是急切要不來的，你又將用什麼方法去獲得它？

（二）你選了這門功課，胸中起了哪些問題？請你開一個單子給我。這些問題中，哪些是現有的材料可以解決的？哪些是要等待新材料的發見而解決的？

（三）你讀了春秋史，想把春秋諸國的地域都巡行一過嗎？如果你是想做的，請你擬出一個旅行的路綫單來，並請你在每個預備停留的地點之下寫上應注意的事項。

（四）你讀春秋史時，對於春秋史料（書籍和實物）有沒有依着可信的程度分別出等次來？如果有的，請你告我，哪些是第一等的春秋史料？哪些是第二等的？第三等的？第四等的？

（五）如果要你編纂一部春秋史，你想怎麼編？試擬出一個綱要，定出一個着手的計畫來。

（六）請你用極少的字數寫出一個春秋的大勢來，從大勢上分出幾個時期。

（七）用春秋時的局面來比較今日的國際關係，有幾分相同嗎？請你作一個具體的説明。

（八）五霸有數説，你信哪一種？還是一種都不信？由你的眼光，春秋時的真霸主有哪幾人？霸的界説是什麼？爲什麼從前人有這紛紛之説？

（九）春秋時代的政治制度，疆域沿革，學術思想，是怎樣的承前？又是怎樣的啟後？

（十）一部春秋史，他的中心問題是什麼？這個中心問題，對於整個的中國史有什麼關係？換句話説，如果沒有春秋史，中國史將呈露一個什麼樣的局面？

（十一）春秋時的諸夏與諸外族，是兩個絶不相關的集團呢？還是有各種錯綜的關係存在的呢？春秋時的諸外族到戰國時都不見了，這融化的工作是戰國時作的？還是春秋時作的？他們是怎樣作成的呢？

（十二）如果你生在春秋時代，你願處於哪一個階級？你願居於哪一個國家？如果你有事業心，你將在哪項事業裏發展你的才性？你要做這項事業時，預料將受到哪種的困難？

（十三）在中國上古史中，研究春秋史有怎樣特殊的便利？這便利，試用商周史及戰國史和它比較了作一個說明。

（十四）現存的春秋史料，要編一部春秋史，你看夠不夠？如說不夠，是哪些方面不夠？我們應當用什麼方法去尋取新材料？

（十五）有哪些春秋史料，是左丘明所未及見而司馬遷倒見着的？又有哪些春秋史料，是司馬遷所未及見而杜預倒見着的？我們今日所見的春秋史料，又有哪些是杜預所未及見的？

（十六）左傳中所記的事實，你完全信賴他嗎？如說不能，請你告我，從哪些地方可以看出的它的破綻來？

（十七）一部春秋經，你想是怎樣編成的？是孔子一手寫出的呢？還是舊史逐漸寫成的呢？如說是逐漸寫成，請你舉出證據來，並請你舉出不是一手寫出的證據來。

（十八）為了什麼緣故，史的春秋會變成經的春秋？經的春秋，其意義怎樣和史的春秋不同？改造它的人是用了什麼手段才使人家看了相信？

（十九）到了現在，我們有沒有需要把二千餘年來相傳的經的春秋再變成史的春秋？如說有這需要，你想用什麼方法做這個工作？

（二十）左傳這部書的材料是不是為解春秋經而搜集的？這些材料，請你猜一猜，該是從哪裏搜集來的？如為解春秋而作，它當然該以魯國為中心，現在你讀了之後，覺得是不是這樣？

（二十一）這作"春秋史事考異"上，你對於春秋史料得到了什麼見解？你對於這些史料想表示什麼取用或捨掉的態度？

（注意）這個考試，做一題也可以，做許多題也可以，總請你作兩點鐘，不要太早交卷。所出的題目，不管你做得出做不出，都請你想一想，能帶回去多想幾次更好。

春秋史課試題

（民國二十六年六月）

（一）你讀春秋史，給你印象最深的是哪幾件故事，哪幾位人物？春秋史中有哪幾個最重要的問題，最顯著的特點？

（二）春秋時有哪幾個人是具有開創時代的魄力的？他們的事業成功了多少，失敗了多少？

（三）春秋末期的思想和春秋初期的思想有什麼顯著的不同？爲什麼會不同？

（四）孔子何以成爲聖人？他具備了哪些聖人的條件？他在哪些方面是承前的，哪些方面是啟後的？他的思想哪些是進步的，哪些是落後的？

（五）從周代的貴族政治轉變爲戰國的布衣卿相的局面，這種轉變是純經濟的呢，或是還有別的原因合力造成的總結果呢？

（六）春秋時代如何結束了前期封建社會，又如何孕育了下期社會形態？試把這些因果陳説一個大概。

（七）春秋時維持社會秩序的是什麼？這種社會秩序有哪些是常給後人夢想的？它們有沒有永遠保存的價值？

（八）試將春秋時貴族和平民的權利和義務列舉出來，排成一表。又推想假若你生在那時作了貴族，你將如何享受你的生活？假若作了平民又該怎樣？

（九）試把春秋時的國家，依了他們國力的強弱，分出一等二等直到五六等，排成一表。

（一〇）春秋時諸國的發展和滅亡，跟他們的自然形勢有什麼關係？

（一一）春秋時如果沒有晉國，當時天下大勢會變成什麼樣子？此後的中國文化又將變成什麼樣子？試猜一猜。

（一二）郡縣制是不是秦始皇創立的？如說不是，請舉出它的真實產生的時代和所以產生的原因來，還請舉出它的演進的步驟。

（一三）春秋時的土地制度大概怎樣？此後怎樣改變？這原樣和改變的樣在政治和經濟上各發生了怎樣的影響？

（一四）春秋時交通的擴展，在史書裏有什麼很顯明的記載？

（一五）漢以下人常用了“東、南、西、北”四方來分配“夷、蠻、戎、狄”四族，好像種族和方位是有一定的關聯的，這合乎事實嗎？我們從春秋史裏看，該作什麼批評？

（一六）春秋時的禮教和風俗，有什麼好壞，有什麼利弊？

（一七）春秋時的史官的心理如何？筆法如何？試就春秋經和左傳二書所記載的作一個說明，並評定這二書的可信的成分的比例數。

（一八）春秋時史書的種類有多少？這些史書的長處和短處是什麼？它們有怎樣調劑的功用？關于記載的方式，那時的史官有沒有想周到？

（一九）我們從春秋經和左傳中擷取春秋史料時曾感到哪些應當先解決的問題？這些問題應當如何尋求解決的方法？

（二〇）春秋經可不可以就當作“春秋大事表”？如說不可，那麼春秋大事表該怎樣作？

（二一）如果失去了春秋經和左傳兩部書，我們今日研究春秋史會感到怎樣的不方便？

（二二）左傳的材料是從哪裏來的？這部書是怎樣出現的？是

否完全是左丘明所作？是否真是春秋經的傳？它和"國語"的關係怎樣？劉歆和它的關係又怎樣？

（二三）研究了春秋史，對於西周史和戰國史的研究有什麼便利處？

（二四）春秋史該不該分期？如說該的，將用什麼做分期的界綫？

（二五）前人整理春秋史料已到何種階段？整理的成績最高的是哪幾種書？他們的方法有何可取，又有何可議？我們現在如何可以作上比他們更進步的工作？

（二六）我們要編一部"春秋人名通檢"，一部"春秋地名通檢"，該怎樣做纔可做到很精確的地步？要畫一部"春秋列國地圖"，又該怎樣編？

（二七）頡剛編這部春秋史講義，請你猜一猜曾參考過多少種書？能分了門類編排一個目錄出來，更好。

　　（注意）這個考試，做一題也可以，做許多題也可以，總請你作兩點鐘，不要太早交卷。所出的題目，不管你做得出做不出，都請你想一想，能帶回去多想幾次更好。

春秋史新論(一)[*]

—— 論晉厲公的中央集權政策兼論悼公之死

一部春秋只是晉、楚爭霸的歷史，爭霸的結果，楚國中衰而晉國崩潰；這給與戰國時代的政局以極大的影響。晉國爲春秋史的核心，晉國的崩潰，便是春秋史的結束。她由兼併而强大，由强大而衰弱崩潰，其强弱的關鍵，全在厲公一代；所以晉厲公又是晉國史上的中心人物。

原來晉國自從春秋初年統一內部分裂的兩邦（晉、曲沃）後，便推行對外發展國勢，對內肅清宗室勢力的政策；結果國土雖漸次擴大，而內部實權也就落在封建軍閥之手。當文、襄時代，國勢方强，隱憂已伏。到靈公幼年即位，國內的封建大軍閥趙氏便乘機擴張權勢，竟敢弒掉國主，擅立新君；並定下"宦卿之適子，以爲公族；宦其餘子亦爲餘子；其庶子爲公行"的制度。從此卿族更强，公室益微。到景公時，因趙氏的內亂，公室得乘機把他剗除。但又因顧忌其他的卿族，復立趙氏之後。據左傳的記載，晉景公是因夢見趙氏祖先的作祟而去世的；他死於廁中，被小臣負出，便把小臣殉葬，這件事已夠可疑了。

到厲公即位，公室與卿族的嫌隙更深：厲公是個很有作爲的君主，他先利用孤立的大卿族郤氏，把諸卿所倚以爲重的大夫伯

---

* 原載兼明月刊第一期，1939 年 5 月。

宗除去；然後想"盡去群大夫"，而立其親信。這種中央集權的政策，自然大招諸卿之忌，他先下手爲强，毅然又把"族大多怨"的郤氏殺盡。他的死黨胥童並把大卿欒書、中行偃刼了，厲公因不忍一時多殺大臣，放了二人，結果反被二人所弒；大功不成，反受其患，實在可惜！試看厲公另一死黨長魚矯的説話："臣聞亂在外爲姦，在内爲軌；御姦以德，御軌以刑……臣逼而不討，不可謂刑。"可見當時卿族之逼，實在是不容不討的。厲公不能迅捷的"盡去群大夫"，固然是他的失着，（厲公所以不急除欒書，似乎是因欒氏太得民心之故。尋左傳載士鞅對秦伯云："（欒）武子之德在民，如周人之思召公焉。"）但厲公畢竟不失爲晉國的英主。他因爲被弒而死，所以後人對他的批評很不好。其實像他這樣的人如何可蒙"厲"的惡謚。厲公之世，晉的國威最爲發揚，北敗狄，南敗楚，西敗秦，東服齊通吳，"諸候皆睦於晉"，其功烈並不在文公之下，何得因其被弒而短之？

　　厲公死後，晉事已不甚可爲，雖以悼公之英明，"三駕而楚不能與爭"，結果也是夭折而死。而且悼公之死也很有疑問：當厲公被弒，諸大夫迎立悼公的時候，悼公就對諸大夫説："孤始願不及此。……抑人之求君，使出命也，立而不從，將安用君？二三子用我今日，否亦今日，共而從君，神之所福也。"是悼公明知被諸大夫所用，所以發出這番要挾的話來。當時諸大夫雖説："群臣之願也，敢不惟命是聽。"結盟而入，逐不臣者七人，但是最不臣而弒君的欒、中行二卿並不在被逐之列。悼公晚年，諸卿益橫，伐鄭之役，欒魘獨進；伐秦之役，欒魘獨退；又擅逐士鞅，驕橫已極，而悼公不能制。戚之會，范宣子假羽毛於齊而弗歸，齊人始貳，悼公也不能制。綜觀悼公一生，專事敷衍諸大夫，以對外爲號召，結果國勢雖得相當的發展，而諸大夫之勢愈不可抑。悼公死後，平公初立，烝於曲沃，警守而下，會於溴梁，這也是很可懷疑的事。以悼公功績之偉，乃謚爲"悼"，雖云短壽，容有問題，溴梁之會，警守而下，自是防患（沙隨之會，魯有內亂，也"申宮儆備，設守而後行"），請問這所防的是何患，不是國有內亂的明證嗎？春秋時謚"悼"的十有七八是被弑的君主，我頗疑悼公因不悅欒、范二氏的驕橫，想對他們有所舉動，以鎮服諸臣，反被二氏所暗殺。以病卒掩飾耳目。諸大夫擁平公以會諸侯，是想逼服齊國以保持晉國的威勢，所以急迫如此。左傳稱"使諸大夫舞，曰：'歌詩必類'齊高厚之詩不類，荀偃怒……使諸大夫盟高厚，高厚逃歸。於是叔孫豹、晉荀偃、宋向戍、衛寧殖、鄭公孫蠆、小邾之大夫盟，曰：'同討不庭。'"高厚之詩不類，不稱晉侯怒而稱荀偃怒，高厚逃歸，又使諸大夫結盟而諸侯不盟，都是透露晉政已入大夫之手的消息。公羊傳道："諸侯皆在是，其言大夫盟何？信在大夫也。……君若贅旒然。"這是晉君失權的證據。悼公一死，晉君便失政，所以悼公之死，確是一件很有疑問的事！（如周悼王猛之死，左傳但云："王子猛卒，不成喪也"，而史記云："子朝攻殺猛，猛爲悼王。"）

民國廿八年三月于雲大

中國古代史述略 [*]

一 地和人——舞臺和角色

歷史是人類活動的紀録。從一個哲學家的眼光看來，人類的活動也正如演戲，"乾坤一戲場"，即道破此理。歷史也就不妨説是一卷演不完的電影片。演戲需要兩件必不可少的東西——舞臺和角色，歷史也是一樣，没有土地和生活在這土地上的民族，也就創造不出歷史。今天我們講中國古代史，首先也就得把這兩件東西——地和人——交代明白。

西洋人常説地理是歷史之母，可見地理對於一個民族歷史的發展是極有關係的。我們現在所有的版圖，若用河流來表明，那我們便有黑龍江、黄河、長江和珠江四大流域；以山脈來説，我們現在有阿爾泰山、天山、崑崙山和喜馬拉雅山四大山系。然而我們講中國古代史，當時的中國卻没有這般大。那時我們祖宗的活動範圍只限在黄河流域。因此我們可以約略的説，古代我們祖宗所有的演戲舞台，不過是我們現在所有的四分之一吧了。

* 1942 年 8 月 5 日據春秋戰國史講義第一編改寫。原載學術季刊第一卷第二期，1943 年 1 月 1 日。

我們現在或者要罵黃河是中國的敗家精，但在古代卻不能這樣說，所以在研究古代史時，我們得把這觀念完全改正過來。黃河在古代不僅不是中國的敗家精，而且實是孕育中國文明的母親。這條大河從發源以至入海，經過青海、甘肅、寧夏、綏遠、山西、陝西、河南、江蘇八省（在古代它是從河南直北到河北入海的），長凡八千里左右（古代從天津入海要更長些），併合了它的支流計算，流域之廣達到一百六十萬方里左右。這一片大地，實爲古代正統的中國民族惟一的根據地。他們在那裏長養發育，建設了不少光榮燦爛的文化。有了尼羅河，纔有埃及的文化；有了幼發拉底河，纔有巴比倫的文化；有了黃河，纔有中國的文化，據地質學家的研究，中國文化的發生，實在是受了黃土的恩惠。黃土的性質是黏而腴的，得水即能發酵，助長植物的發達，不需要肥料。這種黃土遍布於黃河流域的全境，不論是山陵和原野，它的肥沃的程度，和尼羅河的沉澱物相彷彿；但土地之廣，卻遠過於尼羅河流域。當古代時，水蒸氣充足，受了雨澤的涵濡，黃河流域的全土實在是亞洲東部最膏腴的地方。陝西的渭水流域，河南的洛水流域，尤爲富饒，所以古人稱它做“天府”。河南的北部，山東的西部，極目平原，一望無際，農產品的豐盛，也可想而知。因此古書裏常說“天玄地黃”，他們以爲地的顏色到處總是黃的，就因爲他們的眼界只限在這黃土區域的圈子裏！

那時黃河流域的氣候也和現在不同。現在一提到黃河流域，南方的人們就起了寒冷的印象。竹子、梅花、稻、象，現在北方真是極少極少，即使有也是南方搬了去的；但在那時的黃河流域裏，這些東西都有，可見那時的氣候是怎樣的暖和。又湖泊的分布和氣候也很有關係，因爲湖泊多了，空中的水分就充足了，水分充足，就可以長養森林，調節氣候，使得它沒有酷寒和燥熱。我們從古書裏看，那時黃河下流的湖泊是怎麼多：河南的中部有熒澤，往東去有圃田、逢澤、孟諸，山東的西部有菏澤、雷夏、大野，此外陝西有弦蒲藪，山西有昭余祁，山東有奚養澤。這些湖泊現在都到哪裏去了？河北南部的大陸澤現在固然還有，但從前是縱橫千里的，現在縮小至於地圖上也可以不畫上了。

上面我們已經把我們古代史的舞臺——黃河流域——搭好了，現在得來看看在這個舞臺上活動的角色如何。學歷史的人總不免有窮根究底的習慣，首先我們就要問這批角色——中國民族——是怎麼來的？這有三種説法：

（一）傳統的説法　我們中國人傳統的説法是盤古開天闢地，中國人全是他的子孫，一開始就住在這塊地方。但這種説法是立不住腳的，盤古的名稱根本是到三國時纔露臉，而且據我們的推測，或者他就是南蠻（就是現在所謂“湖南的苗子”）的祖先槃瓠的化身，而槃瓠的故事實在是一篇神話，叫我們怎能相信呢？除了盤古，説到中國人的祖先就是炎帝和黃帝了，大家深信我們是他們的子孫，所以常常自稱爲“炎黃遺胄”，表示我們出身的高貴。

（二）西來説　這是西洋人提出來的説法，前些年國人附和的也很多，他們的主張也各有不同，有説由馬來半島來的，于闐來的，美索不達米亞（Mesopotamia）來的，印度來的，更有説是遠由非洲的埃及或由美洲大陸來的，其中最占勢力的是中亞細亞説。有一派主張人種一元論的人類學者，他們以爲世界上所有民族都是起源於中亞細亞，中國民族便由帕米爾高原，越過葱嶺，到天山南路，沿了塔里木河東下至青海，從此分爲兩支：一支便順長江而下到四川，東邊給三峽、北邊給秦嶺擋住了。他們便定居在四川，成爲巴、蜀兩國的前身；另一支則沿黃河而下，找到了我們前述的肥腴的舞臺，開始創造我們的文化。但這種説法實在沒有多少的證據，都只是一種假設罷了。

（三）“北京人”的發現　前些時重慶正上演曹禺的新劇北京人，哄動了一時。這位“北京人”是民國十年以後陸續在北平西南房山縣的周口店地方發掘所得猿人骨骼，大約是在五十萬年以前的，這一發現也許可以説中國民族就是本地土著了，這自然是我們所樂聞。

二　傳説的古史和科學的古史

任何民族的古代史都不免雜有傳説在内，這原不足爲怪，因爲一個民族的歷史也正如一個人的歷史一樣，一個人年紀大了，若單憑自己的片段的回憶，或零星的用物，去記述他幼年的生活，那自然是難得真確的。我們的古史也像這樣，在東周以前，簡直渺茫極了，我們只知道有那幾個朝代和若干個人名地名，但都是零零碎碎的，聯貫不起來。從前固然也很有人提到這些，但不是黏附着許多神話，使我們不敢相信，就是支離矛盾，使我們没法相信。更有些人則是有意的去妄造古史，那就弄得更混亂了。

近來歐洲的考古學家用科學的方法來研究古史，他們依據了人類使用器物的程序，分歷史爲石器、銅器、鐵器三個時期。石器時期又可分爲(一)始石器時代，他們説在五十萬年以前，地球上只有半人半猿的猿人，只能運用極粗糙的石器，這時代約在距今五十萬年至二十萬年前，那時的人類只能稱爲"原人"，而不能稱爲真人。(二)舊石器時代，約在距今二十萬年至萬年前，這時的人類能製造粗糙的石器。(三)新石器時代，約在距今萬年至六千年左右，這時石器的製造愈精，已知道用苧麻織布，有了農業、家室，也發明了陶器。這時代以後，便進入銅器時代，起初還只知道用紫銅製造器具，後來纔知道用青銅(錫鋅銅等合金)，性質要堅硬得多。又過了三四千年，纔進入鐵器時代。從人類全部的歷史看來，鐵器的發明還彷彿是昨天的事呢！

這是歐洲學者在中國以外工作的結論。當這個學說初傳進中國時，很多人不信；因爲中國人相信古書的記載，以爲銅器、鐵器早就有了。但事實卻漸漸的證明了科學的成果。最先（民國十年）在河南澠池縣和遼寧錦西縣等處掘出許多單色和彩色的陶器，以及許多石器，但沒有在那裏得到些些銅器，這證明了中國亦有新石器時代。稍後（民國十二年）河套一帶又發現了大宗粗糙的石器，又證明了是舊石器時代的中期的東西。稍後（民國十九年）又在北平西南房山縣發現了一座完好的猿人頭骨，十餘年來地質調查所差不多把整個的山翻開，得到了二十六個原人的骨骼，確實的年代雖不能斷定，總是五十萬年以前的。我們得到這消息，快樂得跳起來，叫道：“中國歷史的第一頁找到了！”

第一頁的猿人，（第二頁的始石器時代尚未找出），第三頁的舊石器時代，第四頁的新石器時代，都很快的在十年內找出了。銅器時代本來是我們金石學者工作的領域，這個鐘是周，那個鼎是商，都已大略考定。“科學的中國古史”固然一時間還不該寫出，但一個簡要的綱領也可以説是立起來了。

三　茫昧的夏王國

在傳説的古史系統中，我們的古代史可以拉得很長；但中國的第一位大史學家司馬遷就認爲有一部分的傳説是“其文不雅馴，薦紳先生難言之”，而屏棄不要。但在我們看來，他的五帝本紀裏也還有好些“不雅馴”的地方呢。這筆糊塗賬現在還没法清算，只有待新史料的發現了。

五帝之後是夏，這個王國的歷史，從傳説的古史和科學的古史兩個系統看來，都算是已有了相當的眉目。但因爲他們沒有直接史料流傳下來，他們的歷史總還是茫昧得很。現在我們姑且不因他們沒有實物流傳下來而看他們爲史前時代，只依據了春秋、戰國間人講起的夏事去定他們的疆域，那麼我們可以說夏的都城在陽城（今河南登封縣），又在晉陽（今山西太原縣），又在帝丘（今河北濮陽縣）。他們的國境是河、濟之西，華山之東，伊、洛之北，羊腸坂（屬太行山）之南，約當現今山西、山東、河南、河北四省之間。夏后啟的母親的化石在嵩山，夏后皋的墳墓在崤山，都是近陽城的。此外我們從左傳和其他的記載裏，都可證明夏朝的若干國家的位置都在現今河南、河北、山東、山西之間。以前我們因爲晉封夏虛，衛封殷虛，又因爲晉用夏正，他們的紀月法和用周正諸國不同，覺得晉和夏特別接近，又因魏、晉以來都說“夏都安邑”，覺得他們的政治中心定在山西南部。現在有了以上這些材料，就知道夏王國的政治中心在河南，他們的勢力範圍大部分在山東，小部分在河北、山西，他們享有了黃河流域的下游和濟水流域的全部。他們所以這樣的緣故也不難解釋，這是一片平原肥沃之區，而且水道縱橫，交通是十分方便的。至於他們這個種族是從哪裏來的？他們發展的方向是順流而東呢，還是逆流而西呢？這可沒法解答。我早在上面聲明了，夏王國的歷史是很茫昧的。

　　夏王國對於中國歷史的影響非常大，這是中國文化的底層。我們看周人明明是西方的一個獨立的部族，但他們得到中原之後，就稱自己的國土爲“時夏”，稱自己的民族爲“諸夏”，就可知道他們對於夏是怎樣的仰慕。“夏”又轉爲“華”，這就是我們中華民族的名稱的來源。我們寶愛這個族名，是不是該對於夏更增些眷戀！

　　在科學的中國古史中，我們也可以對夏朝作一點推測。民國十年，地質調查所在河南澠池縣的仰韶村發見了一個石器時代的遺址，後來又在遼寧、甘肅、陝西、山西、河北、山東等省，都發現有與仰韶村遺址同樣的東西，考古學家便名之爲仰韶期文化，而相當於石器時代的末期。從器物的差別看來，又知道這一期文化是在殷商之前，而且它的陶鬲和周代的銅鬲，石環和周代的玉環，石戈和漢代的銅戈，石鐮和現在的鐵鐮，石鑿和現在的鐵鋊，石刀和現在的金圭（就是北平磨刀匠所打的四片鐵刀），都有逐漸演化的痕跡，足以證明這種史前文化和中國歷史文化是非常接近的。因此我們該問，仰韶文化既在石器時代的末期，又確在商代以前，又和中國有史時期這樣的密切，那麼是什麼時候的呢？説到這兒，自然叫人聯想到夏代去。我們在上邊講起，夏以河南爲中心，它的勢力範圍及於山東、山西、河北，現在這幾省都已發現了仰韶期的文化了；夏后皋的墳墓在澠池，其同姓的莘國在陝縣，仰韶村又正在那邊；夏的銅器沒有發現過，而仰韶期正無銅器；夏的文字沒有發現過，而仰韶期正無文字；靡（羿的忠臣）逃奔的是有鬲氏，傳説中又説“昆吾作陶”，“桀作瓦屋”，而仰韶期的文化正以陶器爲最盛。然則這十餘年來新石器時代末期遺物的大批發見，或者就是給我們看一部夏的歷史吧？我們希望這樣“躊躇滿志”的話，不久再有新的發見來給我們證明！

四　商王國的成長和發展

不知在什麼時候出來了一個稱爲商的部族。據他們自己相傳，説是上帝特地降下來的。詩經的商頌裏説：“天命玄鳥，降而生商”，又説：“有娀方將，帝立子生商”，這就是含有一篇神話的故事。這位天降下來的商王名叫契，母親簡狄是有娀氏的女兒，父親帝嚳就是那位上帝。契就是商人的始祖，他的國在哪裏現在也不知道，不過把玄鳥生商的神話和別的種族的神話比較研究，那麼它和高麗的和滿洲的很相像，或者他們是起於遼寗和河北之間的。近年來的考古學者不曾告訴我們仰韶文化已經伸展到了遼寗嗎？

契的孫兒相土（就是甲骨文中的土），始搬到商（今河南商丘縣），因此他們的國號就叫商，他是一個武功烈烈的國王，詩經中還說他的勢力達到了"海外"，依我們的推測，或者他據了渤海和黃海的西岸。而發展他的勢力到東岸朝鮮。這是一個有些可能的推測，因爲相傳商亡之後，箕子是到朝鮮去做王的。倘不是向來兩方面就有密切的關係，怎還能於喪敗之後退保這遼遠之地呢？

此後重要的商王是王亥，他發明了用牛駕車載重，給人們運輸交通以極大的方便。又過了好幾代到湯，他的都城在亳（一稱北亳，在商丘西北，今山東曹縣南）。因爲他行仁政的緣故，上帝很信任他，命他享有天下。他共舉了十一次兵，纔把當時的共主夏桀趕到南巢（今安徽巢縣東北），而自己做了天子。這是中國歷史上革命的第一幕。商和夏只是同時存在的二國，它們的大小強弱本來沒有差得怎樣遠，後世學者牽於君臣的名分觀念，以爲湯是桀的臣子，他是忽然間從七十里的封地興起來的，那實是大大的謬誤，不看玄王（契）和王亥們都早已稱王了嗎？

在春秋的末年，孔子很想尋求商代的制度，特地來到宋國去，可是他只有帶着失望回來。現在離開那時已二千四百年了，想不到我們卻比孔子幸運得多。四十年前甲骨卜辭發見於河南安陽，經學者們長時間的研究，加上舊傳材料的比較，對於商朝的歷史，我們方得説出一個約略。

商王國的領土大約也像夏，介於山東、山西、河南、河北之間，而朝鮮及遼寗、陝西諸省，則爲其宗主權所及的地方。許多記載告訴我們商是常常遷都的，湯以前遷過八次，湯以後又遷過六次。他們爲什麼要遷，是不是游牧部落的習慣，還是遭遇了水災？這個問題現在還没法解決。最後一次是盤庚遷都於殷（今河南安陽縣），從此以後他們住定了，直到亡國，在那邊建都二百七十五年。現在殷虚發現的甲骨所以這樣的多，原爲那邊是一個長時期的都城，保有十二代君主的占卜。殷是商代最久的都城，所以古人就用了殷來稱商，或合稱爲殷商；但他們自己還是稱商。在甲骨文裏，又稱爲大邑商。

商人非常信鬼，所以國王做一件事必先占卜。祭祀的事，占卜最多，不用説了；除此之外，出去，回來，走到那裏，停到那裏，經過那裏，在那裏打獵，在那裏捕魚，向那方開仗，都要占卜。因此留下的地名，有好幾百個。如果這些地名我們都能知道它的所在，真可以修成一部"大商國志"。不幸這些文字，我們多數認不得，就是認得的，也因古書裏提到的太少，没有比較材料，不敢確定在哪裏。

商王國境外的國家有屬國和外邦的分别。屬國如肅（或即古書裏常提起的肅慎氏）、兒（即郳，亦即小邾，在今山東鄒縣）等是。商人稱外邦常用"方"字，武丁時有鬼方、土方、舌方、羌方，都曾侵犯過中國；如鬼方，武丁曾用三年的功夫纔把它克服。紂時有人方，據後人的研究，人方就是東夷，紂曾和他們打過三次仗，是商末最重要的戰爭。雖然是勝利了，但因紂不修德行，加上這戰爭的消耗，國力大衰，這戰爭反而成了他亡國的致命傷。此外還有馬方、虎方以及文字不識得的幾個方。馬方、虎方用生物爲號，是否即是一種圖騰（Totem）制度，用來表示他們的血統關係，這也有待於研究。

五 周王國的崛起及其封建

周的形成恐怕趕不上夏，因爲從文王推上去只有十四代，比了從湯到紂有二十九代的還要減少一半。當時渭水流域是氐、羌們的根據地，而周祖后稷就説是姜嫄生下來的，姜就是羌（羌從人，是種族之名；姜從女，是羌族女子的姓。這一族大約是用羊作它的圖騰的。這名詞有從人從女的分別，好像鬼方的鬼在甲骨文中有從人作傀的，也有從女作媿的）。我們很可假定，周族是羌族中間的一個支族，或者是更大一族的兩支，至少也和羌族有血統的混合。這一族世居陝西中部，或者受過商王的羈縻，但決沒有很深的政治上的隸屬關係。不知在什麼時候，這族裏出了一個酋長稱爲公亶父的，初到岐山之下的周原定居下來，（公亶父這人，從戰國以來都説是太王，我覺得不對。他乃是一個很辛苦的創業之君，太王時則已到了周的全盛時代了。而且從稱呼上看，他稱公，太王稱王，也不該合爲一人。）以後經過公劉、太王到王季，周的勢力更强，商王只得用和親的政策把摯國（據説在今河南汝南縣東南）之君的女兒太任嫁給他，後來她就生了文王，商王帝乙又把自己親生的女兒嫁過去；但文王卻不因他自己一來是商的外甥，二來是商的姑爺，就忘掉了他自己的使命。他在最後的幾年之內，非常的活動，先判斷了虞國（今山西平陸縣東北）和芮國（今陝西朝邑縣）的爭訟，獲得了東北方（西河兩岸）的主權；又趕走了畎夷（又稱混夷、串夷），伐滅了密須國（今甘肅靈臺縣），開闢了西邊的土地；又滅了崇國（今陝西鄠縣東），奠定了渭南之地；又打下了邘國（今河南河內縣）和耆國（又作黎，今河南濬縣西南），勢力伸展到東方，和商國的王畿相接觸。那時是商王紂在位，他自己固然不好，但那時一般的商民也走到了絕路。他們這個王國在那時是文化的中心，但就因爲文化發達，所以漸漸兒奢侈起來，大家只管喝酒作樂，喝得個人事不知（現在發現的商代銅器，多數是裝酒的，大的叫做尊、彝、壺、罍、盉、卣，小的叫做爵、觚、觶、角、斝、觥，我們很可想見當時喝酒的藝術）。他們最主要的道德原是敬鬼神，重祭祀；但到了這末期，品行的墮落甚至於偷竊到祭神的犧牲來了。做官的也没有一點綱紀，只會互相欺騙。人民呢，時常鬧意氣，彼此結成寃家，全國化爲一盤散沙。在這時候西方崛興了一個周國，他們有很大的地盤，很富的農産，很强的武力，還有刻苦奮鬥的精神，試問在這個老國度裏享福慣了的人們，如何抵擋得住這鋭利的進攻呢！

　　文王滅崇之後，就把都城從岐山遷到灃水，（即崇地，在今長安縣南），稱爲豐邑，但不幸他齎志以殁。他的長子武王（他是莘國之女太姒生的）繼起，自稱太子發，奉了文王的木主行軍，大會諸侯於孟津今河南孟津縣），但他認爲時機還没有到，退回來了。又過了兩年，纔率領戎車三百乘，（一乘是駕着四匹馬的一輛車，每車容步卒七十二人），虎賁（勇士）三千人，和西南方的庸、蜀、羌、髳、微、盧、彭、濮八國聯軍，東向伐紂，紂失敗了，自己燒死在鹿臺之上。武王就成了天下的共主。從此以後，黃河流域的政治文化全給渭河流域的人們所支配了。

　　周武王克商之後，爲鞏固他的統治權計，就封建了幾個國家，後來在成王時，周公旦爲相，又封建了許多。武王和成王兩代所封的究竟有多少，我們無法知道。有人説成王時周公封建七十一國，其中姬姓之國獨佔了五十三，這話也許是可信的。這些國家中，大致可分成三類：第一是周王同姓的姬姓國家，如衛、晉、魯、曹等是；第二是周王室的姻親國家，如姜姓的齊、申，姒姓的杞，媯姓的陳，任姓的薛等是；第三則是商代遺留下來的國家，如商國自身的宋和楚、徐等。不過如徐、楚等一類國家，是並不心悦誠服於周朝的。可是前兩類國家真個是星羅棋布，節節駐防，以爲王室的屏藩，這第三類國家也就没奈何了。總之在這時候，周朝的疆域，西到甘肅的東頭，東到今山東半島，南到江、漢，北到遼、灤，地方之大真罩過了夏、商。

武王之後是成王、康王。成、康之世，天下安甯，人民休養生息，十分舒服，聽説這四十餘年裏邊，竟没有一個人犯過罪的。不過周家的全盛時代，也只有這短短的一段，從此以後，就在長期的衰弱裏挨延下去了。經過幾代到厲王，他是一位很專制的君主，又驕傲，又暴虐，又用了喜歡專利的榮夷公作卿士，人民吃的痛苦深了，不免對他批評幾句，他就禁止人民批評他，抓着的就殺。召穆公諫他，他也不聽。過了三年，人民再也耐不下去了，便集合起來，把他趕出國去。於是天下無主。有一個共國之君名叫和的，很有政治才幹，諸侯推他出來代行天子的職權，所以歷史上稱這個時期爲"共和"。共和十四年，厲王死了，召公保護着厲王的太子叫做靜的做了天子，是爲宣王。宣王少遭艱苦，即位之後，很肯聽信召公的話，努力治理政事，一時頗有中興氣象。可是那時外患太多了，西北有戎，東南有夷，南面有楚，雖經召公和宣王的努力，把他們平定，但周室的國力是愈衰了。

自從共和以後，中國方有正確的紀年史。宣王在位四十六年去世，子幽王繼位，幽王可算是西周列王中命運最壞的一位，外患天災很多，而他自己又不好，寵愛褒姒，廢去申后和太子宜臼，另立褒姒的兒子伯服爲太子。於是激怒了申后的父親申侯，他約集鄫國和犬戎，連兵攻周，把幽王殺了，於是宗周滅亡。自武王克商到此，不過二百八十年光景。鎬京殘破之後，不能再作都城，申侯就在自己國裏立了太子宜臼爲王，是爲平王。另有不滿意於平王的殺父報仇的，就擁立幽王的另一個兒子余臣於攜邑，是爲攜王。二十一年之後，晉文侯把攜王殺了，平王方得做天下的共主。這時他遷到周文公所建的東都洛邑，後人因稱爲東周。平王四十九年是魯隱公元年，這一年是相傳孔子所作的春秋經的第一年，從此入於春秋時代。在這時代中，周王雖依然高拱在上，但天下的重心已移到霸主的名下，中國歷史也進入一個劇變之局，我們的古代史也可就此告一段落了。

春秋史要[*]

第一章　三代略史與周的東遷

　　研究歷史，靠着材料。太古時代，人類没有造出文字，不能把當時的事情記載下來；可是他們有遺留下來的東西，或者是死人的骨骼，或者是使用的傢伙，或者是部族聚居的遺址，由考古學家細心研究，作成系統的叙述，也可稱作歷史；不過這時期是"史前時期"，這部歷史應該唤做"史前史"。到有了文字記載之後，就是正式的"歷史時期"了。

　　中國的史前時期正在開始發現之中。三十年來的新發現，最著名的有北平附近房山縣的"北京人"，前額扁平，下顎聳出，那是五十萬年前的人類，還和猿類接近；可是在他們的洞穴中已有了火的痕跡，知道他們已能用火煮食或取暖了。其次有在河套一帶發現的舊石器時代的遺物，那是二十萬年前的東西，那時的人們已經會得打造些粗糙的石器來斬割動植物了。時代再後些，有在河南澠池縣的仰韶村和遼甯錦西縣的沙鍋屯等處發現的新石器時代的遺物，其中有許多單色的和彩色的精美陶器，又有許多經

---

　　[*]　1945 年 3 月作。北泉圖書館印，1945 年。

過琢磨的細緻石器，但没有銅器，也不曾發現文字，大概是五六千年前的東西，那時已經同我們的歷史時期相銜接了。

我們的歷史時期究竟開始於什麽時候，這個問題我們現在很難解答。從已發現的文字記載來説，是始於商，因爲我們現在擁有大批的甲骨文材料，那是商王盤庚遷都於殷（今河南安陽縣）之後那些掌占卜的史官們所作的記載。但從甲骨文看來，已是比較進步的文字而不是原始文字，説不定我們將來再能發現一種文字，把歷史時期推向前去咧。

在古人留下的歷史書上記載着商以前是夏，夏、商、周合稱爲“三代”，這是不錯的。只可惜我們現在還没有找到夏代的遺物。如果夏代還没有文字，那些新出的新石器時期的東西説不定就是他們所遺留。這個國家，大約開始住在黄河下游，漸漸兒移到黄河流域的中部。他們的文化比較别的國家高，他們的疆土比較旁的國家大，形成了諸小國的共主。他們的時代大約在西曆紀元前二千年以上。因爲夏朝是中國的第一個大朝，是中國正統文化的基層，所以在幾千年來的中國人都自稱爲“夏”，或带着它的前置音而稱爲“華夏”。

大約在夏代的中葉，崛起了一個商國，在現在的山東和河北兩省逐漸發展。因爲他們住在商（今河南商丘縣），所以國號叫商。約莫在紀元前一千八百年左右，他們國裏出了一位極有力量的君主叫做成湯，他統一了東方諸部族，舉兵西向，把夏朝滅了。因爲他們强盛，便成爲中原的宗主，代替了夏的地位。那時連西方的氐人和羌人也没有敢不來朝貢的。他們有完備的文字，高超的文化，無愧爲六百年中的大朝。

文化高的民族往往流於頹廢。商人喜歡飲酒，醉了整夜的叫號，天亮睡倒，白天便不能做事。從成湯傳了二十九代，繼承王位的是紂。他是一個才力超群的人，只是任性而行，不曾在治理國事上多打算。那時東夷叛變，他起兵征討，得了很大的勝利。

自以爲國命久長，不料在戰爭中已把國力消耗空虛，東夷才定，西邊强悍的周人又起兵了。他起初不在意，後來竟抵抗不住。最後，牧野一戰，被他俘虜來的東夷兵卻倒戈打將過來，周武王一麾而進，商人大敗，紂自己放火燒死。於是中原的宗主權又由商轉移到周。

周人是新興的部族，他們有刻苦的習慣和勇敢的精神。他們的根據地是渭水流域，就是現在陝西省的西部。在公亶父的時候，他們這一族還是住在窰洞裏面，後來遷到周原（今陝西岐山縣），才建築起城郭和宮室。到公劉，在附近開拓了好多地方。都勤於農業，把國家弄得很富，又獎勵武事，把國家弄得很强，那時候周就成了西方惟一大國。傳到太王，養精蓄銳，更向東方發展，開始想壓倒商朝。太王再傳到文王昌，自身既很有幹才，還有許多的好幫手，漸漸統一了西方各個部族，遷都到東面的豐邑（今陝西鄠縣），自稱受了上帝的命令而伐商，征服了黎國（今河南濬縣西南），給商朝的王畿一個很大的威脅。不幸功業沒有完成，他就死了。他的兒子武王發繼起，奉了文王的木主行軍，率領戎車三百乘，虎賁三千人，還隨從許多蠻族，東去伐紂。勇將師尚父飛揚擊鬥，牧野一戰，商人一齊崩潰，據說那時流血之多甚至把春杵也浮起來呢。

武王滅商，只滅了商的本邦，並沒有把他們的地盤完全收歸己有；不但東方沒有全歸周朝管理，就是商的本邦也還讓紂子武庚繼續居住，不過派他的弟弟管叔、蔡叔們監視着。武王自己回到鎬京（今陝西長安縣西南），那是從豐邑遷去的都城。武王不久去世，他的兒子成王誦年幼，便由成王的叔父周公旦攝政。那時管叔、蔡叔們妬忌他獨握政權，四面散播謠言，說：“周公快要對不起這小孩子了！”這樣一宣傳馬上引起全國的猜疑。武庚趁着周室內爭的機會，就聯絡了管、蔡二叔和商的與國淮夷、蒲姑、徐、奄等舉兵反周，重新抬起頭來，聲勢非常浩大。幸而周公是一位政治家兼軍事家，他逢到這内憂外患不肯退縮，就帶了人馬東征，苦苦地打了三年的死仗，擊破了他們的犀象隊，直趨到長江之南，結果殺了武庚和管叔，滅了奄國，敵人全消除了。

　　周公東征勝利，就在東方大封王族和功臣作諸侯來鎮壓商人。他的大兒子伯禽封于曲阜，爲魯侯，那就是奄國的原址；師尚父封於臨淄，爲齊侯，那是蒲姑氏的故都。東方有了這兩支得力的駐防軍，從此没有問題了。商王原來建都的殷，派康叔封帶兵前去監視；商王的子孫，依舊封一位微子啟做宋公，遷到他們一族最早的根據地商丘，讓他奉祀祖先。又把一部分富有抵抗精神的商遺民遷到洛水流域，叫他們建築洛邑，作爲周的東都；洛邑建成，就令他們住在那邊，行動隨時受着周家的監察。就在這時，周公把政權歸還成王；周室的基業再也不動摇了。

　　從成王到他的兒子康王釗，可説是周室的全盛時代，後世的傳説甚至説那時候國家停止了刑罰四十多年。從這類的言詞裏可以推想那時的人民所受的太平幸福。至於商遺民呢，他們在政治上没有出路，除了種田之外只能作生意，他們作生意的多了，於是買賣界的人們被稱爲“商人”，他們居然握有了經濟權。

　　康王七傳到厲王胡。他是一位很專制的君主，政令暴虐，禁止人民批評他，違禁的處死刑。這樣的壓制輿論，逼得人民起一次大反動，首都革命了，厲王誠趕到彘邑（今山西霍縣），由一位共伯和來代行天子的職權。過了十四年，厲王死了，他的兒子宣王靖繼位，共伯才退回自己的國。史官稱共伯攝政的第一年爲共和元年，從此以後，中國的歷史書上才有正確的紀年。雖是殘缺的地方還太多，總算可以一年一年地編排下去了。這是西元前八四一年。

　　周朝正同商朝一樣，常碰到外族的侵凌。那時西北方的獫狁，東南方的淮夷和徐戎，南方的蠻荆（就是後來的楚）常常起來騷擾邊疆。康王的兒子昭王瑕是死于漢水裏的，説不定就是征荆的失敗。到宣王即位，常和外寇交鋒，他打過幾次勝仗，也打過幾次敗仗。在幾次戰敗之後，人民喪失太多，他不知道能不能支持下去，便來計數人民，看看還剩多少，那時周的衰運已是無可挽回的了。

到了宣王的兒子幽王宮涅嗣位，他處境更加困難。天災流行，地震把幾條大川都弄乾涸了，旱災又像火燒一般地壓上來，人民沒有飯吃，只得四散逃亡。異族趁這機會，加緊侵略，弄得周朝的疆域一天比一天削少。在這天人兩重災難嚴重壓迫的時候，偏偏這位幽王糊塗透頂，寵愛一位叫做褒姒的妃子，立她爲王后，立她所生的兒子伯般爲太子，把原來的姜后廢了，原來的太子宜臼趕出去了。宜臼孤零零地走到西申國，向他的舅舅申侯哭訴，申侯一氣，索性聯合了周室的大敵人犬戎一同進兵，打破了鎬京，把幽王殺死在驪山下。

幽王死後，周室在西方的領土完全被犬戎佔據。那時東方的諸侯申、魯、許等同奉太子宜臼在申國（今河南南陽）即位，這就是東周的第一代天子平王。那是西元前七七〇年。同時虢公翰也奉了王子余臣在攜邑即位，稱作攜王。後來攜王被晉文侯所殺，於是周室又歸統一。可是西方已不能立國，平王遷居在周公營建的洛邑。後人因爲這是東都，稱它爲東周。那原來的鎬京是西都，所以周朝的前期稱爲西周。魯國有一部編年的歷史，起於平王四十九年（西元前七二二年），終於周敬王三十九年（西元前四八一年），名爲“春秋”，約略和東周時代相當，所以一部春秋史，講的就是東周時代的歷史。從此以後，才有比較豐富的歷史材料。

周室遭了極大的外患，弄得國幾不國，國力微弱，一蹶不振，只得依附了諸侯立國。那時和王朝關係最密切的諸侯是晉和鄭。鄭武公是厲王的孫兒，平王的近親，所以他在本國是侯，在王朝是卿。晉文侯是替平王殺掉爭位的攜王的，功勞更大。周王的威權操縱在他們的手裏，就形成了列國爭霸的形勢。等到晉國因嫡庶的分化而發生內亂，王朝的屏藩只有鄭國，所以鄭國在春秋初年是不可一世的。

第二章　春秋列國的先世

　　要知道春秋史，除了春秋以前的王朝歷史以外，更須知道春秋以前的列國歷史，因爲春秋史的重心不在王朝而在列國，該尋取他們的淵源。不過西周時代諸侯動態的全貌，我們太不容易知道，只能就春秋列國的先世作一回表白。

　　就春秋史上說，齊、晉、秦、楚四國是當時的一等國，他們支配着整個時代的歷史，彷彿戲劇中的主角。尤其是晉和楚，更爲主角中的主角。一部春秋史，最簡單的說明就是晉、楚爭霸史。吳和越是後起的強國，只因偏居東南，加入諸侯的盟會太遲，和中原關係較淺，成了次要的角色。魯、宋、衛、鄭、陳、蔡是二等國，他們只有受了強國的支配而活動，或附於晉，或附於楚，或晉、楚兩附，成了當時爭霸的目標，在舞臺上只算是幾個配角。其他一百來個國家，有的地點太遠（如燕、巴），有的國土太小（如曹、邾），有的史料太貧乏（如徐、隨），寫起歷史來只能附見於別的國家了。

　　話說商人經營中原差不多費了一千年功夫，決不能在短時期內被別人所征服。周是西方的一個新興國家，靠了他們優越的武力，一舉滅商，然而他們在中原沒有什麼潛勢力，要馬上做東方的主人翁是不容易的。所以武王克商之後，依然回到老家，建都在鎬，只封他的親弟叔鮮於管（今河南鄭縣），叔度於蔡（今河南上蔡縣）——管地把着黃河的衝要，蔡地佔據淮水的上游——叫他們監視東方諸舊國。不過這兩塊地方雖說已在周東千里，究竟還東不了多少。自從周公旦二度克商，周室的地盤才開拓到黃河下游和濟水流域的全部，他就放開手去封建了許多本家和姻親做諸侯。後來成王又繼續封了一些。可惜他們那時不曾留下一張詳細的名單，現在苦了我們的猜索。大概說來，太王一系有虞仲，封在現今山西平陸縣；王季一系有虢仲和虢叔，虢仲封於東虢，在河南汜水縣，虢叔封於西虢，在陝西寶雞縣。文王的兒子可多了，除了管叔和蔡叔之外，還有曹叔振鐸封在今山東定陶，郕叔武封在山東汶上，霍叔處封在山西霍縣，康叔封封在河南淇縣，毛叔鄭封在河南宜陽，滕叔繡封在山東滕縣，聃季載封在湖北荊門；此外還有山東城武的郜，河南修武的雍，陝西咸陽的畢，河南濟源的原，陝西鄠縣的酆，山西臨晉的郇，也都是他的一系。武王的兒子，封於河南沁陽的叫做邘，封於山西翼城的叫做唐，封於河南魯山的叫做應，封於陝西韓城的叫做韓；周公的兒子，除了伯禽封魯之外，又有河南輝縣的凡，河南固始的蔣，河北邢臺的邢，山東金鄉的茅，河南延津的胙，河南鄭縣的祭，全封在東邊。再有他們的本家，像召公奭封於薊，遠在河北大興。周家是姬姓，聽說那時新封的姬姓之國有五十三個之多呢。再說他們的姻親方面，太王的夫人是太姜，王季的夫人是太任，文王的夫人是太姒，武王的夫人是邑姜，武王的長女太姬嫁給周朝的陶正虞閼父的兒子滿，他們姓嬀，所以那時封的異姓，姜姓有齊、申、呂、許、向、紀等等，任姓有薛，姒姓有杞、鄫，嬀姓有陳，也不下十餘國。真個是星羅棋布，節節駐防。至於舊有的國家，任他們存留的，還有徐、楚、邾、莒諸國。那時周的疆域，拿現在地名說來，西到甘肅的東頭，東到山東半島，南到江、漢，北到遼、灤。他們把這一大塊土地重新整理一番，一方面建立新的屏藩，一方面霸糜舊的部族，實在可以說是一統天下了，不過經過了西周三百餘年的推移，許多不努力的國家被淘汰了，那些奮發有爲的又擴張了廣大的領土，有的擴張得比王朝還大。這類強國因爲自己是周王所封，不便取而代之，所以才有變相的霸政起來代替了王政，本來他們的實力是夠得上稱王的。

　　周公所封的國家最有關係的是魯和齊。前者是他自己的長子伯禽，後者是開國的大功臣兼姻親的師尚父，都是最親信的人。因爲東方離國都較遠，又是商人的舊根據地，必得有重臣鎮壓，所以封了他們兩位，把商的部族分給他們管轄。後來淮夷徐戎果然叛變，虧得伯禽出師平定了。伯禽八傳到武公敖，那時周宣王在位，武公帶了他的大兒子括和小兒子戲去朝周，宣王很喜歡戲，就立他做魯太子。武公死後，太子戲即位，是爲懿公。過了九年，括的兒子伯御結合了國人殺死了懿公而自立。又過了十一年，宣王興師伐魯，把伯御殺了。改立他的叔父稱爲魯君，是爲孝公。孝公傳子惠公弗湼。惠公的長夫人孟子早死，沒有兒子，庶夫人聲子生個兒子名叫息姑。後來惠公又娶了宋國的女兒仲子作夫人，生的男孩叫做軌。惠公死後，軌還年幼，息姑即位，是爲隱公。隱公元年，就是春秋經上的第一年。

　　魯國佔有了山東省的南部，固然是一個大國，但往南來便是淮夷和徐戎，他們都有很強的實力，所以魯的疆域不大容易開拓。齊國居於魯的東北，那邊沒有什麼強悍的異族，而且濱海一帶有大量的魚鹽生產，國內又有許多絲織工業，資源既富，國力易強。師尚父是齊國的第一代君主，稱爲太公。太公四傳到哀公不辰，被紀侯在周王面前說了壞話，周王一怒殺了哀公，因此結下了齊和紀的世仇。哀公八傳到僖公祿甫，僖公九年入春秋。

　　衛國的始祖是周武王的親弟康叔封。康叔原先封於康地，周公東征殺了武庚，命他到商的故都去監視遺民，所以他又遷到了殷。殷又寫作鄁，鄁字別寫作衛，所以衛即是殷。康是他的封國，衛是他的駐防之地，到後來差使變成實缺，他就是衛君了。康叔八傳到僖侯。僖侯有兩個兒子，長的名餘，小的名和。僖侯很寵愛小兒子，賜給他很多財物，他便拿了這財物去聯絡士民，造成了潛在的力量。僖侯去世，餘即位；他住在共邑，稱爲共伯。即位不久，他的弟弟就招集了士兵攻他，他抵抗不得，走到父親墳上自殺了。和即位，是爲武公。武公卻能逆取順守，勤修政事，得到百姓的愛戴。有人説，替代厲王行天子事的共伯和就是他呢。周幽王被犬戎所殺，武公發兵救援，很有功績。他年紀活的最大，幾乎一百歲；在他九十五歲上還是請人指導他做好事情。武公再傳是桓公完，桓公十三年入春秋。

晉國的封建或者稍爲晚些。舊説周成王滅了唐國，把親弟虞封到那邊，稱爲唐叔。可是春秋時晉國的銅器上刻着，唐公輔佐武王，唐公是武王所封咧。唐叔居唐，他的兒子燮父遷居到晉水之傍，國號就改作晉，魯、齊、衛三國管轄的是商遺民，是舊文化的區域。唐、晉間卻是夏代遺墟，那邊山嶺重重，戎、狄遍布，惟有振作精神跟他們週旋，才可免於滅亡，所以晉人的思想絕没有頹廢的色彩。晉侯燮父七傳到穆侯費王，他的兩個兒子恰恰生在兩次戰事之後，長的生時打了敗仗，命名爲仇，小的生時勝利了，名爲成師。穆侯死，弟殤叔自立。過了三年，太子仇攻掉殤叔，自己即位，是爲文侯。那時候周幽王被犬戎殺害，文侯同別的諸侯一塊兒擁立平王，他又攻殺那別樹一幟的攜王，勞苦功高，平王賜給他許多貴重東西。文侯死後，子昭侯伯即位，分封父成師於曲沃，那就是曲沃桓叔。曲沃是一塊好地方，桓叔又得衆心，造成了尾大不掉的局面，應驗了命名的豫兆。過了七年，晉國大臣潘父殺了昭侯，迎立桓叔爲君，被晉人所拒絕。昭侯的兒子孝侯平嗣位。不久，桓叔去世，子莊伯鱓嗣位，他便領兵伐翼（晉的國都，今山西翼城縣）殺了孝侯。翼人又立孝侯的弟鄂侯郤爲君。鄂侯二年，即曲沃莊伯十一年，入了春秋。

蔡是叔度的封國。周公攝政時，蔡叔聯合了武庚叛周。周公東征後，他被放而死。他的兒子名胡，很有德行，周公便重封了他，稱爲蔡仲。蔡仲九傳到宣侯考父，他二十八年入了春秋。

陳國和齊國一樣，是周朝的外戚。始封之君是胡公滿，立國在今河南淮陽縣。胡公十一傳到桓公鮑，他二十三年入了春秋。

周公既殺武庚，在已投降的商王族中選出一位微子啟，封他到宋，這是周朝的賓客。微子十二傳到宣公力。宣公臨終時，不傳位給兒子與夷而讓給他的弟弟和。和立，是爲穆公，他七年入了春秋。

以上七國都是周初封建的諸侯。到了周孝王時又多出了一國，這是秦，建國在今甘肅禮縣。秦國的始封之君非子是替周孝王養馬的，他的祖上不是養馬便是御者，真是十足的西北味兒。可是他們姓嬴，嬴姓一族很多是淮水流域的國家，説不定他們是從東方遷去的呢。據他們自己説，在殷王太戊的時候，有一位御者，鳥身人言，名爲中衍，就是他們的祖先；因爲御車有功，封爲諸侯。傳了多少代到蜚廉，蜚廉生惡來，父子二人才力勝人，得到紂的寵信。周武王滅商，把他們都殺了。蜚廉的子孫造父，替周穆王駕車有功，封在趙城（今山西趙城縣），便是後來趙氏的始祖。非子是造父的族人，他住在犬丘（今甘肅天水縣）養馬，得着周孝王的賞識，封他到秦，作一個附庸之君；因爲他們姓嬴，所以稱爲秦嬴。秦嬴三傳到秦仲，那時正是周厲王之世，西戎作亂，把住在犬丘老家的秦嬴一族滅了。宣王即位，命秦仲作大夫，叫他去討伐西戎；不料戎人勢盛，反被所殺。秦仲有五個兒子，長子莊公嗣位，得到周王的幫助，打敗西戎，兼有犬丘之地，做周室的西垂大夫。莊公死，子襄公嗣位。七年，犬戎殺幽王。襄公率師救周，戰伐有功。平王東遷，襄公又派兵護送。平王就封他作諸侯，叫他攻打戎人；許他在趕走戎人之後，把岐山以西的地方給他享有。到襄公的兒子文公即位，果然實現了這個期望，他自佔岐山以後，將岐山以東獻還周室。文公四十四年入春秋。

　　到了周宣王時又多出了一國，那是鄭。鄭桓公友是周厲王的
小兒子。宣王封他於鄭，即今陝西華縣。他是一位賢能的君主，
得着國民的信愛。幽王時，他入朝作司徒之官，周朝的人民又都
高興起來。那時周勢已衰，戎、狄強盛，桓公怕自己一家和周室
同歸於盡，想找一個避難之處，史伯告他，濟、洛、河、潁四水
之間，東虢和鄶兩國的地方最爲穩固，可以先把妻子財物寄存那
裏，有事時便帶了王室的軍隊把這地方佔領。桓公依了他的話做
去，後來果然得着那邊的疆土，遷到了東方。西周亡時，桓公殉
難。他的兒子武公掘突嗣位，因爲擁護平王有功，仍做王朝的卿
士。武公去世，太子寤生即位，是爲莊公。莊公二十二年入
春秋。

　　以上諸國都是周王所封建。還有幾个不曾經過封建的手續，
憑了自己的力量奮鬥出來的。第一个便是楚。這是一個古老的部
族。據他們自己説，始祖叫做祝融，他的後裔分爲六姓，最末的
一支叫做季連，定爲芈姓，那還是夏代的事呢。到周成王時，季
連的後裔熊繹立國丹陽(今河南西南部)。成王召集諸侯到岐山的
南面結盟，監立了高大的木表，安放着神靈的祭筵，王弟母舅等
各个國君依照班次，簇齊站在臺上。熊繹去了，周人看他是荆
蠻，只叫他看守庭燎，不讓他參加歃血之盟，這是一个不小的侮
辱。後來楚人漸漸把漢水流域的姬姓國家逐一吞併，周昭王南下
親征，溺死在漢水，楚國也從此不向周王進貢了。熊繹五傳到熊
渠，當周夷王時，他興師伐庸和楊越，一直到鄂，封他的長子康
爲句亶王，中子紅爲鄂王，少子執疵爲越章王，他們勢力驟然擴
大了起來。後來不知何故，忽然中衰，到若敖和蚡冒的時候又在
山林中艱辛開發。蚡冒的弟弟武王熊通即位，又成就了中興的偉
業，從熊繹以來已是傳國十七主了。武王十九年入春秋。

　　楚國的東邊是吳國。據傳説，他們的始祖是周太王的兒子泰
伯和仲雍，因爲他們的弟弟王季特別賢能，而且王季有個極好的

子叫做昌（文王），太王想立王季爲後嗣，以便將來挨次把君位傳到昌的身上。他們探得了父親的意思，要成全這個計劃，於是結伴逃到荆蠻，建立了吳國。這个傳說雖含有道德的意義，卻是很可疑的。古代交通閉塞就是要逃，怎能逃得那麽遠。山西平陸本來有個虞國，周初封建的國君虞仲是太王的兒子，太伯的弟弟，莫非春秋時吳國跟晉國交通，勢力漸漸北上，他們就冒頂了已亡的虞國祖宗（吳與虞本一字），自認爲周的支族，以便參預中原諸侯的盟會？吳國的祖先裏有一位熊遂，熊是楚王室的氏，莫非他們竟是楚的支族？從熊遂十三傳到壽夢，吳國强大，見於春秋。

吳國的南面是越。越是芈姓，應是楚的同族。熊渠立少子執疵爲越章王，大約就是越的始封。他們住的地方離中原太遠，受不到中原的文化，所以剪斷了頭髮，滿身刻着花紋，充分顯出蠻子氣。這一族直到允常時開始强盛，見於春秋。

這十二個國家，在東邊濟水流域的是魯和齊，在黃河中段北面的是衛，南面的是鄭，在汾水流域的是晉，在淮水流域的是宋、陳和蔡。這是一個中原的集團。此外，在渭水流域的是秦，雖是周王所封，已染上了西戎色彩；在長江流域的是楚和吳，在錢塘江流域的是越，他們獨立發展，不受中原勢力的束縛，從正統的眼光看來，他們都是些蠻夷。

古代的史料散失得最厲害，西周時的歷史本已是幾塊碎片，拼不起一個整瓶子來；經過秦火的焚燒，益發零落了。現在只有根據舊説，稍加訂正，讓人們認識一個剪影。只望將來考古學家多多發現新材料，好像商朝一樣，重整起一個格架來。

第三章　鄭莊公和鄭厲公

周平王東遷之後，王室衰微，他死心塌地依賴了晉國和鄭國的保護。平王二十五年（前七四六），晉文侯去世，子昭侯嗣位，把他的叔父成師封於曲沃，從此以後，曲沃和晉作長期的鬥爭，管不到王朝，更管不到東方的諸侯，所以在春秋初期，鄭國就成了支配國際政治的中心。鄭的立國最遲，第一代就碰到西周的淪亡。到平王二十八年（前七四三）鄭莊公寤生即位，才是第三代的君主。鄭是新興之國。鄭莊公又是一位梟雄，他又兼做周王的卿士，權勢赫奕，那時候的政治舞臺狹小得很，從鄭國往北面去是衛國，往東面去是宋國，往東北去是魯和齊，往東南去是陳和蔡，此外都不大往來。他定下遠交近攻的政策，把近處的宋、衛攻打的很凶，而把遠處的齊、魯拉攏得很緊，他一忽兒聯了齊去打郕，一忽兒又聯了齊和魯去打宋打許，那時的中國好像他在唱獨腳戲，他真是一個飛揚跋扈的人物。

在這樣情形之下，周平王對他也漸漸不滿意起來了。那時王畿的東邊是鄭，西邊是虢（這是西虢，在今河南陝縣），他很想把政權交給虢公。鄭莊公聽得這個消息，忙到朝中，親口質問。平王一味撒謊抵賴，說沒有這件事。莊公嫌他口說無憑，要求各派親信做押頭，平王無奈，把王子狐抵押到鄭國，莊公也把太子忽押在王朝。平王五十一年（前七二○）死了，孫兒桓王林即位，他秉承祖志，準備任命虢公做卿士。莊公知道了，便命他的大臣祭足在四月麥熟的時候，領兵到周，割取了溫邑的麥子，秋天又到京城的四鄉收割了穀子。

周和鄭的情誼已經明顯地破裂，但兩方還是勉强敷衍着。桓王八年（前七一二），他向鄭國取了接近王畿的鄔、劉、蔿、邘四邑（今河南偃師縣一帶）的土地，把自己無力支配的黄河北面的温、原、絺、樊、隰郕、攢茅、向、盟、州、陘、隤、懷十二邑（今河南温、孟、濟源、沁陽、修武、武陟等縣）去交换。雖説是交换，卻是鄭莊公所不喜歡的。

到桓王十三年（前七〇七），他再也忍不住氣了，便解除了鄭莊公卿士的職權，莊公也索性不去朝見。那年秋天，桓王整頓三軍伐鄭，王自己領了中軍，虢公林父領了右軍，周公黑肩領了左軍；再向陳、蔡、衛三國徵兵，把蔡、衛之師屬於右軍，陳師屬於左軍。鄭人子元定計，先集中力量攻擊陳師，陳人潰敗，蔡、衛也必跟着奔散，到那時再對王師進攻，就成功了。莊公聽了他，兩軍相遇於繻葛（鄭地，今河南長葛縣），果然，蔡、衛、陳三國之師都奔了，王師也亂了，鄭軍合力進攻，王師大敗。鄭將祝聃射了一箭，竟中在桓王的肩頭。幸而桓王鎮定，他們還能安穩地退下，那天夜裏，莊公派祭足到周營裏慰勞桓王，並問左右的安全，作一個勝利的微笑。

莊公靠着他的强悍，用武力征服了許多人，作了四十三年的君主，鄭國確是夠興盛了，但他不曾抓住時代。他對這假借來作威作福的王朝卻慷慨地打毁了它的偶像。難道他自己想做王嗎？那又不是。（下缺）

由烝報等婚姻方式看社會制度的變遷

一　奴隸主貴族的正常婚姻制度的幾種説法

　　被編集在十三經裏的若干部經和傳、記，從它們的著作時代來説，最早的應在奴隸制社會後期的商和西周，最遲的則在封建社會初期的戰國、秦、漢，上限和下限相距約有一千四百年之久。這些記載有的出於史官之手，保存的真相比較多些；有的出於儒家之手，想象的成分大大地超過了實際的歷史。這都須經過古文籍研究者一一作具體的分析，方可作出結論。這些經、傳、記的作者，他們的説法雖有不同，然而他們的觀點、立場是相同的，所以無論他們所處的時代遲或早，他們的工作地點在朝或在野，可是他們的目標是一致的，他們的眼睛都集中於當代或古代的統治集團，很少涉及被統治的人民。因此，我們比較容易從這些資料裏看出古代統治集團的生活，固然還須費一番分析和批判的工夫。

＊　1965 年 8 月—9 月作。原載文史第十四、十五輯，1982 年 7、9 月。

我們先在這兒講一講奴隸主貴族的婚姻制度。詩經大雅韓奕説：

> 韓侯取（娶）妻，汾王之甥，蹶父之子。韓侯迎止，於蹶之里：百兩彭彭，八鸞鏘鏘，不（丕）顯其光。諸娣從之，祁祁如雲，韓侯顧之，爛其盈門。

這記的是周宣王時韓侯娶妻的一套排場。這位“韓侯”的祖先是周武王的兒子，他娶的妻名爲“韓姞”，是姞姓之女，姬和姞本是世通婚姻的兩族（左傳宣公三年記石癸的話道：“吾聞姬、姞耦，其子孫必蕃。姞，吉人也，后稷之元妃也。”），這一回也是遵循着老規矩辦事。韓姞的父親叫做“蹶父”，她的舅父叫做“汾王”（許多人説這“汾王”即是周厲王，爲了國人起義，把他趕到汾水旁邊的彘邑，就死在那裏，所以用這地名來稱呼他）。下文有“蹶父孔武，靡國不到”的話，可以猜想蹶父是周宣王的重臣。那時的卿大夫都有采邑（里），所以韓侯娶妻舉行親迎的禮節，他就帶着一百輛車子，在訇訇的車聲裏夾雜着車上鸞鈴的鏗鏘聲，直到蹶父的采邑，顯出了盛大的光榮。新娘上車，她的後邊跟隨着一大群“諸娣”（毛公詩傳：“諸侯一取九女，二國媵之。‘諸娣’，衆妾也。”），她們像雲一般地壓着一大堆；韓侯看着她們，是多麽地燦爛和鮮明呀！

在這首詩裏，我們可以看出大奴隸主是實行一夫多妻制的，他娶了一個正妻（夫人），同時得到了若干陪嫁的妾媵（諸娣）。毛傳説“諸侯一取九女”，確定娣的數目是九人，但在詩經裏卻找不出“九女”的證據。又從本詩看，這隨嫁的“諸娣”似乎都出於蹶父的一族。

把貴族的婚姻制度作系統的叙述的，開始於漢人。漢人離開周代固然不遠，他們分該掌握豐富的歷史資料，只因他們抱著濃重的主觀見解，喜歡在陰陽、五行上轉圈子，又喜歡用數目字來編排，要求古代的制度都有極整齊的一套，雖是茫昧的邃古也各各可以復原，反而弄得彼此的説法觸處抵牾，經不起覆勘。現在，我們先來看看禮記昏義所載的天子的婚制：

> 古者天子后立六宮，三夫人、九嬪、二十七世婦、八十一御妻，以聽天下之内治，以明章婦順，故天下内和而家理。天子立六官，三公、九卿、二十七大夫、八十一元士，以聽天下之外治，以明章天下之男教，故外和而國治。

這條文字，一看便知道是在儒家的想象下的安置。“天下”的政事何等地繁重，用了三、九、二十七、八十一的數目字來列出一套呆板的制度，必然不可能符合實際的需要。何況就用了外朝官吏的假想制度來定出内宮的后、妃的數量，使得宮内和宮外有兩兩相對的配稱的名目，哪裏可成爲事實呢？天子“聽天下之外治”需要這許多官，而天子之后“聽天下之内治”也同樣需要這許多官，“外治”是實際的政治任務，設官爲何如此之少，“内治”並不落實，設官爲什麼要如此之多呢？在這一點上，周禮的作者卻較昏義作者爲謹慎，他在天官冢宰下但列“九嬪、世婦、女御”的官名及其職務，而不規定人數。只有食古不化的鄭玄，他在周禮注裏用了昏義的數字加上他自己的臆斷而解釋道：

> 凡群妃御見之法，月與后、妃其象也。卑者宜先，尊者宜後。女御八十一人，當九夕；世婦二十七人，當三夕；九嬪九人，當一夕；三夫人當一夕；后當一夕：亦十五日而遍云。自望後反之。

然則這些女官並不是幫助王后辦理“内治”，而只是供天子發泄獸慾的工具。可是他又這般殘酷地迫使天子一夕御九女，在一個月之內性交二百四十二度，這就是鐵打的身體也會吃不消，那些養尊處優的大奴隸主，即使他荒淫無度到極點，怕也沒有勇氣可以接受這個短壽促命的條件。這實在只該把它當作經學史上的笑話看待。

其二，是春秋公羊傳莊公十九年所載的諸侯的婚制：

> 諸侯娶一國則二國往媵之，以姪、娣從。姪者何？兄之子也。娣者何？弟也。諸侯一聘九女。

何休的公羊傳解詁說道：

> 言"往媵之"者，禮，君不求媵，二國自往媵夫人，所以一（集中）夫人之尊。必以姪、娣從之者，欲使一人有子，二人喜也；所以防嫉妒，令重繼嗣也。因以備尊尊、親親也。"九"者，極陽數也。不再娶者，所以節人情，開媵路。

依照這說，列出一圖如下：

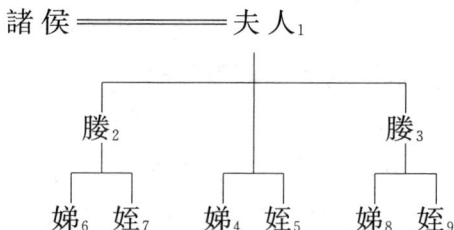

$$\text{諸侯} ======= \text{夫人}_1$$
$$\text{媵}_2 \qquad\qquad \text{媵}_3$$
$$\text{娣}_6 \ \text{姪}_7 \quad \text{娣}_4 \ \text{姪}_5 \quad \text{娣}_8 \ \text{姪}_9$$

諸侯娶一位夫人，這個夫人帶了兩個姪、娣來，同時別的兩國都送去一媵和兩姪、娣，所以這一位侯爺會得到兩位媵和六位姪、娣，所以叫作"一娶九女"。

爲什麼要立出這個制度來呢？公羊傳隱公元年説：

> 立適（嫡）以長，不以賢。立子以貴，不以長。

這就是説諸侯所以要立出夫人、媵、娣、姪的尊卑等級制，爲的是要決定在她們所生的兒子中哪一個是自己產業的絕對繼承人。何休解詁對於公羊傳這兩句話有一個極細密的解釋：

> “適”，謂適夫人之子，尊無與敵，故以齒。“子”，謂左、右媵及姪、娣之子，位有貴賤，又防其同時而生，故以貴也。禮，適夫人無子，立右媵（之子）；右媵無子，立左媵（之子）；左媵無子，立嫡姪、娣（之子）；嫡姪、娣無子，立右媵姪、娣（之子）；右媵姪、娣無子，立左媵姪、娣（之子）。質家（説殷制的）親親，先立娣（之子）；文家（説周制的）尊尊，先立姪（之子）。嫡子有孫而死，質家親親，先立弟；文家尊尊，先立孫。其雙生也，質家據見，立先生；文家據本意，立後生。皆所以防愛爭。

這一篇文字替諸侯規定下一代的繼承人，真是詳密到極點。最好是嫡夫人有子，而立她的長子爲太子，萬事大吉。如果她没有兒子，那就只得把爵位傳給右媵或左媵的兒子。如果她們也没有，那就只得把爵位傳給姪和娣的兒子，而嫡姪、娣又尊於左、右媵的姪、娣，應該以“貴”爲標準而不以“長”爲標準。但姪和娣的地位，殷制和周制卻有不同：殷制娣先姪，周制姪先娣。如果這位太子先他的父親而死，而他已有子（孫），那麼殷制和周制又有不同，殷制是立太子之弟，周制是立太子之子。如果雙胎呢，殷制立先生的，周制立後生的。這種決定可以杜絕一切“爭立”的紛紜糾纏，使得統治集團可以永久地安定下來。

這個制度倘使真是殷、周之際的定制，那麼出現違反這種定制的現象是不應當有的，商朝就不會"自中(仲)丁以來，廢適而更立諸弟、子，弟、子或爭相代立，比九世亂"(史記殷本紀)了；一部東周王朝史裏也不會出現王子克之亂(左傳桓公十八年)、王子頹之亂(左傳莊公十九年)、王子帶之亂(左傳僖公七年——二十五年)、王子朝之亂(左傳昭公十五年——定公八年)這類事情了。從諸侯方面說，如果真有這部法典，魯莊公臨終時也不必"問後於叔牙"(左傳莊公三十二年)了；齊桓公晚年也不會有"五公子皆求立"的事(左傳僖公十七年)了；晉獻公也不會因聽信驪姬的話殺太子、逐群公子、立奚齊爲後(左傳僖公四年——九年)了。一部左傳裏記着各國統治階級的內部矛盾，哪一件不是爲了搶家當而激起了大屠殺？所以盡管漢儒替他們安排得怎麼妥當，總不能改變這無情的客觀現實。

一個夫人帶了姪、娣隨嫁是事實，一國嫁女兒時別國來送媵也是事實，在春秋和左傳都有很多的實例可舉。但公羊傳和毛詩傳說的"諸侯一取九女"和何休解詁說的"諸侯不再娶"似乎都不是事實。試看左傳隱公元年記的魯惠公的婚姻：

> 惠公元妃孟子。孟子卒，繼室以聲子，生隱公。宋武公生仲子，仲子生而有文在其手，曰："爲魯夫人"，故仲子歸於我，生桓公。

惠公第一次娶於宋，夫人名"孟子"，她先死了，她的姪或娣"聲子"是有兒子(隱公)的，代她當了家；可是惠公第二次又娶於宋，名"仲子"，仲子是他的續絃夫人，又生下一個兒子(桓公)。這可見諸侯是有再娶的習慣的，並不因姪、娣已生兒子就感滿足。又看僖公十七年所記齊桓公的妻、妾：

　　　　齊侯之夫人三：王姬、徐嬴、蔡姬，皆無子。齊侯好
　　內，多內寵，內嬖如夫人者六人：長衛姬生武孟，少衛姬生
　　惠公，鄭姬生孝公，葛嬴生昭公，密姬生懿公，宋華子生公
　　子雍。

他有三個"夫人"，六個"如夫人"，好像真是一娶九女；其實不
然。一娶九女，只容許有一個夫人，而他有三個夫人，則必然娶
了三次。左傳説他"多內寵"，可見他的後房人數很多，這裏不過
舉出六個有兒子、其待遇有些像夫人的媵妾，其他還多着咧。這
不是大不合於公羊傳的叙述嗎？
　　再看卿大夫一級的傳統。左傳襄公二十三年説：

　　　　初，臧宣叔娶於鑄，生賈及爲而死。繼室以其姪，穆姜
　　之姨子也，生紇，長於公宮，姜氏愛之，故立之。臧賈、臧
　　爲出在鑄。

臧孫氏出於魯孝公，是魯國的貴族。臧宣叔娶於鑄，他的夫人生
了兩個兒子，長臧賈，次臧爲。她先死了，她的姪繼室，生了一
個兒子，名臧紇。因爲臧紇的母親是魯宣公的夫人穆姜的姨甥
女，他又長於魯公宮，受到了穆姜的寵愛，所以臧宣叔死後，臧
紇就立爲臧孫氏之後，而夫人所生的臧賈、臧爲則避到他們的外
祖家去了。這可見春秋時家族財産並沒有一成不變的繼承法，夫
人的兒子和姪、娣的兒子也沒有絕對的貴賤的區別。那時是奴隸
制社會的末期，那些奴隸主們在自己的家族內有絕對的支配權，
他們愛怎麽辦就怎麽辦，受不到社會的譴責。
　　到了封建社會，中央集權制加強了，家長在家庭裏的權力降
低了，又有一大批封建學者有鑒於前代爭立的慘禍，表面上爲古
人而實際爲今人出主意，嚴格劃定妻和妾的界限、嫡長子和庶子

的界限，於是有"立適以長，不以賢；立子以貴，不以長"的繼承法，爲封建社會裏減少許多爭端。這就是"託古改制"的一個顯明的例子。

再說，諸侯娶於一國而二國往媵呢？關於這個問題，在春秋經裏又可以找到反證。魯成公的姊妹"伯姬"，爲她嫁給宋共公，因此又稱作"宋共姬"。她爲了守當時貴族婦女的禮法，火燒到宋宮時，保母、傅母不來，她不肯走，竟被燒死，因此，春秋經的編纂者竭力表揚她，作爲"貞順"的標準人物。經中有下列各條：

成公八年："衛人來媵。"公羊傳："媵不書，此何以書？録伯姬也。"何休解詁："伯姬以賢聞諸侯，諸侯爭欲媵之，故善而詳録之。"

成公九年："二月，伯姬歸於宋。夏，季孫行父如宋致女。晉人來媵。"公羊傳："未有言'致女'者，此其言'致女'何？録伯姬也。"解詁："古者婦人三月而後廟見稱'婦'，擇日而祭於禰，成婦之義也。父母使大夫操禮而致之。"

成公十年："齊人來媵。"公羊傳："媵不書，此何以書？録伯姬也。三國來媵，非禮也。曷爲皆以'録伯姬'之辭言之？婦人以衆多爲侈也。"解詁："伯姬以至賢爲三國所爭媵，故侈大其能容之。"

魯伯姬嫁宋共公時，衛、晉、齊三國來媵，這就足破公羊傳莊公十九年的"諸侯娶一國則二國往媵之"的說法；公羊傳的作者也看出了這個漏洞，他就急忙在這裏補一句"三國來媵，非禮也"，見得二國來媵才是合禮的。可是春秋經的規矩是"媵不書"的，書媵的只有伯姬之嫁，我們既已見不到魯之春秋（即不修春秋），怎麼可以知道二國來媵才合禮呢？

在這個制度上，頭腦冬烘的鄭玄又要爲諸侯的"房事"亂出主意了。他在禮記內則注說：

> 五日一御，諸侯制也。諸侯取九女，姪、娣兩兩而御，
> 則三日也；次兩媵，則四日也；次夫人專夜，則五日也。

他要把一個月分作六分，使得這九個女子在一月中每人輪到六次；只苦了這位諸侯，每個月要依照禮節，性交五十四次之多。

其三，是白虎通嫁娶所載的天子、諸侯的婚制：

> 天子、諸侯一娶九女者何？重國〔家〕、廣繼嗣也。……一娶九女，亦足以承君之施也。九而無子，百亦無益也。王度記曰：“天子、諸侯一娶九女。”……
>
> 或曰：天子娶十二女，法天有十二月，萬物必生也。
>
> 必一娶何？防淫洗也，爲其棄德、嗜色，故一娶而已，人君無再娶之義也。
>
> 備姪、娣從者，爲其必不相嫉妒也。一人有子，三人共之，若己生之也。……
>
> 娶三國女何？廣異類也，恐一國血脈相似，俱無子也。
>
> 姪、娣年雖少，猶從適人者，明人君無再娶之義也。還待年於父母之國者，未任答君子也。……公羊傳曰“叔姬歸於紀”，明待年也。
>
> 二國來媵，誰爲尊者？大國爲尊。國同，以德；德同，以色。……

這裏説明了大貴族階級所以娶多女的意義：1. 爲了必有繼承人來保持這分家業，所以一娶九女，如果九女尚不能生，那麼就是娶百女也無用了。2. 一次娶九女，以後不再娶，是爲防止貴族的棄德而嗜色的淫洗行爲。3. 夫人和媵都帶着姪、娣從嫁，是爲了一女生子，三女可以共同撫養，不致有因嫉忌而致賊害繼嗣的行爲。4. 所以要娶三國的女子，是爲“廣異類”，用今語來説，是爲

要求血統上的不同型，來取得優生的效果。（當魯伯姬嫁到宋國時，姬姓的衛、晉和姜姓的齊都來媵，即是"廣異類"的一個證據。）5. 姪、娣們如果没有成年，可以推延出嫁的時間，例如春秋隱公二年書"伯姬歸於紀"，到隱公七年才書"叔姬歸於紀"，見得叔姬是伯姬的娣，當伯姬嫁爲紀君的夫人時，叔姬年齡還小，不能同時嫁去，所以在母家等待了五年。6. 媵的地位，用母國的大小來定高下的等級，如果兩國同樣大小，就用她們的德或色來作區別的標準。這些説法固然都是封建制社會的儒者們爲奴隷制社會的大貴族婚姻制追想出來的理由，但也是他們細心研究古代典籍的結果，值得我們參考。可是他們還留下一個難以解決的問題，就是：諸侯固然一娶九女，而天子呢，是娶九女還是娶十二女？

上面三種説法都曾在社會上發生過影響。漢書王莽傳下説：

> 莽……進所徵天下淑女杜陵史氏女爲皇后……親迎於前殿兩階間，成同牢之禮於上西堂。備和嬪、美御、和人三，位視公；嬪人九，視卿；美人二十七，視大夫；御人八十一，視元士：凡百二十人，皆佩印、韍，執弓、韣。（弓衣，顏師古注"帶之者，求男子之祥也"。）

這真算實現了昏義作者的想象，可是在歷史上僅此一見。其餘封建社會的帝王，所納的妃嬪雖有多少，大體上以娶十二女爲限度。試看明、清時代遺留下來的故宫，皇帝住乾清宫，皇后住坤寧宫，此外則有景仁、承乾、鍾粹、延禧、永和、景陽的"東六宫"，永壽、翊坤、儲秀、啟祥、長春、咸福的"西六宫"，表明在封建社會裏，人們容許帝王擁有一后、十二妃。至於王、侯和大官僚以及大地主、大富豪，納妾至九人左右的，當時的人們也並不以爲不道德。

　　婚姻的進化是社會進化的一個方面，自從有了母系氏族公社才脫離了原始人群的生活。母系氏族規定了外婚制，本氏族的男子必須出嫁到互相通婚的氏族裏去。自從農業、畜牧業和手工業有顯著發展之後，男子在生產中佔了主導地位，促成母系氏族公社轉變到父系氏族公社，本氏族的女子必須出嫁到互相通婚的別個氏族裏去了。隨着社會生產力的提高，男子擁有更多的財産，使得公社解體，私有制日益擴展，父權日益升高，於是父系血統的確定和財產繼承權的確定成爲社會的主要問題，對於女子要求她們嚴守一夫制，而男家長自身則可以實行多妻制。這就是上面叙述的作爲天子、諸侯們配偶的后、妃和娣、姪人數問題的由來。娣隨着姊，姪隨着姑，嫁給一個丈夫，是古代群婚制的遺留和當時的一夫多妻制在奴隸制社會中的結合。奴隸制社會進爲封建制社會，生產變了樣子，但特權階級的家庭組織的變化並不太多，所以經典上所記的婚姻制度能夠延續二三千年。

　　這是中國歷史上的正常的婚姻關係。下面再説些不正常的婚姻關係。

二　左傳中所記載的“烝”、“報”等 不正常的婚姻方式

　　在我國古書裏，有一種使後世人用封建思想看來非常刺眼的婚姻狀態，就是當一個大奴隸主死後，他的兒子或姪兒可以娶除了自己的生母以外的諸母爲妻，甚至他的庶出的孫子可以娶他的嫡祖母爲妻。這在後世喚作“亂倫”，是大逆不道的事情，而在那時卻安之若素，甚至得到旁人的擁護。這種記載集中在左傳裏，尤其集中在春秋前期。

左傳中關於這類事情的最早記載，在桓公十六年：

> 初，衛宣公烝於夷姜，生急子，屬諸右公子。爲之娶於齊而美，公取之，生壽及朔，屬壽於左公子。夷姜縊。

原來衛宣公是衛莊公的兒子，夷姜是衛莊公的次妃。莊公死後，經過一番爭奪君位的動亂，宣公繼立，就收他的庶母夷姜作爲自己的妻室；生下一個兒子，名叫急子（這個名字，史記衛世家和漢書古今人表都作“伋”，“急”、“伋”同音通用；“子”是附帶的詞，可出可不出），爲了有意把急子立爲太子，所以將他交給右公子輔導。等到急子成年，宣公替他聘了一位齊君的女兒爲妻；可是這位新娘子一到衛國，卻給她的公參看中了，納作宣公自己的夫人（在這裏，可見那時諸侯可以再娶，漢儒的説法是不符合古代實際情況的），他們生下了兩個兒子，長的名爲壽，小的名爲朔。宣公爲了寵愛宣姜，又有意立壽爲太子，把他交給左公子輔導。夷姜一看這形勢對她和急子都很不利，就上吊死了。

這個繼位的諸侯把自己父親的群妻收作自己的妻子，左傳上有個固定的名詞，叫作“烝”，可見這在當時是個通行的制度。“烝”是祭名，例如甲骨文記“甲辰卜，貞王賓烝亡尤”（殷虛書契前編四・二〇），詩經記“爲酒爲醴，烝畀祖妣，以洽百禮”（周頌豐年），左傳記“烝、嘗、禘於廟”（僖公三十三年）和“（晉）平公即位……烝於曲沃”。很可能衛宣公在開始烝於夷姜的時候要行一個祭祀祖先的禮，向祖先報告這回收房的事實。

可是這種事情已隨着社會的變遷而消滅，到了封建社會，人們的思想變了，更不容許有這種反封建禮教的事實發生。因此，東漢時的服虔在寫他的左傳解誼時，就直斷之曰：“上淫曰烝。”（原書已佚，見毛詩雄雉疏引）“淫”，當然是一件破壞社會的行爲，應當貶責的；何況是“上淫”，目無君父，更該誅絕。衛宣公上納父妾，下奪子婦，只顧自己貪歡縱慾，一切輩分倫理全不放在心上，真可説是一個蕩檢逾閑的罪惡分子。因此，東漢初年的衛宏，在他所作的毛詩序（今日所傳的毛詩序作於衛宏，後漢書儒林傳有明文；後人過於看重它，或説爲國史所作，或説爲子夏所作，或竟説爲孔子所作，這全是不顧事實的胡説）裏就狠狠地批判了他。文云：

> （邶風）雄雉，刺衛宣公也。淫亂不恤國事，軍旅數起，大夫久役，男女怨曠，國人患之而作是詩。
> 匏有苦葉，刺衛宣公也。公與夫人（鄭玄説是夷姜）並爲淫亂。
> 谷風，刺夫婦失道也。衛人化其上，淫於新昏而棄其舊室，夫妻離絶，國俗傷敗焉。
> 新臺，刺衛宣公也。納伋之妻（宣姜），作新臺於河上而要之，國人惡之而作是詩也。
> （衛風）氓，刺時也。宣公之時，禮義消亡，淫風大行，男女無別，遂相奔誘；華落色衰，復相棄背。或乃困而自悔喪其妃耦（配偶），故序其事以風（諷）焉，美反正，刺淫泆也。

他把本來不是刺詩的説成了刺詩（如匏有苦葉），又把許多不滿現狀的詩（如雄雉、新臺）説成了刺衛宣公，又把許多民間夫婦關係過得不好的説成了衛宣公造成的全國淫風。東漢末年的鄭玄，在他的毛詩箋裏又解釋雄雉序道：

> 淫亂者，荒放於妻、妾，烝於夷姜之等。國人久處軍役之事，故男多曠、女多怨也。

唐初孔穎達所作的毛詩正義更把衛宏、鄭玄的意思發揮盡致，他道：

> "淫"謂色欲過度；"亂"謂犯悖人倫。故言"荒放於妻妾"，以解"淫"也。"烝於夷姜"，以解"亂"也。（周禮）大司馬職曰"外內亂，鳥獸行，則滅之"，注引王霸記曰："悖人倫外、內，無以異於禽獸。"然則宣公由上烝父妾，悖亂人倫，故謂之"亂"也。君子偕老、桑中皆云"淫亂"者，謂宣公上烝夷姜，下納宣姜，公子頑通於君母，故皆爲"亂"也。……言"烝"者，服虔云"上淫曰烝"，則烝，進也，自進上而與之淫也。左傳曰"文姜如齊，齊侯通焉"，服虔云"傍淫曰'通'"，言"傍"者，非其妻妾，傍與之淫，上下通名也。牆有茨云"公子頑通於君母"（按此指詩序），左傳曰"孔悝之母與其豎渾良夫通"，皆上淫也。"齊莊公通於崔杼之妻"，"蔡景侯爲大子般娶於楚，通焉"，皆下淫也。以此知"通"者總名，故服虔又云"凡淫曰'通'是也。……"（周禮）大司徒云："以陰禮教親則民不怨"，怨者男、女俱兼，是其通也。此（按指雄雉作者）男女怨曠，不違於禮，故舉以刺宣公。

在這些文字裏，除使我們知道衛宣公是一個十惡不赦的淫棍之外，又使我們知道"自進上而與之淫"叫作"烝"，其他的亂搞男女關係叫作"通"。

可是在左傳閔公二年裏卻出現了下面一件怪事：

> 初，（衛）惠公之即位也少，齊人使昭伯烝於宣姜。不可，強之，生齊子、戴公、文公、宋桓夫人、許穆夫人。

在這段記載裏，女主角依然是那位衛宣姜。她在宣公死後，又被宣公的庶子、惠公（朔）的庶兄公子頑（昭伯）所烝了。然而公子頑烝於這位嫡母確實不出於他自己的意圖，而是由於衛宣姜的母家"齊人"所指定。齊人（當然是齊君）命令衛公子頑烝他的嫡母，他起初不答應，經不起這個大國的强有力的逼迫，他才無可奈何地成就了他和宣姜的夫妻關係，在長期同居中生下三男和二女。那時宣姜的親生兒子朔（惠公）正做着衛國的君主，他對於母親的再嫁卻恬然不以爲怪。宣姜的母家齊人可以强迫衛國的公子烝寡居的嫡母，衛國的君主也不嫌自己的母親爲庶兄所烝，而且宣姜和這位後夫所生的兒女，兩個男的後來都做了衛國的君主，兩個女的都嫁給大國做了夫人，並不因爲他們是烝生的兒女而降低了社會地位。從這三方面來看，可以知道"烝"這一事在春秋時代自有它的一定的社會基礎，換言之，這是春秋時代被人公認的一種家庭制度，所以這種行爲並不爲當時輿論所貶責，而且寡婦的母家可以在男方家庭中任選一人作爲她再嫁的對象。

可是到了漢代，正值封建社會定型時期，那時的統治階級嚴格地講父子間的尊卑，男女間的有別，所以禮記曲禮上説：

> 夫唯禽獸無禮，故父、子聚麀（牝；父獸和子獸共同和一個母獸交配）。是故聖人作爲禮以教人，使人以有禮知自別於禽獸。

在這種意識形態下決不容許"烝"制的存在。於是毛詩序中繼續説：

> （鄘風）牆有茨，衛人刺其上也。公子頑通乎君母，國人疾之而不可道也。
> 君子偕老，刺衛夫人（宣姜）也。夫人淫亂，失事君子之道，故陳人君之德、服飾之盛，宜與君子偕老也。

桑中，刺奔也。衛之公室淫亂，男、女相奔，至於世族在位相竊妻、妾，期於幽遠，政散民流而不可止。

鶉之奔奔，刺衛宣姜也。衛人以爲宣姜鶉鵲之不若也。

鄭玄的毛詩箋説：

宣公卒，惠公幼，其庶兄頑烝於惠公之母。……衛之公室淫亂，謂宣、惠之世，男女相奔，不待媒氏以禮會之也。

孔穎達在毛詩正義裏説：

（周禮）媒氏云：“凡男女之陰訟，聽之於勝國之社。”（鄭）注云：“陰訟，爭中冓之事以觸法者。勝國，亡國也。亡國之社，奄其上而棧其下，使無所通。就之以聽陰訟之情，明不當宣露。”即引此詩（牆有茨）以證之。是其（指公子頑與宣姜）冓合淫昏之事，其惡不可道也。

作君子偕老詩者，刺衛夫人（宣姜）也，以夫人淫亂，失事君子之道也。毛以爲由夫人失事君子之道，故陳別有小君，内有貞順之德，外有服飾之盛，德稱其服，宜與君子偕老者，刺今夫人有淫佚之行，不能與君子偕老。偕老者，謂能守義貞潔以事君子，君子雖死，志行不變，與君子俱至於老也。

他們盡管毒罵宣姜和昭伯通淫，以致造成公室的淫亂，人民的流散，其實他們全不了解古代社會的真相。在父權家長制下，女子已失掉了自由。到了奴隸制社會，就是貴族的女子也僅比奴隸高一級。當宣姜從齊國嫁到衛國時，她意中的新郎原是那位太子急子，哪知到了衛國，給她的公爹看中，也就只得做宣公的夫人了。宣公死後，她的母家要她嫁給公子頑，她也只得再醮了。她何嘗有什麼自由，可以抵抗夫家和娘家的兩位家長的命令？就是公子頑，對這婚姻也是十分不願意的，只緣齊國是東方的大國，他也没有反抗的力量。這種兩不相悦的强迫婚姻，正是奴隸制社會裏的慘劇，他們哪裏能負起公室淫亂、人民流散的責任！

把衛國這兩回"烝"的事實，用圖表出如下：

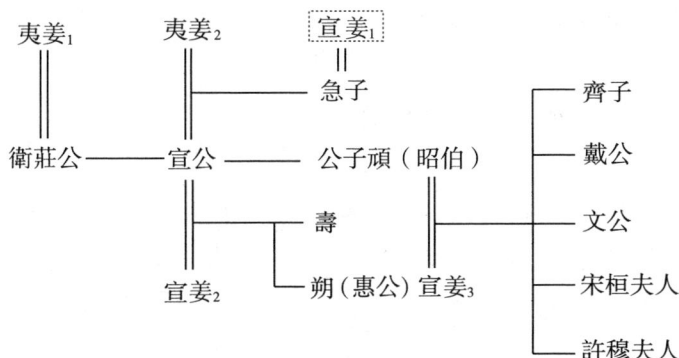

此外，在左傳裏記載的"烝"有下列諸條：

"晉獻公娶於賈，無子。烝於齊姜，生秦穆夫人及太子申生。"（莊公二十八年）杜預集解："齊姜，武公妾。"（武公，獻公父。）

"晉侯（惠公）烝於賈君。"（僖公十五年）集解："賈君，晉獻公次妃，賈女也。"（獻公，惠公父。）

"楚之討陳夏氏也，莊王欲納夏姬。申公巫臣曰：'不可！……'王以予連尹襄老。襄老死於邲……其子黑要烝焉。"（成公二年）集解："邲戰在宣十二年。黑要，襄老子。"

在上面的幾條裏，可以知道"烝"這婚制，不但衛國有，晉國也有，楚國也有。衛在北，晉在西，楚在南，而處於東方的齊也曾强令人行這婚制，可知這原是春秋時代一種很普遍的禮俗。漢儒爲了説教，想把這個實際存在的制度用了主觀的醜詆一筆抹煞，其實是抹不了的。

左傳文公十六年裏又有一段極奇怪的故事：

> 宋公子鮑禮於國人。宋饑，竭其粟而貸之。……公子鮑美而艷，襄夫人欲通之，而不可，乃助之施。昭公無道，國人奉公子鮑以因夫人。……昭公將田孟諸，未至，夫人王姬（襄夫人）使帥甸攻而殺之。……文公（公子鮑）即位。

杜預的左傳集解關於這文的解釋是：

> 鮑，昭公庶弟文公也。（襄夫人，）鮑適（嫡）祖母也。（不可，）以禮自防閑也。襄夫人，周襄王姊，故稱“王姬”。帥甸，郊甸之帥也。

按宋襄公的夫人是周襄王的姊姊（見左傳文公八年），他們的生年雖不詳，但周襄王在位爲前六五一——前六一九年，宋襄公在位爲前六五〇——前六三七年，假定他們都是二十歲左右即位，則到魯文公十六年（前六一一年）已有六十歲左右，這位王姬還是襄王之姊，也該是六十以上的人了。她看到她的庶孫公子鮑生得漂亮，忽然動心，要和他成雙作對，可是公子鮑卻不願把自己的青春送給這位白髮婆婆，他表示不接受她的愛情。那時恰值宋國歉收，公子鮑把自己家裏的藏粟發貸給國人，襄夫人就趁這機會，連忙拿出私房，幫他施放，賺得了國人的好感，大家明白她的意思，就公同助成好事，推戴公子鮑作了襄夫人的丈夫，實現了她的心願。於是這位庶孫公然跟嫡祖母同居了。這真是周易所説的“枯楊生華，老婦得其士夫”（大過九五）。她利用了政治上有類於後世所謂“皇太后”的地位，取得婚姻的主動權，而把男方壓服。

她和當時在位的嫡孫昭公本有很大的矛盾，到這時候，就趁着昭公到孟諸澤打獵的機會，叫人把他殺了，立她的新丈夫公子鮑爲宋君，是爲文公。這個奇怪的婚姻是爲"國人"所擁護的，可見他們的結合不會受社會的譴責。這種婚姻叫做"因"，左傳中僅此一見，也從來沒有人爲這一字作過解釋，我們姑且假定是"烝"的同義字吧。

這事和宋國統治階級間的關係，具如下圖：

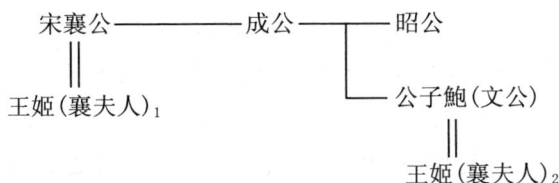

```
宋襄公 ─────────── 成公 ─────── 昭公
  ‖
王姬（襄夫人）₁                    公子鮑（文公）
                                    ‖
                                  王姬（襄夫人）₂
```

衛宣公是莊公的兒子而納莊公妾夷姜，公子頑是衛宣公的兒子而納宣公妻宣姜，晉獻公是武公的兒子而納武公妾齊姜，晉惠公是獻公的兒子而納獻公妃賈君，楚黑要是襄老的兒子而納襄老妻夏姬，這一類子娶父的妻、妾的婚制叫作"烝"。公子鮑是宋襄公的孫子而納襄公妻王姬，這一類孫娶祖的妻的婚制叫作"因"。這些行爲都是在直系的親屬間發生的。

再有一種是在旁系的親屬間發生的，叫做"報"。左傳宣公三年説：

（鄭）文公報鄭子之妃，曰陳媯，生子華、子臧。

杜預解釋道：

鄭子，文公叔父子儀也。漢律：淫季父之妻曰"報"。

原來鄭莊公有九個兒子，他死後太子忽繼立，不久因兄弟爭位被殺。公子亹繼立，才一年即爲齊人所殺。子儀繼立，立十四年而又被殺，沒有替他定諡，只稱爲"鄭子"，表示他沒有成君。子突繼立，是爲厲公，此後的鄭國君主都屬於厲公一系。文公是厲公的兒子，鄭子是文公的伯父或叔父。文公即位後，取鄭子之妃陳嬀爲妻。因爲伯父和叔父都是旁系親屬，所以和他們的妻子發生婚姻關係時有一個特定名詞叫做"報"。

這"報"也是祭名。史記殷本紀説："微卒，子報丁立。報丁卒，子報乙立。報乙卒，子報丙立。"而甲骨文有"冂"、"ㄈ"、"囚"三字爲祭祀的對象（殷虚書契後編上八），王國維謂即"報丁"、"報乙"、"報丙"，其在"冂"、"匸"中爲郊宗石室之制（殷卜辭中所見先公先王考）。又國語魯語上云："幕，能帥顓頊者也，有虞氏報焉。杼，能帥禹者也，夏后氏報焉。上甲微，能帥契者也，商人報焉。高圉、太王，能帥稷者也，周人報焉。"可見"報"是一種隆重的祭祀。可是到了漢朝，這"報"字就墮落而爲"淫季父之妻"，是應該判罪的了。

鄭文公和鄭子的關係，如下圖：

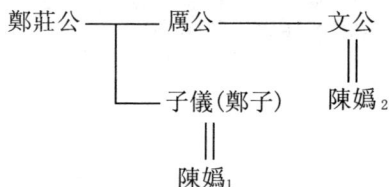

```
鄭莊公 ┬─── 厲公 ─────── 文公
       │                    ‖
       └─── 子儀(鄭子)    陳嬀₂
              ‖
            陳嬀₁
```

此外，還有一種後世稱爲"叔接嫂"的婚姻形態。左傳哀公十一年云：

> 冬，衛大叔疾出奔宋。初，疾娶於宋子朝，其娣嬖。子朝出，孔文子使疾出其妻而妻之。疾使侍人誘其初妻之娣，

置於戚，而爲之一宮，如二妻。文子怒，欲攻之。仲尼止
之，遂奪其妻。或淫於外州，外州人奪之軒以獻。耻是二
者，故出。衛人立遺，使室孔姞。

杜預的解釋是：

> 子朝，宋人，仕衛爲大夫。娣，所娶之女之娣。出，
> 奔。戚，衛邑。外州，衛邑。軒，車也，以獻於君。遺，疾
> 之弟。孔姞，孔文子之女，疾之妻。

這件事情的大概是：衛有世家大叔氏，又有孔氏，大叔疾和孔文
子（圉）都是衛國的大夫。大叔疾的元配是宋國公子朝的親屬，但
當公子朝出奔之後，孔文子爲了她已失去政治靠山，强迫大叔疾
離婚，把自己的女兒孔姞嫁給他。想不到大叔疾雖肯把元配休
掉，但他對於隨着原配嫁來的娣感情很好，割捨不了，無可奈
何，把她放戚邑，自己往來兩地。孔文子看他有了兩個家，盛怒
之下，想發兵攻他。託賴孔子的勸告，僅把孔姞接回家來。大叔
氏有人在外州胡鬧，外州人奪下他的車子獻給衛君。爲了有這兩
件可耻的事，大叔疾只得逃奔到宋國。於是衛人立大叔疾的弟弟
大叔遺，承繼大叔氏的地位和產業。那時孔文子又把孔姞送到大
叔氏，做了大叔遺的妻子。

在這件事情上，可以看出：那時貴族的婚姻對象，不在乎某
一個人而在乎某一家族的地位和產業。孔文子把自己的女兒孔姞
嫁與大叔疾，並不是真正嫁與大叔疾，乃是嫁給大叔氏作主婦。
她既是大叔氏的主婦，那末大叔疾出奔他國、衛人立了大叔遺作
大叔氏的家長的時候，孔姞當然可以轉作大叔遺的妻子，因爲她
的主婦的地位是不變的。

把這件事情畫出圖來，是：

```
                  ┌─── 大叔疾
                  │      ‖
大叔懿子 ─────────┤      孔姞₁
                  │
                  └─── 大叔遺
                         ‖
                         孔姞₂
```

　　以上共從左傳中鈔出八件事。其中寫明是"烝"的五件，又"因"一件，"報"一件。獨有最後一件，弟弟娶哥哥的妻子的婚姻，左傳裏卻沒有提出專用的名詞，但在實際上這件事最爲普遍，自從象想"二嫂使治朕棲"（孟子萬章上）起，一直到現在不曾斷過。我年輕時住在蘇州，聽説鄉間"叔接嫂"的事情很多；到了抗日戰爭時期，住在四川，聽得川北方面有"大轉房"的風俗，假如一家兄弟四人，各有妻室，不幸大嫂子死了，小弟也死，那麼大哥和二嫂同居，二哥和三嫂同居，三哥和四弟婦同居，成爲完整的三對；倘使大哥死了，四弟婦也死，那就大嫂嫁與二哥，二嫂嫁與三弟，三嫂嫁與四弟，也互相換成三對；如果老二、老三的夫婦有先死的，也循序轉房，務使一家人没有一個向隅悲嘆的。弟兄之間，年齡比較相近，"叔接嫂"或"伯接弟婦"，不煩外求而自諧伉儷，在封建社會裏比較勉強寡婦守節或殉夫的，可以説是很近人情的一件事。就是比較娶庶母、伯叔母以至嫡祖母爲妻子的也順當得多。左傳裏所以不爲這種婚姻現象特定一個名詞，怕就因爲這種婚制太通行了，不煩特定。

　　在上舉諸例中，有出於女方主動而得到國人擁護的，如宋襄夫人和公子鮑；有寡婦的娘家人主動的，如齊人勉強衛公子頑娶宣姜；有父親主持女兒的婚事，令她轉嫁與夫家的小叔的，如孔姞和大叔遺。這可見這類行爲本是那時社會所許可的，是一種公認的婚姻制度，而不是由於某一個人的荒淫無度、蕩檢逾閑。當然個人的動機也有純粹出於好色的，例如夏姬是春秋時代有名的美婦人，到處有人爭娶她，所以連尹襄老一死，他的兒子黑要就把她烝了。

再從這些事情發生的時間來看。依據春秋經、左傳、史記十二諸侯年表的記載，合以公元，那麼，衛宣公在位爲前七一八——前七〇〇年；公子頑烝宣姜當在前六九九——前六七九這二十年中間；晉獻公在位爲前六七六——前六五一年；晉惠公在位爲前六五〇——前六三七年；宋襄夫人立公子鮑爲宋君在前六一一年；鄭文公在位爲前六七二——前六二八年；楚襄老死於邲之戰在前五九七年；衛孔文子令大叔遺室孔姞，在前四八四年。除最後一事不是烝、報外，所有烝、報的事情都發生在前七世紀至前六世紀，迄前五世紀初而絕跡。一部春秋經，起於前七二二年，迄於前四八一年，我們可以說：烝、報的婚姻制度盛行於春秋前期，而消失於春秋後期。這不是一個偶然的現象，應該看出，這是社會制度在起變化。

烝、報制度的流行必然遠在春秋時代以前，春秋前期只是它的尾聲。幸而傳下了一部左傳，我們可以在這裏邊窺見一些跡象；至於這制度的全盛時代的歷史，則已漸滅淨盡了。提到它爲什麼會在春秋後期消失，固然沒有具體的資料可作證明，但是我們不妨根據那時期的社會變化的主流而加以推測。

中國古代社會發展史，因爲材料不太豐富，分割時代有很多的爭論。郭沫若同志掌握了考古、甲文、金文、經典等現有的資料，斷定奴隸制的下限在春秋與戰國之交（奴隸制時代），就是說春秋前期奴隸制的色采比較濃厚，但由於社會生產的發展和階級關係的變化，到了春秋後期就逐漸由量變而進展到質變，奠定了戰國、秦、漢以下封建制的基礎。本來土地歸最高奴隸主周天子所有，諸侯和卿大夫只有佔有權而沒有所有權，稱爲"公田"。到了春秋時代，許多荒地被大量開闢，農業生產提高了，"私田"的數量不斷增加。春秋經宣公十五年"初稅畝"，這就意味着魯君合法地承認公田和私田的私田權而一律取稅。這就是地主制度的正式成立。那時是前五九四年，上距周平王東遷已經一百七十六年了。此後，到前五四七年，楚蔿掩爲司馬，就"書土田"（左傳襄公二十六年）。到前五三八年，鄭子產就"作丘賦"（左傳昭公四年）。從這些資料裏可以看出，在公元前第五世紀裏，奴隸制正在過渡給封建制。

有了這封建的經濟基礎，自然會反映到上層建築。本來婚姻不講輩分的，現在人們漸漸懂得要受輩分的限制了。本來没有寡婦應爲死夫守貞操的觀念的，現在人們漸漸有這要求，感到婦女應當從一而終了。這種思想日在冒頭，"烝"、"報"制度便從禮制而跌成了訕笑的對象；"叔接嫂"的制度也只保留在農村裏，被城市居民斥爲不道德。

三　就少數民族歷史上看"烝"、"報"等事跡及其意義

如果我們孤立地看問題，那麼我們讀了左傳和毛詩，自該跟着衛宏、服虔、鄭玄、杜預等一班經師們的腳步，痛罵衛宣公、鄭文公等實行烝、報者爲淫人。但我們要尊重事實，要搜羅生產和文化上落後的少數民族的歷史來作比較，説明處在哪一階段的社會裏會出現哪一種的制度。

我們試從和漢朝最多發生關係的匈奴説起，其次及於烏孫、西羌等古老的民族。

史記匈奴列傳説：

匈奴，其先祖夏后氏之苗裔也，曰淳維。（索隱："張晏

曰：'淳維以殷時奔北邊。'又樂彥括地譜云：'夏桀無道，湯放諸鳴條，三年而死，其子獯鬻妻桀之衆妾，避居北野，隨畜遷徙，中國謂之匈奴。'")……貴壯健，賤老弱。父死，妻其後母。兄弟死，皆取其妻妻之。

這個制度到了王昭君嫁給呼韓邪單于而有詳細的記載。漢書匈奴傳下說：

> 竟寧元年（漢元帝末年，前三三年），單于復入朝……自言願婿漢氏以自親。元帝以後宮良家子王嬙——字昭君——賜單于，單于歡喜。……王昭君號"寧胡閼氏"，生一男伊屠智牙師，爲右日逐王。……呼韓邪死，雕陶莫皋（呼韓邪單于的大閼氏的兒子）立，爲復株絫若鞮單于。復株絫若鞮單于立……復妻王昭君，生二女，長女雲爲須卜居次，小女爲當于居次。（顏師古注："'須卜'、'當于'，皆其夫家氏族。"沈欽韓補注："以'常惠與烏孫兵變單于嫂居次'驗之，'居次'是其王侯妻號，猶今王妃稱'福晉'也。"）

後漢書南匈奴傳對於這事有大同小異的記載：

> 元帝時……呼韓邪來朝。帝敕以宮女五人賜之。……昭君豐容靚飾，光明漢宮。……難於失信，遂與匈奴。生二子。及呼韓邪死，其前閼氏子代立，欲妻之。昭君上書求歸，成帝敕令從胡俗，遂復爲後單于閼氏焉。

雕陶莫皋是呼韓邪的兒子，他嗣了父位之後，就把他父親的另一閼氏作爲自己的妻子。自從呼韓邪與漢親密，他看到漢帝皆謚爲"孝"，心中羨慕，匈奴語"孝"爲"若鞮"，所以此後的單于稱號都帶着"若鞮"字樣。雕陶莫皋既稱爲"復株絫若鞮單于"而又娶庶母爲妻,這就可以見到,"孝"和"烝"在原則上是互不相妨的。

把這兩代匈奴單于和王昭君的夫妻關係圖解出來,如下:

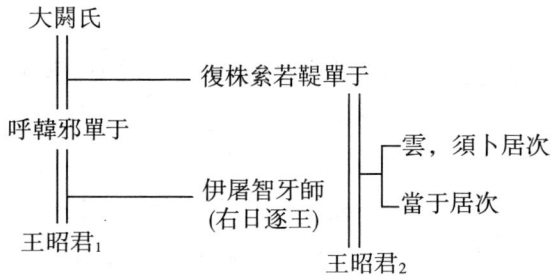

```
大閼氏
  │
  ├──────────── 復株絫若鞮單于
  │                        │
呼韓邪單于                    ├── 雲,須卜居次
  │                        │
  ├── 伊屠智牙師              └── 當于居次
  │   (右日逐王)
  │
王昭君₁                王昭君₂
```

這不是宛然和衛宣公烝於夷姜、晉獻公烝於齊姜出於一型嗎?

王昭君只嫁兩代,而嫁到烏孫去的江都公主細君則兼及三代,楚主解憂則結婚三次。漢書西域傳下説:

> 烏孫昆莫擊破大月氏,大月氏徙西臣大夏,而烏孫昆莫居之(大月氏故地)。……武帝即位,令(張)騫賚金幣往……諭指曰:"烏孫能東居故地,則漢遣公主爲夫人,結爲昆弟,共距匈奴,不足破也。"……烏孫以馬千匹聘。漢元封(前一一〇——前一〇五年)中,遣江都王建女細君爲公主以妻焉……烏孫昆莫以爲右夫人。匈奴亦遣女妻昆莫,昆莫以爲左夫人。公主至其國,自治宮室居;歲時一再與昆莫會,置酒飲食。……
>
> 昆莫年老,欲使其孫岑陬尚公主。公主不聽,上書言狀。天子報曰:"從其國俗,欲與烏孫共滅胡。"岑陬遂娶公主。昆莫死,岑陬代立。"岑陬"者,官號也,名軍須靡。"昆莫",王號也,名獵驕靡;後書"昆彌"云。
>
> 岑陬尚江都公主,生一女少夫。公主死,漢復以楚王戊

之孫解憂爲公主，妻岑陬。

岑陬胡婦子泥靡，尚小。岑陬且死，以國與季父大禄子翁歸靡，曰："泥靡大，以國歸之。"翁歸靡既立，號"肥王"，復尚楚主解憂，生三男、兩女。長男曰元貴靡；次曰萬年，爲莎車王；次曰大樂，爲左大將；長女弟史，爲龜兹王絳賓妻；小女素光，爲若呼翎侯妻。……

元康二年（宣帝十年，前六四年），烏孫昆彌……上書："願以漢外孫元貴靡爲嗣，得令復尚漢公主，結婚重親，畔絶匈奴。願聘馬、羸（驘）各千匹。"……上乃以烏孫主解憂弟子相夫爲公主。……送少主至敦煌，未出塞，聞烏孫昆彌翁歸靡死，烏孫貴人共從本約，立岑陬子泥靡代爲昆彌，號"狂王"。惠（常惠，漢使）上書："願留少主敦煌，惠馳至烏孫，責讓不立元貴靡爲昆彌，還迎少主。"……天子從之，徵還少主。

狂王復尚楚主解憂，生一男鴟靡，不與主和，又暴惡失衆。漢使衛司馬魏和意、副侯任昌送侍子，公主言狂王爲烏孫所患苦，易誅也，遂謀置酒會，罷，使士拔劍擊之，劍旁下，狂王傷，上馬馳去。……

初，肥王翁歸靡胡婦子烏就屠，狂王傷時，驚與諸翎侯俱去，居北山中，揚言母家匈奴兵來，故衆歸之。後遂襲殺狂王，自立爲昆彌。……

初，楚主侍者馮嫽能史書，習事……號曰馮夫人，爲烏孫右大將妻。右大將與烏就屠相愛，都護鄭吉使馮夫人説烏就屠，以漢兵方出，必見滅，不如降。烏就屠恐，曰："願得小號。"宣帝徵馮夫人自問狀，遣……馮夫人錦車持節，詔烏就屠詣長羅侯（常惠）赤谷城，立元貴靡爲大昆彌，烏就屠爲小昆彌。……大昆彌户六萬餘，小昆彌户四萬餘。

爲了漢帝貪得烏孫的馬匹，並希望烏孫和漢共同抵抗匈奴，幾次三番把宗女嫁去，漸漸地插手干涉烏孫的內政，終於將烏孫分立兩君，而漢的外孫做了大昆彌。在這一大段文字裏，漢公主和烏孫昆彌的夫妻關係，可用下圖揭出：

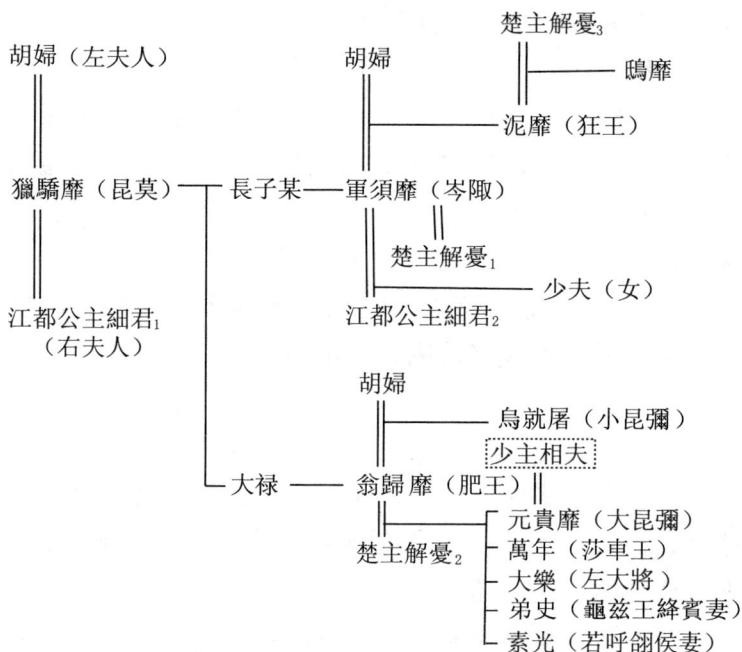

胡婦（左夫人）　　　　　　胡婦　　　　　　　　　　楚主解憂$_3$

獵驕靡（昆莫）——長子某——軍須靡（岑陬）　　　　鴟靡

江都公主細君$_1$　　　　　楚主解憂$_1$　　　　　　泥靡（狂王）
（右夫人）　　　　　　　　江都公主細君$_2$　　　　少夫（女）

　　　　　　　　　　　　胡婦　　　　　　　　　　　烏就屠（小昆彌）

　　　　　　　　　　　　　　　　　　　　　　　　少主相夫

　　　　　　——大祿——翁歸靡（肥王）
　　　　　　　　　　　　楚主解憂$_2$　　　　　　　元貴靡（大昆彌）
　　　　　　　　　　　　　　　　　　　　　　　　萬年（莎車王）
　　　　　　　　　　　　　　　　　　　　　　　　大樂（左大將）
　　　　　　　　　　　　　　　　　　　　　　　　弟史（龜兹王絳賓妻）
　　　　　　　　　　　　　　　　　　　　　　　　素光（若呼翎侯妻）

爲了古書的難讀，現在再把他們的事情作一簡單的敘述。當烏孫昆莫（亦稱昆彌，王號）獵驕靡年老的時候，漢武帝把年輕的江都公主名叫細君的嫁與他。她雖然做了烏孫昆莫的右夫人，但獨住在一所屋子裏，每年和昆莫不過聚會一兩次。昆莫自顧年老，要把這位右夫人讓給他的孫兒岑陬（官號）軍須靡，她覺得這太不合乎中國的倫理了，把她不願意的情況報告給漢帝，漢帝爲了要達到漢和烏孫共滅匈奴的目的，命令她照着烏孫的風俗辦，於是這位江都公主就從祖母的地位降作了孫媳，這和宋襄夫人嫁給庶孫公子頑，雖然主觀上有願與不願的區別，在年齡上也有老年和少年的差異，但在形式上則是一致的。及至這位江都公主死後，漢帝又把楚主名爲解憂的嫁與岑陬。她們兩人都沒有爲岑陬生下兒子，而岑陬所娶的匈奴夫人則生下一子，名叫泥靡，還在他幼小的時候，岑陬就死了。他臨終的時候，爲了國家不可没有長君，所以傳位給他的叔父大禄的兒子翁歸靡，并且諄諄地囑咐他：等待泥靡長大之後就把君位傳給泥靡。翁歸靡立後，即把楚主解憂收作自己的夫人，他們和衛昭伯烝於宣姜之後一樣，生下了三男、二女。到那時候，翁歸靡心就變了，上書漢帝，要把他的長子即是漢的外孫元貴靡立爲太子，復娶漢公主，作爲漢和烏孫共滅匈奴的一個條件。這件事漢帝當然樂從，就把楚主解憂的姪女兒相夫作爲公主，命常惠送去。不料他們行到敦煌，接得消息，知道翁歸靡已死，烏孫的貴族共同遵守岑陬的遺言，立泥靡爲王，泥靡是匈奴的外孫，這位公主就給漢朝迎接回來，再也沒有到烏孫。泥靡既立，又收了楚主解憂，這是她第三度結婚，她的對象雖有弟兄和子姪的不同，但是她的烏孫昆彌的夫人的地位是不變的，這又同孔姞先後作大叔疾和大叔遺的妻子一樣。泥靡死後，翁歸靡的胡婦之子烏就屠和他的漢婦之子元貴靡爭立，漢朝用軍事力量壓迫他們，立元貴靡爲大昆彌，烏就屠爲小昆彌。娘家的勢力足以支配婿家的承繼權，又使我們想起了"齊人使（衛）昭伯烝於宣姜，不可，强之"的故事，知道外祖或舅父是可以替外孫或外甥當家作主的。

爲了匈奴、烏孫都和漢朝通婚姻，所以漢朝嫁去的女子不得不隨着他們的禮教跟他們的統治者逐個發生"烝"、"報"的關係，而對於他們"烝"、"報"的情況有這般詳盡的記載；其他諸國，中國人雖也知道他們有這般風俗，但只是淡淡地着了些筆墨。例如漢書西域傳上提到樓蘭，説：

樓蘭王后妻，故繼母也。

後漢書東夷傳説：

夫餘……俗用刑嚴急，……男女淫皆殺之。……兄死，妻嫂。

用殺來禁淫，説明了這一族是怎麼地崇尚貞節，可是他們還是“兄死，妻嫂”，可知他們的婦女在丈夫死後轉嫁給小叔乃是合法的，而且是勢在必行的一件事，“妻嫂”和“淫”有絕對隔離的鴻溝在。同書西羌傳説：

父没則妻後母，兄亡則納釐（嫠）嫂，故國無鰥寡，種類繁熾。

則更道出了“烝”、“報”這些事對於種族的有利的效果，這就是要把每一部“生育的機器”長期地開動着，直到它不能生產爲止。三國志烏桓傳注引魏書説：

烏桓者，東胡也。……父、兄死，妻後母、執嫂。若無執嫂者，則已。子以親之次妻伯叔焉（此句不易解，當有譌文）。死則歸其故夫。

被烝、報的婦女死後雖然得和原配的丈夫同穴，但在她生存的時候必該和子、姪們發生性行爲。晉書西戎傳説：

吐谷渾……據有西零已西甘松之界，極乎白蘭，數千里。……父卒，妻其群母；兄亡，妻其諸嫂。

又舉出他們的統治階級的一個實例：

> 視連……有二子，長曰視罷，少曰烏紇堤。視罷……在位
> 十一年，年三十三，卒，子樹洛干年少，傳位於烏紇堤。……
> 樹洛干九歲而孤，其母念氏聰慧有姿色，烏紇堤妻之，遂專
> 國事。洛干十歲便自稱世子，年十六嗣立。

隋書西域傳説：

> 附國者，蜀郡西北二千餘里，即漢之西南夷也。……
> （父、兄死，）妻其群母及嫂；兒、弟死，父、兄亦納其妻。

可見他們男、女間是不講輩分的，一個男子上可以妻他的群母和
嫂子，下可以妻他的兒媳和弟婦。這又使我們想到了衞宣公的上
烝夷姜，下奪宣姜。附國的禮教如此，那麼春秋初年的禮教就一
定不該如此嗎！

當漢族已進入封建社會時，我們四圍的少數民族還停滯在奴
隸制社會的階段，所以他們的婚姻制度和我們春秋以上恰好相
當，因此，我們公元前五世紀以上通行的烝、報和叔接嫂的事
情，在公元後若干世紀，他們還是這樣。這些存在的資料，一時
搜羅不盡，姑且舉出以上諸條作爲例子。

關於金國的風俗，徐炳昶同志曾著有金俗兄弟死，其婦當嫁
於其弟兄考一文（北平研究院史學集刊第三期），茲節録如下：

> 於金史中得三事。其一，建炎以來系録（卷九）載：“太
> 祖旻之正室生二子：宗浚、宗朝。宗浚早死。……其庶長子
> 曰宗干。……時宗浚已死，其妻爲宗干所納，故其子梁王宣
> 養於宗干家。金主晟遂以宣爲安班貝納。”此事金史不載。……

然詳考之……“宗浚”之爲“宗峻”……爲清四庫館臣所改。……
熙宗爲宗峻子。……熙宗之立也，所追諡之兩皇后，一爲
“聖穆皇后唐括氏”，宗峻母也，他一爲“光懿皇后裴滿氏”，
即爲宗干母（見后妃傳）……熙宗立而宗干之母追諡“皇后”，
則二人之關係必有異乎尋常者矣。二，金世宗初立，檄數海
陵之罪，内有一事，曰：“太皇太妃並子任王喂阿並以無罪
盡行殺戮。”（三朝北盟會編二三三）……此“太皇太妃”爲太祖妃
蕭氏，其子喂阿，金史作“偎喝”或“隈喝”，卻非太祖子。……
后妃傳“崇妃蕭氏”條下，明載“並殺所生子任王隈喝”。太祖
妃生子爲杲子（太祖弟遼王杲），則妃之下嫁於杲自無疑問。
施國祁知隈喝非太祖子，而對“所生子”之“生”字無法解釋，
乃擬改爲“養”字，未知婚姻制度蕃、漢固不同也。……三，
金史海陵王紀：“天德四年十月，殺太祖長公主兀魯，杖罷
其夫平章政事徒單恭；封其侍婢忽撻爲國夫人。恭之兄定哥
初尚兀魯，定哥死，恭强納焉，而不相能，又與侍婢忽撻不
協，忽撻得幸於后，遂譖於上，故見殺而並罷恭。”定哥之死
未知何時。兀魯在太祖時爲皇帝親女，太宗時爲皇帝親姪
女，熙宗及海陵時則爲皇帝親姑。以時間度之，定哥死似不
在太祖時。以帝姪女或帝姑之尊而不免於其夫弟之“强納”，
則一婦人當夫死後，對於其夫之兄或弟有不可回避之義務彰
彰明矣。

這三件都是“叔接嫂”的事。以金朝最高統治階級也行這個風俗，
則金族的人民當然也是這般。詩序説的宣公淫亂，“衛人化其
上”，這是不明當時習俗的説法。實際上，那時的社會風俗普遍
如此。

　　如果有甘心自外的，那必然在自己的族裏失掉了他的固有地
位。現在就在金國史裏舉出兩件事情。其一，金史貞懿皇后

傳説：

> 皇后李氏，世宗母，遼陽人。天輔間（太祖年號，公元
> 一一一七年——一一二三年），選東京士族女子有姿德者赴
> 上京，后入睿宗（太祖子宗堯，卒後追封潞王；其子世宗即
> 位，追尊爲帝）邸。七年，世宗生。天會十三年（熙宗年號，
> 公元一一三五），睿宗薨。……舊俗，婦女寡居，宗族接續
> 之。后乃祝髮爲比丘尼，……歸遼陽，營建清安禪寺，別爲
> 尼院居之。

這位貞懿皇后李氏雖生長在東北，但她是漢人，濡染於漢族的禮
教，和漢代的江都公主一樣，不願改嫁，雖是沒有受到強迫而重
婚，畢竟只好離開這家族，削髮爲尼，在清磬下度過殘年。還舉
一個男的。宋樓鑰北行日録説：

> 是日，聞接伴使之兄左丞安禮罷爲滄州刺史。初，安禮
> 娶金主之妹；妹死，欲妻以女，辭以不當復娶妻姪。強之，
> 不可。金主怒，以抗敕坐之。

這位安禮先生爲了妻死（以下原缺）

四　宗權與君權的衝突，法律的
建立與宗制的消失

　　我們應該怎樣解釋"烝"、"報"、"叔接嫂"等等在後世人的眼
光中一切不順眼的現象呢？

這類事情，漢人中行説已作出了初步的解釋。史記匈奴列傳説：

老上稽粥單于初立，孝文皇帝復遣宗室女公主爲單于閼氏，使宦者燕人中行説傅公主。説不欲行，漢彊（勉强）使之。説曰："必我行也，爲漢患者！"中行説既至，因降單于。……

漢使或言曰："匈奴俗賤老。"中行説窮漢使曰："而（你們）漢俗屯戍從軍當發者，其老親豈有不自脱温厚肥美以賚送飲食行戍乎？"漢使曰："然。"中行説曰："匈奴明以戰攻爲事，其老弱不能鬭，故以其肥美飲食壯健者，蓋自以爲守衛。如此，父、子各得久相保，何以言匈奴輕老也！"

漢使曰："匈奴父、子乃同穿廬而卧。父死，妻其後母。兄、弟死，盡取其妻妻之。無冠帶之飾，闕庭之禮。"中行説曰："匈奴之俗，人食畜肉，飲其汁，衣其皮。……故其急則人習騎射，寬則人樂無事，其約束輕，易行也。……父、子、兄、弟死，取其妻妻之，惡種姓之失也。故匈奴雖亂，必立宗種。今中國雖詳（佯）不取其父、兄之妻，親屬益疏則相殺，至乃易姓。……夫力耕、桑以求衣、食，築城郭以自備，故其民急則不習戰功，緩則罷於作業。嗟，土室之人（中國人）顧無多辭！……"

中行説本是漢朝的宦官，爲了强迫他送公主到匈奴，他表示反抗就投降了匈奴。他從漢文化和匈奴文化的比較中，認識了匈奴文化的優點。所以當漢朝使者到匈奴，根據漢文化來批評匈奴文化時，他就處處爲匈奴文化辯護。漢文化是敬老的，而匈奴文化賤老，他説匈奴靠戰爭掠奪立國，老年人不能參加戰鬭，所以應當把高級的吃穿送給年輕人，只要他們打仗勝利，老年人也同樣得到好處。漢文化是嚴別男女關係的，而匈奴人則全家住在一個包裹，性行爲很隨便，他説這是爲保存他們的宗種打算，不能不這樣，如果像漢人那樣，親屬以"有別"而疏遠，各不相保，就容易使自己的種姓消失。

關於前一點頗易了解，後一點則必須尋出一點比較的資料方才可以看明白。恰好舊約全書申命記第二十五章"弟宜爲兄立嗣"可作説明，録出如下：

> 弟兄同居，若死了一個没有兒子，死人的妻子不可出嫁外人，他丈夫的兄弟當盡弟兄的本分娶她爲妻，與她同房。婦人生的長子必歸死兄的名下，免得他的名在以色列中塗抹了。那人若不願意娶他哥哥的妻，他哥哥的妻就要到城門長老那裏説："我丈夫的兄弟不肯在以色列中興起他哥哥的名字，不給我盡弟兄的本分！"本城的長老就要召那人來問他。他若執意説"我不願娶她"，他哥哥的妻就要當着長老到那人跟前脱了他的鞋，吐唾沫在他臉上，説："凡不爲哥哥建立家室的，都要這樣待他！在以色列中，他的名必稱爲'脱鞋之家'！"（翻譯原文"他"字男女性不別，意義不明。這裏把屬於女性的地方改爲"她"字。）

這是説兄死無子而弟又不肯納嫂，則兄的名字就此消失，大大地違反了以色列人"立宗"的制度，做嫂子的就可以到長老面前去控告他，用社會力量去壓制他，强迫他接受這"兄死妻嫂"的任務。如果他肯，那麼將來生出的兒子歸到死兄的名下，兄雖無子而依然有後；如果他硬是不肯，那麼這位嫂子就可以當着長老的面前脱他的鞋，吐他的臉，使得他失去了社會地位。這就使我們懂得了中行説的"惡種姓之失……必立宗種"這句話，也使我們回憶起左傳中"齊人使昭伯烝於宣姜，不可，强之"這件事，知道漢儒把這種行爲看作"淫亂"確是寃枉了古人。

匈奴是在和外族戰爭之中立國的，以色列也是這樣，就是春秋時割據的列國也是這樣。人民，尤其是男子，是戰爭的本錢。戰爭中必然有死亡，所以應該爲每一男子立後，使得過去有這樣多的人，現在和將來至少還有這樣多的人，當然比過去增加人口是更好，所以要鼓勵生育，把不生育的寡婦減少到最低度，把婦女的生育期拉長到最高度。國語越語上記越王句踐爲吳王夫差敗於夫椒之後，回到本國時，乃致其父兄、昆弟而誓之：

> 命壯者無取老婦，命老者無取壯妻。女子十七不嫁，其父母有辠（罪）；丈夫二十不取，其父母有辠。將免（娩）者以告，公令醫守之。生丈夫，二壺酒，一犬；生女子，二壺酒，一豚。生三人，公與之母（乳母）；生二人，公與之餼（糧食）。當室者（長子）死，三年釋其政（征）；支子（庶子）死，三月釋其政：必哭泣葬埋之，如其子。令孤子、寡婦、疾疹、貧病者，納宦（仕）其子。

這就是左傳哀公元年伍員所説的"越十年生聚而十年教訓，二十年之外，吳其爲沼乎"的實際情形。爲什麼長子死了要三年不徵收他家的賦稅？就因長子在平時是壯勞動力，在戰時是主要的戰鬥力。

至於中行説所説的"宗種"的"宗"，那就是在封建社會的漢文化裏也是社會組織的主要部門，它是以血緣關係組織起來的共財制的大家庭，然而這有異於原始社會没有剝削制的大家庭，而是已進入階級社會之後保存下來的共有制的大家庭，以父權和族長權爲其特徵的家族制度。例如左傳定公四年：

> 分魯公以……殷氏六族：條氏、徐氏、蕭氏、索氏、長

勺氏、尾勺氏，使帥其宗氏，輯其分族，將其類醜……使之
職事於魯。

這六族本是商奄地方的統治階級，自從殷人叛周，周公東征取得
勝利之後，已把他們一齊降爲種族奴隸。自從伯禽立爲魯公，又
把他們劃給伯禽管理，叫他們供奉魯公的職事。但六族各有他們
的"宗氏"（宗子、族長），又有他們的"分族"（一族的分支，例如
左傳昭公三年，叔向説："胏之宗十一族。"），又有他們的"類醜"
（原來受奴役的人民），可見"宗氏"雖爲魯臣，但他本族裏還握有
族長權。同年左傳裏又説"分唐叔以……懷姓九宗"，杜預集解
説："懷姓，唐之餘民。九宗，一姓爲九族。"是"九宗"也即是前
面所説的"分氏"。一部左傳中，關於"宗"的記載很多，不可能在
這裏詳叙，現在只舉出兩例，以見族長的政治權和經濟權。其
一，魯宣公十二年（前五九七年），晉、楚戰於邲，晉師大敗，荀
罃被楚人所俘。到魯成公三年（前五八八年），兩國交換俘虜時，
楚共王和荀罃作了一次對話：

王曰："子歸何以報我？"……對曰："以君之靈，纍臣得
歸骨於晉，寡君以之爲戮，死且不朽。若從君惠而免之，以
賜君之外臣首（荀罃的父親荀首，稱於異國君曰'外臣'），首
其請於寡君而以戮於宗，亦死且不朽。若不獲命而使嗣宗職
（宗子的職務），次及於事（軍事），而帥偏師以修封疆，雖遇
執事（指楚王），其弗敢違（避），其竭力致死，無有二心，以
盡臣禮，所以報也。"

荀罃這番答話是他不怕死的表現。他説：這次回去，若是晉君殺
我，我雖死猶不死。若是晉君免了我的罪，把我送給我的父親，
我受宗的處分而死，我一樣高興。若是晉君不許殺我，叫我繼承

宗職，臨到兩國交戰的場面，我碰到您也不敢避免，我只有拚了命來盡我對您的臣禮。他在這番話裏兩次提到"宗"，可以知道君權、父權之間還有族長權，它有處死族中人的權力。其二，左傳宣公二年説：

> 初，麗姬之亂，詛無畜群公子，自是晉無公族。及成公即位，乃宦卿之適（嫡）而爲之田，以爲公族。……趙盾請以括（趙括）爲公族……公許之。冬，趙盾爲旄車之族，使屏季（趙括，屏是他的封邑）以其故族爲公族大夫。

晉獻公寵愛驪姬，她就施展手腕，盡逐晉國的公子，立自己所生的兒子奚齊爲太子，從此晉的卿大夫有族而晉君反無族。到晉靈公爲趙穿所殺，晉國的權力集中於趙盾，所以晉成公爲了討好他，分出若干田，命卿的嫡子爲公族。先前，趙盾的父親趙衰從公子重耳（文公）出亡在外多年，在狄國時娶了叔隗爲妻，生子趙盾；重耳歸國，又把自己的女兒嫁給他，是爲趙姬，生子趙括。趙姬謙讓，把趙盾立爲趙氏的嫡子，爲晉卿。到這時，趙盾又把公族大夫讓給趙括，自己成爲旄車之族。趙括是晉文公的外孫，這時既做了公族大夫，當然是趙氏的宗子了。左傳所云"以其故族"的"其"指趙盾言，本來趙盾是族長，到晉成公"宦卿之適"的時候，趙括就轉到了趙盾原有的地位。左傳成公四—五年又説：

> 晉趙嬰通於趙莊姬。五年春，原、屏放諸齊。嬰曰："我在，故欒氏不作。我亡，吾二昆其憂哉！……舍我，何害？"弗聽。

杜預解道：

> 趙嬰，趙盾弟。莊姬，趙朔妻。朔，盾之子。……原
> 同、屏季，嬰之兄也。作，作亂也。亡，出亡也。言我若出
> 亡，原、屏必爲欒氏所害。

那時趙盾子趙朔死了，他的妻是晉成公之女（史記晉世家説她是
"成公姊"，那就是晉文公之女了，難道晉文公之女一個嫁與趙
衰，一個嫁與趙衰的孫子趙朔，有這樣漫長的時間？），稱爲莊
姬；自從她守寡之後，她的夫叔趙嬰和她通姦了，那時趙嬰的兩
個哥哥趙同（一稱"原同"，原是他的封邑）和趙括不以爲然，把他
驅逐到齊國去。但趙嬰説：欒氏是我們趙氏的冤家，我在晉，壓
得住他；我一出走，你們兩位就危險了。趙同、趙括不聽他，他
畢竟離開了本國。趙括做出這件事情，當然是他站在族長的地位
上發號施令。在這裏，我們可以看出，族長有趕走他的族人的權
利。到了成公八年，果然應驗了趙嬰的預言：

> 趙莊姬爲趙嬰之亡故，譖之於晉侯，曰："原、屏將爲
> 亂。"欒、郤爲徵。六月，晉討趙同、趙括。武（趙武）從姬氏
> 畜於公宮。以其田與祁奚。韓厥言於晉侯曰："成季（趙衰）
> 之勳、宣孟（趙盾）之忠而無後，爲善者其懼矣！……乃立武
> 而反其田焉。"

杜預解道：

> 欒氏、郤氏亦徵（證）其爲亂。趙武，莊姬之子。莊姬，
> 晉成公女。畜，養也。

趙莊姬爲了夫叔趙同、趙括奪去了她的情人趙嬰，仗着自己是晉
君的姑母（那時的晉君是成公之子景公），跑到宮裏爲她的兩個夫

叔造謠言，説他們將作亂，欒氏、郤氏又替她作了假證人，於是晉君爲國討賊，把他們殺了，把他們的田給予祁氏。那時，趙朔的兒子趙武還小，趙括既死，趙氏没有了"收族"的宗子，他得不到"宗"的保護，無以爲生，只得跟隨他的母親住在公宫裏，撫育成人。過了些時，韓厥爲了哀憐趙氏無後（即是没有掌握田産的宗子），替他説公道話，於是晉君歸還趙氏的田産，立趙武爲趙氏的宗子。這就是小説和戲劇裏著名的"八義圖"的故事，然而這件故事已作了極大的改造。從這件歷史事實上，我們可以知道，那時的統治階級，每家都有個"宗"，這"宗"有政治權，有經濟權；主持這"宗"的是"宗子"，他是小型的國君，他有支配全族人的權力。

可是這種和君權相衝突的强大的宗權固然可以擁護君權，但也可以推翻君權。最顯著的是韓、趙、魏三家的分晉，陳氏（即田氏）的篡奪姜齊。現在試把齊國的事情講一講。左傳莊公二十二年記陳國有亂，陳公子完奔齊，齊桓公使爲工正之官，從此他們這一宗漸漸地在齊國長大起來。那時是公元前六七二年。到昭公三年（前五三九年）齊卿晏嬰説：

> 齊其爲陳氏矣。公棄其民而歸於陳氏。齊舊四量：豆、區、釜、鍾，四升爲豆，各自其四，從登於釜；釜十則鍾，陳氏三量，皆登一焉，鍾乃大矣。以家量貸，而以公量收之。

杜預解道：

> 四豆爲區；區斗六升。四區爲釜；釜六斗四升。登，成也。（鍾）六斛四斗。登，加也。加一，謂加舊量之一也。以五升爲豆，五豆爲區，五區爲釜，則區二斗，釜八斗，鍾八

斛。貸厚而收薄。

這是説陳氏爲要取得齊國人民的好感，他們把穀子放貸給人民時，用自己加大的量器；在收回貸穀時，則用公家制定的小的量器，所以豆、區、釜、鍾的名詞雖同而容量不同。用五升的豆發貸的，到收回時只取四升。從此推上去，放出時八斛的鍾，到收回時卻只有六斛四斗了。人民佔得了便宜，陳氏買得了人心。他們用這個方法逐個打倒了齊國原有的貴族，取得齊國的中央政權。晏嬰説這話的時候是在公元前五三九年。又過了五十八年，到哀公十四年（前四八一年），陳氏和齊君的矛盾就公開地暴露了：

　　　齊簡公（壬）之在魯也，闞止有寵焉。及即位，使爲政。陳成子憚之，驟顧諸朝。諸御鞅言於公曰："陳、闞不可並也，君其擇焉。"弗聽。子我（闞止）夕（暮見公），陳逆殺人，逢之，遂執以入。陳氏方睦，使疾（使陳逆詐病），而遺之潘（米汁）沐，備酒肉焉。饗守囚者，醉而殺之而逃。子我盟諸陳於陳宗。

　　　初，陳豹欲爲子我臣，使公孫言（介紹）己。……子我……使爲臣。他日與之言政，説（悦），遂有寵。謂之曰："我盡逐陳氏而立女（汝），若何？"對曰："我遠（疏遠）於陳氏矣，且其違（回邪）者不過數人，何盡逐焉！"遂告陳氏。子行（陳逆）曰："彼（子我）得君，弗先，必禍子。"子行舍於公宮。

　　　夏五月壬申，成子（陳恒，陳氏宗子）兄弟四乘如公。子我在幄，出逆之。遂入，閉門（成子入，閉門不納子我）。……公（簡公）與婦人飲酒於檀臺，成子遷諸寢。公執戈將擊之，……成子出舍於庫，聞公猶怒，將出。……子行抽劍曰："需（遲疑），事之賊也。誰非陳宗！所不殺子者，有如陳宗!"乃止。

　　子我歸,屬徒攻闈(宫的旁門)與大門(宫的正門),皆不勝,乃出。……豐丘人執之以告,殺之郭關。……庚辰,陳恒執公於舒州。……(六月)甲午,齊陳恒弑其君壬於舒州。

由於陳氏在齊國已有根深柢固的勢力,所以齊簡公即位,使自己的心腹闞止爲政之後,激起了極大的矛盾。闞止爲了得君的信任,所以他敢於捉住殺人的陳逆,然而陳氏用計使陳逆逃了出來。闞止失了陳逆,怕他鬧事,所以在陳氏的宗子陳恒那裏和陳氏一族人結盟。那時闞止有臣陳豹正得他的主子的寵信,闞止不謹慎,對他説:我想完全趕走陳氏一族,立你作陳氏的宗子。那陳豹卻是陳氏派去的間諜,忙把這話通知陳氏。這時陳恒覺得時機緊急,馬上聯合弟兄們冲進公宫,把簡公和闞止隔離開來。簡公一發怒,陳恒暫時退了下來,陳逆就抽劍喝道:哪一個不可代你作宗子! 遲疑誤了大事,是陳宗所不赦的;只要有陳宗在,你就活不了。陳恒給陳逆一激,鼓足了勇氣,先殺了闞止,又殺了簡公,陳齊代姜齊的局面就表面化了。在這件事情上,可見强大的宗族如何不利於國君的統治。

　　然而這種局面乃是爲中央集權的專制政治作準備,由於這些權臣們打破了諸侯的割據政治,又由於各國的國境綫若干年中都用武力向四方開拓,設立了郡、縣制度,就逐步走向大一統的道路。本來諸侯的領土不大,都城叫作"國",城外近處叫作"郊",遠處叫作"野",也就够了;但爲了無限制的擴大,"野"的外邊不能不更立"縣",縣的外邊也不能不更立"郡"。國、郊和野是國君所直接控制的,可是縣和郡便不一樣,如楚國,就設置"縣尹"(左傳襄公二十六年"此子爲穿封戌,方城外之縣尹也"),代表國君去治理;如晉國,則縣和郡也分封給大夫們(左傳哀公二年"克敵者上大夫受縣,下大夫受郡",又昭公二十八年"魏獻子爲政,分祁氏之田以爲七縣，分羊舌氏之田以爲三縣"）。然而到了戰國時代，各國就一色地派遣流官治理郡、縣，各國的中央政府都用中央集權的方式治理郡、縣，所有的卿大夫們分立的"宗"竟不見於記載了，那一定是給集權的中央打下去了。就是王的弟兄們，固然有遵循周代的方式設置封君的，然而都不能久長了。戰國策趙策四記左師觸讋説趙惠文太后的事：

> 趙太后新用事，秦急攻之。趙氏求救於齊，齊曰："必以長安君（太后的少子）爲質，兵乃出。"太后不肯，大臣强諫。太后明謂左右："有復言令長安君爲質者，老婦必唾其面！"左師觸讋願見太后，太后盛氣而謁之入。……左師公曰：……"老臣竊以爲媼之愛燕后賢於長安君"。曰："君過矣，不若長安君之甚！"左師公曰："父母之愛子，則爲之計深遠。媼之送燕后也，持其踵爲之泣。……已行，非弗思也，祭祀必祝之，祝曰：'必勿使反。'豈非計久長，有（爲）子孫相繼爲王也哉？"太后曰："然。"左師公曰："今三世以前，至於趙之爲趙，趙主之子孫侯者，其繼有在者乎？"曰："無有。"曰："微獨趙，諸侯有在者乎？"曰："老婦不聞也。""此其近者禍及身，遠者及其子孫。豈人主之子孫則必不善哉？位尊而無功，奉（俸）厚而無勞，而挾重器多也。今媼尊長安君之位，而封之以膏腴之地，多予之重器，而不及今令有功於國，一旦山陵崩，長安君何以自託於趙？老臣以媼爲長安君計短也。……"太后曰："諾，恣君之所使之！"於是爲長安君約車百乘，質於齊，齊兵乃出。

在這段文字裏可以看出，戰國時的封君和春秋時的諸侯名義雖同，本質上則有顯著的差別。春秋時的諸侯和卿大夫，都是仗着他們的祖先和王、侯們有同宗或姻戚的關係而受到封地，從此以後，子孫世襲這塊封地，他們在這塊封地上有絕對的政治支配權和經濟支配權。若不是內訌被滅，誰也動他不了。他們這個特權的地位是不勞而獲的。到了戰國時代就不同了，必須有功的人才得封國，那些“鳳子龍孫”都降爲平民了。就是已封國的，也傳不到子孫手裏。試看戰國策齊策四，那位善於替孟嘗君作長期打算的馮諼，他設下的“狡兔三窟”的策略，第一是燒了債券買得孟嘗君食邑薛的民心，第二是西游於梁爲孟嘗君做好了國外的聯繫，最後則是：

> 馮諼誠孟嘗君曰：“願請先王之祭器，立宗廟於薛。”廟成，還報孟嘗君曰：“三窟已就，君姑高枕爲樂矣！”

請得了先王的重器，立宗廟於薛，這就是春秋時代取得“宗子”地位的老一套，分該給他的嫡子和嫡孫永遠做着宗子，保持這分闔宗共有的產業。然而如何，他一死不就完了嗎？魏冉立秦昭王而相之，封爲穰侯。到了晚年，史記穰侯列傳說：

> 免相國。……穰侯出關，輜車千乘有餘。穰侯卒於陶，而因葬焉。秦復收陶爲郡。

這樣一個富貴到了極步的人，等到一死之後，偌大的產業就給國家收回去了。宗子制度是根本不存在了！

爲了討論祔、報問題而牽涉到中國古代的“天子建國，諸侯立家”（左傳桓公二年）的制度，是不是扯得太遠了呢？不，正因爲要解決這個問題，不得不先講清楚這個制度。在那時，天子是最大的大家庭的家長，諸侯是次大的，卿大夫是又次大的。除了天子尊無與比之外，諸侯一方面是天子的臣子，一方面又是自己宗族的宗子；卿大夫一方面是天子或諸侯的臣子，一方面又都是自己宗族的宗子。他們在朝廷上固然要遵守禮制，但在自己的宗族裏則可以憑着他們的特尊地位而爲所欲爲。所以凡古代所曾有的婚制，群婚、對偶婚等現象都可以出現，社會上不但不加裁制，而且擁護他們這樣幹。但是春秋時代是一個社會性質轉變的樞紐，它在政治上既走向統一，那就必然要求全國人民只服屬於國家而漸漸使他們脱離宗族的束縛。爲要使每個人都直接和國家發生統屬的關係，第一步必須打破大家庭制度，建立小家庭制度，換言之，就是要確實建立一夫一妻制的家庭。解散了“宗”的組織，取消了“宗子”的把頭，才好制定成文的法律，把人民統一管理。即使不能馬上實現這個願望，也得在逐漸解散和取消的情況下，發展法律的權力。左傳昭公六年説：

　　　　三月，鄭人鑄刑書（杜解“鑄刑書於鼎，以爲國之常法”）。叔向使詒子產書曰：“始吾有虞於子（杜解“虞，度也。言準度子產以爲己法”），今則已矣！……民知爭端矣，將棄禮而征於書（杜解“以刑書爲征”），錐刀之末（喻小事）將盡爭之。亂獄滋豐，賄賂並行。終子之世，鄭其敗乎？……”復書曰：“若吾子之言，僑（子產）不才，不能及子孫。吾以救世也。……”

這是公元前五三六年的事。鄭國南當楚，東可至齊，北可至晉，西可至周、秦，是當時的交通樞紐，左傳中記及商賈事的僅有三條，但都是鄭國的商人，可見鄭國商品經濟的發達。商人抬頭，一方面在奴隸主貴族之外另起了一個據有經濟勢力的階級，一方面則因鄭國處於晉、楚兩大國之間，職貢繁重，必須對商人多抽捐税以供國用。商人納税既多，説話就有力量，鄭國的統治階級不得不顧到這實際的勢力，給以一定的社會地位。因此，商人和貴族的矛盾，商人和農民的矛盾，以及商人之間相互的矛盾，要處理得好，必須有法律的規定。子産在這客觀的迫切要求下，就把刑書刻在鼎上，使爭訟的案子有一定的解決辦法。晉國的叔向是一個守舊派，他覺得人民一向是給貴族統治慣的，這是先王的禮制，現在頒定了法律，就是奪去了貴族的實權。人民根據了法律和貴族鬥爭起來，那還了得！所以他寫信給子産，表示反對。子産復信說：我誠然不好，使我傳不到子孫；但爲了"救世"，我不得不這樣做。從子産的話看，那時社會的性質已到了必須轉變的階段了，子産正是對症下藥，所以他堅決執行，不怕貴族們的反對。想不到只過了二十三年，晉國自身也在鑄刑鼎了。左傳昭公二十九年說：

　　　　冬，晉趙鞅、荀寅帥師城汝濱，遂賦晉國一鼓鐵（鼓是量名，管子地數："武王令重泉之戍，令曰：'民自有百鼓之粟者不行。'"尹知章注："鼓，十二斛。"又有作權名的，孔子家語正論："趙簡子賦晉國一鼓鍾以鑄刑鼎。"王肅注："三十斤謂之鈞；鈞四謂之石，石四謂之鼓。"依王肅說，是一鼓四百八十斤），著范宣子所爲刑書焉。仲尼聞之曰："晉其亡乎，失其度矣！夫晉國將守唐叔之所受法度以經緯其民，卿大夫以序守之，民是以能尊其貴，貴是以能守其業。貴、賤不愆，所謂度也。……今棄是度也而爲刑鼎，民在鼎矣，何以尊貴？貴何業之有？貴、賤無序，何以爲國！……"

這是公元前五一三年的事。晉國人和鄭國一樣把法律鑄在鼎上，反對這事的也有一個權威人士——孔子。他說的話非常明白：貴族們必須守住自己的產業，人民則必須尊敬貴族，分出貴和賤的階級來，方能樹立起國家的秩序（度）。現在丟開了這個秩序，在法律前面，貴族和人民一律平等，還成什麼國家！孔子這話，如果我們站在貴族的立場，要求保持貴族的利益，那是對的。可是不容情的時代潮流冲激上來，奴隸制已不再容許存在，那麼孔子的話真可説是反動透頂。這話是否真出孔子，固然還有討論的餘地；但當鑄造刑鼎的時候，其激起大小奴隸主的反對則是無疑的。再過十二年，左傳定公九年又記着一件事：

> 鄭駟歂殺鄧析而用其竹刑。

杜預解：

> 鄧析，鄭大夫。欲改鄭所鑄舊制，不受君命而私造刑法，書之於竹簡，故言"竹刑"。

鄧析是一個法律學家，他看出子產所鑄的刑鼎已經不適合於當代形勢，所以他根據目前需要，自己編成一部新的法律，寫在竹簡上。不知道他犯了什麼罪，鄭國的執政駟歂殺了他；可是把他所著的"竹刑"行用了。從此鄭國有了新的法律，這足以説明時代變化的急劇，那時是公元前五〇一年，離子產鑄刑書才三十五年，舊律已經不適用了。到了戰國，社會變化愈急，唐律疏義説：

> 周衰刑重，戰國異制。魏文侯師於李悝（一作李克），集諸國刑典，造法經六篇：一盜法，二賊法，三囚法，四捕法，五雜法，六具法。商鞅傳授，改"法"爲"律"。

可惜這些保護封建主利益的法律書全失傳了，我們現在只有在殘存的漢律裏窺測一點大概。然而就在這零星的資料裏，也可以看出人民在法律前總算是平等的，比較奴隸主社會裏，國君、卿大夫以及各氏族的"宗子"可以任意殺人、驅逐人的現象都歸到處罪的條文下了。男女間的關係也嚴肅了，女子固然還是被壓迫者，但在男子方面，除了正名定分的妻、妾之外，也不許亂跟女子交接了，就是奴隸制遺留下來的家內奴隸——婢女，在法律上也不許主人和她發生性行爲了。

宗種的觀念在後世還是有的，例如每一個男子娶妻而無子的，必要替他立嗣；以及集合同族立祠堂、設家法、置莊田、修家譜等等都是。然而除了立嗣之外，國家的法律是不作保障的。

從父系氏族社會直到奴隸制社會，婦女都是氏族和宗族裏的一筆財產。在生產不發達的社會裏，氏族和宗族要守住一筆財產是不容易的，所以從別的族裏嫁來的女子不可任她流失，她的丈夫既死，弟、兄可以娶她，子、姪輩可以娶她，甚至孫輩也可以娶她。從當時説，也是團結同族的一個方法。自從社會走向封建制，封建地主的數目遠比奴隸主爲多，每一個家長佔有的土地少了，養不起一大群人，勢必發展爲一夫一妻制，原來大家庭中的人只得日就疏遠。這於中央集權的專制主義政府是有利的，所以他們所定的法律也趨向這方面，於是烝、報制度消滅，宗子制也消滅了。

五　魯國的"男女有別"和"夫婦有別"的禮教

從春秋到戰國，是我國社會從奴隸制走向封建制的時期，只是爲了諸侯的割據，各國的生產力和生產關係不都是一樣，所以各國間的制度不同，風尚不同，思想也不同。我們只能選擇其中有代表性的、資料豐富的分開説明。

因爲那時各國的社會發展是不平衡的，有的保留前些社會的遺存多些，有的則是孕育後一社會的成分多些。即就婚姻制度而

言，群婚、對偶婚、一夫一妻制諸種現象都有例可舉，但是它的
主流總是向着嚴格的一夫一妻制過度，則是一件無疑的事實。

詩經鄘風柏舟的第一章：

> 泛彼柏舟，在彼中河。髧（髮垂貌）彼兩髦（毛傳："髮至
> 眉，子事父母之飾。"按這是指已死的少年男子），實維我儀
> （匹配）。之死矢靡它！母也天只，不諒人只！

這是一個少年寡婦的呼聲。她爲了堅守對於死去的少年丈夫的愛
情，不願意再嫁。可是那時還沒有守節的風俗，她的父母逼她再
嫁時，她呼號道：我誓死不到別人家去了！你們爲什麼這樣地不
體貼我呀！這位寡婦不知道是誰，作毛詩序的衛宏，他因爲邶、
鄘、衛三風都是衛國的樂歌，就説：柏舟，共姜自誓也。衛世子
共伯蚤死，其妻守義，父母欲奪而嫁之，誓而弗許，故作是詩以
絕之。

這番話粗一看有些像，仔細一想卻不合事實。依照史記衛世
家的叙述，衛釐侯死後，太子共伯餘嗣位，沒有幾天就給他的弟
弟武公和殺了，篡了他的位。共姜既嫁到一個大奴隸主的家庭
裏，她少年喪夫，正是武公"叔接嫂"的對象，她的父母就不可能
逼她改嫁。這當然是衛國民間的詩。夫死而自願守節，在當時是
極個別的事情。其所以然之故，王夫之在他所著的詩廣傳裏説得
明白：

> 古者無少寡之婦；夫死而田歸，無以養之，則嫁之也。
> 惟老而無夫曰寡，遺秉滯穗以爲利（按小雅大田："彼有遺
> 秉，此有滯穗，伊寡婦之利。"秉，把也。這是説在豐收的年
> 成裏，刈割既多，不免有些狼藉，就讓沒有依靠的寡婦來檢
> 取），抑無以養之也。柏舟之"靡它"，數十年之間，見之詩、

書者一人而已，而固諸侯世子之妃也。……夫死而無適，族無與收之，官無與獎之，仆仆然拾穟（穗）於南畝，非毛以贏不至是矣。苟有可適者，無不聽其移志矣。

這段話說的很有道理，一個婦女守節，固然表現了她對於死夫的堅貞不渝的情操，但也需要有守節的經濟條件。如果她是貴族家庭的婦女，那自有宗子供給她的生活費用，或者用烝、報的方式和夫家的族人結婚。如果她是平民，得不到別人的照顧，那只有改嫁別家的一條路。柏舟詩作者的父母所以逼這位新喪夫的女兒改嫁，就爲考慮她終身的生活問題，覺得不該隨着她一時的衝動的感情而任她守節。

在"秉禮"的魯國，情形有所不同。春秋經裏曾經表章一個典型的守節的婦女，就是我們在第一章裏提起的"宋共姬"，從她的母家方面說也稱作"伯姬"，她是魯宣公的女兒，魯成公九年（前五八二年）嫁給宋共公，結婚了才七年，宋共公就死了，她幽居守節三十餘年。到魯襄公三十年（前五四三年），春秋經書：

> 五月，甲子，宋災（火災），宋伯姬卒。……秋七月，叔弓如宋，葬宋共姬。

公羊傳說：

> 外夫人不書葬，此何以書？隱之也。何隱爾？宋災，伯姬卒焉。其稱謚何？賢也。何賢爾？宋災，伯姬存焉。有司復曰："火至矣，請出！"伯姬曰："不可。吾聞之也：婦人夜出，不見傅、母不下堂。"傅至矣，母未至也，逮乎火而死。

這件事情，在漢劉向所作的列女傳裏寫得更生動些：

> 恭(共)公卒，伯姬寡。至景公(應作平公)時，伯姬嘗遇
> 夜失火。左右曰：“夫人少避火！”伯姬曰：“婦人之義，保、
> 傅不俱，夜不下堂；待保、傅來也。”保母至矣，傅母未至
> 也，左右又曰：“夫人少避火！”伯姬曰：“婦人之義，傅母不
> 至，夜不可下堂。越義求生，不如守義而死！”遂逮於火
> 而死。

她這般地甘居寂寞，一向不和外邊接觸，如今火燒到了住房還是
不動，聽任它燒死，“古井不波”，直到了泥塑木雕的境地。春秋
經如果真出於孔子的手筆，那末孔子便是這種泥塑木雕的婦女道
德典型的讚揚者了。

　　然而我們如果要根究所以會得出這一事故，原有它在魯國的
積漸的輿論力量。試看春秋經桓公十八年：

> 春，王正月，公(魯桓公)會齊侯(齊襄公)於濼。公與夫
> 人姜氏(文姜)遂如齊。

左傳說：

> 公將有行，遂與姜氏如齊。申繻曰：“女有家，男有室，
> 無相瀆也，謂之有禮。易此，必敗。”

魯桓公和文姜是夫妻，齊是文姜的母家，當桓公和齊襄公在濼
(濟南市)相會之後，帶了文姜到齊都(臨淄縣)去，從現代社會看
來可說是一件極平常的事情。可是那時的魯人就說：女有女的
家，男有男的室，是不該弄亂的，這就叫做“有禮”。現在桓公如
齊，文姜隨行，這就叫做“相瀆(亂)”，這就不會得到好的結果
的。固然魯桓公就在這一次旅行裏死在齊國，中了這個預言，但

魯國的風氣，不容許夫、妻一塊兒出門，是因爲有"夫、婦有別"的一條原則存在，這從申繻的幾句話裏可以看出來。

和這樣事差不多相同的，是春秋經宣公五年：

> 秋九月，齊高固來逆子叔姬。……冬，齊高固及子叔姬來。

公羊傳説：

> 何言乎高固之來？言叔姬之來而不言高固之來則不可。子公羊子曰："其諸爲其雙雙而俱至者與？"

何休的公羊解詁説：

> 禮，大夫妻歲一歸宗。叔姬屬嫁而與高固來，如但言"叔姬來"而不言"高固來"，則魯負教戒（秋七月嫁而冬間即歸寧，不合"歲一歸宗"之禮），重不可言；故書"高固"，明失教戒重在固。言"及"者，猶"公及夫人"，（公羊子）言其雙行匹至，似於禽獸。

這話真駭人了。已嫁之婦和她的丈夫同回母家省親，"雙雙而俱至"就犯了"似於禽獸"的罪惡，這在現代生活中簡直是不可想像的一種道德教條。

難道這是漢人的曲解嗎，然而有春秋時代傳下來的直接資料可作證明。國語魯語下説：

> 公父文伯卒。其母戒其妾曰："吾聞之：好內，女死之；好外，士死之。今吾子夭死，吾惡其以'好內'聞也，二三婦

之辱共(供)先祀者，請無瘠色，無洵涕，無搯膺，無憂容；有降服，無加服。從禮而靜，是昭吾子也！"仲尼聞之，曰："……公父氏之婦知也夫，欲明其子之令德也！"

韋昭的國語解說：

(瘠色，)毀瘠之色。無聲涕出爲"洵涕"也。"搯"，叩也；"膺"，胸也。輕於禮爲"降"；重於禮爲"加"。……凡婦人之情愛其子，欲令妻、妾思慕而已。今敬姜乃反割抑欲以明德，此丈夫之知，故曰"知也夫"。

魯季氏的分支公父氏，他們的家長文伯死了，遺下一群妻、妾，他的母親敬姜諄屬她們：爲了表示文伯生存時不曾喜歡過女色，所以你們不要穿重喪的衣服，不要露出毀瘠的顏色和憂傷的容貌，不要號啕地叩胸而哭，也不要沒有聲音地流淚，而只消像平常日子一樣。孔子聽得了，就誇獎她的"明智"。魯語下裏還有一段：

公父文伯之母朝哭穆伯而莫(暮)哭文伯。仲尼聞之曰："季氏之婦可謂知禮矣，愛而無私，上下有章！"

穆伯是敬姜的丈夫，他死了，敬姜早晨哭；文伯是她的兒子，他死了，敬姜晚上哭。爲什麼？禮記坊記說："寡婦不夜哭。"鄭玄的禮記注："嫌思人道。"又淮南子說林說："鄰之母死，往哭之。妻死而不泣，有所劫以然也。"高誘的淮南子注："嫌於情色。"鄭玄所說的"人道"，高誘所說的"情色"，都是"性慾"的同義詞。寡婦不敢在夜裏哭，爲的是怕人笑她到了臨睡的時候性慾發動了。妻死而不泣，也同樣表示自己是沒有性慾的。敬姜在早晨哭丈夫，就没有這個嫌疑了。兒子不是發泄性慾的對象，所以他死了放在晚上哭。孔子聽到她遭遇的兩回喪事分出兩種哭法來，就誇她愛夫與愛子有分別，表示出她的不及於“私”的愛，即有情而無慾的愛，她真是一個“知禮”的標準人物。

因爲魯國人有這般矯揉造作的風氣，所以禮記内則的作者就搜集了一套魯國婦人所特有的禮節，說：

> 禮始於謹夫婦。爲宮室，辨外、内：男子居外，女子居内。深宮固門，閽寺（宦官）守之。……男、女不同椸（竿）、枷（架）。不敢縣（懸）於夫之楎、椸（都是衣架），不敢藏於夫之篋、笥（都是箱籠）。不敢共湢（浴室）浴。夫不在，斂枕篋簟席（這句話傳寫錯了，應當作“篋枕，斂簟、席”，是説丈夫出門時，妻子該把他的枕頭放到篋中，原來鋪在床上的簟和席都收藏起來。這個錯誤是俞樾發見的，見他所著的群經平議）。

不但在房屋制度方面要把夫和妻隔絶，而且晾衣竿子要分開，掛衣架子要分開，浴室要分開，枕、席也要分開。他們客氣到這樣，直把我們弄模糊了，不知道他們的孩子是怎麽生出來的。

夫、妻之間既要像犯傳染病似地嚴格隔離，那麼不是夫、妻的男人和女人之間，他們的隔離程度一定會像分水嶺一般地用高峻的山峰把雙方劃分開了。這個隔離的制度，内則裏規定得很詳細：

> 男不言内，女不言外。非祭、非喪，不相授器。其相授，則女受以篚。其無篚，則皆坐，奠之（放在地上），而後取之。外、内不共井，不共湢浴，不通寢席，不通乞假。男、女不通衣、裳。

內言不出，外言不入。男子入內，不嘯，不指；夜行以燭，無燭則止。女子出門，必擁（障）蔽其面；夜行以燭，無燭則止。

道路，男子由右，女子由左。

這篇文章說，男人和女人之間是一切分離的，只有在喪事和祭事中才有共同的生活，然而這個共同生活的限制可嚴了，碰到必須給對方送一件東西時，女子只該用筐子來接受，不許用手來接受。倘使手頭沒有筐子，那只有放在地上，讓對方從地上來收取。男、女之間不得借用任何東西。男子有必要進內室時，不得出聲（嘯），也不得指東點西，免得挑起了女人的注意。女子出門時就必須把面孔蒙住。無論男、女，晚上走路都得點蠟燭，免得在黑暗裏偷偷摸摸。在街道上行走，男子應走右邊，女子則應走左邊。這個行路的制度，禮記王制也說過：“道路，男子由右，婦人由左，車從中央。”這見得每條街道都劃成三部分，男、女走在路上是給車子隔開的。那部爲王肅所增加的孔子家語，在相魯篇中說：“孔子初仕，爲中都宰，制爲養生、送死之節，長、幼異食，強、弱異任，男、女別塗。”照這所說，這個“男、女別塗”的制度在孔子作魯的中都宰時是曾經實行過的。

爲了要把女子訓練得百依百順，安心和外界隔絕，內則的作者又說：

女子十年不出；姆（女師）教，婉（言語柔婉）娩（容貌嫵媚）聽從。執麻、枲（牡麻），治絲、繭，織紝（繒帛）、組紃（粗繩），學女事以共（供）衣服。觀於祭祀，納酒、漿、籩、豆、菹（鹹菜）、醢，禮相助奠。十有五年而笄（安髮的簪，梳髻了）；二十而嫁。有故（遭父母喪），二十三而嫁。

女子從小關在家內，一關就是十年。在女師教導之下，言語和容貌都非常地柔和。她們都會織東西，會燒飯、做菜。訓練好了，就嫁出去了。所以她們的一生，在母家，是受奴隸教育的時期；到夫家，是過奴隸生活的時期。

禮記中的曲禮是記載人們生活上的許多繁文縟節的一篇書。這裏也談起"男、女有別"的生活，如下：

> 男、女不雜坐，不同椸、枷，不同巾、櫛；不親授。嫂、叔不通問；諸母不漱（浣）裳（下衣）。外言不入於梱（門檻），內言不出於梱。
>
> 女子許嫁，纓（繫纓以表示已許嫁）；非有大故（災變、疾病等），不入其門。姑、姊、妹、女子子（女性的子，即女兒）已嫁而反，兄弟弗與同席而坐，弗與同器而食。……
>
> 寡婦之子非有見（表現）焉，弗與爲友。

這除了和內則相同的幾點之外，又特別提出了幾點：

其一，嫂子和小叔是不相通問的。這可取儀禮喪服來作證明。喪服中詳細規定了至親、同堂、同族、外姻的喪服制度，以及女子爲其私親（母家人）之服，婦人爲其夫黨（夫家人）之服等等，說明每一個人和周圍許多人的親疏關係，目的在鞏固宗族制度以衛護封建統治，規定的制度非常細密，然而嫂、叔是不相爲服的，就是雙方的某一方死了，不戴一些孝，和路人一個樣子。這就說明了定出這項制度的人們如何立下決心，把嫂和叔遠遠地分開，要從根本上消滅"叔接嫂"的不正常的婚姻狀態。當孟子以儒家的身份在齊國活動的時候，齊國有一位有名的辯論家淳于髡曾就嫂、叔關係上和他開過一次玩笑。孟子離婁上說：

> 淳于髡曰："男、女授受不親，禮與？"孟子曰："禮也。"

曰：“嫂溺，則援之以手乎?”曰：“嫂溺不援，是豺狼也。男、女授受不親，禮也。嫂溺援之以手者，權也。”

齊國是男、女社交公開的社會（見下章），男、女之間絕沒有像魯國一樣的一套拘忌。淳于髡看魯國的“男、女授受不親”、“嫂、叔不通問”、“嫂、叔不相爲服”這些過度的防閑太可笑了，所以他提出這個問題，說：“如果嫂子不幸掉到水裏，做小叔的難道不拉她一把嗎?”孟子是一向鼓吹“無惻隱之心，非人也”的，他主張就是毫不相干的人到了危險的境界也該飛奔上前去救援，嫂和叔究竟有一點家族的關係，如何能斬釘截鐵地說不救呢，所以他只得說男、女授受不親是“經”，嫂溺援之以手是“權”，“經”是“禮”的標準，“權”是“仁”的運用，勉強應付了淳于髡的質問。在這個對話裏，正見得魯國人爲了排除“叔接嫂”的婚姻而定出來的禮節是非常生硬的。

其二，“諸母”是庶母，即父妾，家庭的洗衣工作是該由她們擔任的。做了家長的男子當然可以脫下衣衫交給她們去洗，但只可令她們洗上衣，不可令洗下衣，因爲下衣是猥褻的。所以就從“諸母不漱裳”這句話裏，又可見出魯國人有意消滅“烝”、“報”制度，竭力把男家長和一群父妾分開，凡是可以象徵兩性的東西都兩不關涉。一部左傳裏所以沒有魯國的烝、報記載，也許就因爲魯人早把這方面的兩性關係儘量冲淡了。

其三，這裏說的“女子許嫁，纓”和儀禮士昏禮在合卺、說（脫）服之後“主人入，親說（脫）婦之纓”是可以合攏來看的。鄭玄注“婦人十五許嫁，筓而禮之，因著纓，明有繫也，蓋以五采爲之。”在她著纓之後，她的身子已有一定的歸宿，所以她的家中如果沒有什麼重大事情，別家的男子就應避開嫌疑，不再進她的家門。自己的姑母、姊妹、女兒，已經出嫁的，在回到家門時，本家的男子就不得和她們一塊兒坐、一塊兒喫飯。防微杜漸之嚴，於此可見。

其四，寡婦之家是個是非窩，輕易去不得。她的兒子如果没有特殊的表現，得到社會地位，爲衆人所熟知，也不得和他交朋友，以免受到旁人懷疑，批評他藉口訪問朋友而實際上則是覬覦這個朋友的母親。從這句話裏，可以看出兩件事情。其一，一個寡婦撫孤成名，至少已到五十歲左右，在這以前，她的一家是被社會所封閉的，不但她没有交際的自由，就是她的兒子也爲她所累而得不到交際的自由。其二，從這話裏知道魯國多寡婦，其所以多的原因，是社會上對她們有了守節的要求。禮記郊特牲説："信，婦德也。壹與之齊，終身不改，故夫死不嫁。""齊"，王引之經義述聞卷十五説應讀爲"醮"，因聲近而假借。"醮"的意義是喝乾一杯酒，夫、妻在結婚的時候是要一塊喝酒的，妻子已經和丈夫喝過一回酒，就終身不能改變了，不但在丈夫的有生之年裏應該承擔着妻子的義務，就是丈夫早死，也該爲死掉了的丈夫承擔守節的義務，直到她自己的死亡。那位柏舟的作者自願守節而父母不諒，我們當然同情她；等到守節成了道德教條，不出於自願而社會的壓力逼着她不能不這樣幹時，我們就該反對這封建倫理了。試看列女傳中，把這句"名言"擴大到何等地步：

> 女宗者，宋鮑蘇之妻也，養姑甚謹。鮑蘇仕衛三年而娶外妻（停妻再娶），女宗養姑愈敬，因往來者請問（問候）其夫，賂遺（贈送東西）外妻甚厚。女宗姒（妯娌）謂曰："可以去矣！"女宗曰："何故？"姒曰："夫人（那一個人）既有所好，子何留乎！"女宗曰："婦人一醮不改，夫死不嫁，……豈以專夫室之愛爲善哉！……"宋公聞之，表其閭曰"女宗"。（賢明傳）

這就是説婦人一次和丈夫醮了之後就永遠不能改，可是丈夫對婦人則一醮之後盡可再醮、三醮……，不負任何責任，而且婦人對於丈夫的外妻還應當厚加賂遺，討她的歡心，然則列女傳所稱道的"賢明"、"貞順"等等好名詞豈不都是加上糖衣的奴隸道德！

魯國的統治階級在"男、女之別"上身體力行的，還是那位公父文伯之母敬姜。國語魯語下云：

> 公父文伯之母如季氏，康子在其朝（廳），與之言，弗應。從之，及寢門，弗應而入。康子辭於朝而入見，曰："肥（季康子名）也不得聞命，無乃罪乎？"曰："子弗聞乎？天子及諸侯合民事於外朝（大廳），合神事（祭祀）於内朝（二廳）。自卿以下，合官職於外朝，合家事於内朝。寢門之内，婦人治其業焉；上、下（自天子至大夫）同之。夫外朝，子將業君之官職焉；内朝，子將庀（治）季氏之政焉：皆非吾所敢言也。"

敬姜是季康子的叔祖母，她到季孫家裏，季康子在外朝遇見她，向她招呼，她不理；跟上前去，到寢門，和她説話，她還是不理。康子奇怪了，到内室問她：是不是我得罪了您呢？她説：不是。你在外朝應當辦魯國的事情，在内朝應當辦季氏的事情，都不是和婦人説話的地方，所以我不敢回答你。這就是曲禮上所説的"外言不入於梱，内言不出於梱"的實際事例。因爲婦人只該管寢門以内的事，而外朝是討論國事的地方，内朝是討論宗族事務的地方，她就堅決地假作没有聽見，不出聲地走過去了。

還有一件事也是記在魯語下的：

> 公父文伯之母，季康子之從祖叔母也，康子往焉，闈（開）門（寢門）與之言，皆不逾閾（門限，即梱）。祭悼子（季悼子，敬姜的公爹，康子的曾祖），康子與焉；酢（酢）不受，

徹俎不宴，宗（宗臣）不具不繹，繹不盡飫則退。仲尼聞之，以爲別於男、女之禮矣。

這裏説是：有一次，季康子到公父氏去見敬姜，她開了寢門和他講話，以門檻爲限，她不肯走出門檻，康子也不敢走進門檻，這就是内則所説的“爲宫室，辨外、内”。及至公父氏行一回家祭，爲了祭的是季康子的曾祖，所以他也前去參加祭禮。在行禮時，照例，賓要向主人勸酒，叫做“酢”，而敬姜不親受酢；照例，祭畢徹俎後要行家宴，敬姜不與宴；照例，祭後又要祭一次，叫做“繹”，而敬姜因宗臣不具在而不與繹；照例，繹祭後又要大家喝一回酒，而敬姜恐在醉飽後有失措，就先退出來了。這都説明她雖和男人同祭而又處處和男人分開，所以孔子聽得了這事又誇獎她“別於男、女之禮”。這都是“男、女授受不親”和“男、女不雜坐”的實際例子。

這些魯國創造出來的禮教，敬姜都努力去實行，而伯姬且爲它獻出了自己的生命，這就使得魯的“君子之國”的牌子愈來愈升高，在封建社會裏成爲唯一的崇高的典範。

然而人類畢竟是生物裏的一種，既是生物就得有傳種的要求，有了這要求就自然而然地懂得愛戀異性。魯國的統治者和學者們，無論設下了千百道防綫，終究會有人在强烈的生理衝動下把它摧破。這在春秋經裏就找得到證據。僖公十四年，有一位叛逆的女性，憑了她個人的勇氣，向這個所謂“莊嚴”的禮教宣戰：

夏六月，季姬及鄫子遇於防，使鄫子來朝。（十有五年九月）季姬歸於鄫。

公羊傳説：

鄫子曷爲使乎季姬來朝，内辭也。非使來朝，使來請己也。

何休公羊解詁説：

據“使”者，臣爲君銜命文也。使來請娶己以爲夫人，下書“歸”是也。禮，男不親求，女不親許。魯不防正其女，乃使要遮鄫子淫泆，請來請己，與禽獸無異，故卑鄫子使乎季姬，以絶賤之也。

一位魯君没有出嫁的女兒季姬，她偶然到防邑游玩，碰上了鄫國的君主，互相愛上了，季姬就教鄫君朝見魯僖公，直接向僖公請婚，果然得遂心願，下年嫁去了。這種自由戀愛的行爲竟然實現於守禮的魯國，怪不得春秋學家要施以貶絶，斥鄫君爲季姬所使是“賤”，又斥他們的婚姻“與禽獸無異”。婚姻不該以愛情爲基礎，這是魯國人脱離實際的夢想。而且看那高固和子叔姬已經成婚了的夫妻，爲了同行而被批評爲“似乎禽獸”，那麽季姬和鄫子爲了戀愛而結婚，得到的“無異禽獸”的評語也就不足介意了。

半奴隸主半封建主的統治者和封建學者們想用道德宣傳來造成社會上的輿論壓力，來强迫人們接受這種改造人性的禮教，對於一般的弱者而言固然可以生效，但决不能普遍收效。在這方面，禮記坊（防）記的作者已經看出禮教防制的結局不合理想而發出了悲歎的聲音。他寫道：

子云：“夫禮，坊（防）民所淫（貪），章（明）民之别，使民無嫌，以爲民紀者也。”故男、女無媒不交，無幣不相見，恐男、女之無别也。以此防民，民猶有自獻（進）其身。

這說的就是季姬一類，自獻其身於所愛的人，不經由媒氏的介紹，幣帛的致敬。又說：

> 子曰：“禮，非祭，男、女不交爵。”以此坊民，陽侯猶殺繆侯而竊其夫人。故大饗廢夫人之禮。

這就是敬姜在祭季悼子的時候所以不受酢的緣故。不知道在什麼時候，繆侯行祭禮，陽侯爲賓客，他看到繆侯夫人的美色，就殺死了繆侯，把這位夫人搶走，以致貴族間相互告誡，就在請諸侯赴宴的大饗中廢掉了夫人出面的禮節。這可見祭祀時就是“男、女不交爵”還不足以防閑，只有“大饗廢夫人之禮”才是根本的解決。又說：

> 諸侯不下漁色（不内取於國中），故君子遠色以爲民紀。故男、女授受不親；御婦人則進左手（鄭注“御者在右，前左手，身微背之”）；姑、姊、妹、女子子已嫁而反，男子不與同席而坐；寡婦不夜哭；婦人疾，問之，不問其疾（鄭注“嫌媚，略之也，問增損而已”）。以此坊民，民猶淫泆而亂於族（鄭注“亂族，犯非妃匹也”）。

作者的這一番悲嘆，可見這樣防也不好，那樣防也不是，着實害苦了一班設計的禮家。他們不懂得，禮教是改變不了生理要求的。在國語裏，不是有周厲王監謗，召穆公説的“防民之口甚於防川”（周語上）嗎？不是有周靈王要壅谷水，太子晉就臚列共工、伯鯀等“壅防百川”的失敗事跡（周語下）嗎？爲什麼只知道水不能防，而不知道性慾也是不能死死地防禦的呢？

一部禮記，每篇的著作者是誰，我們無法決定，每篇的著作時代也不易決定，但各篇都是出於儒家之手則是可以決定的，其作於戰國到西漢約四百八十年裏也是可以決定的。儒家師法孔子，保存宗法，以魯國爲中心，所以禮記所說的足以代表魯國人的思想，其中所記的許多制度，當然有其想像的部分，但是也有更多的結合實際的部分，這只須把春秋經、國語、左傳三部史書比較看着就可知道。

在二千數百年的漫長的封建社會裏，統治階級把孔子捧成聖人，把儒家保守下來的幾部經典立爲國定的教科書，儒家思想在中國社會裏，尤其是漢族社會裏，十分的根深蒂固，君權、族權、父權、夫權都在這個基礎上發展起來。現在爲了研究奴隸制社會的烝、報等制度，就不得不說到在轉變期内的"男、女有別"和"夫、婦有別"等的反烝、報的封建制度及其思想，以及殘酷地在禁錮婦女、迫害婦女的制度下所造成的無限痛苦。這些痛苦，長期由婦女承擔，不知道曾流出了多少血淚，送掉了多少生命。封建制度無疑是爲害人民的；但如果一分爲二地看，它也有一些些的好處，就是一夫一妻制被它固定下來了，除了法定的妻和正名定分的妾之外，一個男子倘使和別的女性發生關係時，就被社會上看作不道德，在法律上也得受處分了。

六　齊國的生產，婦女的獨立生活和浪漫風俗

隔了一座泰山，就分成兩個世界。魯國的領土在泰山之南，它在農業的基礎上發展了封建文化；齊國的領土在泰山之北，它在工商業的基礎上發展了萌芽狀態的資本主義文化。

史記貨殖列傳說：

太公望封於營丘，地瀉鹵（鹽碱地），人民寡，於是太公勸其女功，極技巧，通魚、鹽，則人物歸之，繦至而輻湊，故齊冠、帶、衣、履天下，海、岱之間斂袂而往朝焉。其後齊中衰，管子修之，設輕重九府，則桓公以霸，九合諸侯，一匡天下。而管氏亦有三歸，位在陪臣，富於列國之君。是以齊富彊（强）至於威、宣（威王、宣王）焉。

司馬貞史記索隱解釋道：

　　言齊既富饒，能冠、帶天下，豐厚被於他邦，故海、岱之間斂衽而朝齊，言趨利者也。

因爲齊國的土壤鹽碱重，不利於發展農業，所以它的統治者把手工業作爲立國的經濟基礎，一方面利用天然環境，鼓勵漁業和鹽業；另一方面組織女工，從事織作和織品加工，制成冠、帶、衣、履等穿着物。東方各國的人民爲了做生意，相率跑到齊國去販買貨物，推銷到各地。這裏所謂“輕重”等於説“貴賤”。凡物多則供過於求，它的價格自然降低，這就叫作“輕”。物少則求過於供，價格就被哄抬起來，這叫作“重”。掌握經濟的統治階層調查生產量的多寡來平衡物價，這就叫作“輕重”。“九府”是儲藏物產的若干個倉庫，“九”是一個虛數。周禮天官有“大府”、“玉府”、“内府”、“外府”等職，地官又有“泉（錢）府”職，都是在“九府”範圍内的。管仲有三歸而富於列國之君，這件事前人没有作出適當的解釋。按論語八佾説：

　　管氏有三歸，官事不攝，焉得儉！

“官事不攝”是説管氏家臣衆多，各職均備，不用兼職或代理。至於“三歸”是什麼，二千多年來還是一個謎。漢劉向說苑善說云：

　　　　桓公謂管仲：“政卒歸子矣。政之所不及，惟子是匡。”
仲故築三歸之臺以自傷於民。

清武億群經義證從這“臺”字上獲得了解決問題的鑰匙，他道：

　　　　臺爲府庫之屬，古以藏泉布。……管子山至篇“請散棧
臺之錢，散諸城陽；鹿臺之布，散諸濟陰”，是齊舊有二臺，
以爲貯藏之所。……晏子春秋内篇云“管仲恤勞齊國，身老，
賞之以三歸，澤及子孫”，又一證也。

這個解釋是妥貼的。管仲以一個諸侯的大夫，而能據有三個錢
庫，可見他的豪富。大夫這樣，國君之富就可想而知了。
　　司馬遷雖然把齊國的生產和富饒的情況作了一個系統的叙
述，可是他並沒有顧到全面：齊國的生產不止於魚、鹽和冠、
帶、衣、履，齊國的勞動者也不止於婦女。
　　還在宋代就發現了齊侯鐘，著録於博古圖録等書，經過許多
人的研究，知道這是公元前五六七年齊靈公滅了萊夷之後，分封
給他的臣子叔夷，叔夷就把靈公誥命的話刻在鐘上，表示他的光
榮。鐘銘説：

　　　　公曰：“尸（夷），女（汝）敬共（恭）辝（予）命，余易（錫）
女（汝）釐（萊）都鄑、劇，其縣三百。余命女嗣（司）辝（予）釐
（同時鑄的鎛文作“䣙”，同萊），遉（造）埶（鐵）徒四千，爲女
（汝）敵（嫡）寮。”（郭沫若兩周金文辭大系圖録考釋）

齊靈公把萊的鄑、劇兩邑封給叔夷，而有三百個縣，可見這些縣

是很小的。如果他們那裏的"縣"只是"書社"的同義詞，那麼一個書社二十五家，三百個書社該是七千五百家。這些家本是萊夷的人民，如今作了齊的種族奴隸而被分配給叔夷。此外，齊靈公還給叔夷四千名造鐵徒，作爲他的直系（嫡）的徒屬。叔夷是一個大夫，乍得封地，而有四千名造鐵徒，從事採鐵和冶煉，那麼齊君所有的造鐵徒可知必然十倍或數十倍於此。這鐵器的製造業便是齊國的主要工業，做這工作的必然都是男工。

周禮是一部假想的天子六官職掌的書，偏缺着"冬官司空（工）"一篇。漢代的人取考工記來補它。這篇記裏記着"攻木之工七，攻金之工六，攻皮之工五，設色之工五，刮摩（製造玉器）之工五，搏埴（製造陶器）之工二"，見得那時手工業的分工已到了很細密的程度。郭沫若同志在考工記的年代與國別一文中，從方言、量制等方面考定它是春秋末年齊國人所紀錄的官書。記中有"段氏爲鎛器"的話，按詩周頌臣工講到種田時，說："命我衆人，庤（具）乃錢（銚，刈草器）、鎛（鋤），奄（淹，義爲久）觀銍（鐮）艾（刈，收割）。"可見"鎛"是重要的農具，"段"即"鍛"字的簡寫，段氏一職是掌管制造鐵質的農具的。管子小匡說：

> 美金以鑄戈、劍、矛、戟，試諸狗、馬。惡金以鑄斤、斧、鉏（鋤）、夷（芟器）、鋸、攗（當作"欘"，斤柄，舉柄以目其刃。齊語作"斸"，斫器），試諸木、土。

它所謂"美金"指的青銅，用來作武器；"惡金"指的是鐵，用來作農具和斲木的工具。齊國有大量的工人製造大量的鐵器，所以設有"鐵官"（見管子輕重諸篇）。在這上面，就見出齊國手工業生產的發達，實以製造鐵工具爲中心。

手工業者必須集中在大城市，所以齊的國都臨淄人口衆多，隨着文娛活動也特別發達。戰國策齊策一記蘇秦爲趙合縱六國，說齊宣王道：

> 臨淄之中七萬户。臣竊度之，下户三男子，三七二十一
> 萬，不待發於遠縣，而臨淄之卒固以（已）二十一萬矣。臨淄
> 甚富而實，其民無不吹竽、鼓瑟、擊筑、彈琴、鬥雞、走
> 犬、六博、蹋踘（蹴踘，打球）者。臨淄之途，車轂（轂，車
> 軸）擊，人肩摩，連衽成帷，舉袂成幕，揮汗成雨。

這固然説得夸大些，但齊都臨淄是當時七個大國中最繁華的城市
是無疑的。其中盡情享樂的當然是奴隸主、地主和工商業者，但
一般的工人也必有適當的娛樂。

單就婦女的工作説，管子海王中有下面的話："一女必有一
針、一刀，若（於是）其事立。"同書輕重乙又説："一女必有一刀、
一錐、一針、一鉥（長針），然後成爲女。"這都可見齊國婦女參加
勞動的普遍；如果不參加，簡直成爲社會上所譴責的游蕩分子。
同書問篇説："問男、女有巧技能、利備用者幾何人？處女操工
事者幾何人？"這篇文章是齊國政府在作社會調查時所提出的詢問
地方當局的問題。從這裏鈔下的兩個問題中，可以看出齊國婦女
和男子同樣是"有巧技能、利備用"的人，而處女没有婦人所擔負
的哺育孩子的重任，所以她們的勞動量尤大，更爲政府所注意。
又同書揆度説：

> 上農挾五，中農挾四，下農挾三。上女衣五，中女衣
> 四，下女衣三。農有常業；女有常事。一農不耕，民有爲之
> 饑者；一女不織，民有爲之寒者。

"挾"字通"浹"，是周遍的意思。上農能養活五人，上女也能養活
五人，足見齊國婦女的勞動力抵得過男子。又齊女的織跟魯女是

不同型的，魯女生產的只供應本家的需要，而齊女則是供應四海的商品。

　　從上面的材料裏，我們認識了齊國婦女的工作能力。她們所得的收入既不亞於男子，她們的經濟力量自然穩固。她們在經濟上既已取得了獨立的地位，所以她們便有不出嫁的自由。漢書地理志説：

　　　　始（齊）桓公兄襄公淫亂，姑、姊、妹不嫁，於是令國中民家長女不得嫁，名曰"巫兒"，爲家主祠；嫁者不利其家。民至今以爲俗。

齊國的長女不嫁是事實，但她們之所以不嫁是由於自己握有經濟權，決不是由於齊襄公爲了想掩飾自己的淫行而發下的命令；如果竟如班固的"想當然"之説，試問齊君能不能長期供應大量婦女的衣食費用？就説長女能夠承繼父親的遺產，然而有長女的往往又有長子，一經分家是不是可以確保終身的生活呢？

　　齊國婦女可以"爲家主祠"，在公羊傳哀六年裏是有證據的：

　　　　諸大夫皆在朝。陳乞曰："常之母有魚、菽（豆）之祭，願諸大夫之化我也。"諸大夫皆曰："諾！"於是皆之陳乞之家坐。

何休解詁説：

　　　　"常"，陳乞子。重難言其妻，故云爾。齊俗，婦人首祭事。言魚、豆者，示薄陋無所有。（化我）言欲以薄陋餘福共宴飲。

齊國的大夫陳乞爲了擁立公子陽生爲君，把陽生藏在家中，他上朝時，把諸大夫騙到他家，託言自己的兒子陳常（恒）的母親（猶今天說"阿大的娘"）有祭事，要他們到他的家裏吃一頓家常飯，就此逼他們一齊參加擁立的政治活動。何休說："齊俗，婦人首祭事。"祭事，在父權社會裏是由男子掌握的，但齊國的風俗卻由婦人主管，那麼齊國婦女的握有家中經濟實權可以想見。

齊國女子的不嫁，和魯國婦女的禁慾有本質的不同。戰國策齊策四在無意中漏出了一件事實：

> 齊人見田駢曰："聞先生高議，設爲不宦，而願爲役。"田駢曰："子何聞之?"對曰："臣聞之鄰人之女。……臣鄰人之女，設爲不嫁，行年三十而有七子。不嫁則不嫁，然嫁過畢矣。今先生設爲不宦，訾（資）養千鍾，徒百人。不宦則然矣，而富過畢也。"田子辭。

這從後世的觀點看來，可算是一個有力的諷刺。可是當時的齊國婦女，她們既有獨立生活的能力，則嫁與不嫁固無所謂。當某一女子有性生活的需求時，不妨和某一男子暫時結合，像古代的對偶婚一般，只是不承認也不要別人承認這個男子是她的家庭中的一位成員而已。

齊國開展了這般自由戀愛的風氣，不但擺脫未婚女子的束縛，就是已婚的婦人也敢於放縱起來，不堅守對於丈夫的貞操責任，而做她的丈夫的也就不堅持她必須對他嚴守貞操。戰國策齊策三道：

> 孟嘗君舍人（門下士）有與君之夫人相愛者。或以問孟嘗君曰："爲君舍人而內與夫人相愛，亦甚不義矣，君其殺之!"君曰："睹貌而相悅者，人之情也。其錯（措，放下來）

之，勿言也！"……

乍一看，這位孟嘗君太慷慨了，太放任了。但這事發生在齊國，便知道這個意識形態一定有它的社會基礎。平常時候既容許"睹貌"，就不能禁止兩性間的"相悦"。

齊國的女子不但有不嫁的，而且還有招婿上門的。戰國策秦策五説：

> 太公望，齊之逐夫。

説苑尊賢也説：

> 太公望，故老婦之出夫。

這固然不是信史，因爲太公望是周室的戰將，又是周室的姻親，他不可能遥遠地到東方的齊國來做這位老婦的贅婿。但齊國的女子可以贅夫則是社會上公認的一種婚姻方式。女子既可贅夫，則男子由得女子選擇，選擇者的年齡可以遠遠地超過被選擇者，選擇者對於被選擇者也有"招之即來、呼之即去"的權利。爲了她們已有獨立的經濟，作家庭的主人，所以她們不嫁也可，招婿也可，"逐夫"、"出夫"也就無所不可。史記滑稽列傳説：

> 淳于髡者，齊之贅婿也。

史記索隱説：

> 贅婿，女之夫也。比於子，如人疣贅，是餘剩之物也。

“贅”是多餘的意思，這個受贅的男子雖已被承認爲她的家庭中的成員，但究竟是個可有可無的東西。這位從淳于氏嫁過來的男子，名之曰“髡”，正因爲他剃掉頭頂周圍的鬚髮，如漢代奴隸的“髡鉗、衣褐”（見漢書季布傳）一般，在家庭中被看作低賤的一級，什麼事情都得聽妻子的支配，没有自由。

可是這位贅婿——淳于髡，靠着他的“滑稽多辯”，後來居然跳出了奴隸環境，爬上統治集團，幾次代表齊威王出使諸侯，不曾辱命。有一回，威王置酒後宫，召他赴宴，問他酒量有多少，他就講出一段很有趣味的話來。滑稽列傳説：

> 賜酒大王之前，執法在傍，御史在後，髡恐懼俯伏而飲，不過一斗徑醉矣。……若乃州、閭之會，男、女雜坐，行酒稽留，六博、投壺，相引爲曹，握手無罰，目眙（直視）不禁，前有墮珥，後有遺簪，髡竊樂此，飲可八斗而醉二參（三，這句話是説喝了八斗的酒有兩三分的醉意）。日暮酒闌，合尊促坐，男、女同席，履舄交錯，杯盤狼藉，堂上燭滅，主人留髡而送客，羅襦襟解，微聞薌（香）澤，當此之時，髡心最歡，能飲一石。故曰：酒極則亂。……

在這段話裏，可以清楚地看出齊國男、女社交公開的情況。在州和閭（照鄭玄周禮注的解釋，二千五百家爲州，二十五家爲閭）的集會中，異性們可以雜坐，可以握手，可以直視，一切不受禮教的束縛。當某一女主人請客的時候，大吃大喝，直到晚上，堂上點着的蠟燭已經燒殘，客人也都散盡，這位主人就扶着他進房了。在這段文字裏，維妙維肖地寫出了齊國女性的豪放生活。這種舉動，真使得規行矩步的魯國人看了嚇一跳。怪不得宣揚禁慾主義的孔子要希望“齊一變，至於魯”（論語雍也）了！

比“州、閭之會”擴大的，是齊國的“社”。當齊君祭社時，組織了大量的群衆性活動的節目，讓國都中的男、女一起出來欣賞玩樂，好像明、清時代的"迎神賽會"，羅陳寶物，表現技藝，假借宗教來鼓舞人心。墨子明鬼下說：

> 燕之有祖，當（如）齊之社、稷，宋之有桑林，楚之有雲夢也，此男、女之所屬（聚合）而觀也。

這種盛會引誘鄰國的魯君也熱辣辣地欣然願往。春秋經莊公二十三年：

> 夏，公如齊觀社。

穀梁傳說：

> 常事曰"視"（如"視朔"）；非常曰"觀"（如"觀魚"）。觀，無事（無朝會之事）之辭也。以是爲尸女也。

什麼叫作"尸女"呢？晉范寧的穀梁傳集解說：

> "尸"，主也。主爲女往爾，以觀社爲辭。

這是說魯莊公這回到齊，並不是尊敬齊的宗教，他的目的只是想借這個機會去觀看齊國的女人。因爲莊公的動機不合於魯國的禮法，國語魯語上就記下了曹劌諫勸的話：

> 嚴（莊，避漢明帝諱改）公如齊觀社。曹劌諫曰："不可！夫禮，所以正民也，……無由荒怠。夫齊棄太公之法而觀民於社。君爲是舉而往觀之，非故業（事）也，何以訓民！土發

而社，助時也。收攎（拾）而烝，納要也。今齊社而往觀旅（衆），非先王之訓也。……"公不聽，遂如齊。

這是説：在春分之前開始農耕，舉行"社"祭，是助時求福；等到秋天收割莊稼，把重要的五穀都積聚（納）起來，舉行"烝"祭，是報天地的恩德。這些才是正經事，是君主應當做的。現在齊的社祭，集合了很多的觀衆，是"棄太公之法"。魯君不務正業，去趁熱鬧，是"非先王之訓"。

齊之社祭怎麼熱鬧，沒有記載傳下來。但從魯莊公的興致勃勃地去參加，曹劌苦苦地勸止而不聽從，穀梁傳直斥他爲的看女人，就想得到這一定是齊國的一個狂歡節；在這個十分熱鬧的節日裏，齊都中的男人和女人一定比"州閭之會，男、女雜坐，……握手無罰，目眙不禁"的情況更加放縱，這是可以斷言的。

魯莊公既這般地欣賞齊國的社祭，魯國也是有社祭的（春秋經莊公二十五年"鼓用牲於社"），爲什麼不照樣來一下呢？這因魯國的生產不同於齊國的生產，魯國的社會風氣不同於齊國的社會風氣，他是號召不起來的。

在齊國的空氣裏，齊國婦女敢於自由自在地走出家門，同不相識的男子交際，甚而至於對自己的君主也敢侃侃而談，不受任何拘束。左傳中記有幾件故事，趁這機會一述。其一，左傳成公二年載：晉、齊戰於鞌，齊師大敗，齊頃公幾乎被獲，幸而逢丑父冒充齊君，頃公才得脫險。當他進入徐關時：

辟女子（令女子避開）。女子曰："君免乎？"曰："免矣"。曰："鋭司徒（主鋭兵者）免乎？"曰："免矣"。曰："苟君與吾父免矣，可若何！"乃奔（走避君）。齊侯以爲有禮。既而問之，辟司徒（主壘壁者）之妻也，予之石窌（邑）。

當“兵敗如山倒”的時候，這位女子出來探訪消息，看到退回來的人，就上前詢問她的君和父的安全，等到問明白了才讓路，她的態度多麼地大方？她是銳司徒的女兒，辟司徒的妻子，本身是一個命婦，而竟在兵荒馬亂之中獨身走上大街，這比了火燒到住屋時還要等待保母、傅母而不肯下堂的魯國婦女，思想和行動解放到怎樣？其二，左傳襄公二十三年記齊將杞梁在莒國戰死之後：

> 齊侯（莊公）歸，遇杞梁之妻於郊，使弔之。辭曰：“殖（杞梁名）之有罪，何辱命焉！若免於罪，猶有先人之敝廬在，下妾不得與郊弔！”齊侯弔諸其室。

杞梁之妻得到自己的丈夫戰死的消息，到郊外去迎喪，碰到齊莊公，莊公就要向她行弔，但她郊堅決不受弔，抗議道：我的丈夫如果有罪，就不必弔！如果沒有罪，還有老家在，也不須在郊外行弔！話說得這般決絕，莊公沒有辦法，只得依照她的話，到她的家裏行了弔禮。上面說的辟司徒之妻還是不知面對的是君，她敢說敢笑可以理解；至於杞梁之妻，她明明面對着自己的君，而且致弔是出於君命，她卻這般爽快俐落，給他擋了回去，這又哪裏是別國的婦女所能望其項背的？

齊國婦女的勇敢、豪邁、潑辣的作風，不但超過了奴隸制社會，怕也超過了封建制社會。以婦女爲財產的烝和報的現象當然是消滅無餘了。

不但烝、報現象消滅，就是宗族制也寖寖在没落之中。除了大貴族階級爲了承襲遺產、必需建立宗廟、聚合族人之外，其他的宗法組織和宗法思想都失去了控制力。左傳襄公二十八年記有下列一事：

> 齊慶封好田而耆（嗜）酒，與慶舍（慶封子）政，則以其内

實（妻妾、寶物）遷於盧蒲嫳氏，易內而飲酒。數日，國遷朝
焉（人們到盧蒲氏朝見慶封）。使諸亡人得賊者（慶封滅了崔
杼一家之後，凡是以前爲了反對崔氏而逃在外邊，得有"賊"
名的人），以告而反之（以實情告，就可召回來），故反盧蒲
癸。癸臣子之（子之，慶舍字；盧蒲癸臣於慶舍），有寵，妻
之（慶舍以己女嫁盧蒲癸）。慶舍之士（門客）謂盧蒲癸曰：
"男、女辨姓。子不辟（避）宗，何也？"曰："宗不余辟，余獨
焉避之。賦詩斷章（詩經中每一首詩分數章，但賦詩的人可
以只選取一章），余取所求焉，惡識宗！"

慶氏和盧蒲氏都是齊君宗族的分支，都姓姜。同姓不相婚娶，是
氏族社會一直傳下來的制度。禮記大傳說："雖百世而昏姻不通
者，周道然也。"這原是宗法的一條根本規則，爲周人所嚴守。慶
封殺了崔杼一家，奪取了齊的政權，可是他腐化透頂，把政治事
物交給他的兒子慶舍處理，自己則搬家到盧蒲嫳那裏，把兩家的
妻子交換了，陪着飲酒作樂。那時齊國下了一道命令，說：凡是
以前的政治犯都可以回國。盧蒲癸回來，做了慶舍的家臣；他得
到主人的寵信，慶舍便把自己的女兒嫁給他。慶舍的門客對盧蒲
癸說：男、女的婚姻應該分別姓。你們兩家都姓姜，你爲什麽要
違犯這個宗法的老規矩而娶她呢？盧蒲癸爽快地回答道：我們的
老宗（慶舍）不避開我，我爲什麽要避開他呢！我正有求於慶氏，
好像賦詩的斷章取義，只取某一點，還管什麽宗！慶氏父子一樣
地風流灑脫，慶封的家遷到盧蒲嫳那裏，"易內而飲酒"，慶舍把
自己的女兒嫁給寵臣盧蒲癸，盧蒲癸也安然地接受：雙方都不管
舊習慣裏的宗法那一套，足見宗法的約束，在春秋時的齊國已經
没有力量了。到了戰國，商品經濟更發達，人民的眼界更廣遠，
誰還顧到這些"有百世不遷之宗"（大傳），"百世而昏姻不通"的束
縛人性的古禮！

七　從商鞅到秦始皇的拆散大家庭
和提倡貞節

秦國僻在西陲，交通不便，文化不易提高，他們的奴隸制社會保存得最長久。看史記秦本紀説：

> 三十九年（前六二一年），繆（穆）公卒，葬雍。從死者百七十七人，秦之良臣子輿氏三人，名曰奄息、仲行、針虎，亦在從死之中。秦人哀之，爲作歌黃鳥之詩。

在我國歷史上，除了奴隸制極盛時代殷朝，全國最大的奴隸主殷王，有過大量的"人殉"（抗日戰爭前，前中央研究院在河南安陽侯家莊發掘到九個殷王陵，人殉多至二〇〇〇左右）外，在東、西兩周時代要算這一回是最多的了。

就是婚姻事件，也表現出奴隸主的排場來。左傳僖公二十三年記晉公子重耳爲了驪姬之亂逃奔狄國時，娶了一位季隗；後來到了齊國，齊桓公又把姜氏嫁他；但他最後到秦國時：

> 秦伯納女五人，懷嬴與焉，奉匜（沃盥器）沃盥，既而揮之。怒曰："秦、晉，匹也，何以卑我！"公子懼，降服而囚。

重耳是逃亡的貴族，然而一走到秦，秦穆公就很慷慨地送給他五個女兒（史記晉世家説是"宗女五人"）。其中之一稱做"懷嬴"的，是當晉惠公的兒子（即重耳的姪子）子圉作爲抵押品到了秦國時，秦穆公已把她嫁給子圉；子圉後來作了晉君，諡爲"懷公"，所以她也得了"懷"號。這位懷嬴原是重耳的姪媳婦，現在卻轉嫁給她的伯公了。爲了她出身貴族，有高傲的習性，所以她捧了匜伺候時，因重耳一不小心、把水灑到她的身上，她生氣了，開口就罵，害得這位新郎連忙脱掉上衣，安心地受她的責罰。在這件事情上，可見秦國的貴族女子是没有地位的，哪個貴族男子來就供給他使用；固然懷嬴脾氣不好，使晉公子一時受屈，但這正同於紅樓夢裏的晴雯一樣，她盡可以撒嬌，"撕扇子作千金一笑"，逼得寶玉軟了下來，然而終不能改變她的奴隸的階級成分。

　　直到戰國前期，秦簡公七年（前四〇八年）"初租禾"（史記六國表），才走上魯宣公"初税畝"的階段，可是已比魯國遲了一八六年了。又過了四八年，到秦孝公三年（前三五九年），衛鞅説孝公變法，然後爲秦國建立了一套徹底的、系統的順應時代要求的封建制度。史記秦本紀説：

> 衛鞅説孝公變法、脩刑，内務耕稼、外勸戰死之賞罰……百姓苦之。居三年，百姓便之。乃拜鞅爲左庶長。……十二年（前三五〇年），作爲咸陽，築冀闕，秦徙都之。並諸小鄉、聚，集爲大縣，縣一令；四十一縣（六國表及商君傳均作"三十一縣"，此"四"字當誤）。爲田，開阡陌。……十四年（前三四八年），初爲賦。……
>
> 鞅之初爲秦施法，法不行，太子犯禁。鞅曰："法之不行，自於貴戚。君必欲行法，先於太子。"太子不可黥，黥其傅、師。於是法大用，秦人治。及孝公卒，太子（惠文君）立，宗室多怨鞅，鞅亡，因以爲反，而卒車裂以徇秦國。

他的"爲田，開阡陌"是廢掉奴隸制社會的井田制度，改變農民的生產關係，使得秦國突然進於正式的封建社會。戰國策秦策三記蔡澤的話道：

夫商君爲孝公平權衡，正度量，調輕重，決裂阡陌，教
民耕戰，是以兵動而地廣，兵休而國富，故秦無敵於天下，
立威諸侯。

這是説在商君的計劃下，使秦無事時通國皆農，有事時則通國皆
兵，做到"兵動而地廣，兵休而國富"的地步，所以能戰無不勝，
奠定了統一的基礎。這些人民直接屬於國家而不再屬於各個奴隸
主。他所立的法，不分什麼階級，平等執行，這便是諺語所説的
"王子犯法，庶民同罪"，可是這就在封建社會中也是很難實現
的，但他卻仗了孝公的信任和他自己的堅强的魄力而做到了。他
雖然由於結怨了太子和貴族，結果犧牲了自己，但在中國的"法
家"中他是最特出的一個人物，這個歷史上的地位是推不倒的。

秦本紀中記載衛鞅的事實不多，商君列傳裏説得比較詳細，
現在鈔在下面：

孝公……以衛鞅爲左庶長，卒定變法之令。令民爲什、
五(伍)，而相收司連坐，不告奸者腰斬。……民有二男以上
不分異者，倍其賦。有軍功者，各以率受上爵。爲私鬭者，
各以輕重被刑。大小僇力本業，耕、織致粟、帛多者復其
身。事末利及怠而貧者，舉以爲收孥。宗室非有軍功論，不
得爲屬籍。明尊卑爵秩等級，各以差次名(占)田宅、臣妾、
衣服，以家次。有功者顯榮，無功者雖富無所芬華。……令
民父子、兄弟同室内息者爲禁。而集小都、鄉、邑、聚爲
縣，置令、丞，凡三十一縣。爲田開阡陌封疆，而賦税平。
平斗、桶(斛)、權、衡、丈、尺。……居五年，秦人富强。……
既破魏還，秦封之於、商十五邑，號爲商君。商君相秦十
年，宗室、貴戚多怨望者。

後來趙良和商君談話時，商君又自己説：

> 始秦戎翟（狄）之教，父子無別，同室而居。今我更制其教而爲其男、女之別。

這些記載雖然寫得雜亂無章，但我們還可以從這裏歸納出衛鞅變法的四件主要的事項來：

第一，他把秦國的奴隸主一起打倒，把他們私有的全部土地都收歸國有。許多"小都、鄉、邑、聚"，向來不直屬於秦君的，現在都已組織起來成爲"縣"，由秦君派去"令、丞"作主管者了。因此，秦的宗室、貴戚都失去了"宗子"的名義和實力，把商君恨得要命。

第二，他把秦國的人民解除了奴隸主的束縛，把他們都組織起來。作爲"什、五"之法，就是五家爲保，十家相連，令群衆自相監督。如果有一家爲非作歹而相連的各家不舉發它的，都處以腰斬的重刑，這使得秦的每一個人民都直接隸屬於秦君，管得非常嚴緊。

第三，他把秦國的人民都用在農業和軍事兩條戰綫上。凡是勞動力强的、生産豐富的，都免除他們的賦税（復）。凡是經商剝削爲生的和因怠惰而致貧困的，都没收他的全家人爲奴隸，强迫他們勞動。人民只許爲國家而參加戰爭，凡是私下裏打架的，都量情節的輕重，給以一定的刑罰。凡是要得到高級社會地位的，只有立軍功一條路，秦君的宗室也不例外。他們的享受一切依照着級別，不許有越級的行爲。

第四，他嚴格規定了小家庭制度，凡是人民有兩個以上兒子而不把他們分出去的，就令出加倍的賦税。起初秦民的生活和戎狄同樣，全家住在一塊，不分父、子，不別男、女；到這時清楚地規定，每一家只許有一夫、一妻和他們所生的一個兒子；等到這個兒子結婚後，也只許留一個孫子在身邊。這就是説：每一個家庭至多只許有五個人，即父、母、子、媳、孫，就是兩代的一夫一妻，這就强迫他們互守着嚴格的貞操。

總的説來，除了貴族家庭許可有一定的家内奴隸（臣、妾）之外，所有秦的人民只有一個主人，就是秦君，他們都在秦君的土地上種田，聽秦君的命令而作戰。他絕對拋棄了古代的宗法，而吸取了魯國的"男、女有别"的思想。他禁止了工商業者（末利）。除了家務，女子的勞動只限於自給自足的織布，她們没有一點經濟權。他决不走齊國的路子，對魯國的路子也只批判地接受。他爲中國歷史開始建立了專制主義的中央集權的封建制度。

商君説的"始秦戎翟之教"究竟是怎麽樣的，爲了資料的缺乏，我們無法舉出民間證據。但商君以後，秦的貴族階級的行爲，我們還可以舉出幾件事實，説明"戎翟之教"的遺留。

史記匈奴列傳説：

> 秦昭王時，義渠戎王與宣太后亂，有二子。宣太后詐而殺義渠戎王於甘泉，遂起兵伐殘義渠。

宣太后是秦惠文王的妻子，秦昭王的母親，她公然和義渠戎王姘度，生下兩個兒子。等到一朝翻臉，她就把這位戎王殺了，昭王跟着起兵滅了義渠。這個國際陰謀開的玩笑真不小。戰國策秦策二又説：

> 秦宣太后愛魏丑夫。太后病將死，出令曰："爲我葬，必以魏子爲殉！"魏子患之。庸芮爲魏子説太后曰："以死者爲有知乎？"太后曰："無知也。"曰："若太后之神靈，明知死者之無知矣，何爲空以生所愛葬於無知之死人哉？若死者有知，先王（秦惠王）積怒之日久矣，太后救過不贍，何暇乃私

魏丑夫乎?"太后曰:"善!"乃止。

這位宣太后在殺了義渠戎王之後又同魏丑夫姘度了。她對義渠戎王並不愛，只是擴張國土的一個手段；至於對魏丑夫則是真愛。在她臨終的時候，定要把這個情人殉葬，幸而庸芮善於説話，才免除了魏丑夫的死。如果用了後世的道德教條看，當然可以罵她"無恥"，但在本來"男、女無別"的秦國社會裏，一個寡婦玩玩男人可説是不算什麼的。這是衛鞅死後七十三年的事情。

秦始皇有意識地走商君的道路，要把封建制度實行到自己的宮廷裏，他不能像昭王一樣放任他的母親。史記秦始皇本紀説:

> 秦始皇帝者，秦莊襄王子也，……名爲政。……年十三歲，莊襄王死，政代立爲秦王。……八年，嫪毐封爲長信侯，……事無小大皆決於毐。……九年，長信侯毐作亂而覺，……車裂以徇，滅其宗。及其舍人輕者爲鬼薪（罰爲徒役，給宗廟取薪），及奪爵遷蜀四千餘家。……十年，相國呂不韋坐嫪毐免。

史記這文是根據秦史官所寫的秦記，所以沒有詳記它的内幕，人們讀了只可知道始皇年二十一歲時曾經發動一次政變，他取得了勝利。在同書呂不韋列傳裏，方把這事的内幕揭出:

> 大子政立爲王，尊呂不韋爲相國，號稱"仲父"。秦王年少，太后時時竊私通呂不韋。……始皇帝（此據後稱之，實應稱"秦王"）益壯，太后淫不止，呂不韋恐覺，禍及己，乃私求大陰人嫪毐以爲舍人，……詐令人以腐罪告之。……太后乃陰厚賜主腐者吏詐論之，拔其鬚眉爲宦者，遂得侍太后。太后私與通，絶愛之，有身。太后恐人知之，詐卜當避

時徙宮居雍，嫪毐常從。……九年，有告嫪毐實非宦者，常
與太后私亂，生子二人，皆匿之；與太后謀曰："王即薨，
以子爲後。"於是秦王下吏治，具得情實，事連相國呂不韋。九
月，夷嫪毐三族，殺太后所生兩子，而遂遷太后於雍。……十
年十月，免相國呂不韋。及齊人茅焦説秦王，秦王乃迎太后
於雍，歸復咸陽，而出文信侯（呂不韋）就國河南。……呂不
韋自度稍侵恐誅，乃飲酖而死。……十九年，太后薨，謚爲
"帝太后"，與莊襄王會葬茝陽。

秦莊襄王名子楚，本是秦昭王的庶孫，爲質於趙，趙國人並不看
重他；靠了呂不韋到秦國替他奔走，多方送禮游説，得立爲安國
君（其後爲秦孝文王）的嫡嗣，又把自己的愛姬送給他，生子政，
後來就嗣爲秦王。莊襄王即位，以呂不韋爲丞相；太子政立爲
王，又尊他爲相國。這位太后寡居之後，不甘寂寞，就和呂不韋
繼續舊好。可是呂不韋怕出事，介紹了一個陽具壯偉的嫪毐給
她，太后滿足了，和嫪毐連生了兩個兒子。這個作風，本和她的
曾祖姑宣太后一貫。然而就在這六七十年裏，秦王宮廷中的氣氛
已改變了。宣太后愛魏丑夫，並不做偷偷摸摸的行爲，所以臨死
時公然要使丑夫殉葬；到了始皇時，要送進一個太后的玩意兒，
就不得不"詐令人以腐罪告"，"拔其鬚眉爲宦者"了。宣太后和義
渠戎王生二子也是不瞞人的，如今太后懷了私胎，也不得不"詐
卜當避時，徙宮居雍"了。及至事情發覺，嫪毐三族受誅，呂不
韋飲酖而死，連私生的兩弟也一齊裝在囊裏撲殺了（見説苑正諫
篇茅焦説秦始皇語）。這可見秦國的寡婦有爲死夫守節的義務，
不容許有私生子，自從商鞅變法到這時候約歷一百二十年，已成
爲固定的風俗習慣了。這位少壯的秦始皇能夠做出決斷，這般勇
猛地打擊生身的母親，又可見秦人的封建禮教已經推進到封建
法律。

　　當秦始皇統一六國之後，他努力發展了商君的治國方案。看史記秦始皇本紀，"分天下爲三十六郡，郡置守、尉、監"，這是發展了商君的第一個方案。"適（讁）治獄吏不直者，築長城及南越地"，"非博士官所職，天下敢有藏詩、書、百家語者，悉詣守、尉雜燒之。有敢偶語詩、書，棄市。以古非今者，族。吏見知不舉者，與同罪"，這是發展了商君的第二個方案。"有海内而子弟爲匹夫"，這是發展了商君的第三個方案。這些且不管它，我們試再看看他對於商君的第四個方案怎麼處理。

　　他依照處理他的母親事件的思想，首先提倡的是婦女的貞節。史記貨殖列傳説：

　　　　巴、蜀（漢書貨殖列傳無"蜀"字）寡婦清，其先得丹穴而擅其利數世，家亦不訾（資財衆多，不可訾量）。清，寡婦也，能守其業，用財自衛，不見侵犯。秦皇帝以爲貞婦而客之，爲築"女懷清臺"。

張守節史記正義引括地志説：

　　　　寡婦清臺山，俗名貞女山，在涪州永安縣東北七十里也。

這位貞婦名清，住在今四川省南部的涪陵縣，離秦都咸陽甚遠，然而爲了她肯守節，秦始皇竟以客禮相待，并且替她造起一座"女懷清臺"，表彰她遵守一夫一妻制的理想道德。其實她既是一個"擅丹穴之利"的大富豪，生活不成問題，倘使她再嫁時反而要失去這份產業，何苦來！推想秦始皇所以要表彰她的緣故，大概因爲巴、蜀地方所居的少數民族很多，根本上想不到有守節這回事，所以特地提出她來做一個典型，向當地婦女作一回有力的宣傳。

秦始皇巡狩全國各地，每到一處就刻石頌秦德，固然有些誇大的宣傳，但也可看出他對統一事業的政策。三十七年（前二一〇年），他到浙江，知道了越俗的男、女無別，就狠狠地在刻石裏批評了他們一頓。會稽刻石説：

> 皇帝并宇，兼聽萬事，遠近畢清。運理群物，考驗事實，各載其名。貴賤並通，善、否陳前，靡有隱情。飾省宣義，有子而嫁，倍（背）死不貞。防隔内外，禁止淫泆，男女絜誠。夫爲寄豭，殺之無罪，男秉義程。妻爲逃嫁，子不得母，咸化廉清。大治濯俗，天下承風，蒙被休經。皆遵度軌，和安敦勉，莫不順令。黔首修潔，人樂同則，嘉保太平。

在上面的句子裏，我們可以知道他非常具體地看出了越族家庭的幾個重大問題。其一，丈夫死了，雖然有子，寡婦是可以再嫁的。其二，他們不分内、外，這家和那家常有不正常的男女關係。索隱説：

> 豭，牡猪也。言夫淫他室，若寄豭之猪也。

要弄清楚"寄豭"這個名詞，就該先讀左傳定公十四年記的衛靈公的家事：

> 衛侯爲夫人南子召宋朝，會於洮。大子蒯聵獻盂（地名）於齊，過宋野。野人歌之曰："既定爾婁猪，盍歸吾艾豭。"大子羞之。

宋朝是宋國的公子，春秋時有名的美男子（見論語雍也）。衛靈公的夫人南子愛上了他，要他到衛國來。靈公遷就她，召他到衛，在洮地會見。當衛太子蒯聵經過宋國境界時，宋國的鄉下人就唱歌來嘲笑他，說：“你們的母豬已經交配過了，爲什麼還不把我們的少壯的公豬送回來呢？”弄得這位太子羞愧難當。拿左傳這文比擬“會稽刻石”，可知“寄豭”是男子外淫的意思。其三，雖然結婚了，但女方對男方不滿意，常有逃跑的事情，秦始皇對於這三種越俗都定出了對付的方法：（一）丈夫死後，如其有子，做妻子的就應當盡撫育的責任，不得再嫁；（二）家庭中如有外來男子和婦女勾搭，就可把他殺了，這在國家的法律上是不算犯罪的；（三）如果妻子逃走，做兒子的不得再把她當作母親，換句話說，做丈夫的也就不得再收留她了。這都是穩定一夫一妻制的家庭的辦法。

　　自從秦始皇這樣做了之後，貞節就成了婦女最高的責任，“壹與之齊，終身不改，故夫死不嫁”，成爲有自尊心的婦女所堅守的禮法。這種封建教條一直控制了中國女性達二千餘年之久，除了夫權的嚴重壓迫外，有的“抱牌位成親”，有的“抱了木頭人睡覺”（像紅色娘子軍裏表演的海南島的風俗），其中的痛苦自不消說，然而“烝”、“報”等的父權家長制下所遺留下來的習慣，靠着禮教和法律的威權，就把它鏟除淨盡了！

八　漢代統一了魯國的禮教和秦國的法律

　　劉邦憑借了人民對於秦朝的殘暴統治的反抗起義，奪取了政權，建立漢朝，雖是對於人民的壓迫減輕了些，但一切制度都依照秦的老樣子。只有郡縣制和分封制同時存在，是調和周、秦兩代的制度的一個特例。其所以有這特例，是他看見了秦的“有海内而子、弟爲匹夫”，外郡一起兵，皇帝得不到援助，統治基礎不鞏固，在很短的時間内即可崩潰；不像周的“封建親戚以屏藩”，西周雖爲犬戎所滅，但晉、鄭等侯國可以擁護周平王即天子位於東都洛邑，綿延五百多年的壽命。

這固是劉邦私天下之心的表現，但也是東方的儒者所同有的想望。儒家推尊古帝王爲聖人，又崇信敬祖和收族的宗法，以爲是“不可得變革”的制度。禮記大傳説：

> 上治祖禰，尊尊也。下治子、孫，親親也。旁治昆、弟，合族以食，序以昭、繆（穆），别之以禮義，人道竭（盡）矣。
>
> 立權、度、量，考文章，改正朔，易服色，殊徽號，異器械，别衣服，此其所得與民變革者也。其不可得變革者則有矣！親親也，尊尊也，長長也，男、女有别，此其不可得變革者也。

因爲凡做帝王的人必須“上治祖、禰，下治子、孫，旁治昆、弟”，先從自己的家族出發，然後可以治天下，所以他必須視宗族的親疏定出分封諸侯的標準。（以下原缺）

漢書夏侯嬰傳：

> 沛公爲漢王，賜嬰爵列侯。……傳至曾孫頗，尚平陽公主。坐與父御婢奸，自殺，國除。

漢書霍光傳：

昭帝崩，亡（無）嗣。……即日承皇太后詔，……迎昌邑王
賀。賀者，武帝孫，昌邑哀王子也。既至即位，行淫亂。……
光即與群臣俱見白太后，具陳昌邑王不可以承宗廟狀。皇太
后……召昌邑王伏前聽詔。光與群臣連名奏王，尚書令讀奏
曰：“……禮曰：‘爲人後者，爲之子也。’昌邑王宜嗣後，……
亡悲哀之心。……始至謁見，立爲皇太子，……游戲掖庭
中，與孝昭皇帝宮人蒙等淫亂。……”太后曰：“止，爲人臣
子，當悖亂如是邪？”……太后詔歸賀昌邑。

漢書王尊傳：

初元（漢元帝年號，公元前四八──前四四年）中……轉
守槐里，兼行美陽令事。春正月，美陽女子告假子（前妻之
子）不孝，曰：“兒常以我爲妻，妒（當作“詬”）詈我。”尊聞
之，遣吏收捕驗問，辭服。尊曰：“律無妻母之法，聖人所
不忍書，此經所謂‘造獄’者也！”尊於是出坐廷上，取不孝子
縣（懸）磔（張開）著樹，使騎吏五人張弓射殺之。

這裏所説的“造獄”，晉灼注説：“歐陽尚書有此造獄事也。”顏師
古注説：“非常刑名，造殺戮之法。”這可見烝父後妻，在漢律裏
是沒有條文的。王尊説這是“聖人所不忍書”，只得特定出一種殘
酷的殺法。美陽女子告她的前妻子是在“春正月”，依照漢制，春
天是應當助天生育，不該行刑，因爲這是一件非常的罪惡，不能
等待到秋冬，所以王尊命令立刻執行死刑。執行的方式，是把這
個“不孝子”吊在樹枝上，命令騎吏五人放箭射殺。用這毒辣的手
段來禁絕前子烝後妻，這是春秋前期人所不能想象的，而在漢代
也是編訂法律的人所沒有預料到的，因爲在城市裏早絕跡了，想
不到在鄉里間還有這一風俗的留遺，倒不是像王尊説的，是“聖

人所不忍書”。但王尊既用了漢代人的眼光對待這件事，就不得不在漢律之外自己來“造獄”，處理這個“亂倫”的大逆案，他想出一個處死他的新方法。王尊是漢元帝時人，那時左傳還没有流行，他當然是不可能知道春秋時的事情的。

謝承後漢書（此書已佚，本條見太平御覽卷二三一引）説：

> 范延壽，宣帝（依漢書百官公卿表，當作“成帝”）時爲廷尉。時燕、趙之間，有三男共娶一妻，生四子。長，各求離别，爭財分子，至聞於縣。縣不能決斷，讞之於廷尉。於是延壽決之，以爲悖逆人倫，比之禽獸，生子屬其母。以子並付母，尸三男於市。奏免郡太守、令、長等，無師化之道。天子遂可其言。

這是母系氏族社會的遺留。到了西漢時代，絶對確定了一夫一妻制，看着這種一妻多夫的事件，就覺得這是可恥的“聚麀”，所以范延壽就判了這三個父親以死刑，而把四個兒子還給這位母親。易林蒙之節云：

> 三人（一本作“夫”）共妻，莫適爲雌。子無名氏，翁（一本作“公”）不可知。

也許説的就是這件事，也許那時的貧苦農民一家兄、弟不可能各娶一妻，三個男子的收入只可能供給一個妻子，因而兄、弟三人合娶一妻，成爲不公開的風俗。然而這是地主政權的倫理觀念所不許可的，所以不發覺則已，一發覺就以死刑來示戒。

男女關係上是如何處理的，幸而漢律還有些留遺，我們看：

> 齊人（平民）予（與）妻婢姦，曰“妍”。（説文女部引漢律）

實際的處理怎樣呢？漢書景武昭宣元成功臣表説：

> 博成侯張章。……侯三千九百一十三户。……五鳳元
> 年，侯（張）建嗣。十二年，建始四年，坐尚陽邑公主，與婢
> 姦主旁，……免。

在領主制社會裏，婢女本是奴隸，生、殺由主人，姦通更算不了
一回事。但到了漢代，男女關係嚴肅起來了，法律上只承認一夫
一妻制，至多丈夫可以納妾，凡是妻、妾以外的女子都不許接
近，接近了就犯罪。張建以四千户的領主，又是陽邑公主的女
婿，但爲了與婢通姦，他就丟失了侯爵。這是同自己的妻的婢女
姦所受到的罰，至於和父親的婢女姦，那罰就更重了。史記樊酈
滕灌列傳説：

> 汝陰侯夏侯嬰……（曾孫）頗尚平陽公主，立十九歲，元
> 鼎二年，坐與父御婢姦罪，自殺，國除。

這還是畏罪自殺的。史記淮南衡山傳説：

> 衡山王賜……病，太子時稱病不侍。……王大怒，欲廢
> 太子，立其弟孝。王后知王決廢太子，又欲並廢孝。王后有
> 侍者善舞，王幸之。王后欲令侍者與孝亂以汙之，欲並廢兄
> 弟而立其子廣。……王奇孝材能，乃……使孝客……作輣車
> （戰車）、鏃矢。……孝聞律“先自告，除其罪”。……即先自
> 告，告所與謀反者。……宗正、大行與沛郡雜治：孝先自告
> 反，除其罪；坐與王御婢姦，棄市。

衡山王劉賜想和淮南王劉安一起謀反，而要他的次子劉孝作居間

人，衡山王后徐來希望她的丈夫廢掉前妻的兩個兒子而立她所生的兒子劉廣爲太子，因此在王的面前盡說太子劉爽的壞話，而引誘劉孝和王的侍女通姦。在這雙重夾攻之下，劉孝只得依照"先自告，除其罪"的法律，自己出首。在宗正等大員審問之下，劉孝的造反罪免除了，但與王的御婢通姦這個罪名抹不掉，不管造意的是誰，他還是被綁到法場砍了頭，他做了王后陰謀布置下的犧牲品。通姦的罪辦得這樣嚴厲，這哪裏是把"烝、報"看作等閑事的春秋時人所能想象得到的。這就是兩種社會的性質的比較實例。

附王煦華後記

顧師這篇文章是一九六五年寫的，但沒有寫完。一九七八年我奉調來京後，他要我協助他完成這篇文章，但因忙於其他事情，一直未能着手進行，實爲一件憾事。現在顧師去世了，只能根據他的原稿發表，除了改正幾處筆誤和引文差錯外，未作任何改動，所缺的部分注明原缺。

關於此文的寫作經過，在顧師的讀書筆記愚脩録第十二冊中有如下的記載：

"烝、報"一問題，是予在抗日戰爭中讀左傳而提出，勝利後編印浪口村隨筆時次入卷二制度類，蓋觀於衛昭伯不願烝於宣姜，而宣姜之母家齊人强之，宋公子鮑不願烝於襄夫人，而以宋饑，襄夫人助之施，國人遂以之因夫人，知其爲當時一種社會制度，初不計當事人之主觀願望也。自是以後，筆記中屢有此項記載。一九六五年七月，歷史研究派張允侯同志來，徵文於予，適民進學習會停開十一天，匆促作烝和報究竟是何等樣的行爲，約寫兩萬字，尚未畢，張遽取去送郭院長鑒定。至九月，予已病，猶取此文歸修改，卒以此患劇烈之失眠，至廿九日，不能更忍，因函告允侯，暫時停止，而稿已得四萬餘字矣。

張允侯同志送還此文初稿時，曾附了一張便條，他說：

　　此文曾請郭老看過，他很贊賞，但認爲題目不夠醒目，他建議將題目改爲“由‘烝’與‘報’看社會制度的變遷”。

現在的這個題目，是顧師自己根據這個建議改定的。他還作了以下的修改提綱：

一、奴隸主貴族的正常婚姻制度的幾種説法
二、左傳中所記載的“烝”、“報”等不正常的婚姻方式
三、就少數民族歷史上看“烝”、“報”等事跡及其意義
四、宗權與君權的衝突，法律的建立與宗制的消失
五、魯國的“男女有別”和“夫婦有別”的禮教
六、齊國的生産，婦女的獨立生活和浪漫風俗
七、從商鞅到秦始皇的拆散大家庭和提倡貞節
八、漢代統一了魯國的禮教和秦國的法律
九、總結

把它和文章對照，可見顧師的修改稿，只作到第七節，第八節僅是初稿的三個不連屬的片段，最後的“總結”則沒有寫。爲了便於翻檢，就把這個提綱作爲每一節的名稱，列於其下。

　　　　　　　　　　王煦華。一九八一年六月一日。